문재인
외교안보 징비록

문재인
외교안보 ; 징비록

THE TRUTH

최병구 지음

펜츠
BOOK

; 들어가며

1분이면 서울 상공에 핵폭탄이 떨어질 수 있다. 1945년 히로시마에 투하한 원자폭탄의 10배가 넘는 위력의 폭탄이 투하되면 수도권 2,500만 명의 삶이 초토화될 수 있다. 2022년 1월 11일 북한에서 발사된 미사일이 마하10 속도로 날아가고 있을 때 미국연방항공청FAA은 美 서부지역 공항에 약 15분간 항공기 이륙을 금지했다. 우리는 이런 상황에 미사일이 날아간 사실조차 모르고 있었다. 9시간 지난 시점에 "대선을 앞둔 시기에 우려가 된다"는 말이 나왔다. 국민의 생명을 책임지고 있는 사람 입에서.

우리에게 외교는 생존을 좌우하는 일이다. 강대국에 둘러싸인 나라의 숙명이다. 미국과 중국이 패권경쟁을 벌이고 있어 우리의 선택지는 줄어들고 있다. 북한은 우리의 삶을 순식간에 초토화시킬 수 있는 능력을 키우고 있는 상황에 우리는 우리의 안보태세를 허물고 있었다. '대화만이 평화에 이르는 길'이라며. '남북관계만 잘되면 다른 대외관계는 절로 잘될 것'이라고 했다. 우리를 위협하는 세력이 누구인가를 착각했다.

우리나라의 경우 외교 분야는 대통령이 독점적인 권한을 행사할 수 있는 분야다. 비유하자면, 대통령은 비행기 조종사와 같다. 승객의 안전이 조종사에게 달려 있듯이 우리 모두의 안전도 대통령에 달려 있다. 2015년 3월 24일. 저먼윙스 Germanwings 9525편 여객기가 스페인 바르셀로나를 이륙, 독일 뒤셀도르프로 날고 있었다. 150명을 태운 이 비행기는 프랑스 남부 알프스산맥 상공을 지나던 중 추락해 탑승객 전원이 사망했다. 원인 조사 결과, 우울증을 앓던 부조종사가 고의로 저지른 사고로 밝혀졌다.

이제 새로운 조종사가 조종간을 잡게 된다. 국민의 한 사람으로서 그에게 다음과 같은 사실을 주문하고 싶다.

첫째, 정직한 대통령, 약속을 지키는 대통령이 되기 바란다. '정직이 최선'이라는 사실을 한시도 잊지 말기 바란다. 정직하지 않은 정부는 실패한다. 나라 안팎에서 신뢰를 잃는 정부는 효과적으로 일을 할 수 없다. 그러기 위해서는 어제 한 말과 오늘 하는 말이 같아야 하고, 말에 진정성이 있어야 한다.

둘째, 국민을 분열시키지 말기 바란다. 국민 분열은 곧 국가 분열이다. 내 편 네 편으로 갈라서는 안 된다. 외교안보 사안을 두고 국민들이 대립·반목하면 낭패를 본다. 국민들이 한마음으로 단합하면 반은 성공한 것이다. 국민통합이 중요하다는 사실을 잊지 말기 바란다.

셋째, 인사가 만사라는 사실을 잊지 말기 바란다. 성공은 사람을 잘 쓰는 데서 시작된다. 전문성이 검증되고 올바른 국가관·역사관을 가진 사람들을 발탁하고, 이들이 헌신적으로 일할 수 있는 분위기를 만들어 주기 바란다. 코드 인사는 실패로 가는 지름길이다.

넷째, 큰 그림을 그리기 바란다. 로널드 레이건 대통령은 '당신은 왜 대통령이 되려 했는가'라는 물음에, "세상을 변화시키고 싶기 때문"이라고 했다. 그가 그린 큰 그림은 소련을 이겨 공산주의를 역사의 뒤안길로 보내는 것이었다. 그는 총 한 방 쏘지 않고 이 일을 해냈다.

새로 출범하는 정부는 전임 정부가 왜 실패했는지를 면밀히 들여다보고, 해야 할 일과 하지 말아야 할 일의 목록을 작성해 보기 바란다. 이런 일은 객관적인 사실에 근거해야 한다. 신정부의 외교안보 기조는 1)한미동맹을 대외정책의 근간으로 삼고, 2)한일관계를 획기적으로 개선하며, 3)한·미·일 안보협력을 강화하고, 4)대북정책을 대외정책의 일부로 다루며, 5)한중관계는 호혜평등 원칙에 입각하기 바란다.

이 책은 문재인 대통령과 그의 참모들이 한 말과 행동에 근거하여 외교안보 분야에서 무엇이 왜 잘못되었는가를 분석하고 있다. 제1·2부는 서론으로 국제정치와 외교의 실제를 정리했고, 제3부는 한국외교가 행해지는 대내외 여건들을 설명했다. 제4부는 문재인 정권의 특징과 외교안보 분야 고위인사들의 행적을 살폈다. 제5부에서는 문재인 정부 대북정책 주요 사안들이 어떻게 다뤄졌는가를 상세하게 기술했고, 제6부는 문재인 정부 외교의 난맥상을 사례별로 분석했다.

THE TRUTH

THE TRUTH

제1부

; 국제정치

국가

,

　　국가는 영토·국민·주권으로 성립된다. 국민은 일정한 지역에 계속 거주하며 같은 국적을 가진 사람들로, 소속감과 정체성을 공유하며 공동의 이익을 추구한다. 주권은 국가의 의사를 최종적·독자적으로 결정할 수 있는 권한이다. 정부는 영토를 보전하면서 통치권을 행사한다. '국가'는 영어로는 'nation-state'다. 구성원 중심 개념인 민족^{nation} 과 통치기구 중심 개념인 국가^{state} 를 합성한 단어다. 주관적 (민족)공동체와 객관적 (국가)공동체의 일치를 지향한다는 의미다. 민족은 관념적(정서적·감정적)인 것이고, 국가는 현실적(법률적)인 것이다.

　　근대 주권국가는 1648년 베스트팔렌 체제^{Peace of Westphalia} 로부터 시작되었다. 이때부터 '국가'가 국제사회를 구성하는 단위가 되었다. 국가는 대내적으로는 최고의 권위를 그리고 대외적으로는 독립성을 갖게 되었다.[*] 국가가 가장 필요로 하는 것은 생존과 안전이다. 국가의 상위에 어떤 권위체도 존재하지 않기 때문에 스스로 살아남지 못하면 의미가 없다.

---

[*] 유엔 회원국 기준으로 2021년 현재 193개 국가가 있다. 유엔 창설(1945년) 당시에는 51개였다.

| 국가정체성

국가정체성 national identity 은 국민들이 자기 나라에 대해 갖는 믿음과 일체감(심리적 유대감)이다. 국민들이 공유하는 신념과 감정, 즉 그들이 추구하는 이상과 가치다. 국가의 역량과 실체를 기반으로 하는 핵심 사상 또는 정신을 의미하기도 한다. 정치공동체에 대한 소속감으로 설명될 수도 있다.

| 가치 · 이념

가치 values 란 공동체생활에서 그 구성원들이 추구하는 자유·민주·평등·정의·공정·인권·법치 등을 말한다. 조셉 나이 교수는 "국민들이 어떤 가치를 추구하고자 하면 그 가치는 곧 국익의 일부를 구성한다"고 했는데, 국가지도자는 대내외 정책에서 이런 가치를 추구한다.

이념 ideology 은 무엇이 추구할 가치가 있는 것인지, 무엇이 이상적인 삶의 방식인가에 관한 일련의 믿음 beliefs 이다. 살아가는 방식에 관한 이상형을 제시한다는 점에서 가치와 유사한 개념이기도 하다. 이념은 집단의 사상과 의식 체계여서 복잡한 현실이나 현상을 단순화시켜 이해할 수 있도록 해 주는 역할을 한다.

가치와 이념은 특정 시점이나 상황에서 국가이익을 규정하는 과정에 영향을 미친다. 그렇기에 대외정책 목표를 구체화하는 출발점이 되는 것이다. 가치와 이념은 국가 간 관계에도 영향을 미친다. 냉전시대 미국과 소련은 첨예한 이념적 대립을 벌인 바 있고, 현재 진행 중인 미·중 경쟁에서도 이념은 큰 갈등·대립 요인의 하나다.

대한민국은 자유민주주의 이념과 가치를 지향하는 나라다. 자유민주주의는 권력의 감시와 분리를 지향하는 민주주의 틀 안에서 인간의 존엄성을 바탕으로 개인의 자유와 권리가 보장되어야 한다는 이념으로 인권 존중, 권력 분립, 의회제도, 복수정당제, 선거제도, 사유재산과 자유시장경제를 근간으로 한다.

| 국가이익

> "우리에게는 영원한 우방도 영속적인 적도 없다.
> 우리의 이익이 영원하고 영속적인 것이며 바로 이런 이익을
> 추구하는 것이 우리의 의무다"
> _팔머스턴 영국 총리, 1848.

국가이익 national interest 은 국가의 생존과 번영을 의미한다. 여기에 정체성과 가치를 증진하고 나라의 위신과 명성을 높이는 일도 포함된다.[*]

국가이익은 대외정책 수립·시행 과정에서 가장 중요한 판단 기준이 된다. 국가이익은 대외정책과 불가분의 관계다. 특정 시점과 특정 사안

---

[*] 국가이익이라는 용어는 17세기 이후 근대 주권국가가 등장하면서부터 사용되기 시작했다.

에서 국가이익이 어디에 있는가를 규정하는 일은 최종적으로는 국가지도자가 하게 된다. 국가이익은 다음과 같이 셋으로 나누어 볼 수 있다.

　-최상이익 supreme interests : 국가의 존망, 국가의 생존이 직접적으로 걸려 있는 이익이다. 만약 이 지상포上 이익이 위협을 받으면 전쟁까지 불사할 수 있다.

　-사활적 이익 vital interests : 국가 존망이나 생존까지는 아니더라도 국가나 국민의 안전에 치명적 손상을 줄 수 있는 이익이다. 이런 이익이 걸려 있을 때는 엄중하고 강력하게 대응하게 된다.

　-전략이익 strategic interests : 국가안보나 국민안전에 즉각적인 영향을 미치지는 않지만 방치하면 핵심이익에 영향을 주는 문제다. 주로 경제적 이익·정치적 가치와 관련된 것들이다. 국가위신·국가자존도 이런 이익에 속한다.

　국가이익을 단기적으로 협소하게 정의하는 것은 바람직하지 않다. 소탐대실이 될 가능성이 있기 때문이다. 당장의 이익에 치우치면 더 큰 이익을 놓칠 수 있다. 따라서 국익은 중·장기적으로 정의되어야 한다. 집권 세력은 흔히 국가나 국민 전체이익보다 정파적이익을 더 추구한다. 그러면서도 이를 국가이익이라는 이름으로 포장한다.

*사익을 추구한 트럼프 대통령

트럼프 미국 대통령은 2018년 12월 1일 시진핑 중국 주석과 회담했다. 시진핑이 트럼프에게 "당신이 앞으로 6년 더 나와 함께 일할 수 있었으면 좋겠다"

고 했다. 재선되려면 내게 잘하라는 의미였다. 트럼프는 "대통령직 연임을 2회로 제한한 법을 내게는 적용해서는 안 된다는 세간의 여론이 있다"고 했다. 그러자 시진핑은 "미국은 선거가 너무 자주 있다"고 맞장구쳤다. 이 역시 트럼프가 재선되기를 바란다는 의미였다.

본론으로 들어갔을 때 시진핑은 미국이 부과하는 관세가 철회돼야 한다고 했다. 최소한 새로운 관세를 부과하는 계획은 포기해야 한다고 했다. 그러자 트럼프는 관세를 25%로 인상하지 않고 현행대로 10%를 유지하겠다고 했다. 트럼프 독단으로 내린 결정이었다. 트럼프는 반대급부로 중국이 미국 농산물 수입을 늘릴 것을 요구했다. 농장이 많은 주(州)들에서 더 많은 표를 얻어야 한다며, 만약 중국이 이에 동의한다면 관세를 낮출 것이라고 했다.

트럼프는 2019년 6월 29일 시진핑과 또 만났다. 트럼프는 중국의 경제력을 언급하며 2020년 대선에서 자기가 이길 수 있도록 지원해 달라고 했다. 트럼프는 농민들의 표가 중요하다며 중국이 콩과 밀가루를 더 사 주는 것이 좋은 영향을 미칠 것이라고 했다. 트럼프는 3,500억 달러의 무역적자에 대해서는 관세를 부과하지 않겠다고 했다. 그러면서 중국이 수입할 수 있는 최대한으로 미국 농산물을 수입하는 것이 중요하다고 했다. 시진핑이 동의했다. 이에 트럼프는 "당신은 지난 300년에 걸쳐 중국의 가장 위대한 지도자"라며 시진핑을 치켜세웠다. 이 말로 부족했던지 잠시 후 "당신은 중국 역사상 가장 위대한 지도자"라고 했다.

이상은 존 볼턴 전 국가안보보좌관이 2020년 6월 발간한 회고록에서 밝힌 내용이다. 볼턴은 "내가 트럼프의 국가안보보좌관으로 일하는 동안 트럼프가 내린 중요한 결정 중 재선을 염두에 두고 내리지 않은 결정이 있었는지 의문이다. 트럼프는 자신의 정치적 이익과 국가이익을 구분하지 못한 대통령이었다"고 술회했다.

▎국가위신

국가위신 prestige 이란 한 나라가 국제사회 혹은 다른 나라들로부터 받는 존경과 명성이다. 이는 국제사회에서 누릴 수 있는 권위나 위력의 원천이 된다. 그래서 어느 나라든 국가위신을 높이려 애쓴다. 다른 나라가 하지 못하는 일을 해냈을 때 그 나라의 위신은 올라간다. 미국은 1969년 7월 21일 소련을 앞질러 인간을 달에 착륙시킴으로써 위신을 떨쳤다. 한국은 1988년 서울올림픽을 역대 가장 성공적인 올림픽으로 만듦으로써 위신을 높였다. 국가위신이 올라가면 그 나라가 발휘할 수 있는 영향력도 커진다. 또한 국가지도자의 국내정치적 입지도 강화된다. 국위가 선양되면 국민들의 자긍심과 사기가 높아지고 그렇게 되면 국가지도자에 대한 지지도 올라간다. 2017년 12월 문재인 대통령이 중국을 방문했을 때 받은 유례없는 하대는 국가위신을 떨어트리고 국민들의 자존심도 손상시켰다.

국제사회의 실상

> *"국제사회는 러프하고 험악하다.*
> *인간의 본성이 변하지 않는 한 늘 그럴 것이다"*
> _로버트 게이츠 전 美 국방장관

> *"고약하고 추악한 것이 국제정치의 본질이다.*
> *슬픈 사실은 국제정치는 항상 냉혹하고 위험하다는 것이다"*
> _존 미어샤이머 교수

| 혼란스러우며, 예측이 어렵다

국제사회는 무정부無政府 상태다. 구성원들의 행위를 통제할 수 있는 기관이 없다. 언제 어떤 일이 발생할지 모른다. 불확실성과 불안정성은 국제사회를 특징 짓는 키워드다. 국제사회에서 일어나는 일들은 모순이 많다. 국가들의 행위는 이중적이고 자가당착적이다. 합리적으로 설명될 수 없는 일들이 수시로 발생한다.

| 힘이 작동 원리다

국제사회는 힘이 지배하는 사회다. 고대 그리스 철학자 트라시마코스

(BC 459~399)는 "힘이 정의다 Might is right"라고 하면서 힘에서 정당성을 찾았다. 지구상 어떤 나라도 이러한 사실을 가볍게 여길 수 없다. 힘이 작동 원리인 세상에서 법이나 도덕은 부차적이다. '힘은 강자의 무기이고, 도덕은 약자의 무기'라는 말은 국제정치에서 불변의 진리다. 국가는 강해질수록 다른 나라의 공격을 받을 가능성이 줄어든다. 윈스턴 처칠(1874~1965)은 "평화는 강자가 누릴 수 있는 특권"이라고 말한 적이 있다. 아바 이반 전 이스라엘 외교장관도 "아랍 진영은 이스라엘이 약하면 평화를 추구하지 않을 것이다. 이스라엘이 강하면 그들은 어쩔 수 없이 평화를 추구할 것이다"라고 말한 적이 있다. 평화는 힘이 있어야 지킬 수 있다. 약하면 전쟁을 부른다 Weakness invites belligerency. 문재인 대통령은 '대화만이 평화에 이르는 길'이라고 믿었는데, 잘못된 인식이었다.

❙ 강대국 중심이다

국제사회를 움직이는 것은 강대국이다. 힘이 있는 나라만이 국제사회에서 의미 있는 행위자가 될 수 있다. 약소국에게는 대외정책이 별 의미가 없다고도 한다. 국제정치에서는 강대국이 주연이고 그 나머지는 엑스트라다. 국제정치학을 일명 '강대국 학문'이라고 부르는 이유다. 국제정치에서 강대국이 약소국의 운명을 좌우한 예는 수없이 많다. 강대국은 필요하면 언제든지 약소국의 이익을 희생시키는 일을 한다. 기원전 5세기 그리스 역사가였던 투키디데스는 "강한 나라는 자기가 원하는 일을 하고 약한 나라는 하지 않으면 안 되는 일을 한다"는 말을 남겼다.

*일본이 조선을 차지하라

시어도어 루스벨트(1858~1919)는 러일전쟁 강화협상을 성공적으로 중재한 공로로 1906년 노벨평화상을 받았다. 그는 1900년 8월 워싱턴주재 영국·독일대사에게 "일본이 조선을 차지하는 것이 좋겠다"고 했고, 알렌 주한 공사에게는 "자신을 지키기 위해 일격을 가하지 못하는 나라와 관계할 필요가 없다"고 했다(1903.9.). 조선을 쓸모없는 나라로 본 것이다. 1905년 4월에는 주미 일본대사에게 "일본이 조선을 차지해야 한다"고 말했다. 루스벨트 눈에 대한제국은 존재할 가치가 없는 나라였다.

*중국의 대국 大國 의식

중국은 경제대국이 되면서 공세적인 외교행태를 보이기 시작했다. 중국 외교관들의 말이 거칠어졌다. 양지체 외교부장은 2010년 7월 아세안지역안보포럼(ARF)에서 "중국은 대국이고 다른 나라들은 소국이다. 이것은 하나의 사실에 불과하다"라며 큰소리쳤다. 천하이 중국 외교부 아주국 부국장은 2016년 12월 한국의 사드배치와 관련하여 "소국이 대국의 말을 거역해서 되겠나"라고 천연덕스럽게 말했다.

ㅣ 대립 · 충돌은 예삿일이다

국제사회에서 대립이나 충돌은 끝이 없다. 모두가 자기 이익에 따라 행동하기 때문이다. 국제정치학자 한스 모겐소는 "국제정치에서 최후의 단어는 이기주의"라고 말한 바 있다. 갈등이나 충돌이 폭력적 상황, 즉 전쟁으로 이어지지 않도록 하는 것이 최선이다. '공격적 현실주의'

를 주장하는 존 미어샤이머 교수는 무정부 상태의 세계에서 강대국이 유일 최강국이 되려는 것은 당연하다며 이런 현상을 '강대국 정치의 비극 tragedy of great-power politics '이라고 불렀다. 지금 미국과 중국이 벌이고 있는 대결도 이런 현상에 불과하다.

▮ 민족주의

> *"지구상에서 가장 강력한 이념은 민주주의가 아니라 민족주의다"*
> *_존 미어샤이머 교수*

> *"민족주의 발흥과 이상주의 만연이 세계를 위기로 몰아넣었다"*
> *_E.H.카, 『20년의 위기』*

민족주의 nationalism 는 같은 언어·종교·역사·문화 등을 기반으로 하나의 공동체의식을 추구하는 정서다. 이러한 정서는 자기 공동체에 대해서는 충성·헌신 등으로, 타 공동체에 대해서는 배타적인 태도로 나타난다. 타자화他者化 와 배제를 통해 자기 정체성을 형성한다.

독트린으로서의 민족주의는 자기 민족이 타민족보다 우월하고 우선해야 한다는 의식이다. 국수주의적 민족주의다. 이러한 의식이 강한 나라는 공동의 이익이나 보편적 가치보다 자기 자신의 우월성을 추구하는데 더 관심을 쏟는다. '중화민족의 위대한 부흥'을 내세운 중국이 이런

경우다.[*]

민족주의 정서는 국가 간 충돌이나 분쟁의 원인이 되기도 한다. 예컨대, 영토문제가 민족주의 정서와 맞닿으면 이성과 합리적 접근이 어렵게 된다. 국가지도자는 국민들의 민족주의 감정을 적절하게 통제하고 관리할 수 있어야 하는데 오히려 정치적으로 이용하는 경우가 흔하다.

| 결국은 자강

"미국은 스스로 나라를 지킬 의지가 없는 사람들을 위해
전쟁을 할 수 없다"
_조 바이든 美 대통령, 2021.8.16.

"어떤 나라도 자신의 안전을 스스로 지킬 의지가 없으면
독립과 평화를 기대할 수 없다"
_니콜로 마키아벨리

국제사회는 그 구성원을 보호해 줄 장치가 없다. 믿을 건 자신뿐이다(Every state is ultimately on its own). 자국 우선주의는 당연하다. 오늘의 친구가 내일의 적이 될 수 있는 세상에는 힘이 있어야 자주^{autonomy} 와 독립^{independence} 을 지킬 수 있다. 건국 대통령 이승만은 자주와 독립이 무

---

[*] 국수주의(國粹主義, ethnocentrism)는 자기 나라의 국민적 특수성을 가장 우수한 것으로 믿고 이를 유지·보존하고자 하면서 다른 나라의 국민적 특수성은 배척하고 멸시하는 태도다.

엇보다 중요하다며, 자주는 '자신이 할 일을 하는 것'이고, 독립은 '홀로 서서 남에게 의지하지 않는 것'이라고 했다. 박정희 대통령도 자조 정신, 자립 경제, 자주국방을 국정철학으로 삼았다. 박 대통령은 특히 자조가 중요하다고 믿었다. 특정 국가에 대한 의존도가 높으면 그 나라에 매일 수밖에 없다. 박 대통령은 미국에 대한 의존을 줄이려 피눈물 나는 노력을 쏟았다. 자주는 말로 되는 일이 아니다. 자강해야 가능한 일이다.

*한국의 SLBM 개발

한국은 2021년 9월 15일 잠수함발사탄도미사일(SLBM) 시험발사에 성공했다. 한국이 건조한 해군의 첫 3천 톤급 잠수함 도산안창호함(2021.8.13. 취역)에서 발사한 미사일이 수백km 떨어져 있는 표적을 한 치의 오차도 없이 명중시켰다. 개발에 나선 지 6년 만에 이뤄 낸 쾌거였다. 이로써 한국은 미국·러시아·영국·프랑스·인도·중국·북한에 이어 8번째 SLBM 국가가 되었다. SLBM은 현존하는 무기체계 중 가장 위협적이고 위력적인 전략무기의 하나이기 때문에 한국이 자체적으로 이런 무기를 개발·보유하게 되었다는 것은 자주국방 측면에서 의미 있는 일이었다.

국제정치 주요 개념

| 현실주의 · 이상주의

국제정치 현실주의자들 realists 은, 국제사회는 무정부 사회이고, 국제정치의 행위주체는 국가이며, 국가는 힘 power 을 추구한다고 생각한다. 현실주의 realism 에는 방어적 현실주의와 공격적 현실주의 관점이 있는데, 방어적 현실주의자들은 강대국들이 힘을 추구하되 적절한 정도로 추구하기 때문에 충돌을 피할 수 있다고 보는 반면, 공격적 현실주의자들은 강대국들이 힘을 무한정으로 추구하기 때문에 이들 간 충돌은 불가피하다고 본다.

현실주의자들에게 국제사회는 약육강식의 사회여서 모든 나라들이 더 강한 힘을 추구하고 이 과정에서 갈등과 충돌이 생긴다. 각 나라들은 철저히 자기중심적이고 이기적이다. 반면, 이상주의자들 idealists 은 인간은 합리적인 존재이기 때문에 국제사회도 합리적이고 도덕적일 수 있다. 국가는 힘과 이익만 아니라 정의나 도덕도 추구해야 한다고 생각한다. 같은 맥락에서 분쟁은 대화나 협상으로 해결될 수 있다고 믿는다. 현실주의 세계관과 이상주의 세계관은 공존한다. 그렇지만 국제정치의 본질상 이상주의도 현실주의에 뿌리를 두지 않는 한 공허한 것이 될 수 있다.

현실주의자들은 '바람직한 일'과 '가능한 일'을 철저히 구분한다. 반면 이상주의자들은 '바라는 일'을 '가능한 일'로 착각하는 경향이 있다. 예를 들어, 김대중 대통령은 햇볕정책으로 북한을 변화시킬 수 있다고 믿었고, 문재인 대통령은 대화가 평화를 가져다준다고 믿었다. 반면 북한 김정일이나 김정은은 둘째가라면 서러워할 현실주의자다.

이승만 대통령이나 박정희 대통령은 후대 지도자들이 본받을 만한 현실주의자였다. 특히 이 대통령은 철저한 국제정치 현실주의자였다. 한반도 운명은 결국 강대국 간의 권력 투쟁과 이해관계에 따라 결정될 수밖에 없다고 보고 한미동맹을 만들어 냈다. 박 대통령은 닉슨 대통령이 1970년 주한미군을 일방적으로 감축하자 1971년 신년사에서 이렇게 말했다. "오늘날과 같이 세계의 모든 나라들이 국가이익을 위해서 어제의 적국을 오늘의 우방으로 삼고 피도 눈물도 없는 적자생존의 논리를 내세우고 있는 냉혹한 적자생존의 시대에 있어서는 힘없는 민족은 세계무대에서 영원히 낙오되고 만다는 것을 우리들은 명심해야 한다". 이 같은 생각에서 핵개발 카드를 꺼내 들어 주한미군 감축을 막으려 했고, 자주국방의 기치를 내걸고 방위산업 육성에 들어갔다. 안보를 미국에 의존해서는 안 된다는 것이 그의 소신이었다.

| 주권

주권 sovereignty 은 국가 의사를 최종적·배타적으로 결정할 수 있는 권한이다. 이 개념은 1648년 베스트팔렌조약에 의해 확립되었다. 배타적이라는 것은 다른 나라의 간섭을 받지 않는 것을 의미한다. 국가는 국내문제에 대해서는 다른 나라의 간섭을 받지 않을 권리가 있고 동시에 다른 나라의 국내문제에 간섭하지 말아야 할 의무도 있다. 그런데 이 국내문제 불간섭 원칙은 점차 약화되는 추세다. 주권의 절대성·불가침성이 조금씩 변하고 있는 것이다. 이런 추세의 주된 배경은 인권을 중시하는 데 있다. 인권은 국경을 초월하는 인류 보편의 문제로서 유엔은 물론 여러 협약에 의해 국제사회의 개입이 어느 정도 허용된다. '인도적 개입'이 그런 사례다.*

| 파워

한스 모겐소 교수는 파워를 '한 나라가 다른 나라의 마음과 행동에 대해 가지는 통제력'으로 설명했다. 국제정치에서 파워란 자신이 원하는 결과를 얻기 위해 다른 나라를 강제할 수 있는 힘을 의미한다. 존 미어샤이머 교수는 국제정치에서 파워는 경제에서 화폐와 같다고 했다. 국제정치의 본질을 이해하기 위해서는 파워의 개념을 이해해야 한다. 파워는 정치 현상에서 가장 기초적인 개념이다. 모든 정치적 행위의 목적은 파워를 얻어 행사하는 데 있고, 결국 정치란 이를 제도화한 것이다.

---

* 2005년 9월 유엔 세계정상회의는 국민보호책임(R2P, responsibility to protect)이라는 것을 채택했다. 주권에는 의무가 따른다는 논리. 주권은 원래 권리로서만 인식되었으나 책임적 성격이 추가되었다. 국가는 국민을 보호해야 하는 책임이 있고 그런 책임을 다하지 않거나 그럴 능력이 없는 경우에는 국제사회가 개입할 수 있다는 것이다. 2011년 3월 리비아 내전 때 이 R2P가 처음 적용되었다.

| 국력

국력 national strength 이란 한 나라가 갖고 있는 능력의 총합이다. 경제력·
군사력·외교력·과학기술력 등에 국가지도자의 국정운영 능력(정부의
질), 문화·사상·지식이나 국민정신·사기±氣 등이 포함된다. 레이 클라
인 박사(전 美 CIA 부국장)는 국력 측정 공식으로 $P=(C+E+M)\times(S+W)$
를 제시한 바 있다. 여기서 P는 국력, C는 인구·면적, E는 경제력, M은
군사력, S는 전략, W는 국민의 의지다. 이 공식에 따르면, 어떤 나라가
아무리 경제력·군사력이 강하다 하더라도 전략과 의지가 없으면 국력
은 제로가 된다.

–경제력: 경제력은 국력의 근본이고 핵심이다. 경제력은 군사력과 직
결된다. 1938년 체임벌린 영국 총리가 히틀러에 대해 유화정책을 폈던
것도 영국이 나치 독일의 행동을 제어할 수 있는 경제력이 부족했던 것
이 주된 원인이었다. 당시 영국은 경제적으로 쇠락하고 있었다. 각국의
경제력은 국내총생산 GDP 을 기준으로 측정된다. 경제력은 외교력에도
영향을 준다. 노태우 정부가 추진해서 좋은 성과를 거둔 북방외교도 한
국의 신장된 경제력이 있었기에 가능했다. 소련·중국·동유럽 국가들이
한국과 외교관계를 수립한 것은 한국의 자본·기술·경제발전 경험이 필
요했기 때문이었다.
–군사력: 군사력도 경제력과 마찬가지로 대외정책 목표를 달성하는
수단의 하나가 된다. 경제력이 커지면 자연 군사력도 커지게 된다. 군사
력과 경제력은 동반 상승하고 동반 하락한다.

–외교력: 외교력이란 넓은 의미로는 국제사회에서 발휘할 수 있는 영향력을 의미하고, 좁은 의미로는 다른 나라를 설득할 수 있는 능력이다. 외교력은 국력에 의해 뒷받침된다. 국력이 미약하면 외교력을 발휘하기가 어렵다. 그렇다고 국력과 외교력이 정비례하는 것은 아니다. 외교력은 국력의 부족한 부분을 보완해 줄 수 있다.

–과학기술력: 4차 산업혁명과 미·중 패권경쟁시대에 접어들면서 기술력의 중요성은 날로 커지고 있다. 국가경제를 위해 필요한 기술을 주권적 의지에 따라 스스로 조달할 수 있는 능력을 키워야 하는 것이다. 다른 나라가 갖고 있지 않은 고유 기술과 이를 뒷받침하는 제조역량이 관건이다. 반도체·배터리 등 전략기술이 있어야 기술주권 technology sovereignty 을 누릴 수 있고, 기술주권이 있어야 경제안보가 가능하다.

| 영향력

영향력 influence 이란 한 나라가 다른 나라의 입장이나 정책에 영향을 미칠 수 있는 능력이다. 영향을 미친다는 것은 물리력을 동원하지 않고 상대를 움직이는 일이다. 국력이 곧 영향력은 아니다. 외교력이 있어야 국력을 영향력으로 전환시킬 수 있다.

*소프트파워

하버드대 조셉 나이 교수가 1989년 처음 소개한 개념으로 강압이나 대가지불이 아니라 매력을 통해 원하는 것을 얻어 낼 수 있는 능력이다. 내가 원하는 대로 상대방이 행동하도록 만드는 능력(co-optive power)이다. 나이 교수는 소프트파워를 구성하는 3대 요소로 △매력적인 문화, △모범적인 (정치적) 가치, △인류 평화·복지에 기여하는 외교를 들었다. 소프트파워는 국가가 국제사회에서 발휘할 수 있는 영향력의 원천이 된다.

| 세력균형

"자연이 진공상태를 싫어하듯
국제정치는 힘의 불균형 상태를 싫어한다"
_케네스 월츠 교수

세력균형 balance of power 은 무정부 상태의 국제사회에서 국가들이 자국의 안보를 확보하기 위해 사용하는 전략이다. 역내 국가들 중에서 힘이 월등한 몇 개 국가들을 중심으로 진영이 형성되고 이들 진영 간에 힘의 균형이 이뤄지는 것이 가장 일반적인 세력균형이다. 냉전시대 미국과 소련이라는 두 강대국을 중심으로 힘의 균형이 이루어진 것이 대표적인 사례다.

국가 간에 힘의 균형이 이루어질 때는 평화가 유지되지만 이러한 균형이 깨졌을 때는 전쟁 가능성이 높아진다. 국가들이 전체적으로 힘의 균형을 이루는 상태가 가장 이상적이다. 힘의 균형이 깨진 상태, 즉 힘의 공백이 생긴 상태는 불안정하다. 레닌(1870~1924)은 "상황의 95%는 힘의 균형에 의해 결정되고 나머지 5%만 외교관이나 정치인들이 결정한다"고 말한 바 있다.

| 동맹

동맹은 외부로부터의 안보 위협에 공동으로 대처하기 위해 군사협력을 공약하는 행위다. 안보 또는 세력 확장을 위해 다른 나라와 연합하는 행위다. 동맹은 공동의 적敵 그리고 공동의 위협을 전제로 한다. 동맹은 국력이 비슷한 국가 간에 이루어졌을 때는 대칭symmetric 동맹이라 하고 국력이 상대적으로 차이가 있는 국가 간에 이루어졌을 때는 비대칭asymmetric 동맹이라 한다. 비대칭동맹은 '자주·안보 교환trade-off'으로 부르기도 하는데, 안보를 얻기 위해 자주를 내준다는 의미다. 1953년 체결된 한미상호방위조약이 이런 사례다. 동맹국 간에는 두 가지 우려가 있을 수 있다. 하나는 상대방이 나를 버리지 않을까 하는abandonment 우려이고 다른 하나는 상대방 때문에 내가 원하지 않는 사태에 끌려들어 갈 수 있다는entrapment 우려다. 전자는 보통 힘이 약한 나라가 힘이 강한 동맹 상대에 대해 갖게 되는 것이고, 후자는 힘이 강한 나라가 힘이 약한 동맹 상대에 대해 갖게 되는 것이다.

| 경제안보

미·중 패권경쟁이 본격적으로 전개되면서 미국·일본 등 주요 선진국들은 안보와 경제를 하나로 묶는 경제안보economic security를 중시하기 시작했다. 공급망 리스크 관리, 핵심 기술 유출 방지, 전략물자 수출 관리, 사이버 안보, 데이터 안보 등의 문제를 국가안보 차원에서 다루기 시작한 것이다. 종래 지리에 바탕을 둔 지정학의 중요성에 더하여 이제 기술에 바탕을 둔 기정학技政學 의 중요성이 높아지고 있다. 기술·부품·특허 등을 보유하고 있는 나라와 연합하는 일이 국가안보 차원에서 다루어지기 시작한 것이다.

| 안보 딜레마

안보는 상대적이다. 한 나라의 안보가 강화되는 것은 다른 나라의 안보가 약화되는 것을 의미한다. 안보 딜레마security dilemma 현상이다. 각 나라가 끊임없이 군사력을 키우려는 현상은 이 안보 딜레마 현상으로 설명된다. 안보 딜레마를 완화하기 위해서는 각국이 상대적 안보를 추구해야 하나, 현실적으로는 기대하기 어려운 일이다.

| 억지

억지deterrence 는 상대가 공격을 통해서 얻는 이익보다 보복으로 입게 되는 비용이 더 크다는 사실을 알게 만듦으로써 도발하지 못하게 만드는 것이다. 응징 의사를 분명히 밝히고 응징 능력을 확실히 보여 주어야 한다. 적대 세력에게 두려움의 대상이 되는 것이 평화 유지의 한 방편이 된다(prevention of aggression due to the fear of unacceptable counteraction). 무력이 전쟁을 하기 위한 것이 아니라 전쟁을 막기 위한 것이라는 주장의 이론적 배경이다.

억지에는 두 가지 방법이 있다. 하나는 적敵 으로 하여금 도발을 하면

몇 배의 응징을 받을 것이라고 판단하게 만드는 것이고(응징 가능성에 의한 억지), 다른 하나는 자신이 압도적인 방어력을 갖추어 적이 감히 도발하지 못하도록 만드는 것이다(힘의 우위에 의한 억지). 억지가 성공하기 위해서는 적의 선제공격을 받아 심한 피해를 입더라도 살아남아 적에게 치명적인 타격을 가할 수 있는 보복 능력이 있어야 하고, 언제든지 파멸의 위험을 무릅쓰고 이를 발동시킬 의지 resolve 가 있음을 상대가 분명히 알도록 만들어야 한다. 냉전시대 미국과 소련이 핵 충돌을 피할 수 있었던 배경을 설명해 주는 이론이다. '핵무기는 핵무기로만 대응이 가능하다'는 가설도 여기서 나왔다.

*호저 porcupine 전략

자신의 힘으로 감당이 어려운 적수에게 대항하기 위해 자신을 공격하면 호저(豪豬)의 가시에 찔릴 수 있음을 과시함으로써 공격하지 못하도록 만드는 전략이다. 호저는 고슴도치과 동물로 등 전체에 바늘 같은 가시가 돋쳐 있어 공격을 받으면 몸에 달린 가시를 세워 자신을 방어한다. 가시는 갈고리 모양이어서 적의 피부 속에 파고들어 상처를 낸다.

| 제재

제재 sanction 는 특정국에 대해 취해지는 징벌 행위다. 경제제재가 대표적이다. 여기에는 해당 국가 자산 동결, 상품·서비스 보이콧, 수입 금지 등의 방식이 있다. 외교제재 diplomatic sanction 로는 고위급 접촉 중단, 대사 본국 소환, 외교관계 격하·단절 등이 있다. 경험적으로 보면, 국제사회가 특정 국가에 가하는 제재 조치는 별 효과가 없었다. 제재 조치를 위반하더라도 이를 징벌하는 일이 현실적으로 어렵기 때문이다. 유엔 안보리는 북한의 핵·미사일 도발에 다양한 제재 조치를 취했지만 시간이 경과하면서 이 제재의 효과가 떨어졌다. 중국 등이 제재를 엄격하게 시행하지 않았기 때문이다.

THE TRUTH

제2부

; 외교

외교

"내가 총리가 되어 국가건설의 책임자로서
잘하려고 한 것은 네 가지였다.
첫째는 외교, 둘째는 국방, 셋째는 치안, 넷째는 경제였다"
_리콴유 전 싱가포르 총리

외교 diplomacy 는 국가의 대외관계를 다루는 일이다. 영어의 diplomacy
라는 단어에는 statecraft라는 의미도 들어 있다. statecraft는 치국治國,
즉 나라를 다스리는 일과 그 기술을 의미한다. 외교가 국가운영과 동일
시 되었음을 알 수 있다.

외교는 협의로는 경제·군사·정보 등과 더불어 대외정책 foreign policy 을
수행하는 수단의 하나다. 대외관계에서 국익을 보호하고 증진하는 기술
이기도 하다. 대외정책이 대외관계에서 무엇을 할 것인가의 문제라면,
외교는 결정된 정책의 목표를 어떻게 달성할 것인가의 문제다.

diplomacy라는 단어가 처음 등장한 것은 1796년이었다. 영국 정치가
에드먼드 버크(1729~1797)가 프랑스어 단어 diplomatie를 diplomacy로
옮기면서 사전에 올랐다. 프랑스어의 diplomatie는 국제관계를 운용할
줄 아는 지식·식견을 의미하면서, 국가가 다른 나라와의 관계에서 자신

의 이익이 무엇인지 분별해 대처할 줄 아는 능력을 의미했다.

유럽에서 근대 외교제도가 시작된 것은 1648년 베스트팔렌 체제가 성립된 이후다. 이때부터 외교가 주권국가 간 공식적으로 행해지는 활동으로 인정되었고, 1815년 비엔나회의는 이를 제도적으로 확립시켰다.*

---

* 각국에서 외교전담 기관이 생긴 역사를 보면 영국은 1782년, 미국 1789년, 프랑스 1797년, 중국 1861년, 일본 1869년, 한국 1894년이었다.

외교의 특성

| 심각하고 중대한 일

"국가의 존망이 달린 외교안보는 실험대상이 아니다"
_한스 디트리히 겐서 전 서독 외교장관

외교는 국가의 생사生死가 걸린 문제다. 외교를 잘 못 하면 국가 생존이 위태롭게 된다. 미국의 경우 외교를 담당하는 국무장관은 국가 서열 4위다. 대통령, 부통령(상원의장), 하원의장 다음이다. 1962년 10월 쿠바 미사일 위기로 핵전쟁의 공포에 떨고 있었을 때 존 F. 케네디 대통령은 외교로 파국을 막았다. 명明·청淸 전환기에 광해군(1575~1641)은 외교를 잘해 전란을 피했으나 인조는 외교에 실패해 백성들에게 형언할 수 없는 고통을 안겼다.

| 정치적 현상

외교는 정치적 목적을 위해 수행된다. 국가지도자는 정치인이다. 모든 문제를 정치적 관점에서 인식하고 그에 따라 행동한다. 직업외교관들에게도 정치적 감각이 제1의 자질이다. 정치적 감각이란 어떤 이슈에 있어 그 내면에서 작동하고 있는 힘의 의미를 감지하고, 그 결과 생기는 반응을 예측해 낼 수 있는 능력이다.

외교는 국내정치의 연장이다. 한 나라의 대외정책을 정확히 이해하기 위해서는 먼저 그 나라 국내 상황을 들여다보아야 한다. 국내정치와 무관한 외교는 없다. 외교 이슈들은 필연적으로 국내정치와 연결되어 있다. 이때 중요한 것은 국내정치와 외교의 균형이다. 외교를 국내정치에 끌어들이면 국익을 해치게 된다. 외교를 국내정치화하지 말아야 한다. 하지만 현실적으로 쉽지 않은 일이다.

*닉슨 대통령과 미·중 화해

1970년대 초 미·중 화해는 국제정치 지형을 근본적으로 바꿔 놓은 대사건이었다. 이런 역사를 만든 사람은 리처드 닉슨 대통령(1969.1.~1974.8. 재임)이었다. 그는 외교 대통령으로 역사에 남기를 원했다. 대통령이 되기 전인 1967년 10월 외교전문지 <포린어페어스> 기고문에서 중국을 '분노의 고립 상태에 내버려 두어서는 안 된다'고 썼고, 1969년 1월 대통령 취임사에서도 같은 표현을 썼다. 닉슨은 1972년 2월 중국을 방문해 상하이공동성명을 발표했다. 자신의 중국 방문이 '세상을 바꾼 한 주일'이었다며, 2차 세계대전 이후 있었던 사건 중에서 가장 위대한 사건이라고 자찬했다. 닉슨이 노린 것은 재선이었다. 1972년 11월 대선에서 조지 맥거번 후보(민주당)에게 크게 승리했다.

┃ 가능성의 예술

외교는 가능성의 예술이다. 따라서 외교에서는 가능한 것과 가능하지 않은 것을 분별할 수 있어야 한다. 해결이 어려운 문제는 악화되지 않도록 관리하는 것이 상책이다. 외교는 최상을 선택하는 것이 아니라 차악을 선택하는 일이다. 외교는 관념의 세계가 아니라 현실의 세계다. 김용식(1913~1995) 전 외무부 장관은 "외교는 어디까지나 현실에 바탕을 두어야 한다는 것이 외교의 철칙"이라고 했다. 한국 역대 정부의 대북정책이 대부분 실패한 것은 가능한 일과 그렇지 않은 일을 구분하지 못한 데 있었다.

| 실용적인 일

'실용외교' '실리외교'라는 표현을 쓰는데, '외교'라는 단어에는 이미 '실용' '실리'의 의미가 포함되어 있다. 외교는 원래 실질적이며 실리적인 것이다. 영어로 pragmatic(실용적인)은 practical(실질적인)과 동의어다. 실용주의 pragmatism 는 유연성·절제·상식·사실·현실·상황 등을 중시한다.

조선시대 광해군은 실용주의자였다. 그는 임진왜란 중 전쟁터를 돌아다니며 전쟁의 참혹상과 민중들이 겪는 고통을 목격했다. 후금後金이 위협 세력으로 떠오르자 일본과의 관계를 다독이면서 장검과 조총 등을 들여왔다. 그에게는 명분이나 감정보다 실익과 현실이 더 중요했다.

박정희 대통령도 실사구시實事求是에 입각한 실용주의를 중시했다. 그는 강렬한 민족주의자였다. 그런데도 "아무리 어제의 원수라 하더라도 우리의 오늘과 내일을 위해 필요하다면 그들과도 손을 잡아야 하는 것이 국리민복國利民福을 도모하는 현명한 대처가 아니겠는가"라며, 한일 국교정상화를 밀어붙였다. 그 결과 일본으로부터 8억 달러를 받아 포항제철·경부고속도로·소양강댐 등을 건설했다. 경제를 일으키는 일이 민족주의 이념보다 중요했다.

북한외교도 실용주의적인 면모가 강하다. 북한은 김대중·노무현 정부가 '햇볕정책'을 펴자 이 정책이 자기들 체제를 무너트리려는 '트로이의 목마'일 수 있다고 경계하면서도, 다른 한편으로는 한국으로부터 68억 달러가 넘는 경제적 지원을 챙겼다.

| 상호주의가 근간

상호주의 reciprocity 는 외교의 근간이다. 주는 것 없이 받는 일 없고, 받는 것 없이 주기만 하는 일도 없다. 상호주의는 상대방이 나에게 하는 만큼 내가 상대방에게 하는 것이다(You scratch my back, and I'll scratch yours). 이익을 놓고 치열하게 다투는 과정에서 이 원칙은 중요하다. 상호주의는 서로 신뢰를 쌓을 수 있는 길이기도 하다. 물론 주고받는 것의 양量과 질質, 시기와 방법을 일치시키는 것은 현실적으로 어려운 일이다.

김대중·노무현·문재인 정부는 북한에게 상호주의를 적용하는 것은 적절치 않다고 생각했다. 먼저 베풀면 나중에 돌아올 것이라는 '선공후득先供後得' 접근법을 썼다. 노무현 대통령은 대북정책에서 상호주의를 내세우는 것은 북한과 대결하자는 것이라고 했다. 상호주의의 중요성에 대한 이해가 부족했다. 북한은 달랐다. 김정은 위원장은 2019년 8월 5일 트럼프 대통령에게 보낸 서한에서 '주기만 하고 받지는 않는 사람은 바보'라는 표현을 써 가며 자신이 미국을 위해 한 만큼 미국도 북한을 위해 뭔가 하라고 요구했다. 한국의 좌파 정부는 북한에 대해 그러지 못했다. 한중관계에서도 상호주의 면모를 찾아볼 수 없었다. 한국은 중국 입장을 존중하고 배려했지만 중국은 한국을 무시하고 하대했다.

*틱 포 탯 Tit for Tat

맞대응이다. 반복 게임에서 경기자가 이전 게임에서 상대가 한 행동을 이번 게임에서 그대로 따라 하는 것이다. 상대가 협조적이었으면 협조하고 비협조적이었으면 협조하지 않는 것이다. 협력의 자세를 기본에 두고 상대의 선택에 따라 응수하는 게임의 기술이다. 상호주의의 이론적 배경이다.

I 전문 분야다

> *"직업외교관이 아닌 사람을 중요한 대사직에 임명하는 것은*
> *비즈니스맨이나 아마추어에게 지중해상에 떠 있는 항공모함을*
> *지휘하라고 하는 것과 같다"*
> _사이 슐츠버거 〈뉴욕타임스〉 칼럼니스트

외교는 아무나 할 수 있는 일이 아니다. 전문지식 expertise 과 기술 skill 이 있어야 한다. 외교는 미묘하고 예민한 것이어서 경험이 많은 사람이 조심스럽게 다루어야 하는 일이다. 조그만 실수도 허용하지 않는 것이 외교다. 사소하게 보이는 일도 재앙 수준의 사태가 될 수 있다. 그러니 전문지식과 현장 경험이 풍부한 전문가에게 맡겨야 한다.

| 끝이 없는 과정

> *"우리는 또 다른 난제를 만나지 않고는*
> *현재 겪고 있는 난제에서 벗어날 수 없다"*
> *_니콜로 마키아벨리 이탈리아 정치사상가*

외교는 국가가 존재하는 한 존재한다. 뉴욕 양키스의 전설적 포수 요기 베라(1925~2015)는 "끝날 때까지 끝난 게 아니다(It ain't over till it's over)"라는 명언을 남겼는데, 외교가 그런 것이다. 외교는 끝이 없는 길에 비유된다. 오르막도 있고 내리막도 있으며, 꼬부라진 곳도 있고 갈라진 곳도 있다. 언덕 하나를 넘었다고 해서 그다음 길은 계속 평탄할 것으로 기대해서는 안 된다. 더 가파르고 험한 길이 또 나온다.

외교는 최종 결론에 도달할 수 있는 일이 아니다. 어떤 결정이나 합의도 잠정적인 것이다. 상황이 달라지면 또 달라질 수 있다. '강을 건넌 다음에는 배를 강변에 두고 가라'는 말이 있다. 외교에서 완벽한 종결 같은 것은 없다. 한 원로 외교관은 '외교가 무엇입니까?'란 물음에 "계속되는 것 It goes on "이라고 답했다.

| 고난도 게임

"나는 외교와 외교관을 진심으로 존중한다.
외교를 잘한다는 것이 얼마나 어렵고 얼마나 중요한지를
잘 알기 때문이다"
_콜린 파월 전 美 국무장관

외교는 고난도 게임이다. 4차 방정식에 비유된다. 해법이 난해하다. 단순하게 해결을 시도할 수 없는 일이다. 가히 복잡계complexity system 라 할 수 있다. 그런데도 우리나라 정치지도자들에게 외교는 아무나 할 수 있는 일로 인식되었다. 문재인 정부는 남북관계를 1차 방정식으로 인식했다. 남북관계만 잘 되면 미·북관계 등도 다 잘 풀릴 것으로 믿었다.

| 비용 대비 이익이 큰일

"가장 비싼 외교가 가장 싼 전쟁보다 싸다"
_송민순 전 외교통상부 장관

"우리가 외교 분야에 예산을 적게 쓰면 쓸수록
그로 인해 어쩔 수 없이 더 많은 전쟁에 관여하게 된다.
이렇게 되면 비교할 수 없을 정도로 더 많은 돈을 써야 한다"
_토머스 피커링 미국 대사

외교는 지불해야 하는 비용에 비해 얻을 수 있는 이익이 크다. 전쟁은 했다 하면 엄청난 인명·재산 손실이 따른다. 미국은 이라크전쟁에 2조 달러, 아프간전쟁에 2조 2,600억 달러를 썼다. 천문학적 규모다. 외교가 적은 비용으로 많은 이득을 볼 수 있는 일이라면 여기에 더 많은 예산을 써야 한다. 2022년 한국 외교부 예산은 3조 53억 원 규모로 국가예산의 0.5%에 불과했다. 더구나 이 예산에는 공적개발원조[ODA] 예산 1조 1,093억 원, 분담금 5,216억 원이 포함되어 있다. 외교가 중요한 나라의 외교예산이 국가예산의 1%가 안 된다.

*국방부 장관이 국무부 예산 증액 캠페인

로버트 게이츠 美 국방장관은 2009년 외교전문지 <포린어페어스> 기고문을 통해 외교가 그 어느 때보다 중요하므로 국무부 예산을 늘려야 한다고 주장했다. 2008~2009 회계연도 국방부 예산은 7,500억 달러였으나 국무부 예산은 310억 달러였다. 그는 자신이 국가안보 분야에서 42년간 일하면서 두 가지 사실을 배웠다고 했다. 하나는 미국이 아무리 세계 최강·최대 국가라 하더라도 국제사회에서 할 수 있는 일에 한계가 있다는 것이고, 다른 하나는 미국이 갖고 있는 군사력이나 기술로 해낼 수 있는 일에도 한계가 있다는 것이다. 외교의 중요성을 절감했다는 말이었다.

외교 작동원리

ㅣ 전략적이어야

> *"일련의 전략적 구상이 필수적이다.*
> *그것이 없으면 어디로 가고 있는지 알 수 없다"*
> _조지 슐츠 전 美 국무장관

전략은 큰 그림이다. 외교는 전략적으로 해야 하는 일이다. 설정한 목표와 이를 달성하는 수단이 반드시 연결되어야 한다. 목표가 잘못 설정되거나 수단이 적절치 않으면 성공할 수 없다. 대외정책 foreign policy 은 '무엇을 할 것인가'의 문제이고, 외교 diplomacy 는 '어떻게 할 것인가'의 문제이며, 전략 strategy 은 '무엇을 어떻게 할 것인가'의 문제이다. 무엇을 먼저 하고 무엇을 나중에 할 것인지 그리고 무엇이 더 중요하고 무엇이 덜 중요한지를 구분하는 일이다.

ㅣ 사실에 입각해야

> *"외교에서 제1의 법칙은 사실을 알아내는 일이다"*
> _필립 하비브 전 美 국무차관

외교는 사실에 입각해서 추진되어야 한다. 사실에 맞는 정책을 펴야 성공할 수 있다. 한스 모겐소(1904~1980)는 "외교는 현실과 호흡해야 한다"고 했다. 중요한 결정을 할 때 '사실'이 무엇이냐가 핵심적으로 중요하다. 주한대사와 국무부 차관을 역임한 필립 하비브(1920~1992)는 팩트^{facts}가 있으면 문제의 절반은 해결된 것이라고 믿었다. 윈스턴 처칠은 2차 세계대전 회고록 『The Gathering Storm』에서 "Facts are better than dreams"라며 몽상이 아니라 사실을 중시하라고 역설했다.

*트럼프 대통령의 환상

트럼프 대통령은 싱가포르에서 김정은 위원장을 만나기 전 "북한은 엄청난 잠재력이 있어 향후 경제·금융 국가가 될 것"이라고 말했다. 김정은과 회담하면서는(2018.6.12.) 특별히 제작한 4분짜리 영상물 <북한의 기회(A Story of Opportunity for North Korea)>를 보여 주며 "김정은 위원장의 결단만 있으면 북한이 완전히 다른 나라로 변모할 수 있을 것"이라고 설득했다. 회담 직후 가진 기자회견에서는 "북한에는 훌륭한 해변들이 있다. 여러분들은 그 해변에서 바다를 향해 포탄이 날아가는 것을 본 적이 있었을 것이다. 나는 김정은에게 이렇게 말했다. 그렇게 포탄을 날리는 대신 그 해변에 세계 제일의 호텔들이 들어서도록 하라", 트럼프는 이것이 가능한 일이라고 믿었다.

김계관 북한 외무성 제1부상은 한 달여 전 내놓은 담화에서 "미국은 북한이 핵을 포기하면 경제적 보상과 혜택을 주겠다고 떠들고 있는데 북한은 단 한 번도 미국에 기대를 걸고 경제건설을 해 본 적이 없으며 앞으로도 그런 거래를 절대로 하지 않을 것"이라고 밝힌 바 있다. 북한에 세계 제일의 호텔들이

들어서는 것은 개방을 의미한다. 개방은 체제를 위협하는 일이다. 김정은이 체제를 위협하는 일을 반길까. 2018년 10월 폼페이오 국무장관이 평양을 방문, 김정은과 장시간 대화를 나누었다. 이때 폼페이오가 김정은에게 "세계은행(World Bank) 가입을 고려해 봤느냐"고 묻자, 김정은은 "세계은행이 무엇이냐"고 반문했다.

*현장보고를 무시한 결과

베트남 전쟁에서는 120만 명 이상이 목숨을 잃었다. 이런 참극에는 존슨 행정부의 오판도 한몫했다. 당시 현장에 나가 있던 외교관들은 확전에 반대했다. 호치민이 이끄는 북베트남이 공산주의를 지키기 위해 싸우는 것이 아니라 베트남 민족주의를 위해 싸우고 있다며, 때문에 아무리 압도적인 무력을 동원해도 이들을 굴복시킬 수 없을 것이라는 보고를 수없이 보냈다. 워싱턴의 고위 정책결정자들은 이런 보고를 무시했다.

| 타이밍이 맞아야

부동산에서 위치가 중요하듯, 외교에서는 타이밍이 중요하다. 어떤 외교적 이니셔티브도 타이밍에 대한 고려가 필수적이다. 적절한 타이밍을 찾는 것은 정책 수립이나 시행의 모든 과정에서 필요한 일이다. 노태우 정부의 북방외교가 성공할 수 있었던 요인의 하나는 세계적인 변화의 흐름을 제대로 읽었다는 것이다. 완벽한 타이밍이었다. 1871년 독일 통일을 완성한 비스마르크(1815~1898)는 자신이 원하는 바를 성취하는 과정에서 무리를 하지 않으면서 상황이 무르익을 때까지 기다릴 줄 알았다. 그는 이렇게 말했다. "우리는 역사를 만들어 낼 수 없다. 역사가 만들어지기를 기다릴 뿐이다. 어찌 등불을 비추어 과일이 익게 만들겠는가".

┃ 힘에 의해 뒷받침되어야

"힘을 바탕으로 하지 않는 외교는
국가를 굴욕으로 이끌고 안보를 위태롭게 할 뿐이다"
_앤서니 이든 영국 외교장관

"말은 부드럽게 하되 항상 몽둥이를 갖고 다녀라"
_시어도어 루스벨트 전 美 대통령

외교와 힘은 실과 바늘의 관계다. 힘이 없는 외교는 악기 없는 음악에 비유된다. 조지 슐츠(1920~2021) 전 국무장관은 "무력에 의해 뒷받침되지 않는 외교는 말장난에 불과하다"고 했고, 콜린 파월(1937~2021) 전 국무장관도 "힘을 사용하지 않는 외교는 애걸복걸이며, 외교를 동원하지 않는 힘은 무용지물이다"라고 했다. 강대국은 외교를 하면서도 힘을 동원하는 것을 주저하지 않는다. 외교는 설득이고 설득은 말로 하는 것이지만, 힘에 의해 백업되지 않는 설득은 효과적이지 않다. 고집 센 당나귀를 움직이기 위해서는 당근과 채찍을 동시에 사용해야 한다.

*인질 외교관 석방

이란 혁명세력들은 1979년 11월 4일 테헤란 주재 미국대사관을 습격해 52명의 외교관을 인질로 잡았다. 미국 외교관들이 이런 수모를 당한 것은 사상 처음 있는 일이었다. 미국이 모욕을 당했다. 카터 대통령은 이들을 구하기 위해 특공작전까지 펼쳤지만 어처구니없을 정도로 완전히 실패했다. 이란은 1981년 1월 20일 444일 만에 인질 외교관들을 전원 석방했다. 레이건 대통령 취임 직전이었다. 어찌 된 일이었을까. 이란 혁명세력들은 레이건이 취임하면 언제 어떻게 혹독한 공격을 당할지 모른다고 우려했던 것이다.

*'김관진 효과'

김관진은 북한의 연평도 포격 도발 직후인 2010년 12월 4일 국방부 장관직을 맡으며 "북한이 또다시 군사적 도발을 감행한다면 즉각적이고도 강력한 대응으로 완전히 굴복할 때까지 응징해야 한다"고 말했다. 美 국방부 인사들은 김관진의 이런 태도가 북한의 추가 도발을 억제하는 효과를 낳았다며 이를 '김관진 효과(Kim Kwan-jin effect)'라고 불렀다.

김관진은 2014년 6월 청와대 국가안보실장에 임명되었다. 2015년 8월 북한에 의한 DMZ 목함지뢰 사건이 발생했다. 박근혜 정부는 8월 10일 대북 경고 성명을 내고 대북 심리전 방송 재개를 선언했다. 그러면서 북한에 책임자 처벌을 요구했다. 북한은 8월 20일 145밀리 고사포 1발과 76.2밀리 평곡사포 3발을 DMZ 이남으로 발사했다. 그러자 한국군은 즉각 155밀리 자주포 29발을 동시 사격했다. 북한은 8월 21일 오전 준전시 상태를 선포하더니 오후 4시 고위급 접촉을 제의했다. 한국은 황병서 조선인민군 총정치국장이 회담에 나오라면서 한민구 국방장관 명의 대국민 담화(오후 8시 발표)를 통해 북한이 추가 도발할 경우 혹독한 대가를 치를 것이라고 경고했다. 8월 22일 오전 북한 외무성은 "우리 인민이 선택한 제도를 목숨으로 지키기 위해 전면전도 불사할 입장"이라고 했다. 한국 합참의장은 미 합참의장과 "북한의 추가 도발 시 한미동맹 차원에서 강력 대응한다"고 밝혔다. 한미연합 대북정보감시태세인 워치콘 III를 워치콘 II 로 격상했다. 당일 오후 6시 남북 고위급 접촉이 판문점에서 시작되었다. 한국 국방부는 8월 24일 오전 B-52 전략폭격기와 핵잠수함 등 미군 전략자산 전개를 시사했다. 북한은 8월 25일 휴전 이래 최초로 자신들의 도발을 사실상 시인하고 유감을 표명했다. 판문점 접촉 시 황병서는 김관진을 화장실까지 따라와 협상 타결을 하소연했다.

┃ 지렛대가 있어야

"외교는 본래 압박의 요소와 그 압박을 행사할 수 있는
능력의 요소를 내포하고 있다"
_헨리 키신저 전 美 국무장관

외교에서는 지렛대 lever 가 있어야 한다. 지렛대는 무거운 물건을 움직이는 데 쓰는 막대기인데, 이 지렛대가 만드는 힘을 레버리지 leverage 라고 한다. 어떤 목적을 달성하기 위해 동원할 수 있는 힘이다. 나의 레버리지는 높이고 상대의 레버리지는 낮출 수 있으면 최상이다. 문재인 정부는 중국에 대해 저자세를 취함으로써 중국의 레버리지만 높여 주었다.

*중국의 대북 對北 **원유 공급 중단**

중국은 2003년 2월 말 '기술적인 이유'를 들어 북한으로 연결된 송유관 밸브를 3일 동안 잠갔다. 이 일이 있기 직전 부시 미국 대통령은 장쩌민 중국 주석에게 "우리가 이(북핵) 문제를 외교적으로 풀지 못할 경우 북한에 대한 군사석 공습을 검토할 수밖에 없다"는 말을 했다. 당시 북한은 미국이 제안한 6자회담을 완강히 거부하고 있었다. 중국이 송유관을 잠그자 북한은 즉시 6자회담을 받아들였다. 중국이 사용한 지렛대 효과였다.

*우크라이나의 실수

미국·러시아·영국 대표들이 1994년 12월 5일 부다페스트에 모여 우크라이나·벨라루스·카자흐스탄 등 세 나라를 핵확산방지조약(NPT)에 가입시키기 위한 문서에 서명했다. 부다페스트 메모랜덤으로 불린 이 문서는 NPT 가입 대가로 이 나라들이 무력 침공을 받을 경우 안보를 보장한다는 내용으로 되어 있었다. 우크라이나는 이 문서를 믿고 그 많던 핵무기를 모두 러시아에 넘겼다. 러시아는 2014년 크림반도를 무력으로 병합하더니 2022년 2월에는 우크라이나를 침공했다.

| 여론의 지지가 있어야

국론이 분열된 나라의 외교는 성공할 수 없다. 미국의 경우, 공화·민주 양당은 평소 사사건건 충돌·대립하지만 국익에 영향을 주는 외교문제가 대두하면 협조적인 자세를 취한다. 외교는 국민여론의 지지를 받아야 힘이 실린다. 여론의 지지를 받을 수 있으려면 정책이 합리적이고 타당성이 있어야 한다. 스탠리 호프만 교수는 대외정책에서 중요한 것은 합리성이라고 강조했다. 한스 모겐소 교수도 "좋은 상식common sense 이 좋은 대외정책을 만든다"고 했다. 문재인 정부는 중국과 북한에 기울어진 자세를 취했지만 국민들은 대부분 미국과의 관계가 중요하다고 생각했다.

| 상대를 정확히 알아야

상대를 정확히 알아야 외교를 잘할 수 있다. 이승만 대통령(1948~1960 재임)은 6·25전쟁이 휴전 협상에 들어가자 향후 한국 안보를 위해서는 어떻게든 미국을 잡아 두어야 한다고 판단했다. 하지만 미국은 더이상 한반도에 묶이고 싶지 않았다. 또다시 개입해야 하는 일은 극구 피하려 했다. 이승만은 벼랑 끝 전술을 쓰는 등으로 끝내 미국을 잡아 놓는 데 성공했다. 세계에서 가장 가난한 나라가 세계 최강의 나라와 상호 방위조약을 체결했다. 이런 일이 가능했던 것은 이승만이 미국과 미국인들을 속속들이 안 데 있었다. 이승만은 1945년 10월 망명생활을 끝내고 귀국할 때까지 33년을 미국에서 살았다.

| 조용히 수행해야

외교는 조용히 수행해야 효과적이다. 겉으로 드러내 놓고 시끄럽게 떠들지 말아야 한다. 요란하면 얻는 것보다 잃는 것이 많다. 이른바 '조용한 외교quiet diplomacy '다. '조용한 외교'는 수동적·수세적인 자세를 의미하지 않는다. 주장 없는 외교가 아니다. 외교에서 일방이 타방에 대해 공개적으로 비난과 압력을 가하면 타방은 여론을 의식해 더욱 강경하고 경직된 입장을 보이게 된다. 이렇게 되면 타협의 여지가 좁아진다. 민감한 사안을 놓고 공개적으로 떠들면 부작용과 역효과가 따른다. 카터 대통령과 레이건 대통령의 경우를 비교해 보자. 카터는 한국 인권문제를 공개적으로 압박했다megaphone diplomacy. 반면 레이건은 조용히 풀어 나갔다. 취임 직후 전두환 대통령을 워싱턴으로 초청해 그의 정치적 위상을 높여 주면서 사형선고를 받은 김대중 석방을 이끌어 냈다. 이런 것이 '조용한 외교'다.

*독도와 '조용한 외교'

노무현 대통령은 2006년 4월 여·야 지도부와의 청와대 만찬에서 독도와 관련하여 "일본의 분쟁지역화 의도에 말리지 않기 위해 대응을 절제하는 외교를 수년간 해 왔는데 일본이 하나둘씩 공격적으로 상황을 변경해 왔다"며 역대 정부가 취해 온 '조용한 외교' 자세만 갖고는 안 되겠다고 했다. 노 대통령은 6월에는 해양경찰관 200여 명을 청와대로 초청, 오찬을 함께하면서 "그동안 독도를 일본에 뺏길 염려가 없다고 생각해 '조용한 외교' 기조를 유지했는데 '조용한 외교'로는 문제 해결에 한계가 있어 정면대응을 하지 않을 수 없다"고 했다. 이명박 대통령은 2012년 8월 한국 대통령으로서는 처음으로 독도를 방문했다. 이후 한일관계는 악화 일로를 걸었다. 이 대통령은 역대 정부가 '조용한 외교'로 얻은 게 무엇이냐며 일본에게 이런 외교기조를 악용하는 기회만 주었다고 비판했다. 역대 정부가 독도와 관련하여 '조용한 외교'를 견지했던 것은 일본이 독도를 분쟁지역화해 국제여론을 자기들에게 유리한 방향으로 끌고 가는 전략에 넘어가지 않기 위해서였다. 이명박 대통령의 독도 방문으로 한국의 국익은 적지 않게 손상되었다.

| 빈말을 하지 말아야

외교 금언에 '진정으로 말하고, 말한 대로 행하라(Say what you mean and mean what you say)'는 것이 있다. 실행할 생각이 없으면 말을 하지 말고, 일단 말을 했으면 실행하라는 의미다. 언행이 일치하지 않으면 신뢰를 상실한다. 시어도어 루스벨트 대통령은 "총을 쏠 생각이 없으면 총을 빼 들지 말라"고 했다. 이런 점에서 문재인 대통령의 언행은 문제가 많았다. 그는 취임사에서 한 말을 하나도 지키지 않았다. 어제 한 말과 오늘 하는 말이 달랐다. 국내외에서 신뢰를 잃었다.

*레이건 대통령의 말

1981년 8월 레이건이 대통령에 취임한 지 7개월쯤 되었을 때 공항관제사 노조가 임금 인상을 요구하며 파업에 들어갔다. 연방법에 따르면 공항관제사들은 파업행위를 할 수 없다. 파업이 국가안보와 국민들의 일상생활에 미치는 영향을 고려해, 공항관제사들의 파업행위를 법으로 금지한 것이다. 관제사들은 법을 어기고 파업에 들어갔다. 그러자 레이건은 48시간을 주고 이 시간 내에 복귀하지 않으면 의법 조치하겠다고 선언했다. 관제사들은 레이건이 말뿐일 것으로 생각해 파업을 계속했다. 예상은 빗나갔다. 레이건은 48시간 내 복귀하지 않은 관제사 13,000여 명을 전원 해고했다. 이런 일을 지켜보던 소련 지도자들은 긴장했다. 레이건은 한 번 말을 하면 반드시 행동으로 옮기는 사람이라고 믿게 되었다.

▎신뢰할 수 있어야

"외교에서는 신뢰를 얻는 일이 무엇보다도 중요하다.
그렇게 되면 무슨 말이든 할 수 있으며,
거의 모든 일이든 할 수 있다"
_폴 깜봉 프랑스 외교관

깜봉은 1898년부터 21년간 영국주재 대사직을 수행하면서 프랑스-영국 관계를 화친관계로 만들어 놓은 사람이다. 외교에서 신뢰는 무엇과도 바꿀 수 없는 자산이다. 외교에서 신뢰를 대신할 만한 것은 없다. 서로 믿을 수 있어야 합의를 만들어 낼 수 있다. 조지 슐츠는 미국 역사에서 성공적인 국무장관의 한 사람으로 꼽힌다. 그는 레이건 대통령을 도와 미·소 냉전을 종식시키는 데 기여했다. 그는 이렇게 말했다. "외교관이 효과적으로 일을 할 수 있으려면 기본적으로 정직해야 하며, 그래야 관계를 맺는 사람들이 신임하고 신뢰한다. 말을 했으면 지키고 지키지 못할 말은 아예 하지 말라". 그는 100세를 일기로 세상을 떠나면서 "신뢰가 있으면 무엇이든 가능하지만 그것이 없으면 아무것도 할 수 없다"라는 말을 남겼다.

│ 상세를 잘 챙겨야

'악마는 디테일에 있다(The devil is in details)'는 말이 있다. 외교가 그렇다. 외교관은 일의 상세를 잘 챙기도록 훈련받은 사람들이다. 미국 '건국의 아버지' 중 한 사람인 벤저민 프랭클린(1706~1790)은 미국 제1호 외교관이기도 하다. 그는 프랑스주재 대사로 근무하면서 미국이 독립 과정에서 절실히 필요로 했던 프랑스의 지원을 이끌어 내는 데 탁월한 수완을 발휘했다. 그는 "큰일과 위대한 인물도 때로 작은 일들에 의해 영향을 받는다"며 디테일을 놓치지 않는 사람이었다. 저우언라이 (1898~1976) 중국 총리도 그랬다. 그는 중국이 낳은 최고의 외교관으로 26년 동안 마오쩌둥을 도와 중국의 대외관계를 성공적으로 이끌었는데, 조그만 일에도 소홀함이 없었다. 하나부터 열까지 직접 챙겼다. '외교에서 사소한 일은 없다'는 것이 그의 지론이었다.

문재인 외교의 특징 중 하나는 디테일이 없는 것이었다. 미·북 사이에서 중재자 역할을 한다면서 무엇을 어떻게 할 것인가에 관한 상세가 없었다. '평화경제'도 마찬가지였다. 말뿐이었다.

│ 전제가 맞아야

잘못된 전제 premise · 가정 hypothesis · 예상 presupposition 에 근거한 대외정책은 실패한다. 김대중·노무현 정부의 대북 포용정책이 실패한 배경이다. 지난 30년간 북한 핵문제에 대한 인식에서도 잘못된 전제나 가정이 많았다. "북한은 핵을 만들 능력도 의지도 없다" "북한 핵미사일은 자위수단이다" "김정은의 비핵화 의지는 확고하다" 등은 잘못된 인식이면서 잘못된 전제였다. 문재인 정부의 '평화경제론'도 마찬가지다. 대규모 자금을 투입해 북한의 철도 등 인프라를 개선시켜 주면 북한 경제가 발전하고 종국적으로 남북한에 큰 이익을 가져다줄 것이라는데, 맞지 않는 예상이었다.

*'최악의 전략적 실수'

미국은 중국에 대해 30년 넘게 관여정책을 폈으나 원래 의도한 결과를 얻지 못했다. 미국은 중국이 국내적으로는 더 자유롭고 대외적으로는 덜 위협적인 민주주의 국가로 진화할 것으로 믿었지만 결과는 정반대로 나타났다. 전체주의로 돌아갔고, 미국 패권에 도전하는 나라가 되었다. 미어샤이머 교수는 그간의 대중국 관여정책은 '최악의 전략적 실수(the worst strategic blunder)'였다고 주장한다. 중국의 경제발전을 지연시키는 전략을 썼어야 함에도 오히려 경제발전을 도왔다는 것이다.

│ 의타적이지 말아야

상대가 내 정책의 성패를 좌우하는 상황을 만들지 말아야 한다. 역대 정부의 대북정책이 대부분 실패로 돌아간 원인의 하나도 바로 여기에 있었다. 이승만 대통령은 철저히 자주적이고 자립적이었다. "한국이 역사적으로 중국에 대해 가졌던 사대정신이 한국 역사에서 가장 결정적인 잘못이었다"라고 말했을 정도다. 박정희 대통령도 마찬가지다. 그가 가졌던 3대 신조는 자조·자립·자력이었다. 그중에서 자조^{自助}를 가장 중시했다. 자주국방의 기치를 내걸고 방위산업을 육성했다.

● 국가지도자의 외교자질

　　　　　국가지도자는 대외정책을 최종 결정하는 사람이다. 대통령중심제 국가에서는 외교권이 대통령에게 있다. 따라서 외교는 대통령이 책임을 져야 하는 분야다. 이런 국가지도자에게는 다음과 같은 외교자질이 요구된다.

　-올바른 역사의식·국가관
　-국제정세를 읽어 낼 수 있는 혜안
　-외교에 관한 지식·감각
　-어젠다를 정확히 설정할 수 있는 능력
　-전략적 사고思考·비전

| 전략적 사고 · 비전

　　　　"훌륭한 지도자란 수많은 전술적 결정을 하면서도
　　장기적인 관점에서 국가이익이 어디에 있는지 알아내
　　그러한 이익을 추구하고 전략을 수립할 수 있는 사람이다"
　　　　　　　　　　　_헨리 키신저 전 美 국무장관

　전략적 사고思考란 중요한 사안이 대두되었을 때 폭넓은 관점에서 관련되는 이슈들을 종합하여 이들의 중요도·시급성·실현 가능성 등에 따라 우선순위를 매기는 일이다. 국가지도자에게는 전략적 비전도 있어야 한다. 국가의 바람직한 미래상未來像을 설정하고 이를 현실로 만들어갈 수 있어야 하는 것이다. 전략적 비전의 핵심은 멀리 내다보는 데 있다. 레이건 대통령은 전략적 비전이 있는 지도자였다. 그는 대통령이 되기 20여 년 전 이미 지구상에서 핵무기가 사라진 모습을 그렸다. 대통령이 되자마자 그동안의 핵억지 전략이었던 '상호확증파괴 이론MAD'을 전면 부정하고 이른바 전략방위구상SDI 이란 것을 내놓았다. 우주에서 탄도미사일을 요격한다는 아이디어였다. 레이건이 그렸던 전략적 비전은 핵무기를 쓸모없는 것으로 만든다는 것이었다. 전략방위구상이 최종 완성되지는 않았지만 레이건이 가졌던 전략적 비전은 인류가 핵전쟁의 공포에서 벗어나는 데 큰 기여를 했다.

| 신중

"현명한 군주는 신중하고, 유능한 장수는 조심스럽다.
이것이 나라를 평화롭게 하는 길이며,
군대를 동원하지 않아도 되는 길이다"
_『손자병법』

손자孫子는 통치자에게 요구되는 덕목으로 신중함을 들었다. 일시적인 감정에 따라 판단하고 행동해서는 안 된다는 것. 싸우지 않고 이기는 것이 최선인데 그러기 위해서는 신중해야 한다는 것이다. 미국의 시어도어 루스벨트(1858~1919) 대통령 사례도 시사적이다. 그는 힘을 숭상한 사람이었지만 힘을 함부로 사용하지 않았다.

영국 정치철학자 에드먼드 버크(1729~1797)는 "신중prudence은 정치에서 제1의 미덕"이라고 했다. 이탈리아 정치철학자 니콜로 마키아벨리(1469~1527)도 "신중은 가장 중요한 정치적 덕목"이라고 했다. 이들보다 훨씬 앞선 고대 그리스 철학자 아리스토텔레스(BC 384~322)도 "경륜 있는 정치가의 가장 특징적인 덕목은 신중"이라고 했다.*

┃실용적 사고

국가지도자는 사실과 결과를 중시해야 한다. 사안이나 문제를 당위적으로as it should be가 아니라 실제대로as it is 보아야 한다. 실용적 사고는 일의 옳고 그름을 따지기보다 어떻게 하면 효과적으로 문제를 해결하고, 실제적인 성과를 만들어 내느냐에 더 관심을 갖는다. 실용적 사고는 목표를 설정하기 전에 그 목표를 달성하는 데 필요한 수단이 있는지 심사숙고한다. 정책을 결정할 때 실현 가능성 여부가 중요한 고려사항이 된다. 처칠 영국 총리는 이런 말을 했다. "정부의 의무는 가장 실용적으로 일하는 것이다. 나는 원칙이 아무리 고상하고 진실이 아무리 위대하더라도 우리 세대를 희생시키는 일을 하지 않을 것이다". 영국인들의 실

---

* prudence는 △조심스러운 태도·자세, △심사숙고, △선견(先見), △실천적 지혜, △건전한 판단, △지각, △분별력, △절제·자제력, △통찰력(상황을 간파하는 능력, 기회를 예리하게 포착하는 능력), △상황지능(서로 다른 것들을 동시에 고려하는 능력), △건전한 초연함 등을 의미한다.

용주의 정신이다.

▎ 장기적 안목

외교는 일회성, 일과성一過性, 전시성展示性으로 하지 말아야 한다. 국가이익을 단기적으로 추구하면 소탐대실이 될 가능성이 높다. 현실적으로 국가지도자에게는 지지율과 표가 중요하다. 정치인들의 시간 지평이 짧을 수밖에 없다. 당장 급한 것이 유권자들의 지지支持를 얻는 것이기 때문이다. 그러니 멀리 내다보기가 어렵다. 이승만·박정희 대통령은 긴 안목을 갖고 외교를 했다. 이승만은 한미상호방위조약을, 박정희는 한일 국교정상화를 만들어 냈다. 과실은 후대가 누렸다.

*'스워드의 바보짓'

미국은 1867년 제정(帝政) 러시아로부터 알래스카를 720만 달러에 구입했다. 한반도 7배 되는 크기의 땅을 헐값에 구입한 것이다. 윌리엄 스워드 (1801~1872) 국무장관이 러시아와 매매 협상을 했는데, 8년이나 걸렸다. 스워드는 여론의 반대로 곤욕을 치렀다. 아무짝에도 쓸모없는 얼음 덩어리를 사들였다고 임기 내내 혹독한 비난에 시달렸다. '바보 멍청이'라는 조롱까지 받았다. 알래스카 매입이 '스워드의 바보짓(Seward's folly)'이라고 불리기까지 했다. 이로부터 불과 30여 년 후 알래스카는 자원의 보고(寶庫)로 판명되었다. 스워드는 바보가 아니었다.

*요시다 독트린

일본이 1945년 패전 후 정치·경제적으로 혼란에 빠져 있었을 때 외교관 출신 요시다 시게루는 두 차례(1946년, 1948년) 총리를 역임했다. 미국은 일본에 재무장을 요구했다. 일본을 대소(對蘇) 봉쇄정책 거점으로 만들려는 의도였다. 여론은 재무장과 대미(對美) 동맹문제를 놓고 둘로 갈렸다. 민족주의 세력은 재무장을 주장하면서 일·미 동맹에 반대했다. 급진 좌파세력은 재무장에 반대했을 뿐만 아니라 일·미 동맹도 반대했다. 요시다 총리는 민족주의 세력, 급진 좌파세력, 미국, 이 3자의 주장이 첨예하게 대립하는 상황 가운데서 일본의 진로를 결정해야 했다. 요시다는 일·미 동맹으로 안보는 미국에 의존하면서, 경제발전에만 전념하기 위해 독자적인 재무장은 하지 않기로 결정했다. 이 결정으로 일본은 경제성장과 국가안보라는 두 개의 목표를 동시에 추구할 수 있었다. 요시다 독트린은 20~30년을 내다본 것이었다.

*서독 지도자들의 긴 안목

서독은 1971년부터 19년간 사회간접자본 투자 위주로 약 20억 달러를 동독에 지원하면서 그 반대급부로 동독의 개방을 유인했다. 동독 주민 100만 명과 서독 주민 100만 명 이상이 각각 상대 지역을 방문했고, 약 25만 명의 동독 주민이 정부 허가를 받아 서독으로 이주했다. 동독 주민이 서독 방송을 자유롭게 청취할 수 있도록 했다. 서독 지도자들의 긴 안목이 만들어 낸 결과였다. 1990년 동서독 통일의 밑거름이 되었다.

| 건전한 회의懷疑

"가장 훌륭한 외교관이란 합리적인 회의론자다"
_헤럴드 니콜슨 영국 외교관

건전한 회의healthy skepticism 란 사람들이 의심하지 않는 것을 한 번 더 들여다보는 자세다. 언뜻 보기에 의심할 여지가 없는 사안도 한 번 더 생각해 보면 그렇지 않은 것으로 판명되는 경우가 흔하다. 회의적이란 것은 신중한 자세로 심사숙고하며 성급한 판단을 내리지 않는 태도다. 이것은 지적知的인 겸손이기도 하다. 내 생각이나 판단이 틀릴 수도 있다는 것을 전제한다. 회의론은 근거 없는 낙관이나 희망적 기대를 경계한다. 진중한 비관에 가깝다.

2008년 세계 금융위기 때 뉴욕 월가를 휩쓴 광풍에 조금도 흔들리지 않은 회사가 하나 있었다. Traxis Partners라는 헤지펀드 회사였는데, 이 회사의 모토는 '어떤 것을 믿기 전에 모든 것을 의심하라(Doubt All Before Believing Anything)'였다. 외교 경구로 삼을 만하다. 비슷한 충고가 있다. '어떤 것도 추정하지 말고, 어떤 것도 믿지 말며, 어떤 것이든 살펴라(Assume nothing, Believe nothing, Challenge everything)'.

*빌 클린턴 대통령의 중국 WTO 가입 지원

빌 클린턴 대통령은 1999년 4월 중국의 세계무역기구(WTO) 가입을 지지하며 "중국이 스스로 사회를 변화시키고 보다 나은 미래를 건설할 수 있도록 하기 위해 중국을 국제사회의 주요 세력으로 인정하는 정책 기조를 유지할 것"
이라고 했다. "중국이 WTO 회원국의 책임을 수락하게 되면 미국의 중국 시
장에 대한 폭넓은 접근이 허용될 것"이라고 전망했다. 중국은 미국의 지원에
힘입어 2001년 11월 WTO에 가입했다. 클린턴은 중국을 WTO에 가입시켜
중국 경제가 개방되면 정치적 변화로 이어질 것으로 예상했지만 결과는 달
리 나타났다. 중국공산당 지배 체제가 강화되었고, 미국 패권에 도전하게 되
었다. 그런데 당시 클린턴 행정부의 이러한 대중(對中)정책에 대해 회의론을
편 고위관리나 전문가가 거의 없었다.

| 냉정 · 침착

　외교는 차가운 머리로 하는 것이다. 감정이 개입되어서는 안 된다. 기
분에 좌우되어서도 안 된다. 감정이 앞서면 객관적 사실이나 현실이 무
시되어 합리적 판단이 어렵게 된다. 개인관계에서 통하는 선의·동정심
같은 것은 국가관계에서는 통하지 않는다. 1962년 10월 쿠바 미사일 위
기 때 케네디 대통령이 보인 냉정과 침착은 대단했다. 시간적 압박 가운
데 치명적으로 중요한 결정을 내려야 했음에도 심리적으로 조금도 흔들
리지 않았으며, 사태 내내 성급하거나 서두르는 모습을 보이지 않았다.
이것이 사태를 성공적으로 해결할 수 있었던 배경이 되었다.

| 균형 감각

　균형은 한쪽으로 기울지 않는 것이다. 외교에서 균형은 중요하다. 한

쪽으로 쏠리거나 치우치는 것은 바람직하지 않다. 이상과 현실, 명분과 실리 간에 충돌이 생기게 마련이므로 국가지도자는 늘 균형과 조화를 유지할 수 있어야 한다.

경계할 일

'

| 외교를 국내정치화하는 일

"내치는 향후 100일의 생존에 관한 문제이고
외교는 향후 100년의 생존에 관한 문제다"

"내치에서의 실수는 선거에서 지면 그만이지만
외교에서의 실수는 우리 모두에게 죽음을 가져올 수 있다"
_존 F. 케네디 전 美 대통령

외교는 국내정치의 연장이다. 국내정치의 영향을 받지 않는 외교는 없다. 국가지도자는 국내정치 시각에서 외교문제를 다룬다. 하지만 외교는 국내정치와 여러 면에서 다르다. 국내정치에서는 정부·여당이 원하는 방향으로 갈 수 있다. 외교에서는 이것이 불가능하다. 내가 원하는 대로 상대를 강제할 수 없다. 돌발변수도 많다. 국내정치에서는 실수가 있어도 만회가 가능하다. 외교에서는 한 번 실수하면 복구가 불가능하다. 비싼 대가를 치러야 한다. 국민 모두에게 피해가 돌아간다.

외교·안보 사안이 정치적 갈등의 원인이 되면 해결은 더 어려워지고 종국에 가서는 국민 전체에 피해를 주게 된다. 그런데도 정치인들은 당

리당략에 따라 접근한다. 그들에게는 다음 선거에서 이기는 것이 최우선이다. 표가 되면 무슨 일이든 한다. 토니 블레어 전 영국총리는 회고록에 이렇게 썼다. '당신이 당신의 정치적 이익보다 국가의 이익을 먼저 추구할 준비가 되어 있느냐가 궁극적으로 리더십 테스트의 기준이 된다. 이것이 가장 좋은 잣대다. 그런데 이 테스트를 통과하는 지도자는 드물다'.

*독도 퍼포먼스

일본은 CNN·BBC 등 국제 언론매체가 독도를 다루기를 원한다. 문제가 아닌 것을 문제화하는 데 도움이 되기 때문이다. 여기에 말려들지 말아야 하는데, 정치인들은 다르다. 일본에 의해 독도문제가 불거지기만 하면 독도 퍼포먼스에 나선다. 이재오 특임장관은 2011년 8월 1일 독도에서 '보초근무'를 서는 모습을 연출했다. 그는 "국민의 대표이고 국무위원으로서 내가 여기에 온 것은 독도가 우리 영토임을 분명하게 알릴 필요가 있기 때문"이라고 했다. 홍준표 한나라당 대표도 "우리가 독도문제에 대해 조용한 외교·소극적 대응을 하는 시대를 넘어 적극적으로 독도에 대한 영토수호 의지를 확인해야 할 시점에 왔다"며, "독도에 현재 주둔하고 있는 해안경비대 대신 해병대가 주둔하도록 정부에 요구한다"고 목소리를 높였다. 국익에 도움이 되지 않는 퍼포먼스였다.

| 포퓰리즘

"국제정치에 대한 이해와 대응에서 우리 정치의 수준이 실망스럽다.

국민 일부의 정서에 영합할지 몰라도 사태 해결에는
도움이 되지 않는 제스처를 남발하는 정치인들을 보면
우리 정치의 국제경쟁력을 생각지 않을 수 없다"
_안병직 교수, 2007.8.7.

포퓰리즘populism 은 정파적 이익을 위해 국민의 일시적 정서에 영합하고 선동하는 행위다. 외교에서도 포퓰리즘 현상이 자주 나타난다. 국가 지도자나 정치인들은 장기적으로 보면 국민 전체의 이익에 해가 됨에도 표를 의식해 국익에 해가 되는 일을 서슴지 않는다. 이승만·박정희 대통령은 인기에 영합하지 않고 나라의 미래를 내다보며 외교를 했다.

| 근시안적 접근

"훌륭한 지도자는 오늘의 일과 문제들을 뛰어넘어 내일을 바라보며
가능성과 잠재력을 분별해 내는 비전이 있어야 한다"
_로버트 게이츠 전 美 국방장관

인간에게는 수렵채취시대 형성된 '원시인 심리'가 있다. 지금 당장 얻을 수 있는 것에만 관심을 갖는 심리다. 정치인들이 그렇다. 재선, 정권 유지에만 관심이 있다. 정치인의 시간 지평은 차기 선거까지다. 민주주의 국가에서 선출직 지도자는 중·장기적 관점에서 외교를 하기가 어렵다. 우리나라 대통령의 경우 단임에 임기 5년이다. 이런 지도자가 10년 이상을 내다보며 외교를 한다는 것은 기대하기 어렵다. 역대 대통령들의 대북정책을 보면 잘 알 수 있다. 남북관계는 긴 안목으로 접근해야 하는데 그렇게 하지 못한다. 정권이 바뀌었을 때 전임 정부의 정책을 무조건 폐기하는 일은 어느 나라에서나 볼 수 있지만, 대외정책은 변화와 연속성 간 조화가 바람직하다.

┃ 이분법적 사고

외교에서 '이것 아니면 저것' 식의 사고방식은 곤란하다. 이분법적 사고는 생각을 깊게 하지 않는 것으로, 지적知的인 나태다. 한국인의 경우 이런 현상이 두드러진다. 조선시대 명분론 vs 실리론, 척화론 vs 주화론, 노무현 정부 초기 자주파 vs 동맹파 대립이 이런 사례다.

이분법적 사고는 경계해야 할 일이다. 조지 W. 부시 대통령(2001~2009 재임)이 외교에서 실패한 원인 중 하나는 국제사회를 선과 악, 우리we와 그들they로 나눈 데 있었다. 존슨 대통령(1963.11.~1969.1. 재임)이 베트남전에서 패한 원인에도 이런 사고방식이 한몫했다. 그는 베트남전을 자유민주주의 vs 공산주의 대결로 보았지만, 실은 베트남 민족주의의 문제였다.

김대중·노무현 정부 때 북한에 대해 단호한 대응을 해야 한다는 주장이 나오면 곧바로 "그러면 전쟁을 하자는 것이냐"고 했다. 단호한 대응은 전쟁이고, 관대한 대응은 평화라는 이분법이다. 한국에서 한때 안미경중安美經中이 유행했다. 미국 vs 중국, 안보 vs 경제를 대치시킨 이분법이었다.

| 여론 추종

여론은 양날의 칼이다. 국민이 주인인 민주주의 국가에서 정부는 여론을 무시할 수 없다. 그렇다고 여론에 끌려가서는 안 된다. 여론을 감안해 정책을 펴야 하는데 여론이 항상 옳은 것은 아니라는 데 어려움이 있다. 외교문제가 특히 그렇다. 여론은 특정 시점의 분위기나 국민감정에 영향을 받아 형성되기 때문에 가변적이다. 여론을 좇다 보면 정책의 일관성을 기하기 어렵다. 정부 정책에 일관성이 없으면 신뢰가 떨어진다. 정치적 이득을 얻기 위해 여론에 영합하는 것은 그래서 문제가 있다. 이 딜레마에서 벗어나기 위해서는 정치지도자들이 설득의 리더십을 발휘해야 한다. 국민들에게 실상을 알리고 정부의 고민이나 어려움에 이해를 구할 수 있어야 한다. 때로는 여론에 거스르는 결정도 내릴 수 있어야 한다.

*영국 국민들이 지지한 뮌헨협정

체임벌린 영국 총리는 1938년 9월 뮌헨에서 히틀러와 체코의 주데텐란트를 독일에 떼어 주는 협정에 서명하고 돌아와 "이것이야말로 우리 시대의 평화가 아니고 무엇이겠는가"라고 의기양양했다. 1차 세계대전의 참상이 기억에 생생한 영국인들은 전쟁만큼은 피해야 한다는 생각에 젖어 체임벌린을 '평화의 사도'로 부르며 열광했다. 다음 해 2월 실시된 여론 조사 결과 74%가 뮌헨협정으로 유럽의 평화가 유지되었거나 적어도 영국에게 시간을 벌어 주었다고 믿었다. 처칠은 달랐다. 평화를 구걸한 뮌헨협정은 휴지 조각에 불과하다고 외쳤다. 히틀러에 힘으로 맞서야 한다고 목소리를 높였다. 당시 영국은 히틀러에 대응할 수 있을 만큼 군사력이 강력하지 못했다. 독일과의 전쟁을 두려워한 영국인들은 처칠을 '전쟁광'이라고 손가락질했다. 처칠의 판단이 옳았음이 판명되기까지에는 오랜 시간이 걸리지 않았다.

| 승리주의

"가장 잘하는 외교는 팡파르를 울리지 않는 외교다"
_토머스 베일리 美 외교사학자

"외교는 이긴 것 같은 인상을 주지 않는 기술이다"
_메테르니히 오스트리아 정치가·외교관

외교에서는 이겼으면서도 이긴 것 같지 않게, 많은 것을 얻었으면서도 별로 얻은 것이 없는 것 같이 보여야 한다. 현실적으로 정치인들은 그렇게 하지 못한다. 작은 성취라도 큰 성공으로 선전한다. '외교적 승리' 운운하며 자화자찬한다. 국내정치적으로는 득이 되지만 국익에는 해가 된다. 협상에서 승리했다고 떠들어대면 상대방은 패배했다는 것이 된다.

비스마르크 사례는 교훈적이다. 그는 승리주의triumphalism를 경계했다. 독일 통일을 완성하는 과정에서 관련국들이 독일에 대해 복수심을 갖지 않도록 유의했다. 1866년 오스트리아를 공격했을 때 군부는 완전 승리를 원했다. 그럴 만한 능력도 있었다. 하지만 비스마르크는 그렇게 하지 않았다. 제3국의 견제를 받을 가능성을 염두에 두었다. 때문에 오스트리아에게 한 치의 땅도 요구하지 않았다. 오스트리아가 전쟁에 패하고서도 굴욕감을 느끼지 않게 만들었다. 비스마르크의 판단은 옳았다. 20세기 초 일본 지도자들도 비스마르크의 교훈을 실천했다. 일본은 1905년 러시아와의 전쟁을 마무리하는 포츠머스 협상에서 러시아가 복수심을 갖지 않도록 배려했다. 전쟁이 끝난 지 2년도 안 되어 러시아와 우호관계를 회복하는 협정까지 체결했다. 러시아는 전쟁에 패했지만 일본에 대해 적의를 품지 않았다.

1962년 10월 쿠바 미사일 위기가 해결될 가능성이 보이던 즈음 13일 동안의 초긴장 상태가 끝나 가면서 참모들은 케네디 대통령을 한껏 추켜세웠다. 한 참모는 "대통령님, 지금 키가 2m가 넘게 보이십니다"라고 아부했다. 케네디는 조금도 우쭐하지 않았다. 오히려 더 자신을 낮추었다. 케네디가 이 전대미문의 위기를 성공적으로 해결할 수 있었던 비결의 하나는 흐루시초프에게 패했다는 인상을 주지 않은 데 있었다. 조지 H. W. 부시(아버지 부시) 대통령과 헬무트 콜 서독 총리가 1989~1990년 통독외교를 전개하는 과정에서 가장 조심한 일의 하나도 소련 지도자 고르바초프의 체면을 손상시키거나 그의 입지에 부정적인 영향을 주지 않도록 하는 일이었다.

*북방외교 성공의 역설

노태우 정부(1988.2.~1993.2.)가 추진한 북방정책은 북한의 전통 우방인 소련·중국·동유럽 공산국가들과 외교관계를 맺는 것이 1차 목표였고(북방외교), 이런 여세를 몰아 북한의 개방을 이끌어 내는 것이 2차 목표였다(북방정책). 1차 목표는 눈부시게 달성되었다. 그런데 국제적으로 고립된 북한은 사면초가였다. 미국·일본과 대화를 시도했다. 노태우 정부는 이를 차단했다. 북한이 한국을 배제하고 미국·일본을 직접 상대하면 남북관계가 진전되지 않을 것을 우려했다. 북한을 압박하면 개방을 선택할 것으로 믿었지만 북한은 그런 선택을 하지 않았다.

| 완벽주의

"외교에서는 끝장을 보려는 태도를 경계하라"
_헨리 키신저 전 美 국무장관

"외교는 완전하지 않을 때가 가장 적당하다.
완벽한 것보다 조금 부족한 것이 낫다"
_콜린 파월 전 美 국무장관

"외교에서 많은 문제들은 지나치게 정확성을
기하지 않음으로써 해결되기도 한다"
_조지 슐츠 전 美 국무장관

외교에서는 부분적인 승리가 완전한 승리보다 나은 경우가 흔히 있다. 잘하는 외교는 원하는 목표의 51%에 만족하는 외교다. 최종 해결이나 완승完勝을 추구하지 않는다. 『전쟁론』을 쓴 클라우제비츠는 "전쟁에서 최종적인 결과는 없다"라고 했는데, 외교에서도 '최종적인 해결' 같은 것은 없다.

헨리 키신저는 6·25전쟁 당시 맥아더 장군이 지휘하는 유엔군이 1950년 가을 38선을 넘어 북진할 때 평양–원산을 잇는 북위 39도 선에서 북진을 멈췄더라면 이후 한반도에서는 전혀 다른 상황이 전개되었을 것이라고 믿었다. 그렇게 했을 경우, 중공군의 개입을 불러오지 않았을 것이고, 39도선 이북의 김일성 정권은 오래 지탱하지 못하고 스스로 붕괴되었을 것으로 보았다.

1945년 해방 이후 남한은 북한이 남북한 전 지역에서의 선거를 거부하자 중요한 선택을 해야 했다. 북한 공산주의자들과 타협해 하나의 국가가 될 것인가(이 경우 한반도 전체가 공산화될 가능성), 아니면 남한에서만이라도 총선거를 실시할 것인가를 선택해야 했다. 이승만 박사는 후자를 택했다. 이런 선택을 두고 로버트 올리버 박사(이승만 정치고문)는 "반쪽의 빵이라도 없는 것보다 낫다(Half a loaf is better than no loaf)"는 표현을 썼다.

로널드 레이건 美 대통령의 경우도 시사적이다. 그는 "나는 내가 얼으려고 하는 것의 70~80%를 얻을 수 있다면 일단 그것을 취한다. 그런 후에 나머지를 얻는 노력을 계속한다"라고 말했다. 레이건은 1983년 3월 전략방위구상^{SDI}이라는 것을 내놓았다. 우주에서 탄도미사일을 요격한다는 아이디어였다. 이것이 성공하면 소련은 미국과의 대결에서 패할 것이 뻔했다. 고르바초프 소련 지도자는 1986년 10월 아이슬란드 레이캬비크서 레이건과 회담했을 때 SDI를 실험실에서만 추진한다는 조건으로 파격적인 전략무기감축 제안을 내놓았다. 레이건은 이를 거부했다. 거부하더라도 결국은 소련이 굽히고 들어올 것으로 예상했다. 목표를 일거에 달성하려 하지 않았다.

| 모호한 신호 발신

모호한 신호(시그널)를 발신하면 전혀 의도하지 않은 결과가 생길 수 있다. 상대가 상황을 오판하는 원인이 되기 때문이다. 국가지도자나 고위관리들은 자신이 하는 말이나 행동이 관련 당사국들에 의해 어떻게 인식될 것인가를 주도면밀하게 살펴야 한다.

*영국-아르헨티나 전쟁

1982년 4월 2일 아르헨티나가 말비나스섬(영국명: 포클랜드섬)을 '회복'하겠다고 선언해 영국과 전쟁이 발발했다. 이 전쟁은 6월 14일 아르헨티나군의 항복으로 종료되었다. 이런 결과를 낳은 발단은 영국 국방부 발표에 있었다. 예산 절감을 위해 남대서양 순항 항공모함을 이전 배치할 것이라는 내용이었다. 영국 정부는 다른 의도가 없었다. 아르헨티나 군사정부가 이를 잘못 읽어 문제가 생겼다. 말비나스섬을 점령해도 영국이 무력 대응을 하지 않을 것으로 오판했다. 설상가상으로 영국 국방부는 이 섬에 배치 운용 중이던 전함 한 척을 철수시킬 것이라는 언질을 주기도 했는데, 아르헨티나 측은 영국의 의도를 잘못 읽었다. 대처 총리는 외교적 해결 노력이 실패하자 항공모함·구축함으로 구성된 해군 기동부대를 출동시켰다. 영국군은 6월 14일 이 섬의 스탠리항(港)을 탈환했다. 이 과정에서 255명이 사망하고 777명이 부상했다. 아르헨티나도 650명이 목숨을 잃었다. 막대한 전비가 들어갔음은 물론이다.

착각 · 오판 원인

| 희망적 사고

희망적 사고 wishful thinking 는 사물이나 상황을 있는 그대로 인식하는 것이 아니라 자기가 바라는 대로 인식하는 것이다. 순진하게 낙관하는 naive optimism 현상으로 착각이나 오판의 원인이 된다. 인간은 본능적으로 나쁜 결과보다 좋은 결과를 선호하며, 따라서 이런 방향으로 더 자주, 더 많이 생각한다. 낙관적인 측면을 강화하는 정보는 충실하게 해독하는 반면 비관적인 측면을 드러내는 정보는 간과하거나 무시한다.

| 확증편향

사람들은 자기가 갖고 있는 생각이나 신념은 옳다고 믿는다. 상황을 있는 그대로 인식하는 대신 자기가 보고 싶은 것만 보고, 듣고 싶은 것만 들으며, 믿고 싶은 것만 믿으려 한다 confirmation bias . 객관적 진실과 관계없이 자기 신념을 강화할 정보만 취사선택한다. 선택적 기억상실증 selective amnesia 이란 것도 있다. 자기에게 유리한 것은 기억하고 불리한 것은 지우는 현상이다. 자신이 선호하는 정보는 의도적으로 찾는 반면, 그렇지 않은 정보는 멀리한다. 불분명한 정보를 접했을 때는 이를 자신에게 유리한 쪽으로 해석하며, 자기에게 불리하게 보이는 정보는 외면한다. 착각이나 오판의 원인이 된다.

| 확신 · 신념

'확신은 진리의 적'이라는 말이 있다. 확신 conviction 이 지나치면 의심을 하지 않기 때문에 오판하기 쉽다. 그래서 정책결정자들에게 건전한 회의懷疑 가 귀중한 덕목이 된다. 중국 시진핑 주석은 '동양(중국)은 떠오르고, 서양(미국)은 쇠퇴한다'는 확신 가운데 대외정책을 펴고 있다. 이런 확신은 오판으로 이어질 수 있다.

김대중 대통령은 햇볕정책을 추진하면서 이 정책이 한반도에 평화를 가져다줄 것이란 확신을 갖고 있었다. 또한 이 정책의 무오류성에 대한 신념도 강해 누가 무슨 말을 해도 듣지 않았다. 이 정책을 추진하는 과정에서 다수의 문제점이 발견되었지만 시정하거나 보완하려는 노력이 없었다. 김 대통령은 2000년 6월 평양에서 역사적인 남북 정상회담을 하고 돌아와 "이제 한반도에서 전쟁의 위험은 없다고 생각한다"고 말했다. 2001년에는 또 이런 말도 했다. "북한은 핵을 개발한 적도 없고 개발할 능력도 없다. 우리의 대북지원금이 핵개발로 악용된다는 얘기는 터무니없는 유언비어다. (북한이 핵을 개발한다면) 내가 책임지겠다".

| 자만 · 지나친 자신감

자신의 능력을 과신하면 오류를 범하기 쉽다. 사람들은 성공했을 때 그 성공에 도취되어 자만^{hubris} 하게 된다. 자만하면 통제 영역 밖에 있는 요인들도 통제가 가능한 것으로 착각하게 된다. 자신이 원하는 일은 자기 뜻대로 모두 성취될 것으로 착각한다. 내 생각이나 판단이 틀릴 수 있다는 자세를 가지면 오판을 줄일 수 있다. 1980년 노벨 문학상을 받은 폴란드 시인 체스워프 미워시는 이런 말을 했다. "어떤 사람이 자기는 55% 옳다고 말한다면 그것은 좋은 일이다. 서로 말싸움할 필요도 없다. 어떤 사람이 자기는 60% 옳다고 한다면 이는 아주 멋진 일이다. 큰 행운이다. 그가 하나님께 감사하도록 해야 한다. 어떤 사람이 75% 옳다고 한다면? 현명한 사람은 이를 의심할 것이다. 자기가 100% 옳다고 하면? 그는 광신도, 폭력배, 최악의 악당이다".

| 부정확한 가정 · 추정 · 전제

사람들은 흔히 '그럴 것이다'라는 추정^{assumptions} 가운데 결정을 한다. 다른 사람도 나와 다르지 않을 것이라든가 과거에 그랬으니 이번에도 그럴 것이라는 전제가 깔려 있다. 하지만 상황은 다 다르다. 김대중 정부의 햇볕정책은 이솝우화의 '북풍과 해'에 나오는 이치를 상정했다. 나그네의 옷을 벗긴 것은 강한 바람이 아니라 따뜻한 햇볕이었듯, 북한을 변화시킬 수 있는 것은 압박이 아니라 지속적 포용일 것이라는 가정이었다. 북한은 나그네가 아니었다. 김 대통령은 대화·협력·경제적 지원이 북한을 개방으로 끌어낼 수 있다고 믿었으나 오판이었다.

| 부정확한 인과관계·상관관계

사건이 발생했을 때 먼저 해야 하는 일은 원인을 정확하게 규명하는 일이다. 그래야 대응도 정확할 수 있다. 문제는 원인 규명이 쉽지 않다는 것이다. 원인을 불충분하게 규명하면 오판의 원인이 된다. 원인이 여럿인데 그중 일부만 놓고 분석한다거나, 몇몇 요인들이 상호 작용해 발생한 일임에도 그중 일부, 그것도 개연성이 낮은 것을 중심으로 분석하면 오류가 생긴다.

인과因果 관계는 원인 cause 과 결과 effect 의 관계이고, 상관 相關 관계는 A와 B 사이의 유사한 정도의 통계적 관계다. 인과관계가 성립하기 위해서는 세 가지 조건이 충족되어야 한다. 첫째, 시간적 순서다. 원인이 결과보다 먼저 일어난 것이어야 한다. 둘째, 상관관계다. 두 변수가 함께 일정한 방향으로 움직여야 한다. 상관관계가 있다고 해서 어느 한쪽이 다른 한쪽의 원인이 되는 것은 아니다. 인과관계가 성립되지 않는 상관관계가 많다. 셋째, 제3의 변수가 개입되지 말아야 한다.

| 고정관념·통념·편견·선입견

고정관념 idée fixe 은 의식 속에 고착되어 있는 생각이나 견해를 말한다. 통념 conventional wisdom 은 일반적으로 그럴 것이라고 생각하는 바다. 사람들은 고정관념이나 통념 속에서 판단하는 경향이 있다. '생각할 수 없는 것을 생각하라 Think the unthinkable '는 말은 바로 이 통념이나 고정관념에서 탈피하라는 말이다. 편견이나 선입견도 오판의 원인이 된다. 편견은 생각이 한쪽으로만 치우쳐 있는 것이고, 선입견은 어떤 이슈에 관해 이미 갖고 있는 생각이다. 많은 사람들이 막연히 사실이라고 믿는 것 myths 을 그대로 믿는 것도 오판의 원인이 될 수 있다.

하와이 진주만 주둔 미군 장성들이 1941년 12월 6일 저녁 식사를 하던 중 '만약 일본군이 공격을 해 온다면 어디가 될 것인가'가 화제로 떠올랐다. 거의 모든 참석자들이 호주나 인도차이나가 될 것이라고 했다. 그런데 참석자 중 한 사람이 "바로 여기 진주만이 될 가능성은 없을까요"라고 했다. '그럴 수도 있다'는 반응을 보인 사람은 한 사람도 없었다. 이로부터 12시간 후 일본군이 공격을 시작한 곳은 바로 진주만이었다. 2,117명의 미군이 한순간에 수장되었다. 보고를 받은 헨리 스팀슨 전쟁부 장관은 "아니, 이건 사실일 리가 없다. 필리핀을 진주만으로 잘못 얘기하고 있는 것 같다"라고 말했다.

┃ 집단사고

> *"의사결정의 첫 번째 규칙은 반대 의견이 없으면*
> *결정을 내려서는 안 된다는 것이다"*
> *_피터 드러커 경영 컨설턴트*

집단사고group-think 란 조직에 속한 사람들이 조직 내 다른 사람들의 주장에 추종하는 현상이다. 인간에게는 편승 본능이 있다. 다수의 견해에 따르면 심리적으로 편안하다. 그래서 생각이 다르더라도 다수 의견에 동조한다. 동질성이 강한 조직에서는 더욱 그러하다. 조직원들이 이미 공통된 사고 체계를 갖고 있는 상황이면 이런 현상은 강화된다. 클린턴 행정부에서 북한문제를 다뤘던 웬디 셔면에 의하면, 1997년 북한문제를 놓고 관련 부서 회의를 하는데 참석자 모두가 북한이 2년 내 붕괴할 것으로 전망했다. 집단사고에 따른 오류를 줄이는 방법의 하나로 '악마의 대변인devil's advocate'이라는 것이 있다. 반대 의견을 말하는 사람을 논의에 반드시 참여시키는 방법이다.

| 잘못된 유추 · 추론

과거에 있었던 유사한 현상에 비추어 현재 일어난 일을 인식하는 경우 자칫 오류가 생긴다. 인간은 어떤 문제에 부딪혔을 때 기억에 입력되어 있는 유사 사례를 참고하려 든다. 어떤 사건이든 그 사건에 고유한 특징이 있기 때문에 과거의 사건을 참고하는 데는 항상 오판의 위험이 따른다. 이런 위험성을 줄이기 위해서는 현재 사건과 과거 사건의 차이점을 속속들이 들추어 보아야 한다.

| 과도한 추측

과도하게 추측하면 오류에 빠지기 쉽다. 정보가 부족할 때 과도하게 추측하게 되고 이렇게 되면 자칫 음모론에 빠진다. 원인을 규명하기 어려운 사건이나 현상이 발생했을 때 빠지기 쉬운 함정이다. 충분한 근거가 없을 때는 차라리 판단을 보류하는 것이 더 낫다.

역사의 교훈

| 역사는 참고서

> "나는 중요한 결정을 할 때 역사적 사례를 연구했다.
> 모든 문제는 과거에 그 뿌리가 있다.
> 나는 역사적인 맥락 속에서 결정을 내리려 했다.
> 내가 역사를 읽고 또 읽은 이유가 여기에 있다.
> 국가지도자에게는 역사의식이 있어야 한다.
> 역사의식은 정책 결정의 실수를 줄이는 데 지극히 중요하다"
>
> _해리 S. 트루먼 전 美 대통령

역사는 참고서가 될 수 있다. 지금 일어나고 있는 현상들을 이해하고 대응하는 데 유용한 힌트를 얻을 수 있다. 현명한 판단을 돕는 것이다. 국가지도자가 하는 결정들은 불확실성 가운데서 이루어진다. 가용한 정보가 충분하지 않기 때문이다. 이럴 때 과거 사례를 참고하게 된다. 역사의 교훈historical lessons 이라는 말대로 역사는 오늘의 문제를 풀어 나가는 데 내비게이션과 같은 역할을 할 수 있다.

현재의 결정은 과거의 경험과 무관하지 않다. 역사는 각 나라의 두뇌에 저장된 기억이다. 미국 케네디 대통령은 쿠바 미사일 위기를 해결하는 과정에서, 서독 콜 총리는 통독 과정에서 뛰어난 리더십을 발휘했다. 그들의 공통점은 역사를 공부하고 또 공부한 사람이었다는 것이다.

| 역사를 배우는 이유

"더 멀리 과거를 살피면 더 멀리 미래를 내다볼 수 있다"
_윈스턴 처칠 전 영국총리

"현재를 이해하기 위해서는 과거를 이해해야 한다"
_로버트 쿠퍼 영국총리 외교보좌관

"국제사회에서 살아남기 위해서는 국가지도자가
역사적인 맥락을 깊이 이해하는 것이 필수불가결하다"
_헨리 키신저 전 美 국무장관

역사를 배우는 목적의 하나는 같은 실수를 반복하지 않기 위함이다. 미국 철학자 조지 산타야나는 "과거를 기억하지 못하는 자는 그 과거를 되풀이하는 저주를 받는다"고 했다. 역사는 역사에 숨겨져 있는 보화를 열심히 찾는 사람에게 기회를 준다. 역사는 후대에 전달해 줄 수 있는 그 무엇이 있다. 오늘의 문제를 해결해 나아감에 있어 사고의 범위를 과거와 미래로 펼쳐 준다. 국가지도자가 중요한 결정을 할 때 역사의식이 있으면 지금의 결정이 훗날 어떤 결과로 나타날 것인가를 가늠해 볼 수 있다.

*9·11사태 진상 보고서

2001년 9월 11일 알카에다가 미국에 가한 테러는 상상을 초월하는 것이었다. 9·11테러조사위원회는 이 사태의 진실을 1년 8개월 동안 파헤쳤다. 10개국 1,200명과 인터뷰했으며, 장관 등 160명을 공청회에 불렀고, 대통령·부통령의 증언도 들었다. 무려 250만 페이지에 달하는 자료를 숙독했다. 이런 과정을 거쳐 4년 후 보고서가 발간되었다. 567페이지에 주석만 136페이지에 이르는 방대한 분량이었다. 이러한 사태를 다시는 당하지 말아야 한다는 결의가 이루어 낸 일이었다.

| 인간은 역사로부터 배우지 않는다

"역사는 단지 반복할 뿐이다. 지금 일어나는 일들은 모두 과거에 있었던 일이다. 태양 아래 새로운 것은 없다. 사람들은 '여기 새로운 것이 있다'고 말하지만 실은 그것은 전에도 있었던 일이다. 어느 것도 새로운 것은 없다. 우리가 과거에 있었던 일을 기억하지 못할 뿐이다. 다음 세대 어느 누구도 우리가 지금 하고 있는 일을 기억하지 못할 것이다"
_구약성경 전도서 1:9~11

오스트리아 시인 잉게보르크 바하만(1926~1973)은 "역사는 열심히 많은 교훈을 가르쳐주려고 애쓰나 배우려는 학생이 없다"고 한탄했다. 독일 철학자 헤겔(1770~1831)도 "역사에서 배울 수 있는 것이란 인간은 역사로부터 배우지 않는다는 사실"이라고 꼬집었다. 영국 외교관 데이

비드 켈리는 "아마도 우리가 역사에서 배우는 가장 확실한 교훈은 인간은 과거의 잘못을 피하기 위해 역사로부터 배우지 않는다는 사실이다"라고 말했다.

| 역사 유추 historical analogies

"역사는 똑같이 반복되지 않는다. 역사가 무엇인가를 우리에게
가르칠 수 있다면 그것은 동일성을 통해서가 아니라 유추를 통해서다.
정치지도자의 최대 도전은 정확한 유추를 하는 것이다"
_강성학 교수

"역사 연구는 그대로 따라 하면 되는 매뉴얼을 제공하지 않는다.
역사는 유추에 의해 가르쳐 줄 뿐이다.
유사한 상황에서 어떤 결과가 초래될지를 암시해 준다.
하지만 과거의 어떤 상황이 현재와 유사한가 하는 것은
스스로 판단하는 수밖에 없다"
_헨리 키신저, 전 美 국무장관

인간은 과거에 형성된 이미지를 통해 현재의 사건을 인식하므로 과거는 인간의 인식과 판단에 근본적으로 영향을 미친다. J. D. 스타인브루너는 정책결정자들이 현재 일어나고 있는 사건과 가장 유사한 과거 사건을 찾아 그 사건에 비추어 현재의 사건을 인식하고 판단함으로써 합당한 근거를 찾고자 하는 경향이 있음을 관찰했다. 이러한 경향은 위기

상황같이 심리적 부담이 큰 사태가 발생했을 때 더 두드러지게 나타난다. 역사에서 교훈을 찾고 그런 교훈을 살리는 일에는 위험이 따른다. 스탠리 호프만 교수는 "정책을 결정하는 사람이 유추로 판단하는 일은 위험한 습관이다"라고 경고한 바 있다.

유추로 유익한 교훈을 얻기 위해서는 무엇보다 유추하는 사례 간에 유사성類似性이 높아야 한다. 과거 사례는 현재 일어난 비교 대상과 조건, 상황 등에서 많은 차이가 있을 수 있다. 그런 사실을 감안하지 않고 유추하면 오류가 생긴다. 비교 대상이 되는 두 사건의 상황·맥락·특징·내용 등에서 유사점과 상이점을 면밀히 비교·검토해야 한다. 또한 자의적으로 해석하지 말아야 한다. 국가지도자가 자신의 결정을 합리화하기 위해 과거 사례를 편의적으로 사용하는 것은 낭패를 초래할 수 있다.

*존슨 대통령의 베트남전 확전

존슨 美 대통령은 1965년 7월 베트남에서의 대대적인 미군 전력 증강계획을 발표하면서, "우리는 뮌헨에서 히틀러가 어떤 짓을 했는지 역사의 교훈을 통해 배웠다. 히틀러에게 하나의 성공은 또 다른 침략을 감행하고자 하는 야욕을 갖게 만들었다"고 말했다. 자신의 결정을 합리화하기 위해 1938년 뮌헨협정을 끌어다 댄 것이다. 존슨은 또 이렇게 말했다. "내가 역사에 관해 아는 한에 있어서 역사는 이렇게 말했다. 미국이 베트남에서 손을 뗌으로써 호치민(북베트남 지도자)이 사이공(남베트남 수도) 거리를 모두 점령하게 된다면 이는 바로 체임벌린(영국 총리)이 2차 세계대전 때 한 행동과 같은 것으로 침략 행위에 두둑한 보상을 하는 것이다".

제3부

; 한국외교 환경

한국인의 대외인식

"한국인의 대외인식에 폐쇄성, 편협성, 자기중심, 획일성 등이 있어
한국외교에 부정적인 영향을 미친다"
_임한택, 『외교를 알면 세상이 보인다』

"한국외교에 낀 7대 과잉, 즉 민족·이념·과거·정치·단순화·감성·
명분의 과잉이 외교를 옥죄고 국가 생존을 위협한다"
_신각수 전 외교부 차관

| 사대의식

사대의식은 약한 나라가 강한 나라에 의지해 존립하려는 자세다. 한반도 역사에서 사대는 이 땅에 사는 사람들의 자주적이며 독립적인 사고를 저해했다. 주체적으로 판단하고 행동해야 하는데 그러지 못하고 힘센 나라의 눈치를 살피는 습성이 몸에 배었다. 스스로 '고래 싸움에 끼인 새우'로 인식했다.

조선은 사대 의리^{義理} 상 중국 이외 어떤 나라와도 관계해서는 안 된다고 생각했다. 중국과의 조공관계만 잘하면 되는 것으로 믿었다. 조선시대 국제관계에서 대명^{對明} 관계에 부여한 절대성은 상상을 초월한다. 명

이 사라진 후에도 무려 150여 년 넘게 명에 대한 의리를 지키려 했다. 18세기 실학자 박제가(1750~1805)가 "우리나라 사람들은 오랑캐^夷라는 글자 하나로 천하의 모든 것을 말살하고 있다"고 한탄했을 정도다. 조선은 이처럼 중화^{中華} 질서에 파묻혀 중국 이외의 나라들과 관계하는 기술과 경험을 습득하지 못했다. 그러다 보니 대외인식이 단순했다. 전략적인 관점이나 독자적인 사유 능력을 키울 수 없었다. 이런 특성은 베트남의 경우와 비교가 된다. 베트남도 중국과 이웃한 나라로 조공관계를 유지했지만 서로 대등한 나라라는 의식이 강했다. 베트남 군주가 중국 황제와 동급이라며 중국 황제의 연호를 쓰지 않았다.

*홀로 서는 것을 두려워한 조선

조선은 1876년 일본과 수호조약을 체결했다. 이 조약의 첫 조항은 '조선은 자주의 나라이며 일본과 평등한 권리를 갖는다'로 되어 있었다. 일본은 이 조항을 근거로 조선을 청으로부터 떼어 내려 했다. 반면 조선은 기존의 조-청 관계가 유지되기를 바랐다. 청으로부터 분리되는 것을 심히 두려워했다. 일본은 1895년 청과의 전쟁에서 승리하면서 시모노세키에서 강화조약을 체결했다. 이 조약의 첫 조항도 '조선은 완전무결한 자주독립국'이라고 되어 있었다. 하지만 조선은 이를 반기지 않았다. 자주독립국이 되는 것을 원치 않았기 때문이다.

| 변방의식 · 피해의식

외교사학자 김용구 교수는 한국인은 '오지사고^{奧地思考}' 가운데 나라

밖을 바라본다고 관찰했다. 오지란 문명 세계와 동떨어진 변방을 가리키는데, 한국인들은 스스로를 변방으로 인식했다는 것이다. 문재인 대통령은 2017년 12월 중국을 국빈방문하면서 '중국은 높은 산봉우리, 우리는 작은 산봉우리'라고 했다. 변방의식을 드러낸 사례다. 한국인들이 국제문제에서 독자적인 관점이 부족한 것도 이런 의식과 관련이 있다. 자기 견해나 주장 없이 서양인들의 견해나 주장에 무게를 둔다. 외국인들의 평가에 필요 이상으로 예민하다. 툭하면 스스로를 피해자 위치에 놓는다. 미국이 1905년 일본과 가쓰라-태프트 밀약을 맺어 조선을 일본에 넘겨주었다고 하는 것이 그런 사례다.

| 감정적

김용구 교수는 한국인은 외교문제에 즉흥적·감정적으로 대응하는 경향이 있다며, 이를 "대외관계 인식의 역사적 질병"이라고 불렀다. 한국인은 유별나게 정情과 한恨이 많고 감정의 기복이 심하다. 가을 서리처럼 차갑다가 어느 날 갑자기 여름날 뙤약볕처럼 뜨거워진다. 쉽게 끓어올랐다가 쉽게 식는 냄비와도 비유된다. 감정이 이성을 지배하면 판단이 흐려진다. 감정에 휘둘리면 사태나 사안의 핵심을 냉정하게 읽지 못하고 지엽적·비본질적인 것에 매달리게 된다. 전략적 접근이나 차가운 계산은 언감생심이다.

| 의타적 · 수동적 · 반사적

맹자는 "함부로 큰 나라에 덤벼들어 나라를 위험한 지경으로 몰고 가지 말라"고 가르쳤는데 조선은 이 가르침에 충실한 나라였다. 대륙의 강자를 섬겨 평화를 유지하려 했다. 너무나 오랫동안 중화질서에 안주하면서 이 질서 바깥 세계에 대한 무관심과 무시가 체질화되었다. 명나라 이외의 나라들은 모두 오랑캐(야만)였다. 그러면서 명나라 하나에 나라의 운명을 의탁했다. 그러다가 서양 세력이 몰려오자 조선은 속수무책이었다. 이런 역사는 한국인의 의식세계를 의타적·수동적·반사적이 되게 만들었다.

| 단순 · 순진

한국인들은 국제관계를 단순·순진하게 인식하는 경향이 있다. 여기에는 여러 원인이 있겠지만 한국인들이 오랫동안 단일 민족으로 살았다는 사실을 빼놓을 수 없다. 여러 나라, 여러 민족과의 갈등과 경쟁 속에서 살았더라면 이런 경향이 덜 했을지 모른다. 외교를 잘하는 나라들을 보면 이런 사실을 알 수 있다. 싱가포르의 경우가 그렇다. 말레이계가 중국·인도계와 섞여 관계의 복잡성 속에서 산다. 이런 환경에서는 사고가 순진하거나 단순할 수 없다.

청나라 외교관 황준헌은 국제정세에 무지한 조선 왕실 사람들을 연작처당燕雀處堂에 비유했다(1880). 집에 불이 난 줄도 모르고 처마 밑에 앉아 재재거리는 제비나 참새와 같다는 것이다. 황준헌은 다른 나라 사람들은 모두 조선이 위급한 상황에 놓여 있음을 아는데 정작 조선 사람들만 모르고 있다고 한탄했다. 당시 서울주재 외교관들이 본국 정부에 보낸 보고서에는 '조선 사람들은 어린아이와 같다'는 관찰이 여기저기서 나온다.

이런 현상은 지금도 나타난다. 북한이 같은 민족이라고 해서 잘 통할 것이라고 생각한다. 노무현 정부 인사들은 '북한은 절대 위협이 될 수 없으며 우리를 공격하지 않을 것'이라고 말하곤 했다. 많은 사람들 '북한이 동포에게 핵을 쓰겠느냐'고 했다. 심지어는 '적당히 돈을 줘 달래면 되는 것 아니냐'고 말하는 사람들 있었다. 좌파 인사들은 개성공단이 북한의 호전성을 순화시킬 것이라는 주장도 했다. 김대중 정부가 북한에 제공한 5억 달러가 핵개발에 사용되었을 것이라고 주장하는 사람들에게 증거를 대라고 했다.

| 유교 전통

유교문화권 사람들은 국가관계를 인간관계와 동일한 것으로 인식한다. 유교 원리와 규범이 개인·가정·사회뿐 아니라 국가관계에까지 적용된다. 책봉국과 조공국 간의 관계는 가족관계의 연장이었다. 조선은 중국과의 관계를 나라와 나라 관계로 보지 않았다. 임금과 신하, 아버지와 아들 관계로 보았다. 수평관계가 아니라 수직관계였다. 서양은 달랐다. 국가 간 관계를 철저히 이해 중심으로 인식했다. 그들에게 명분은 그다지 중요하지 않았다. 중요한 것은 실리였다. 유교사상은 인간관계를 상하관계로 본다. 천자天子(통치자)는 덕德과 인仁으로 아래 사람들을 다스리고 아래 사람은 위 사람의 규율에 복종할 의무가 있다. 이런 의식이 국가관계에도 그대로 투사되었다. 중심부 국가와 주변부 국가 간의 위계질서다. 이런 배경에서 외교를 사교社交와 착각하기도 한다.

| **한반도 지정학**

> "한국은 어떤 나라보다도 주변 국가들과의 관계가
> 삶과 죽음의 문제로 연결된다"
> _강성학 교수

> "한국은 한 치의 실수도 용납되지 않는 지정학적 환경에 살고 있다.
> 국민 모두가 영리하게 전략적으로 사고해야 한다.
> 이는 생존과 직결된 문제다"
> _존 미어샤이머 교수

> "한국의 위치는 마치 조종석과 같다.
> 큰 나라들이 서로 차지하기 위해 싸우는 그런 위치에 놓여 있다.
> 그렇기 때문에 한국은 세계 최고의 외교력을 확보해야 한다"
> _폴 케네디 교수

한 나라의 지리적 위치는 그 나라의 생존에 필연적으로 영향을 미친다. 지정학 전문가 조지 프리드먼은 "지정학이 국제정치 분석에서 차지하는 중요성은 '보이지 않는 손' 개념이 경제학에서 차지하는 중요성과 같다"고 했다. 한반도는 대륙세력과 해양세력의 교차점에 놓여 있어 역사적으로 열강의 각축장^{角逐場}이 되었다. 영국 외교관 헨리 코번은 한국은 '동아시아 장기판의 졸^{pawn}'과 같다고 했다. 이런 지정학적 숙명은 오늘날도 달라진 것이 없다. 북한은 중국·러시아, 한국은 미국·일본과 연계되어 지정학적 체스게임을 한다. 외교안보 환경이 복잡하고 중층적인 배경이다.

*핀란드의 생존외교

핀란드는 강대국 소련과 국경을 맞대고 살면서 독립을 지켜 낸 나라로 잘 알려져 있다. 370만 인구의 나라가 1억 7,000만 인구의 소련과 두 번이나 전쟁을 하면서 10만여 명이 목숨을 잃었고 3억 달러의 전쟁 배상금도 꼬박 갚았어야 했다. 케코넨 대통령(1956~1981 재임)은 이렇게 말했다. "핀란드 외교정책의 기본 과제는 핀란드의 지정학적 환경을 지배하는 이해관계에 핀란드의 실존을 맞추는 것이다". 그는 또 이런 말도 했다. "작은 나라는 외교를 함에 있어 공감이든 반감이든 감정을 뒤섞을 여유가 조금도 없다". 한국도 다르지 않다.

┃ 국토 분단

대한민국은 1948년 출발 이래 북한과 첨예한 외교 경쟁을 벌였다. 1990년대 초 북방외교를 성공시켜 공산권을 포함한 전 세계 대부분의 국가들과 외교관계를 수립하기 전까지 40여 년 동안 남북 외교경쟁으로 많은 비용을 지불하지 않으면 안 되었고 지금도 그렇다. 남북관계는 한국외교의 행동반경을 제약하는 주요 요인으로 남아 있다.

| 민족의식

한국외교는 민족주의에 의해 직접적으로 영향을 받는다. 특히 대북對北 관계에서 그렇다. 북한은 '우리 민족끼리'라는 대남 전략을 썼다. 핵무장을 하면서도 '핵을 동족에게 쓰겠는가'라고 선전했다. 종족적 민족주의에 의하면, 민족은 신성한 집단으로서 개인의 자유와 권리 위에 존재한다. 김영삼 대통령은 1993년 2월 취임사에서 "어느 동맹국도 민족보다 나을 수 없다"고 말한 바 있고, 문재인 대통령은 2018년 8·15 광복절 경축사에서 "한미공조보다 민족공조를 우선하겠다"고 했다. 2019년 5월 7일 독일 〈프랑크푸르터 알게마이네 차이퉁〉 기고문에서는 "남과 북은 함께 살아야 할 '생명공동체'"라고까지 했다.

*살아 숨 쉬는 민족의식

김대중 대통령과 김정일 국방위원장이 2000년 6월 합의한 6·15 공동선언은 '우리 민족끼리 힘을 합쳐' '민족경제를 균형적으로 발전시키고'라고 했다. 2007년 10월 노무현 대통령이 김정일과 발표한 10·4 공동선언도 '민족공동의 번영' '우리 민족끼리 뜻과 힘을 합치면' '우리 민족끼리 정신에 따라' '민족의 존엄과 이익을 중시하고' '민족경제의 균형적 발전' 등의 표현을 썼다. 2018년 4월 문재인 대통령이 김정은과 발표한 4·27 판문점 선언에도 '온 겨레의 한결같은 지향을 담아' '끊어진 민족의 혈맥을 잇고' '온 겨레의 한결같은 소망' '우리 민족의 운명은 우리 스스로 결정한다' '민족경제의 균형적 발전' 등이 들어 있다. 민족의식이 살아 숨 쉰다.

┃ 대외의존 경제

대한민국은 나라 밖 상황에 즉각적으로 영향을 받는 나라다. 무역의
존도가 과도하게 높다. 해외 시장 상황 변화에 취약하다. 자원·에너지
의 대외의존도가 과하다. 증시에서 외국인 투자 비중이 높다. 이런 의존
도와 취약성을 낮추는 일은 쉽지 않다. 대중對中의존도가 높은 것도 문제
다. 2000년 10.7%였던 대중 수출의존도가 2020년 25.8%로 늘었다. 중
국에서 80% 이상 수입하는 품목이 1,850개나 된다.

*한국의 무역의존도

무역의존도는 국민경제가 무역에 의존하는 정도를 나타내 주는 지표인데, 수
출입 총액을 국내총생산(GDP)으로 나누어 산출한다. 무역의존도가 높다는
것은 한국 경제가 해외에서 발생하는 충격에 크게 영향을 받을 수 있음을 의
미한다.

73.3%(2020) ← 63.51%(2019) ← 66.08%(2018) ← 116.3%(2012) ←
113.2%(2011) ← 105.2%(2010) ← 98.8%(2009) ← 110.7%(2008) ←
85.9%(2006) ← 70.6%(2003) ← 77.5%(2000)

| 북한 핵무장

북한은 2017년 11월 29일 '핵무력 완성'을 선언했다. 사실상의 핵무기 보유국이 된 것이다. 후세 사가들은 한반도 역사는 2017년 11월 29일 전과 후로 갈라졌다고 기록할지도 모른다. 북한의 핵무기 수는 계속 늘어나고 있고 미사일 능력도 더욱 정교해지고 있다. 핵을 탑재한 미사일이 1분 만에 서울 상공까지 도달할 수 있다.

| 대통령 5년 단임제

한국외교는 대통령 5년 단임제에 의해 제약을 받는다. 대외정책에서의 일관성과 연속성을 기하기가 어렵다. 대북정책이 특히 그렇다. 중장기적으로 대외정책을 추진하기 어렵다. 정부가 바뀔 때마다 정책도 바뀐다.

| 미 · 중 패권경쟁

중국은 2010년 세계 2위 경제대국이 되었다. 2012년 당 총서기에 선출된 시진핑은 1인 장기집권 체제를 구축하면서 '중화민족의 위대한 부흥'을 내걸고 미국 중심 질서에 도전하고 있다. 시진핑 체제는 중화인민공화국 성립 100주년인 2049년까지 세계 유일 최강국에 올라선다는 목표를 설정했다. 이로 인해 한반도 국제정치의 파고가 높아지고 있다. 미·중 패권경쟁은 향후 20~30년 한반도 정세에 압도적인 영향을 미칠 것이다.

| 경험 부족

조선은 1876년 문호를 개방했지만 1910년 나라를 잃을 때까지 외교
가 없었다. 위정자들이 외교에 대해 아는 것이 없었고, 외교를 뒷받침
해 주는 힘도 없었다. 1948년 대한민국 탄생 이후의 외교는 대미對美 외
교가 전부였다. 미·소 냉전 40여 년 동안 미국 의존·추종외교가 계속되
었다. 1988년 서울올림픽을 성공시킴으로써 비로소 국제사회가 주목하
는 나라가 되었다. 서울올림픽을 계기로 추진한 북방외교를 통해 소련·
중국·동유럽 국가들과 관계를 정상화함으로써 전 세계 국가들을 상대
하는 외교를 할 수 있게 되었다. 이와 같이 한국외교는 역사가 일천하기
때문에 쌓은 지식이나 경험도 일천하다.

국제적 위상

- **국력**[*]

    세계 8위(2021) ← 9위(2020) ← 10위(2019)

- **GDP**

    세계 10위(2020) ← 12위(2019) ← 10위(2018) ← 15위(2011)

- **'30-50클럽' 7개국 중 하나(2018)**[**]

- **무역액**[***]

    세계 8위(2021) ← 9위(2020) ← 9위(2019) ← 9위(2010) ← 10위(2009)

- **국방비(스톡홀름국제평화연구소**[SIPRI]**)**[****]

    세계 8위(2021) ← 9위(2020) ← 10위(2018) ← 12위(2012)

- **G20(주요 20개국)의 일원**[*]

- **유엔 분담금**^{**}

  193개 회원국 중 **9위(2022)** ← 11위(2020) ← 11위(2010)

- **공적개발원조 ODA** ^{***}

  세계 **16위(2020)** ← 15위(2019) ← 16위(2012) ← 17위(2011)

- **민주주의 지수(Economist Intelligence Unit)**^{****}

  세계 **23위(2021)** ← 23위(2020) ← 20위(2012) ← 22위(2011)

- **인간개발 지수(유엔개발계획**UNDP**)**^{*****}

  세계 **23위(2020)** ← 23위(2019) ← 22위(2018) ← 12위(2012)

- **하계올림픽 성적**

  16위(2021) ← 8위(2016) ← 5위(2012) ← 7위(2008) ← 9위(2004) ← 12위(2000) ← 10위(1996) ← 7위(1992) ← 4위(1988) ← 10위(1984)

---

* G20- 아르헨티나, 호주, 브라질, 캐나다, 중국, 프랑스, 독일, 인도, 인도네시아, 이탈리아, 일본, 한국, 멕시코, 사우디아라비아, 남아프리카, 터키, 러시아, 영국, 미국, EU

** 1위 미국, 2위 중국, 3위 일본, 4위 독일, 5위 영국, 6위 프랑스, 7위 이탈리아, 8위 캐나다

*** 22.5억 달러(2021) ← 24.6억 달러(2019) ← 22억 달러(2017)

**** 세계 167개 국가를 대상으로 선거 과정의 투명성·다원주의 존중·시민자유·정부의 기능성·정치참여도·정치문화 등 5개 항목을 평가

***** 인간 발전 및 선진화 정도를 나타내 주는 지수. 각국의 수명과 건강, 지식 접근성, 생활수준으로 분석

🌑 국민여론

| 주변국 호감도 · 신뢰도

- **서울대아시아연구소(2021.11.)**
  - 국가별 호감도(단위: 점): 미국 65.9, 중국 35.8, 일본 33.6
  - 국가별 신뢰도: 미국 71.6%, 일본 13.3%, 중국 6.8%

- **통일연구원(2021.10., 2020.11., 2019.9.)**
  - 주변국 호감도:
  - (2021.10.) 미국 66.2%, 중국 12.5%, 일본 9.4%, 러시아 12.2%
  - (2020.11.) 미국 65.9%, 중국 23.7%, 일본 15.3%, 러시아 12.9%
  - (2019.9.) 미국 54.5%, 중국 21.0%, 일본 12.6%, 러시아 16.3%

- **서울대통일평화연구원(2020.7.)**
  - 가장 가깝게 느끼는 주변국: 미국 67.8%, 북한 17.5%, 중국 8.0%

- **한국국방연구원(2021.9.)**
  - 한국 안보에 가장 도움이 되는 국가: 미국 85.7%
  - 한국 경제에 가장 도움이 되는 국가: 미국 75.9%

▎주변국 위협 인식

- **시카고국제문제협의회(2021.12.)**
  - 한국 안보에 가장 큰 위협: 북한 46%, 중국 33%, 일본 10%

- **서울대통일평화연구원(2020.7.)**
  - 한반도 평화에 가장 위협적인 주변국:
  북한 40.8%, 중국 32.4%, 일본 18.3%

- **아산정책연구원(2020.12.)**
  - 한국 안보에 위협이 되는 국가:
  북한 55.8%, 중국 25.9%, 일본 11.3%

- **통일연구원(2021.10.)**
  - 가장 위협적인 주변 국가(북한 제외):
  (2021.10.) 중국 71.9%, 일본 21.1%, 미국 6.3%

▎북한 핵, 한국 독자 핵무장

- **시카고국제문제협의회(2021.12.)**
  - 한국 독자 핵개발: 찬성 71%, 반대 26%

- **통일연구원(2021.10., 2020.5., 2019.4.)**

  −북한 핵 포기 가능성: (2020.5.) 포기하지 않음 89.5%

  −한국 독자 핵보유:

  (2021.10.) 찬성 71.3%, 반대 28.7%

  (2020.5.) 찬성 65.5, 반대 34.5%

  (2019.4.) 찬성 60.3%, 반대 39.7%

- **동아시아연구원(2020.10.)**

  −북한의 핵무기 보유는 한국 국익에 심각한 위협이다: 95.4%

  −한국도 핵무기를 보유해야 한다: 61.8%

- **서울대통일평화연구원(2021.10.)**

  −북한 핵무기가 우리 안보에 위협이다: 82.9%

  −북한은 핵을 포기하지 않을 것이다: 89.1%

┃ 한미동맹

- **서울대아시아연구소(2021.11.)**

  −차기 정부 외교 우선순위(5개 항 제시, 복수 응답 가능):

  한미동맹 강화 69.8%, 북한 비핵화 61.5%, 한·미·일 안보협력강화 50.5%, 아세안 협력 강화 46.7%, 한중관계 발전 41.7%, 한일관계 회복 29.8%

• **통일연구원(2021.10., 2020.11., 2019.9.)**

–한미동맹 필요성:

(2021.10.) 필요하다 93.2%, 필요하지 않다 6.8%

(2020.11.) 필요하다 93.3%, 필요하지 않다 6.7%

(2019.9.) 필요하다 93.2%, 필요하지 않다 6.8%

• **<세계일보>(2021.1.)**

–한미동맹 강화 77.8%, 대중對中 협력 강화 13.3%, 잘 모르겠다 8.9%

• **한국국방연구원(2021.9.)**

–한미동맹이 한국의 평화와 안정에 도움이 된다고 생각(매우＋대체로 도움): 93.8%

–한미동맹이 한반도를 넘어 글로벌 차원으로 확대(매우＋대체로 필요): 88.3%

| 미국 vs 중국

• **서울대아시아연구소(2021.11.)**

–미·중 경쟁에서 어느 나라를 지지?: 미국 67.8%, 중국 4.4%, 중립 21.4%

–한국 안보가 위협받을 때 지원에 나설 국가: 미국 91.5%, 중국 2.8%

- **통일연구원(2021.10., 2019.9.)**

  -한국 안보에서 미·중의 상대적 중요성:

  (2021.10.) 미국이 더 중요 55.3%, 미국과 중국 비슷 42.1%, 중국이 더 중요 2.6%

  (2019.9.) 미국이 더 중요 43.1%, 미국과 중국 비슷 52.2%, 중국이 더 중요 4.7%

  -한국 경제에서 미·중의 상대적 중요성:

  (2021.10.) 미국이 더 중요 37.1%, 미국과 중국 비슷 55.1%, 중국이 더 중요 7.9%

  (2019.9.) 미국이 더 중요 31.2%, 미국과 중국 비슷 58.1%, 중국이 더 중요 10.8%

- **아산정책연구원(2020.12.)**

  -미국이 한국에 미치는 영향: 긍정 63.6%, 부정 17.6%, 중립 18.8%

  -중국이 한국에 미치는 영향: 긍정 15.5%, 부정 66.3%, 중립 18.2%

- **전국경제인연합회(2021.4.)**

  -한국에 더 중요한 국가: 미국 77.7%, 중국 12.7%

  -한국 경제를 위해 필요한 국가: 미국 70.7%, 중국은 19%

- **美 퓨리서치센터(2021.6.)**

  -미국과 중국 중 경제적으로 손을 잡아야 하는 나라: 미국 75%, 중국 17%(2015년: 중국 47%, 미국 39%)

| 대중對中 인식

- **서울대아시아연구소(2021.11.)**
  −중국이 한국에 미치는 영향: 부정적 60.2%, 긍정적 8.4%

- **서울대통일평화연구원(2020.7.)**
  −중국에 대한 이미지: 경계대상 42.6%, 경쟁대상 27.5%, 협력대상 18.6%, 적대대상 11.4%

- **동아시아연구원·일본 겐론言論NPO(2021, 2020, 2019)**
  −중국에 대한 부정적 인식: (2021) 73.8%, (2020) 59.4%, (2019) 51.5%
  −중국을 군사적 위협국으로 인식: (2021) 61.8%, (2020) 44.3%

- **<시사IN>(2021.5.)**
  −중국은 어떤 나라?: '악惡에 가깝다' 58.1%, '선善에 가깝다' 4.5%, '어느 쪽도 아니다' 37.4%
  −중국에 대한 인상: 매우 부정적 49.3%, 약간 부정적 26.6%
  −중국인에 대한 인상: 매우 부정적 49.6%, 약간 부정적 25.9%
  −중국공산당에 대한 인상(매우+약간): 부정적 81.1%

| 북한 · 통일

· 서울대통일평화연구원(2020.7.)

　-통일이 매우 필요하다 20.9%, 약간 필요하다 31.0%, 별로 필요하지
않다 19.8%, 전혀 필요하지 않다 4.9%

· 동아시아연구원(2020.10.)

　-남한과 북한은 현실적으로 별개의 독립적인 국가다: 90.2%,

　-한반도에서 유일한 합법적인 정부는 남한 정부다: 70.5%

제4부

; 문재인 정부

문재인 정부 특징

ㅣ 대한민국 정체성 부정

　　대한민국 헌법 제66조 2항은 '대통령은 국가의 독립·영토의 보전·국가의 계속성과 헌법을 수호할 책무를 진다'라고 되어 있다. 그런데도 문 대통령은 대한민국 건국 자체를 부정했다. 그는 대한민국 건국일은 1948년 8월 15일이 아니고 상해 임시정부 수립일인 1919년 4월 23일이라고 주장했다. 야당(새정치민주연합) 대표 시절이었던 2015년 11월 박근혜 대통령에게 "대한민국이 1919년 3·1독립운동에 의해, 임시정부에 의해 건국된 것이 아니고, 1948년 8월 15일에 처음 건국됐다는 것이 정부의 견해인지 공개적으로 묻는다. 1948년도에 건국됐다면 친일 부역배들이 대한민국 건국의 주역이 된다"라고 했다. '1919년 건국론'은 이승만이 1948년 8월 15일 대한민국을 건국했다는 사실을 부정하는 것이다. 문 대통령은 2017년 12월 16일 중국 충칭에 있는 임시정부 청사를 방문하면서 "임시정부는 우리 대한민국의 뿌리다. 2019년은 3·1운동 100주년이면서 임시정부 수립 100주년이 되고, 그것은 곧 대한민국 건국 100주년이 된다"라고 말했다.

　　문 대통령은 2017년 12월 15일 베이징대 연설에서는 한국과 중국은 "운명공동체"라고 했다. 공산주의 체제와 자유민주주의 체제가 운명적으로 하나라는 것은 성립될 수 없는 개념이었다. 이에 관해 국민적 합의가 있었던 것도 아니다. 헌법적 가치에 어긋날 뿐만 아니라, 국가정체성을 훼손하는 것이었다.

문 대통령은 2018년 9월 19일 평양 5·1경기장 연설에서는 "남쪽 대통령으로서 김정은 국무위원장 소개로 여러분에게 인사말을 하게 되니 그 감격을 말로 표현할 수 없습니다"라고 했다. '대한민국' 대통령이 아니라 '남쪽' 대통령이라고 했다. 전날 있었던 환영식에서 태극기는 찾아볼 수 없었다.

문 정부는 2019년 임시정부 100년을 기념하여 세종로 광화문 정부청사에 대형 임정 주요인물 현수막을 내걸었다. 여기에 건국 대통령 이승만은 없었다. 문재인 정부는 임정이 수립된 날을 건국절로 삼아 100주년 기념행사를 북한과 공동으로 개최하려 했지만 슬그머니 접었다. 북한이 응하지 않았기 때문이다. 상해 임정을 뿌리라고 한다면 '조선민주주의인민공화국'의 정통성이 부정된다. 북한은 3·1운동을 '부르주아들의 실패한 민족운동'으로, 상해 임정을 '매국노들이 파벌 싸움을 하던 곳'으로 부른다. 이런 사실도 모르고 북한과 공동으로 건국 100주년 기념행사를 하려 했다.

문 대통령은 유엔총회 연설에서 대한민국의 국호를 쓰지 않았다. 2021년 9월 22일 유엔총회 연설에서 '한국'을 13번 쓰면서 '대한민국'은 한 번도 쓰지 않았고, 2020년 9월 22일 유엔 연설에서도 '한국'을 21

번 사용하면서 '대한민국'을 한 번도 쓰지 않았다. 2019년 9월 24일 유엔 연설도 마찬가지였다. '한국'은 20회 썼고 '대한민국'은 한 번 썼다. 의도하지 않았으면 이런 일이 있을 수 없다. 유엔과 같은 국제무대에서 나라를 대표하는 국가원수가 자기 나라의 국호를 사용하지 않은 것은 예삿일이 아니었다.*

대한민국Republic of Korea은 1948년 8월 15일에 자유·민주주의·인권·법치 등의 보편적 가치 위에 건설되었다. 그런데 문 정권은 2018년 3월 헌법 제4조의 '자유민주적 기본질서'를 '민주적 기본질서'로 바꾸려 했다. '자유'를 없애려 했던 것이다. 의도가 있었다. 2020년부터 사용되는 중·고교 역사교과서에서 '자유민주주의'와 '한반도 유일 합법정부'란 표현도 쓰지 못하게 하였다. 고등학교 한국사 교과서 6종은 남한 지역에서는 '정부'가 수립되었고 북한 지역에서는 '국가'가 수립되었다고 기술했다.

문 대통령은 그의 저서 『문재인의 운명』에서 "대학 시절 나의 비판의식과 사회의식에 가장 큰 영향을 미친 분은 리영희 선생"이라고 썼고, 대선 후보 시절이었던 2017년 4월에는 "지금 이 땅의 국민들과 널리 함께 읽고 싶은 책이 무엇인가"라는 질문에 『전환시대의 논리』라고 했다. 이 책은 리영희가 1974년에 펴낸 책이다. 문재인은 2010년 리영희가 사망했을 때 그의 빈소를 찾아 조문록에 '이 세상을 어떻게 봐야 하는지

* 이명박 대통령의 경우는 2009년 유엔총회 연설에서 '대한민국'을 27회, '한국'을 4회 썼다.

배우고 큰 사표가 되었다'고 썼다.

리영희는『우상과 이성』『8억인과의 대화』등에서 마오쩌둥의 사회주의 혁명과 문화혁명을 미화하고 찬양하며 다른 한편으로 미국의 반공주의와 일본의 정치대국화를 비판했다. 이런 책들이 1970~1980년대 운동권 학생들의 머리와 마음을 사로잡았다. 리영희는 2007년 북한 내각 참사에게 "내가 20~30년 길러 낸 후배와 제자들이 (지금) 남측 사회를 쥐고 흔들고 있다"고 말하기도 했다.

청와대에는 임종석 비서실장을 포함하여 '586운동권' 출신들이 많았다.* 이들은 대학 시절 반미자주 이념에 빠졌던 사람들로, 북한노동당과 중국공산당을 이상향으로 그리던 사람들이다. 유호열 교수는 "운동권의 사상적 기반이 과거에는 김일성이었다면 이제는 중국공산당과 시진핑이 되었다. 1990년대 들어 이상향으로 삼았던 공산주의가 망하자 운동권은 좌절했는데, 중국이 급부상하는 것을 보고 다시 희망을 품게 되었다"고 관찰했다. '중국을 배경 삼아 공산주의에 대한 신념은 더 강화되었다'는 것이다(〈월간조선〉 2021.4월호).

이들 운동권 출신들의 의식구조는 30~40년이 지나서도 바뀌지 않았다. 한 언론인은 이런 현상을 "강산이 네 번이나 변했는데 여태『전환시대의 논리』를 신줏단지 모시듯 끌어안고 있다"고 묘사했다. 또 다른 언

---

* 2018년 8월 현재 청와대 비서관 31명 중 19명

론인은 "전략가들이 맡아야 할 국가경영의 운전석을 운동권 이념가들이 차고 앉아 있다"고 했다. 문 정권 실세들이 보기에, 미국은 침략 국가이고, 북한의 핵개발·인권탄압·3대 세습은 이해할 만하며, 대한민국은 친일親日 청산을 하지 못하고 세워진 나라여서 정통성이 없다. 송복 교수는 "문 정권은 진보가 아닌 수구 좌파일 뿐이다. 중세국가로의 퇴행이다"라고 했다(2021.12.14.).

*하와이를 방문하면서…

문 대통령은 2021년 9월 22일 유엔총회 참석 후 귀국 길에 하와이에 들러 하와이대 한국학연구소에서 열린 독립유공자 훈장 추서식에 참석했다. 문 대통령은 이 행사에서 연설하며 하와이 독립운동의 처음이자 마지막인 이승만을 단 한 번도 언급하지 않았다.

*"제가 존경하는 한국의 사상가 신영복 선생"

문 대통령은 2018년 2월 9일 평창 동계올림픽 개막 리셉션 환영사에서 "제가 존경하는 한국의 사상가 신영복 선생은…"이라고 했다. 이 자리에는 미국 펜스 부통령과 일본 아베 총리, 북한 김여정 등 국내외 요인들이 참석하고 있었다. 신영복은 북한 김일성이 가장 중시했던 남한 내 지하혁명 조직 통일혁명당 사건에 연루돼 1968년 무기징역형을 선고받고 20년간 수감생활을 하다가 1988년 가석방된 사람이다. 통일혁명당은 북한노동당의 지령과 자금을 받아 활동하던 조직이었다. 북한 김여정이 2월 10일 청와대를 방문했을 때 문 대통령은 청와대 본관 벽에 걸어 놓은 신영복 작품 앞에서 기념사진을 찍었다. 문 대통령은 신영복 서체를 좋아했다. 대선 슬로건 '사람이 먼저다'도 신영복 서체였다. 그가 청와대 비서관들에게 돌린 춘풍추상(春風秋霜) 액자 글씨도 신영복 서체였다. 2021년 6월 국가정보원 창설 60주년을 맞아 공개한 원훈석(院訓石)에 새긴 '국가와 국민을 위한 한없는 충성과 헌신'도 신영복 서체로 했고, 서울경찰청의 비전 표어 '가장 안전한 수도 치안, 존경과 사랑받는 서울 경찰'도 신영복 서체를 썼다.

*문 대통령의 제주 4·3 희생자 추념식 연설

문 대통령은 2021년 4월 3일 제주 4·3 희생자 추념식에 취임 이후 세 번째로 참석했다. 역대 대통령의 경우에는 두 번 참석한 경우도 없었다. 문 대통령은 추념사에서 "완전한 독립을 꿈꾸며, 분단을 반대했다는 이유로 국가 권력은 폭동, 민란의 이름으로 무자비하게 탄압했다"고 했다. 2020년 추념사에서는 "먼저 꿈을 꾸었다는 이유로 제주는 처참한 죽음을 맞았다. 통일 정부 수립이라는 간절한 요구는 이념의 덫으로 돌아왔다"고 했다. 분단 반대, 통일 정부 수립은 당시 남로당(남조선로동당)이 단독 정부 수립을 위한 5·10 총선거를 무산시키려 내걸었던 정치 구호였다. 문 대통령은 마치 제주도민 전체가 남로당에 동조해 정부 수립을 가로막다가 군경의 탄압을 받은 것처럼 말했다. 남로당 폭동을 '통일정부 수립운동'으로 미화했다.

*홍범도 vs 백선엽

문 대통령은 2021년 8월 18일 故 홍범도 장군 유해 안장식에 참석하고 추념사를 했다. 전날에는 그에게 대한민국 건국훈장 중 최고등급인 대한민국장을 수여했다. 홍범도 유해를 싣고 오는 비행기가 8월 15일 밤 한국 영공에 들어서자 공군 전투기 6대가 호위했다. 대통령의 정성과 예우가 극진했다. 홍범도는 1921년 11월 모스크바에서 레닌을 만나 표창까지 받았고, 1927년 볼셰비키(레닌이 이끈 좌익의 다수파) 당원이 되었다. 그의 행적은 이중적이었다. 독립운동을 했지만 공산당원으로 일했다.

백선엽 장군이 2021년 7월 10일 별세했다. 영결식은 7월 15일 서울 아산병원에서 육군장으로 치러졌고 대전현충원에 안장되었다. 美 백악관은 "한국은 1950년대 공산주의 침략을 격퇴하기 위해 모든 것을 바친 백선엽과 영웅들 덕분에 오늘날 번영한 민주공화국이 됐다"는 애도성명을 냈다. 국무부도 "백선엽 장군은 자유와 민주주의의 가치를 위한 투쟁의 상징이었다"는 애도성명을 냈다. 전쟁 영웅의 영면을 한국 정부가 아니라 미국 정부가 기렸다. 군통수권자인 문 대통령은 호국 영웅의 마지막 가는 길을 외면했다. 청와대와 더불어민주당은 애도성명 한 줄 내지 않았다. 영결식장에 여당 지도부 인사는 한 명도 보이지 않았다.[*]

❘ '청와대 정부'

"청와대는 국무총리를 비롯한 장관과
행정기관 중추 임무를 담당하는
정부 요인들을 청와대의 심부름꾼으로 전락시켰다"
_김형석 교수, 2021.12.17.

---

[*] 2022년 1월 9일 이한열 열사의 모친이 별세했을 때 문 대통령은 당일 광주 조선대학병원 장례식장에 마련된 빈소를 찾았다.

청와대는 참모 조직이다. 청와대 보좌진은 참모 역할에 그쳐야 한다. 그런데도 문 대통령은 청와대 중심으로 국정을 운영했다. 청와대 수석·보좌관회의를 통해 국정 메시지를 내놓았다. 청와대가 인사와 정책을 독점하니 청와대에 모든 권력이 집중되었다.[*] 이런 국정운영은 책임 소재를 불분명하게 만들었다. 청와대 참모들은 대통령 심기나 의중을 살피는 데만 열중했다. 책임은 지지 않으면서 권한만 행사했다.

문 대통령은 2017년 5월 10일 취임사에서 "대통령의 제왕적 권력을 최대한 나누겠다"고 했지만, 실상 모든 권력이 대통령 한 사람에게 집중되었다. 이로 인해 행정부서는 청와대만 바라보았다. 해바라기 장관만 양산되었다. 법무부 장관이 아닌 청와대 민정수석이 '문재인 대통령 개헌안'을 발표했다(2018.3.20.). 헌법학자 허영 교수는 "법무부 장관을 제쳐 놓고 민정수석이 개정안을 설명하는 게 이해가 안 된다"고 했다. "장관이 주사만도 못한 것 같다"는 말도 나왔다. 공로명 전 외무부 장관은 강경화 외교부 장관이 "인형같이 존재감이 없다"고 말했고, 모테기 일본 외무상은 강 장관을 "장식품"이라고 했다. 외교부 장관이 국내에서는 말할 것도 없고 국외에서도 이렇게 인식되었다.

외교 주무부서로서의 외교부의 역할과 위상은 전과 달랐다. 외교부 직원들 입에서 "그 문제는 큰 집(청와대)에 물어보라"는 말이 나오곤 했다. 외교부가 수행해야 할 정책 기능은 사라졌다. 외교부가 위아래 없

---

* 청와대 행정관(5급)이 2017년 9월 육군참모총장을 커피숍으로 불러내 장성 인사문제를 논의한 일이 그런 사례의 하나였다.

이 망가진 조직이라는 말까지 나왔는데(《동아일보》 2020.12.23.), 한 중견 외교관의 다음과 같은 말은 이런 상황을 잘 말해 주었다(《조선일보》 2021.12.2.).

'외교부가 정책 기능을 완전히 상실한 것 같다. 외교부는 국제사회의 흐름을 잘 읽고 우리나라에 미칠 영향을 예상해 대책을 세워야 한다. 청와대나 국내 다른 부처에 경고음도 보내 주어야 한다. 그런데 지금은 청와대가 외교부 말을 듣지도 않고, 장관도 그럴 생각이 없어 보인다. 윗사람들이 묻지 않으니 아래에서도 챙기지 않는다'.

| 거짓말 정부

"문 정권은 역대 최고의 거짓말 정권이다"
_박정훈 〈조선일보〉 논설실장. 2020.12.4.

"거짓말과 속임수는 문 대통령의 고질병이다.
이토록 처음부터 끝까지 거짓말과 속임수로
일관하는 정부는 없었다.
문 대통령은 문제가 생기면 거짓말로 대응하고 국민을 속인다.
그것이 어려우면 침묵을 지킨다. 사과는 결코 하지 않는다"
_최재형 전 감사원장. 2021.8.15.

문 대통령이 하는 말과 행동이 정반대였던 경우는 셀 수 없을 정도다.

말만 앞서고 실행은 없었다. '다 같이 잘사는 나라를 만들겠다' '누구도 흔들 수 없는 나라를 만들겠다' '한 번도 경험해 보지 못한 나라를 만들겠다' 등은 모두 빈말이었고, 빈 약속이었다. 좋은 일에는 직접 나서고 나쁜 일에는 뒤로 숨었다. '문x의 법칙'이라는 용어까지 나왔다.

문 대통령은 명백한 거짓도 태연하게 사실로 전달했다. 2017년 6월 19일 탈원전 연설이 그런 사례다. 이 연설에서 문 대통령은 "후쿠시마 원전 사고로 1,368명이 사망했다"며 "사고 이후 방사능 영향으로 인한 사망자나 암 환자 발생 수는 파악조차 불가능한 상황"이라고 했는데, 완전한 거짓말이었다. 문 대통령은 2022년 1월 20일 사우디아라비아 방문 시 무함마드 빈 살만 왕세자와 회담하면서 "한국의 원전 기술은 세계 최고 수준의 경제성과 안전성을 가지고 있다"고 말했다. '세계 최고의 안전성'을 가지고 있는데 왜 탈원전을 선언했나? 문 대통령은 대선 후보 시절 "김정은이 가장 두려워하는 대통령이 되겠다"고 말했지만, 정작 대통령이 되어서는 '김정은이 가장 우습게 여긴 대통령'이 되었다. 취임사에서 '기회는 평등하고, 과정은 공정하며, 결과는 정의로울 것'이라고 했지만, 말의 성찬에 불과했다.

문 정권은 국민들을 속였다. 거짓말도 서슴지 않았다. 사실을 왜곡·과장하고, 조작된 진실을 유포시켰다. 중요한 사실을 의도적으로 생략하거나 숨겼다. 정권에 유리한 사실만 내놓았다. 절반의 진실을 전부의 진실로 포장했다. 통계를 정직하게 사용하지 않았다. 애매모호한 언사로 본질을 흐렸다.

| 무능 정부

"문재인 정권은 기본적으로 건달들의 정권이다"
_안병직 교수, 2021.12.7.

"문 정권 실세 90%가 얼치기 친북·친중·좌파다.
이들은 국가경영에는 전혀 준비가 안 되어 있다.
문제 해결 능력도 없다"
_구해우 미래전략연구원장, 2019.12.16. 〈조선일보〉 인터뷰

"한마디로 문 대통령은 식견이 부족하다.
국가가 무엇인지, 통치가 무엇인지, 헌법이 무엇인지,
왜 헌법을 지켜야 하는지를 모른다.
방향성이나 정책의 문제가 아니라 무지한 것이다"
_최진석 교수, 〈월간중앙〉 2021.4월호

"(문 정부는) 1987년 체제 출범 후 30년 만에 가장 후진적인
정부로 아마추어보다 못하다. 국민들의 요구와 시대정신과
동떨어진 채 1980년대 운동권 이념과 머릿속에서 정책을 펴고 있다"
_송복 교수, 2021.12.2. 〈조선일보〉 인터뷰

무능은 문 정권을 상징하는 또 하나의 키워드다. 운동권 집권세력은 무능했다. 나라를 운영해 나갈 만한 실력이 있는 사람들이 아니었다. 문제를 해결하기는커녕 악화시켰다. 크고 작은 실책을 연발했고 같은 실수를 반복했다. 28차례 부동산 대책이 대표적인 사례다. 그들은 어떻게 how 를 몰랐다. 가능하지 않은 일을 가능한 일로 착각했다. 무능한 사람들의 전형이다. '소득주도성장론'은 고용참사를 초래했다. 탈원전 정책은 세계적 경쟁력을 자랑하던 원전 생태계를 초토화시켰다. 시장과 싸우는 부동산 정책은 아파트값을 폭등시켰고, 오른 집값에 약탈적 세금을 부과했다.

*반중(反中) 상징 앞에서 반일(反日) 외친 문재인 대통령

문 대통령은 2018년 3·1절 기념식을 서대문 형무소에서 개최하고 반일(反日) 연설을 했다. 이어 참석자들과 인근 독립문으로 행진했다. 대통령 일행은 독립문 앞에 서서 만세 삼창을 했다. 독립문이 일본이 아니라 중국 속박에서 독립한 기념으로 세운 건축물이라는 사실을 몰랐다. 독립문은 1897년 영은문(迎恩門)을 헐고 세운 것이다. 영은문은 중국 사신이 오면 왕이 나가서 영접하던 곳이었다. <조선일보> 양상훈 주필은 '문 정부 수준이 독립문 앞에서 반일 만세를 부른 수준'이라고 했다(2021.3.4.).

│ 무책임 정부

문재인 정부는 5년 동안 나랏빚을 415조 원이나 증가시켜 국가채무를 1,075조 원으로 만들었다. 어마어마한 증가였다. 이명박·박근혜 정부 9년간 늘어난 규모는 351조 원이었다. 미래 세대에 엄청난 부담을 떠넘겼다.

문 대통령은 2017년 6월 19일 고리 1호기 원전을 영구 정지시키면서 탈원전에 돌입했다. 취임 한 달 만이었다. 그는 "원전은 안전하지도, 저렴하지도, 친환경적이지도 않다"고 했지만 거짓이었다. 1978년 원전이 첫 가동을 시작한 이래 40여 년간 단 한 차례의 사고도 없었다. 한국은 원전 건설 능력을 갖춘 세계 6개 나라 중 하나였다. 문 대통령은 50년 이상 쌓아 온 국가 전략산업을 파괴했다. 일각에서는 한국의 핵무장 잠재력을 거세하려는 의도는 없었을까 하는 의문도 제기되었다(《조선일보》 2017.10.3. 사설).

문 대통령은 2021년 11월 1일 영국 글래스고에서 개최된 제26차 유엔 기후변화협약 당사국총회[COP26] 정상회의에 참석, 2030년까지 탄소배출량을 2018년 대비 40% 이상 줄이고 2050년 탄소중립을 달성하겠다는 파격적인 약속을 했다.* 한국이 2050년까지 탄소중립을 달성하려면 199조 원이 들어간다. 감당하기 어려운 규모다. 실현 불가능하다는 주장이 나오자 청와대는 "탈석탄 가속화라는 방향에 동의한 것이다. 합의 사항을 모두 따르겠다는 건 아니다"라고 했다. '아니면 말고'라는 이야기였다.

탈원전을 하면서 탄소중립을 달성하겠다는 것은 맞지 않았다. 원전 없이 탄소중립은 불가능하다. 프랑스·핀란드 등 유럽 10개국 장관들은 2021년 10월 "기후변화와 싸울 때 원전은 최상의 무기다. 유럽은 원자

---

* 세계 1위 배출국인 중국은 2060년 탄소중립이라는 기존 입장을 유지했다. 3위 배출국인 인도는 2070년을 제시했다. 4위인 러시아는 중국과 같이 2060년이라는 기존 입장을 유지했다.

력이 필요하다"는 기고문을 각국 신문에 게재했다.[*]

문 정부는 4년 2개월간 11만 172명의 공무원을 늘렸다. 이전 4개 정부에서는 약 20년 동안 9만 6,571명이 늘었다. 공무원 증원은 미래 세대가 져야 할 짐을 가중시키는 일이다. 2017년 중앙정부 공무원 인건비가 33.4조 원이었으나 2022년에는 41.3조 원으로 늘었다.

┃ 국민 분열 정부

"극렬 지지층만 바라보고 국정을 운영함으로써
회복 불가능할 정도로 진영이 갈라졌고,
자신들만 옳다고 믿는 독선과 배척의 풍토 위에
내로남불의 행태가 나라 전반을 망치는 상태에 이르게 되었다"
_임철순 전 〈한국일보〉 주필, 2022.1.11.

"문 정부의 최대 실정失政은
우리 사회를 진영으로 찢어 놓았다는 데 있다"
_이진우 교수, 2021.8.31.

문 대통령은 국민을 내 편 네 편으로 갈라놓았다. 취임사에서는 "2017년 5월 10일, 이날은 진정한 국민 통합이 시작된 날로 역사에 기

---

[*] 중국은 2060년 탄소중립을 위해 약 520조 원을 투입해 2035년까지 새로운 원자로 150개를 추가 건설하기로 했다. 후쿠시마 원전사고를 겪은 일본도 원전 확대를 추진하기로 했다.

록될 것"이라고 했지만, 이날은 실상 국민 분열이 시작된 날이 되었다. 반기문 전 유엔사무총장은 2022년 1월 6일 회고록 출판기념회 자리에서 "북한에 대해서는 포용정책을 곧잘 말하면서 같은 나라, 같은 국민들 사이에서 이렇게 분열과 대립이 심한 것을 이해할 수 없다"고 말했다.

2019년 10월 광화문에서는 문재인 탄핵 시위가 벌어졌고, 같은 시간 서초동에서는 조국 수호 집회가 열렸다. 대규모로 열린 두 집회는 국민 분열상을 적나라하게 상징했다. 문 대통령은 역대 대통령 중 가장 심하게 지역 편중 인사를 했다. 2020년 1월 단행된 검찰 고위직 인사에서 호남 편중이 극심했다. 소위 '빅4' 전부를 호남 출신으로 임명했다. 문 대통령의 권력 운용은 조폭 집단 같다는 말까지 나왔다. 문 정권은 다른 진영을 청산 대상으로 여겼다.

외교안보 총평

"한국은 동맹도 친구도 없는 나라,
아무나 흔들고 걷어차도 괜찮은 나라가 되었다"
_이용준 대사, 2019.8.1.

"시대착오적 이념으로 무장한 선무당들이
대한민국의 국제적 입지와 위상을 망치고 초토화시켰다.
세계의 중심 무대에서 대한민국은 보이지 않고 변방으로 밀려났다"
_천영우 전 외교안보수석, 2021.5.12.

| 총평

문재인 정부 외교안보 성적표는 초라했다. 세계 10위권 국가 위상에 걸맞지 않았다. 대외정책을 대북정책의 종속변수로 만들었다. 이로 인해 대외관계가 전반적으로 위축되었다. 무엇 하나 성취해 낸 일이 없었다. 대한민국은 그동안 미국을 중심으로 하는 해양세력과의 연대 가운데 자유민주주의 국가로 발전해 왔는데 문 정부는 이런 궤도에서 일탈했다. 북한과 중국에 급격히 기울었다. 남북관계는 주종主從 관계로 변했고, 종중從中 자세는 한미동맹을 이완시켰다. 반일反日 을 국내정치에 이용함으로써 한일관계는 역대 최악의 상태가 되었다. 원칙과 가치 없이 흔들리면서 한국외교는 지리멸렬한 상황을 면치 못했다. 우물 안 개구리 식 외교가 따로 없었다.

| 북한 올인

외교는 전 세계를 상대로 하는 것이다. 그런데 문 정권의 시야는 한반도에 머물렀다. 남북관계를 대외관계 앞에 놓아 마차가 말을 끄는 형국을 만들었다. 문 정권은 북한에 민족적 정통성이 있고, 북한이 민족이익을 수호하는 주체라고 믿어 5년 내내 북한에 모든 것을 걸었다. 문재인 정부는 '이번만은 다를 것'이라는 착각에 빠져 북한의 변화 가능성을 믿었다. 낭만적 민족주의 정서에 도취되어 북한 정권의 실체에는 철저히 눈을 감았다. 북한으로부터 심한 모욕을 당하면서도 김정은 정권에 대한 일편단심은 변하지 않았다. 유엔의 대북제재가 시행되고 있는 상황에 남북 협력 사업을 추진하려 했지만 진전될 수가 없었다. 평화주의에 빠져 안보태세를 마냥 약화시켰다.

| 중국 경사

문 정권은 출범 직후부터 대놓고 친중 노선을 택했다. 1980~1990년대 그들의 뇌리에 각인된 중국에 대한 환상이 발동했다. 실존적 위협이 중국으로부터 온다는 사실에 눈을 감았다. 문 대통령은 중국과 '운명공동체'라며 중국몽을 함께 꾸겠다고 했다. 중국은 이런 한국을 만만하게 보고 한·미·일 고리에서 한국을 떼어 내려 했다. 부당한 사드 보복을 멈추지 않았다.

| 탈미|脫美

문 대통령과 운동권 출신 실세들에게는 반미反美 의식이 뇌리에 박혀 있었다. 문 대통령은 한미동맹의 중요 부분들을 약화시키는 일을 마다치 않았다. 최원목 교수는 문재인 정부가 "국민이 잘 모르는 사이에 적극적인 반미외교를 시도했다"고 주장했다. 이 과정에서 "NL(민족해방)의 최대 걸림돌인 미국을 대놓고 때리면 정권의 인기가 떨어지니까 간접적으로 일본을 때림으로써 반미反美 외교 효과를 달성하려 했다"고 주장했다.

| 반일|反日

문 정권은 반일을 국내정치에 이용했다. 한일관계를 역대 최악의 상태로 만들었다. 국익을 위해 어떻게든 일본과 협력해야 함에도 일본과의 관계를 악화시켰다. 일본의 문 대통령에 대한 신뢰는 거의 제로 상태로 떨어졌다. 문 대통령은 취임 초부터 한일 위안부 합의에 대해 "중대한 흠결이 확인됐다"며 이를 사실상 파기했다. 안보 측면에서도 일본은 미국 다음으로 우리와 공통의 이해를 갖고 있는 나라이며, 중국의 압박에 효과적으로 대응하기 위해서도 일본과의 협력이 중요한데, 오히려 적대적 태도를 취함으로써 한국의 전략적 가치를 스스로 떨어트렸다. 한일관계는 한미관계에도 영향을 주기 때문에 문 대통령이 진정으로 튼

튼한 한미관계를 원했다면 일본과의 관계를 그렇게 망가트리지는 말았어야 했다.

| 실패 원인

근본적인 원인은 방향과 우선순위를 잘못 설정한 데 있었다. '남북관계 선순환론'은 맞지 않았다. 따라서 이에 따른 '북한 올인'도 맞지 않았다. 중국에 급격히 기울어진 태도도 마찬가지다. 그로 인해 한미동맹이 흔들린 것은 대한민국 외교안보 전체를 흔들었다. 문 대통령에게 가장 큰 책임이 있다. 그는 민족 감정과 이념에 사로잡혀 있었다. 잘 알지도 못하면서 아집과 독선이 심했다. 국가지도자로서 갖고 있어야 할 덕목이나 자질이 부족했고, 역사의식과 세계관에도 문제가 있었다. 대통령을 올바로 보좌해야 할 참모들도 마찬가지였다. 특히 국가안보실장, 통일외교안보특보, 외교부 장관, 청와대 운동권 출신 실세들은 해야 할 역할을 제대로 하지 못했다. 전부 예스맨들이었다. 정책 결정 과정도 문제가 많았다. 심사숙고와 치열한 토론이 없었다. 식견이 없는 사람들이 무엇을 모르고 무엇이 부족한지도 모르는 가운데 대외정책의 큰 방향을 좌지우지했다.

국가보다 민족

"남과 북의 국민은 서로 남이 아닙니다.
우리는 5천 년을 함께 살았고
같은 핏줄, 같은 역사, 같은 언어, 같은 문화를 가지고 있습니다.
잠시 헤어진 형제와 같습니다"
_문재인 대통령, 2018.9.25. 미국외교협회 연설

"문 대통령은 민족에 대한 정서적 일체감이
국가에 대한 객관적 인식을 넘어섰기 때문에 대한민국이라는
나라를 이끄는 일보다 민족의 일체감이 더 중요하다고 인식한다"
_최진석 교수, 〈월간중앙〉 2021.4월호

앞서 다루었지만, 문 정권 실세들에게 대한민국은 태어나선 안 될 나라였다. 이들은 '민족'에 대한 정서적 일체감만 있었고 '국가'에 대한 객관적 인식은 없었다. 한반도 국가의 정통성은 대한민국이 아니라 북한에 있었다. 이들은 자폐적 민족주의에 갇혀 있었다. 문 대통령은 '민족'을 과도하게 내세웠다. 그는 2018년 9월 19일 평양 5·1경기장 연설에서 "우리 민족은 우수합니다. 우리 민족은 강인합니다. 우리 민족은 평화를 사랑합니다. 그리고 우리 민족은 함께 살아야 합니다. 우리는 5천년을 함께 살고 70년을 헤어져 살았습니다"라며 "김정은 위원장과 나는

북과 남 8천만 겨레의 손을 굳게 잡고 새로운 조국을 만들어 나갈 것입니다"라고 했다. '새로운 조국'이 무엇을 의미하는지 알 수 없었다.

2018년 4월 27일 판문점 선언에서는 민족적 화해, 민족의 혈맥, 민족의 운명, 민족 공동행사, 민족 자주의 원칙, 민족경제의 균형적 발전, 민족의 중대사 등 민족이라는 용어를 수없이 사용했다. 이 선언 서명 직후 김정은은 '한 핏줄, 한 민족'을 다음과 같이 내세웠다.

북과 남은 역시 갈라져 살 수 없는 한 혈육이며 그 어느 이웃에도 비길 수 없는 가족이라는 것을 가슴 뭉클하게 절감하게 되었다.

우리는 대결하여 싸워야 할 이민족이 아니라 단합하여 화목하게 살아야 할 한 핏줄을 이은 한민족이다.

… 하나의 핏줄 하나의 언어 하나의 역사 하나의 문화를 가진 북과 남은 본래대로 하나가 되어 민족 만대의 끝없는 번영을 누리게 될 것이다.

문 대통령과 김정은의 이러한 주장은 현실과는 동떨어진 것이었다. 체제와 이념의 차이를 완전히 무시한 것이었다.

근대국가들은 민족보다 국가를 지향한다. 한국의 경우에도 건국 이후 이승만·박정희 정권 때는 이런 경향이 뚜렷했다. 그런데 1980년대 민주화운동이 일어나면서 다시 민족의식이 강해졌다. 근대국가는 헌법에 의해 유지되고 국가원수는 이 헌법을 지킬 의무가 있다. 그럼에도 문 대통령은 헌법 수호자로서의 역할을 다하지 않고 오히려 헌법을 초월하는 역할을 하려 했다(최진석, 〈월간조선〉 2021.8월호).

*"한국인들은 '국가정신'이 부족하다"

한반도 전문가인 브라이언 마이어스 교수는 한국인은 평균적으로 국가보다 민족에 더 높은 충성도를 갖고 있다고 관찰했다. 민족 존엄성이 국가안보보다 더 중요하다고 생각한다는 것이다. 북한이 2010년 천안함을 폭침하고 대낮에 연평도를 포격하는데도 한국인들은 분노하지 않았다. 마이어스 교수는 이런 현상은 한국인들에게 국가정신이 부족하다는 사실을 말해 준다고 했다. 한국인에게는 민족만 있고 국가는 없다는 인상을 준다는 것이다 (〈문화일보〉 2014.12.19.).

● 평화지상주의

> *"평화는 당면한 우리의 생존 전략이다.*
> *안보도, 경제도, 성장도, 번영도 평화 없이는 미래를*
> *담보하지 못한다"*
> *_문재인 대통령, 2017.8.15. 광복절 경축사*

> *"한반도 평화를 궁극적으로 보장하는 것은 북한의 소멸이다.*
> *한반도 평화는 북한 정권이 사라질 때 비로소 가능하다"*
> *_니컬러스 에버스타트 미국기업연구소 선임연구원*

> *"우리는 우리의 힘이 강력해야만 평화를 지킬 수 있다.*
> *우리의 힘이 약해지면 필연코 전쟁을 불러들이게 된다"*
> *_로널드 레이건 전 美 대통령*

> *"싸움에 능해야만 전쟁을 막을 수 있고,*
> *전쟁 태세를 갖추어야만 싸움이 일어나지 않는다"*
> *_시진핑 중국 국가주석*

문 대통령은 평화가 "최우선의 가치이자 정의"라고 했다. 2016년 10월 15일 문 대통령이 페이스북에 올린 다음과 같은 글에서 평화관의 일단을 엿볼 수 있다.

나는 가장 좋은 전쟁보다 가장 나쁜 평화에 가치를 부여한다.

내가 만들고 싶은 정부는 평화를 통해 국민의 삶을 지키고, 평화를 통해 경
제를 성장시키는 정부다.

문 대통령은 "대화만이 평화에 이르는 길"이라며 한반도 평화에는 대
화가 가장 중요하다고 믿었다. 2019년 9월 24일 유엔총회 연설에서는
"평화는 대화를 통해서만 가능하다"며 '평화'라는 단어를 무려 54차례
나 언급했다. 2019년 6월 12일 노르웨이 오슬로포럼 연설에서도 평화
라는 단어를 53차례 사용하면서 '대화를 통한 한반도 평화 체제 구축'을
역설했다.

문 대통령은 심지어 "남북 간의 평화를 궁극적으로 지켜 주는 것은
군사력이 아니라 대화"라고 말했다. 김정은은 "진정한 평화와 안전은
강력한 힘에 의해서만 보장되고 담보된다"고 말했다. 문재인과 김정은
의 차이다.

이인영 통일부 장관도 2020년 7월 "핵보다 평화가 더 강력한 군사 억
제력"이라고 말했다. '평화를 통한 비핵'을 주장하는 사람들의 궤변이
었다. '핵과 평화가 싸우면 누가 이길까?', 이 사람들의 사고는 이런 질
문을 하는 수준이었다. 바로 3일 전 김정은은 "핵 억제력이 전쟁을 막

는다"고 했다. 핵 억제력이 평화를 지킨다는 말이 아닌가. 이 장관은 또 "폭탄이 떨어지는 전쟁 한복판에서도 평화를 외치는 사람만이 더 정의롭고 정당할 수 있다"고 했다. 죽은 다음에 정의가 무슨 의미가 있나. 이 장관은 또 "완전하고 검증 가능하며 되돌릴 수 없는 평화CVIP 시대를 열어야 한다"고 북한 비핵화와 관련하여 쓰는 CVID란 용어를 패러디했다. 말장난도 이런 말장난이 없었다. 이런 평화는 어디에도 존재하지 않는다.

이 장관은 2020년 9월 2일 "한미관계가 어느 시점에서는 군사동맹과 냉전동맹을 탈피해 평화동맹으로 전환할 수 있을 거라고 생각한다"라고도 했는데, 평화동맹이란 것은 없다. 남정호 〈중앙일보〉 논설위원은 이를 두고 "실소를 자아내는 말장난"이라고 했다. 동맹이란 게 뭔지 모르는 사람이나 하는 말이었다. 전국대학생대표자협의회(전대협) 의장 출신인 이 장관은 1980년대 반미 운동권 시각을 벗어나지 못했다.

김준형 전 국립외교원장은 "안보를 확보하는 가장 값싸고 효과적인 방법은 곧 평화외교"라고 했다(2021.8.24.). '평화외교'란 또 뭔가. 탈레반이 미국과 평화협정을 체결한 지 1년 6개월 만에 이 협정을 깨고 카불을 점령한(2021.8.15.) 것은 '평화외교'를 하지 않아서 일어난 일인가? 기원전 15세기부터 기원후 19세기까지 약 8,000개의 평화조약이 체결되었지만 그 지속기간은 평균 2년을 넘지 못했다. 역사가 수없이 증명했고 또 앞으로도 증명하겠지만, 대화나 협정은 평화를 지켜 주지 못한다. 역설적으로 평화를 깰 엄두가 못 나게 만드는 것이 그나마 평화 가능성을 높이는 일이다. 군사적 대비 없이 대화만 외치는 것은 전쟁을 부르는 일이다.

물론 한반도 평화를 위해 북한과의 대화는 중요하다. 문제는 이 대화가 북한의 필요에 의해 북한이 원하는 조건과 시기에 이루어져 왔다는 것이다. 북한 정권은 한국에 평화를 팔고 한국은 북한으로부터 평화를 샀다.

문 대통령은 2018년 4월 판문점에서 김정은과 만난 후 "한반도에 더 이상 전쟁은 없고 새로운 평화시대가 왔다"고 선언했다. 김대중 대통령도 2000년 6월 15일 평양에서 돌아와 "더 이상 한반도에서 전쟁은 없다"고 선언했다. 문재인 정부는 판문점 선언(2018.4.27.)과 평양선언·남북군사합의(2018.9.19.)로 평화의 길을 열었다고 환호했다. 모두 헛소리였다.

문 대통령은 북한이 핵미사일로 무장한 상태에서는 평화의 조건을 북한이 정한다는 사실에 눈을 감았다. 북한 핵을 그대로 두고서는 남북 평화공존이 위협을 받게 된다. 문 정권 실세들은 그렇게 생각하지 않았다. '핵 있는 평화'가 왜 문제냐고 생각하는 듯했다.

문 대통령은 북한의 핵무력이 한반도 평화를 위협하는 가장 큰 요인임에도 종전선언을 추진했다. 북한 비핵화 없는 한반도 평화는 허구에 불과하다. 지속적인 평화가 될 수 없다. 북한 체제의 본질상 북한은 한국과의 평화를 원치 않는다. 북한과 진정한 평화를 만들 수 있다고 생각하는 것은 환상이다. 북한 정권은 한국이 존재하지 않아야 안전하다고 믿기 때문이다. 문 대통령의 평화관에는 다음과 같은 문제점이 있었다.

'남북 간 평화를 지켜 주는 것은 대화'라는 것은 국제정치의 ABC를 모르는 소리다. 힘이 평화를 지켜 준다는 것은 역사적 진리다. 그러니 문 대통령의 평화관은 위험한 것이었다.

평화와 전쟁은 동전의 양면이다. 어느 하나를 선택하고 다른 하나를 버릴 수 있는 그런 것이 아니다. 인류 역사에서 전쟁은 피하려 해도 피할 수 없는 것이었다. 전쟁 가능성을 줄이기 위해 전쟁에 대비할 뿐이다.

평화를 말할 때는 자유도 함께 말해야 한다. 평화는 고귀한 가치이지만 자유보다 더 소중한 것이라 할 수 없다. 자유를 지키기 위한 싸움을 평화의 이름으로 부정하면 이것은 노예로 살아도 좋다는 것이 된다. 역사적으로 유화정책을 쓴 나라는 평화를 사려다 전쟁이나 굴종을 샀다.

문 대통령은 '평화가 경제'라고 믿었는데 이 또한 난센스였다. 2017년 6월 1일 제주포럼 개회식 연설에서 "전쟁 위협이 사라진 한반도에 경제가 꽃피우게 하겠다. 남북을 아우르는 경제공동체는 대한민국이 만든 '한강의 기적'을 '대동강의 기적'으로 확장시켜 세계경제 지도를 바꾸는 '한반도의 기적'을 만들어 낼 것"이라고 했다. 상대의 실체를 모르고 하는 말이었다.

문 대통령은 2018년 8월 15일 광복절 경축사에서는 "평화경제, 경제 공동체의 꿈을 실현시킬 때 우리 경제는 새롭게 도약할 수 있다"며 "남 북 간에 전면적인 경제협력이 이뤄질 때 그 효과는 비교할 수 없이 커 질 것이다 … 평화가 경제"라고 말했다. 2019년 2월 11일 청와대 수석·보좌관회의에서도 "남과 북은 전쟁 없는 평화의 시대를 넘어, 평화가 경제의 새로운 성장 동력이 되는 평화경제의 시대를 함께 열어 가야 한 다"고 했다. 이런 생각은 타당성이 없었다. 북한은 그렇게 생각하지 않 기 때문이다.

문 대통령은 2019년 8월 2일 국무회의에서는 "남북 평화경제로 일본 을 따라잡겠다"라고 말했다. 사흘 후 수석·보좌관회의에서는 "이번 일 (일본의 경제보복)을 겪으면서 우리는 평화경제의 절실함을 다시 한번 확 인할 수 있었다. 남북 간의 경제협력으로 평화경제가 실현된다면 우리 는 단숨에 일본 경제의 우위를 따라잡을 수 있다"고 말했다. '평화경제' 를 극일克日 전략의 하나로 제시했는데, 실현될 수 없는 꿈이었다.

문 대통령은 2019년 광복절 경축사에서 "평화경제에 우리가 가진 모 든 것을 쏟아붓겠다"고 했다. 허황된 얘기였다. 북한은 바로 다음 날 조 국평화통일위원회 대변인 담화를 내고 "저들이 대화 분위기를 유지하 고 북남 협력을 통한 평화경제를 건설하며 조선반도 평화 체제를 구축 하기 위해 노력하고 있다는 소리인데 삶은 소대가리도 앙천대소仰天大

笑(하늘을 보고 크게 웃다)할 노릇이다"라고 조롱했다. '말도 되지 않는 얘기 좀 그만하라'는 핀잔이었다. 왜 이런 반응을 보였을까. 두 가지 추측이 가능하다. 하나는 문 대통령이 어떤 말을 하던 공허하고 믿을 수 없다는 것이고, 다른 하나는 평화경제론에 불순한 동기가 숨어 있을 것이라고 의심했을 가능성이다.

문 대통령은 북한의 이런 반응에 아랑곳하지 않았다. 8월 19일 수석·보좌관회의에서 "평화경제는 우리 미래의 핵심적 도전이자 기회"라며 "지구상 마지막 남은 냉전 체제를 해체하고 평화와 번영의 새 질서를 만드는 세계사의 과업이자 한반도의 사활이 걸린 과제"라고 했다. 과대망상이 아니면 설명이 안 되는 얘기였다.

미국과 유엔의 대북제재하에서 남북경협은 요원한 일이었다. 美 국무부는 "남북관계는 북핵문제 해결과 별도로 진행될 수 없다"는 입장을 분명히 했다. 평화경제를 위해서는 북한 비핵화가 선행되어야 한다는 것이었다. 문 대통령의 평화경제 비전은 '그림의 떡'도 되지 않았다. 실현 불가능한 일을 실현 가능한 일인 것처럼 읊어댔다. 4차 산업혁명에서 살아남아야 하는 한국이 북한과 같은 나라와 경제 협력을 함으로써 일본을 극복한다는 것은 망상이었다. 북한 인프라 재건에는 천문학적인 예산과 긴 세월이 필요하다. 북한은 소비재 시장이 되지 못한다. 축적된 기술도 없다. 유일하게 값싼 노동력이 있을 뿐이다. 그런데도 문 대통령은 남북 평화경제가 무슨 마법이라도 되는 듯 말했는데 다음과 같은 문제점이 있었다.

-정책의 우선순위와 실현 가능성을 판단하는 일은 그 정책의 성패를 좌우한다. 문 대통령의 평화경제는 이 두 가지 측면에서 모두 문제가 있었다.

　-문재인 정부는 북한이 '이번만큼은 다르다'며 핵을 포기하고 경제발전에 나설 것이라고 생각했지만 희망적 사고에 불과했다. 문 대통령의 남북 평화경제론은 '한여름 밤의 꿈'에 지나지 않았다.

　-김대중·노무현 정부는 68억 2,697만 달러 규모의 대북 지원을 했지만 지속적으로 이어지는 사업은 하나도 없었다. 그런데도 문 대통령은 평화경제에 대한 환상을 버리지 못했다.

외교안보 진용

"나라가 잘되려면 가장 뛰어난 최고 인재들에게
가장 어려운 직무를 맡겨야 한다"
_리콴유 전 싱가포르 총리

문재인 정부가 출범한 지 불과 5개월 지난 시점에 〈조선일보〉는 「외교로 살아가야 할 나라에 외교가 안 보인다」는 제목으로 다음과 같은 사설을 썼다(2017.10.9.).

국가 간 이해 충돌이 예상되는 사안을 미리 파악하고 이를 돌파할 환경을 치밀하게 준비하는 것이 외교다. 전 정부, 현 정부 따질 것 없이 전략 부재, 능력 부족이라 할 수밖에 없다.

새 정부 출범 후 외교부는 과거 이런 적이 있었나 싶을 정도로 존재 자체가 희미해졌다.

청와대 안보실은 북핵과 4강 외교 무경험자들뿐이다. 이들이 미국 대북 전략의 일단이나마 제대로 파악하고 있는지 우려하지 않을 수 없다.

문 대통령은 제대로 된 전문가를 중용하지 않았다. 문 정부 최대 실책의 하나인 탈원전 공약을 주도해 만든 사람은 미생물 전공 학자였다. 사회복지 전공자를 원자력안전위원장 자리에 앉혔다. 통상 전문가를 외교안보 컨트롤타워인 국가안보실장에 임명했다. 외교부 장관은 통역관 출신이었고, 국가안보실 2차장도 FTA 협상 전문가였다. 전문성과 거리가 먼 등용이었다. 문 대통령은 자신이 외교 경험과 지식, 식견이 부족하기 때문에 노련한 프로들의 조력을 받을 수 있어야 했다.

문 대통령은 취임사에서 "저에 대한 지지 여부와 상관없이 유능한 인재를 삼고초려 해서 일을 맡기겠다. 전국적으로 고르게 인사를 등용하겠다. 능력과 적재적소를 인사의 대원칙으로 삼겠다"고 했지만 말뿐이었다. '캠코더(대선 캠프·같은 코드·더불어민주당)' 인사를 했다.

*'연정라인'

문재인 정부 외교안보 분야에는 연세대 정외과 출신들이 다수 발탁되었다. 문정인 통일외교안보특보를 필두로 강경화 외교부 장관, 최종건 외교부 1차관(국가안보실 평화기획비서관 역임), 최종문 외교부 2차관, 김준형 국립외교원장, 윤형중 국가정보원 1차장(국가안보실 사이버정보비서관 역임), 김기정 국가안보전략연구원장(국정원 산하 기관) 등을 예로 들 수 있다.[*]

---

[*] 문정인은 3년 8개월 특보로 활동하다가 2021년 2월 세종연구소(외교부 등록 재단법인) 이사장으로 자리를 옮겼다.

| 강경화 외교부 장관

문 대통령은 2017년 6월 강경화에 대한 국회 인사청문보고서가 채택되지 못했음에도 "외교 능력을 높이 평가한다"며 임명을 강행했다.

일방적으로 당한 강 장관

2017년 8월 6일 한중 외교장관 회담이 열렸다. 강 장관과 왕이 외교부장 간 첫 회담이었다. 왕 부장은 사드배치에 대해 "개선되는 양자관계에 찬물을 끼얹는 결정"이라며 다음과 같이 거칠게 말했다.

-사드가 북한의 대륙간탄도미사일(ICBM)을 막을 수 있나?

-누가 안보리 결의안 각 항목을 집행하나?*

-누가 이 일에서 대가를 치러야 하나?

-한국이 미국 미사일방어체계(MD)에 가담하는 것이 국익에 부합한다고 생각하나?

왕이가 사드배치를 '잘못된 행동'으로 규정하는 데도 강 장관은 반박을 하지 않았다. 일방적으로 당하다가 끝난 회담이었다.

전술핵과 전략핵의 차이를 모르다

2017년 10월 12일 국회 외교통일위원회 국정감사에서 더불어민주당

---

* 유엔 안보리가 진통 끝에 대북 재제결의안 2371호를 만장일치로 통과시키 직후였다.

이수혁 의원이 강 장관에게 "전술핵과 전략핵이 어떻게 다른지 설명해달라"고 했다. 강 장관은 "전술핵은 당장의 전시 상황에 사용하는 무기이고, 전략핵은 장기적인 억지력 차원에서 거리라든가 운영 면에서 전략적 의미가 있는 것 같다"고 답변했다. 엉터리 답변이었다.[*]

강 장관은 직함만 있고 하는 일은 없는 장관이라는 평을 받았다. 공로명 전 외무부 장관은 "이(문재인) 정부의 모든 거버넌스는 청와대를 통해 이루어지고 있다. 강경화 장관은 스마트한 사람인데 지금은 인형같이 존재감이 없다"고 했다.

"남·북·미의 비핵화 개념은 같다"

2019년 2월 28~29일 하노이 미·북 정상회담이 결렬된 원인의 하나는 양측 간 비핵화 개념의 차이에 있었다. 그런데 강 장관은 2019년 3월 21일 "북한이 주장하는 조선반도 비핵화와 한미가 갖고 있는 비핵화 개념은 같다"고 말했다. 강 장관은 이날 국회 남북경제협력특위에 출석해 한 야당 의원의 질의에 한참 동안 즉답을 피하다가 이같이 답했다.[**]

구겨진 태극기

2019년 4월 4일 한국·스페인 전략대화가 외교부 청사에서 열렸다.

---

[*] 전술핵은 폭파 위력이 수kt 이하인 소형 핵무기를 말하고 전략핵은 위력이 수백~수천kt의 핵무기를 말한다.

[**] 조명균 통일부 장관은 2019년 1월 국회 남북경제협력특위에서 "두 개념에 차이가 있다"고 말했다. 이게 맞는 말이었다.

행사장에 비치된 대형 태극기가 구겨진 상태였다. 그렇지 않은 스페인 국기와 대조를 이뤘다. 구겨진 태극기 모습이 언론에 보도되자 "지금까지 이런 외교부를 본 적이 없다" "기초부터 무너진 외교부" "임계점을 넘었다. 강경화 장관이 책임을 져야 한다" "구겨진 태극기 구겨진 외교" 등의 비난이 쏟아졌다. 〈조선일보〉는 '새 정부 2년 만에 껍데기만 남은 외교부의 실상이 이렇다'는 사설을 썼다. 강 장관이 지휘하는 외교부의 한 단면이었다.

"그 어떤 상황에서도 한반도에서 전쟁이 발생하는 일은 없을 것"

강 장관이 2019년 12월 4일 국립외교원 주최 국제회의 기조연설에서 한 말이다. 이는 문재인 정부 인사들이 즐겨 쓰는 표현이기도 했다. 문 대통령도 2017년 8월 17일 취임 100일 기자회견에서 "한반도에서 두 번 다시 전쟁은 없을 것"이라고 말했다. 이런 말들은 공허한 수사에 불과했다. 전쟁이란 언제 어떻게 발생할지 아무도 모른다. 그런데도 강 장관은 "그 어떤 상황에서도"라는 표현을 썼다.

외교관 성추행문제가 정상 간 통화에서 제기되다

저신다 아던 뉴질랜드 총리는 2020년 7월 28일 문 대통령에게 전화를 걸어 한국 외교관의 성추행문제를 언급했다. 이런 사안이 정상통화에서 거론되기까지 외교부는 무엇을 하고 있었느냐는 비난이 일었다. 뉴질랜드 총리가 이를 제기한 것도 적절치는 않았다. 강 장관은 결과적으로 국가위신을 떨어트렸다. 대통령에게 누를 끼친 것은 물론이다. 그는 문 대통령과 국민에게 죄송하다고 사과했다.

1년 동안 달랑 보고서 1건

국무총리 지시로 2019년 5월 외교부에 전략조정지원반이라는 것이 만들어졌다. 미·중 갈등에 대한 종합적 대응 전략을 마련하는 것이 목적이었다. 인력 7명에 예산 14억 원이 배정되었다. 그런데 이 조직이 1년 동안(2019.8.~2020.8.) 생산한 기밀문서가 달랑 1건이었다. 상상하기 힘든 일이었다. 관계자는 "전략조정지원반의 주된 역할이 회의 개최에 그쳐 문서 생성을 많이 하지 못했다"고 했다. 미·중 패권경쟁은 국익에 직접적인 영향을 미치는 사안이므로 제대로 된 전략을 마련하는 일은 대단히 중요했다. 그런데도 1년 동안 문서로 나온 결과물이 단 1건이었다는 것은 강 장관의 지휘통솔력을 의심하게 만들었다.

이해할 수 없는 방미

강 장관은 2020년 11월 9일 워싱턴에 출장, 폼페이오 국무장관을 만났다. 트럼프 대통령이 11월 3일 선거 결과에 승복하지 않아 워싱턴 상황은 매우 혼란스럽고 복잡했다. 이렇게 국내정치 상황이 유동적인 때에 강 장관이 왜 워싱턴에 갔는지 알 수 없었다. 급하게 논의해야 할 사안이 있는 것도 아니었다. 언론은 강 장관이 '엉뚱한 때에 엉뚱한 곳으로 달려간 일'이 이번이 처음은 아니라고 비난했다. 美 대선의 혼란한 상황이 가라앉지 않은 때에 이뤄진 강 장관의 방미는 목적과 시기 면에서 모두 이해하기 어려웠다.

*강경화 장관에 관한 신문 사설(예시)

-월권 靑 참모에 무능 강경화… 외교참사 걱정된다 <동아일보>

-이 와중에 英 갔다 회담도 못 한 외교장관, 나라 꼴 한심 <조선일보>

-강경화 외교장관의 엉뚱한 주뉴질랜드 외교관 성추행 사과 <경향신문>

-총체적 외교 난국에 존재감 없는 강경화 장관 <중앙일보>

-리더십 한계 외교 수장, 자리보전 부끄럽지 않나 <서울신문>

| 정의용 국가안보실장·외교부 장관

"북·미 정상회담은 99.9% 성사됐다"

정 실장은 2018년 5월 21일 문 대통령을 수행해 워싱턴으로 가는 비행기에서 기자들에게 "(6월 12일로 예정된) 북·미 정상회담은 99.9% 성사됐다"고 말했다. 예정대로 열리는 것이 아무리 확실시되더라도 당사국이 아닌 제3국 인사가 이렇게 말하는 것은 적절치 않았다. 그뿐만 아니라 외교에서는 99.9% 같은 표현은 잘 안 쓴다.*

"장례 마친 뒤 발사"

정 실장은 2019년 11월 1일 "문재인 대통령이 상중喪中인데 북한이 초대형 방사포를 발사한 것은 예의가 없는 것 아니냐"는 한 국회의원 질의에 "대통령이 장례 절차를 마치고 청와대로 사실상 복귀한 다음에 발사가 됐다"고 답했다. 북한이 마치 문 대통령 이동 상황까지 감안해 발사했다는 말로 들렸다. 정 실상은 또 "우리도 북한 못지않게, 북한보다 적지 않게 미사일 시험 발사를 하고 있다"며 북한을 두둔했다. 유엔

---

* 문정인 통일외교안보특보도 5월 23일 한 방송에 출연해 "북·미 정상회담의 연기나 불발 가능성은 거의 제로에 가깝다"고 말했다.

안보리 결의 위반인 북한 미사일 발사와 그런 것이 아닌 한국의 미사일 발사를 구별하지 않았다.

"정 실장이 완전한 헛소리를 했다"

2019년 11월 1일 국회 운영위원회 청와대 국정감사에서 다음과 같은 질의·답변이 오갔다.

하태경 의원: 대통령이 "(동창리 폐기로 북한이) ICBM 도발을 할 수 없게 됐다"고 〈폭스뉴스〉에서 답변했어요. (그런데) 제가 군(軍) 쪽에 물어보니까 이동 발사를 얼마든지 할 수 있다고….*

정의용 실장: 지금 우리가 볼 때 ICBM은 이동식발사대(TEL)로 발사하기 어렵습니다. 기술적으로…. 동창리 시험장이 폐기되면 ICBM을 발사하기 어렵습니다. 자신 있게 말씀드립니다.**

하태경: 그럼 군(軍)이 답변을 잘못한 거네요.

정의용: 네, 그거는 제가 그렇게 판단하고 있습니다. 군에서 누가 그렇게 답변을 했습니까?

하태경: 정보본부장이 그렇게 답변했는데, 우리 군 쪽 잘 아시는 분이 답변해 주세요.

김유근 국가안보실 1차장: 현재 북한의 능력으로 봐서 ICBM은 TEL로 발

---

* 문 대통령은 2018년 9월 25일 〈폭스뉴스〉 인터뷰에서 "평양 정상회담에서 김 위원장은 동창리 미사일 시험장과 미사일 발사대를 미국의 참관하에 폐기하겠다고 약속했습니다. 그 폐기가 이루어지면 북한은 다시 미사일을 시험 발사하는 도발을 할 수 없습니다. 이제는 북한이 핵과 미사일로 미국을 위협하는 일은 완전히 없어졌다고 말할 수 있습니다"라고 말한 바 있다.

** TEL은 transporter(운반), erector(직립), launcher(발사)를 의미한다.

사하긴 힘들다고 판단합니다.

북한은 2017년 7월 화성-14형 ICBM을 두 차례, 그해 11월 화성-15형 ICBM을 한 차례 시험 발사했다. 이때 모두 이동식발사대^{TEL} 가 미사일 발사 때 사용하는 지상 거치대(지지대)를 미사일과 함께 부착해 이동했다. 정 실장이 북한이 TEL에 실린 ICBM을 땅에 내려놓고 쏜 것을 두고 이동식 발사가 아니라고 생각했다면 이는 '이동식 발사'가 무엇인지도 모른다는 얘기였다. TEL에서 바로 발사하건, TEL로 옮긴 ICBM을 발사대에 걸어 쏘건 이동식 발사라는 점에서는 다를 것이 없다. 국가안보실장이 이 정도도 몰랐다.

국회 국방위원회 국정감사 때(2019.10.8.) 김영환 국방부 정보본부장은 "북한은 현재 이동식발사대로 ICBM을 발사 가능한 수준까지 고도화되어 있다. 현재 ICBM급은 이동식발사대로 발사해 동창리는 다른 용도로 쓸 것이다"라고 답변한 바 있다. 서훈 국가정보원장과 정경두 국방부 장관도 북한이 이동식발사대를 사용해 ICBM을 발사할 능력이 있다고 다음과 같이 말했다.

서훈(2019.11.4. 국회 정보위원회 국정감사 시): "북한이 이동식 ICBM을 싣고 일정한 지점에 발사대 거치를 한 후 ICBM을 발사하는데, 이것도 결국 이동식이다."

정경두(2019.11.4. 국회 국방위원회 전체회의 시): "이동식발사대(TEL)로

ICBM을 싣고 일정한 지점에 가서 고정식 발사대로 발사한 것도 있고, 지
지대를 받쳐서 발사하기도 했다."

국가안보실은 2019년 11월 5일 다음과 같은 내용의 '북한 ICBM 관
련 보도참고자료'라는 것을 기자단에 배포했다. 낯 뜨거울 정도의 내용
이었다.

일부 언론이 해석상의 차이를 이용해 국가안보에 큰 차질이 있는 것처럼 억
지 주장을 펼치고 있다.

청와대와 국방부, 국정원은 북한 이동식발사대(TEL)의 ICBM 발사 여부
와 관련해 같은 분석을 하고 있고 같은 입장을 갖고 있다. 서훈 국정원장은
'북한이 TEL로 ICBM을 발사했다'고 발언하지 않았다.

운반만 하거나 또는 세운 것만으로는 'TEL 발사'로 규정하지 않는다. 운반
해서 세우고 발사까지 해야 TEL 발사다.

전문가들은 이런 주장을 신랄하게 비판했다. 외교안보 컨트롤타워인
국가안보실장이 이런 말을 듣는다는 것은 창피한 일이었다.

한국의 국가안보실장이 입이 딱 벌어지게(jaw-droppingly) 거짓말을 했다.
(앤킷 판다 美 과학자연맹 선임연구원)

북한은 TEL에서 ICBM을 발사할 역량을 갖추고 있다. 모든 TEL에는 분리할 수 있는 발사 패드가 있다. 발사 패드에서 발사한다고 TEL에서 발사하지 않았다고 하는 것은 틀린 말이다. 정 실장이 완전한 헛소리(absolute bullshit)를 했다는 사실을 믿을 수 없다. (제프리 루이스 미들버리 국제학 연구소 동아시아 비확산 프로그램 소장)

문 대통령이 2018년 9월 25일 〈폭스뉴스〉에서 한 동창리 발언이 잘못된 내용이었다면 진정한 참모는 이를 수정해 주어야 한다. 이번에 반대로 참모들이 대통령의 발언을 오역해 대통령까지 욕 먹이고 있다. 무식하고 무능하면 자기로 끝날 일이지 대통령까지 욕 먹으며 그 자리에 있을 이유가 없다. (김동엽 경남대 극동문제연구소 교수)

"'You try me' 그 말을 일본에 해 주고 싶다"

한일 양국은 2019년 11월 22일 한일 군사정보보호협정 파기 결정을 유예하고 일본은 수출 규제 조치 해결에 기여하는 방향으로 대화를 재개하는 데 합의했다. 그런데 일본 언론들이 이를 자국에 유리한 방향으로 해석하며 '일본 외교의 승리' '퍼펙트 게임' '한국이 미국의 압력에 굴복한 것' 등으로 보도했다. 정 실장이 이에 발끈했다. 기자들 앞에서 직접 마이크를 잡고 "'You try me' 그 말을 일본에 해 주고 싶다"며 "(이 표현은) 한쪽이 터무니없는 주장으로 다른 한쪽을 자극하면, 내가 무엇을 할지 모른다는 경고성 문구다"라고 설명했다. 감정 섞인 비외교적인 언사였다.

'문재인 정부 4년의 외교안보는 A학점'

정의용 외교부 장관은 2021년 4월 21일 관훈클럽 초청 토론회에서 지난 4년 남북관계와 외교안보 분야에 대해 학점을 매겨 보라는 말에 주저 없이 "과거 정부에 비하면 A학점이다. 박근혜 정부가 너무 잘못했다. (노무현) 참여정부 때보다 성과를 많이 냈다"고 했다. 그러면서 "대통령의 외교안보 분야 판단은 신속하고 정확했다"고 덧붙였다. 궁색한 비교였다. '문 대통령의 판단이 신속하고 정확했던' 사례를 들었더라면 좋았을 것이다.

북한의 GP 총격에 "북한이 사소한 위반을 했다"

정 장관은 2021년 4월 21일 관훈클럽 초청 토론회에서 9·19 남북군사합의와 관련하여 "북한이 두 번 사소한 위반을 했다"며, 2019년 11월 창린도 해안포 사격과 2020년 5월 강원도 최전방 GP 총격 사건을 거론했다. GP 총격에 대해 "면밀히 조사했지만 굉장히 절제된 방법으로 시행했다. 그 이후 심각한 도발이 없었다는 것을 평가해야 한다"고 했다. 국방부는 2021년 2월 발간한 '2020 국방백서'에서 이 두 사건을 "명백한 9·19 군사합의 위반행위"라고 적시했는데 정 장관은 '사소한 위반'이라며 의미를 축소했다. 논란이 확산되자 외교부는 "도발이 군사합의를 무효화하는 수준은 아니었다는 취지였지만 용어선택이 적절치 못했다"고 했다. 이건 또 무슨 해명인지 알 수 없었다.

"북한의 '조선반도 비핵지대화'와 우리의 '한반도 비핵화'는 큰 차이 없어"

정 장관은 2021년 5월 25일 한미 정상회담 성과 브리핑 시 "이번 한미 정상회담을 계기로 양측의 불필요한 오해를 살 만한 용어를 통일했다"며 "한반도 비핵화는 1992년 남북 간 한반도 비핵화 선언 때부터 사용했다. 북한이 말하는 한반도 비핵지대화와 우리 정부가 말하는 한반도 비핵화는 큰 차이가 없다"고 했다. 북한이 주장하는 '조선반도 비핵지대화'는 과거 한국에만 미국의 전술핵이 존재하던 시절 북한이 만든 용어로 미국의 핵우산 철폐, 주한미군 철수, 남북한 동시 핵사찰 등을 포함했다. 그런데도 정 장관은 이것이 '한반도 비핵화'와 같은 개념이라고 말한 것이다.

'한반도 비핵화'와 '한반도 비핵지대화'는 다른 개념이다. 북한은 겉으로는 '한반도 비핵화'라는 용어를 수용하면서도 내용상으로는 비핵지대화 개념을 주장해 왔다. 문 대통령은 2021년 1월 신년 기자회견에서 "김정은 북한 국무위원장은 국제사회가 요구하는 비핵화와 (본인의) 비핵화가 전혀 차이가 없다는 점을 분명히 했다"고 말한 바 있다. '국제사회가 요구하는 비핵화'는 북한이 얘기하는 '조선반도 비핵지대화' 개념이 아니다. 정 장관이 두 용어가 개념상 차이가 있다는 사실을 몰랐다면 외교 수장으로서 자질 부족을 드러낸 것이며, 알고도 그랬다면 그 진의에 의구심을 갖게 만들었다(《동아일보》 2021.5.26. 사설).

정 장관은 사흘 후 이 발언을 사실상 철회했다. 국회 외교통일위 전체회의에서 국민의힘 조태용 의원이 "북한이 말하는 한반도 비핵지대화와 우리가 말하는 한반도 비핵화는 다른 개념이다. 근본적인 차이가 없다는 말씀을 철회할 용의가 있느냐"는 질의에 "주한미군 주둔문제나 확장 억제, 핵우산문제는 한반도 비핵화와 상관이 없다는 게 정부의 기본 입장"이라고 답변했다. 사흘 전 문제의 표현을 쓴 이유에 대해서는 "기자가 먼저 해당 표현을 썼기 때문"이라며 "지금은 우리와 북한의 개념이 사실상 같다는 의미였다"고 해명했다. 정 장관은 주요 사안에 있어 사실관계를 정확하게 모르는 것 같은 인상을 주었다. 그런 사례 중의 하나가 앞에서 다룬 2019년 11월 1일 국회 운영위 국정감사에서 발생한 이른바 'TEL 진실게임'이다.

'김정은은 비핵화 약속 지킬 것'

정 장관은 2021년 9월 14일 국회 대정부질문에 출석해 "한반도 비핵화에 관한 것은 김정은 국무위원장이 인민들 앞에서 직접 한 약속이기 때문에 지킬 것"이라고 말했다. 김정은이 북한 인민에게 약속한 것은 핵 폐기가 아니라 핵강국 건설이었다. 또한 '인민들에게 한 약속'이어서 지킬 것이란 말도 납득하기 어려웠다. 김정은의 속내와 북한 체제의 본질을 무시하면서 우리 국민들만 속이는 말이었다. 국내외에서 압도적 다수가 김정은이 핵을 포기하는 일은 없을 것으로 보는데 문 대통령과 문재인 정부 인사들은 계속 사실과 다른 말을 했다.

'정신 나간 소리다'

정 장관은 2021년 9월 22일 미국외교협회CFR 대담회에서 "북한이 대화 테이블에 다시 나오면 뭔가 구체적으로 얻는 것이 있다는 사실을 보여 주는 것이 대단히 중요하다"며 "북한에 인센티브를 주는데 주저주저해서는 안 된다"고 말했다. 그러면서 "신뢰구축 조치로 종전선언을 발표하고 그런 다음 제재를 완화하는 것을 고려해야 한다"고 말했다. 한심한 발상이었다.

정 장관은 북한을 협상 테이블로 이끌어 내기 위해 인센티브를 주어야 한다고 주장했지만, 미국은 북한이 협상 테이블에 나오도록 할 수 있는 모든 일을 다했다. 또한 미국은 북한이 협상 테이블에 나와 어떤 문제도 논의하자는 입장을 줄곧 견지해 왔다. 그런데도 정 장관이 이런 주장을 펴니 미 측은 냉소적으로 받아들였다.

정 장관은 다음 날 〈워싱턴포스트〉와의 인터뷰에서도 "북한이 북·미 회담 교착 상태를 미사일과 핵 능력 향상을 위해 이용하고 있다. (미국이) 북한에 제공할 수 있는 보다 세부적인 인센티브를 구체적으로 밝히라"고 했다. 대화 재개를 위한 양보를 하지 않으면 북한이 핵미사일 능력을 더욱 향상시킬 것이라고 하는 것은 북한 입장을 대변하는 일종의 협박이었다.

국무부는 "국제사회는 북한에 대해 강력하고 통일된 메시지를 보내는 것이 중요하다"고 했다. '섣부른 소리 그만 좀 하라'는 말이었다. 블링컨 국무장관은 "북한의 미사일 발사는 유엔 안보리 결의를 계속적으로 위반하는 것이기 때문에 국제사회도 이를 심각하게 받아들여야 한다"며 정 장관 주장을 반박했다.

트럼프 대통령 초대 국가안보보좌관을 지낸 허버트 맥매스터는 정 장관 발언을 신랄하게 비판했다. 북한과의 대화를 재개하기 위해 미국이 제재 완화 같은 양보를 해야 한다는 주장은 '미친 짓 insanity '이라며 같은 일을 반복하면서 다른 결과를 기대하는 것은 정상이 아니라고 했다. 정 장관 주장은 설득력 제로에 가까웠다. "신뢰구축 조치로 종전선언을 발 표하고 그런 다음 제재를 완화하는 것을 고려해야 한다"는 말은 맥매스 터 같은 사람이 보기에 '정신 나간 소리'였다. 그는 "가장 승산이 있는 전략은 '최대의 압박'"이라고 일갈했다.

정 장관은 10월 1일 국회 국정감사에서 "대북제재 완화를 검토할 때 가 됐다"고 했다. 야당 의원들이 정 장관이 미국외교협회 대담회 때 중 국의 강압외교를 적극 옹호한 사실을 지적하자 "우리도 일본에 강하게 입장을 개진한다는 점에서 '공세적'이지 않느냐"고 반문했다. 중국이 한국에 보이는 태도와 한국이 일본에 보이는 태도가 뭐가 다르냐는 논 리였다.

"중국이 공세적 외교를 펼치는 것은 당연"

정 장관은 2021년 9월 22일 미국외교협회 CFR 초청 대담회에서 사회 자가 "중국이 점점 더 공세적 assertive 으로 되어 가고 있다고 보지 않는 가"라고 묻자 "중국이 공세적인 것은 당연하다. natural . 중국은 강성해 지 고 있고, 경제적으로 더 강력하다. 20년 전의 중국이 아니다. 그래서 그 들은 대외정책에서 이런 상황을 반영하려 한다. 자연스러운 일이다"라 고 답했다. 그러면서 "중국은 국제사회 구성원들이 중국의 목소리를 들 어 주기를 원한다. 그러므로 (우리는) 그들이 하는 말을 귀담아들으려 노력해야 한다"고 했다. 중국인이 하는 말 같았다.

정 장관은 사회자가 한국을 미국·일본·호주와 함께 '반反 중국 블록'에 속한 나라로 전제하고 질문을 하자 "이게 바로 중국인들이 말하는 냉전시대 사고방식"이라고 반박했다. '냉전적 사고' '냉전시대 유물' 등의 표현은 중국이나 한국 좌파들이 즐겨 쓰는 표현이었다. 바로 전날 시진핑 주석은 유엔총회 화상연설에서 미국을 향해 "냉전시대 제로섬 게임을 펼치고 있다"고 비난한 바 있다. 한국 외교장관이 미국에서 중국을 옹호하자 "정 장관은 어느 나라 외교장관이냐"는 말이 나왔다.

"국제관계도 이제 민주화되고 있다"

정 장관은 2021년 9월 23일 뉴욕특파원 간담회에서 전날 미국외교협회CFR에서 자신이 한 발언을 놓고 한국 언론들이 '한국 외교부 장관이 중국 대변인인가'라는 식으로 보도한 데 대해 "공정하지 못하다. 서운하다. (내 말은) 국가 간 블록 자체가 냉전시대 사고방식이라고 지적했을 뿐이다. 어떤 국가 블록이 특정 국가를 겨냥하면 안 된다. 내가 미국에 와 있다고 해서 그런 얘기도 못 하나. 국제관계도 이제 민주화되고 있다"고 말했다.

정 장관이 사용한 '국제관계의 민주화'란 용어는 중국이 만들어 낸 심리전 용어다. 미국 주도의 기존 국제질서에 도전하는 것을 미국이 받아들여야 한다는 것을 뜻한다. 시진핑 주석은 2018년 6월 상하이협력기구SCO 정상회의 연설에서 "국제관계의 민주화는 이미 막을 수 없는 시대적 조류가 되었다"라고 했고, 왕이 외교부장은 2020년 9월 미·중 갈등 상황을 논하면서 "미국이 국제관계의 민주화란 시대적 흐름에 순응하고 양국 갈등문제를 정확하게 해결해야 한다"고 했다. 이처럼 '국제관계 민주화'는 중국이 미국에게 요구해 온 것인데, 한국 외교장관이 이런 용어를 사용했다.

"중국은 우리에게 강압적이지 않다"

정 장관은 2021년 9월 23일 뉴욕특파원 간담회에서 "중국이 강압적 coercive 이라고 여러 나라가 우려하고 있다. 우리도 이를 충분히 인지하고 있다. 그러나 중국이 아직 우리에게 그렇게 하고 있다고 생각하지 않는다"고 말했다. 귀를 의심케 하는 말이었다. 사드배치를 구실로 중국이 한국을 얼마나 압박했나.

호주의 클라이브 해밀턴 교수는 그의 저서 『Silent Invasion』(2018) 한국어판 서문에 다음과 같이 썼다.

이미 한국의 재계에는 베이징의 만족을 유일한 목표로 삼고 활동하는 강력한 이익집단들이 자리 잡고 있다. 베이징은 또 한국의 학계와 정계, 문화계, 언론계 지도층 전반에 걸쳐 베이징 옹호자와 유화론자들을 확보했다.

… 호주 정부는 베이징의 괴롭힘에 맞섰지만 한국의 정치지도자층은 지레 겁을 먹고 중국과 미국 사이에서 '전략적 모호성'이라는 나약한 태도를 유지한다. 만약 한국 정부가 중국과 긴밀한 관계를 유지하면서 한국의 독립도

지킬 수 있다고 생각한다면 위험한 도박을 하는 셈이다.

| 최종건 외교부 1차관

없었던 일이 된 '동맹대화'

최 차관은 2020년 9월 10일 국무부에서 스티븐 비건 부장관을 면담한 뒤 워싱턴특파원 간담회에서 한미 국장급 '동맹대화'를 신설할 것이라고 했다. 그러자 국무부는 "동의한 적이 없다"고 했다. 최 차관이 첫 방미 성과로 뭔가를 내놓으려다 생긴 일이라는 추측이 나왔다. 확정되지 않은 것을 확정된 것처럼 말했다는 것이다. 결국 '동맹대화'는 만들어지지 않았다.*

"영변 핵시설 재가동은 남북 합의 위반이 아니다"

최 차관은 2021년 9월 7일 국회 외교통일위원회 전체회의에서 북한의 영변 핵시설 재가동이 남북 합의 위반에 해당되지 않는다고 했다. 같은 날 청와대 관계자도 "최 차관이 정부를 대표해 말한 것"이라며 "이것이 정부의 공식 입장"이라고 했다. 최 차관의 발언은 야당 의원이 "영변 핵시설 재가동이 사실이라면 4·27 판문점 선언이나 9·19 평양공동선언의 취지에 위배된다고 보느냐"는 질의에 대한 답변으로 나왔다. 앞서 국제원자력기구(IAEA)는 영변 핵시설에서 2021년 7월 초부터 냉각수 방출 등 여러 징후가 발견되었으며, 이는 2018년 12월 가동 중단된

---

* 교수 출신인 최 차관은 자신의 SNS 배경화면에 한반도기(旗)를 쓰는 등 '우리 민족' '남북 우선'을 내세우면서 '한미동맹이란 신화를 깨야 한다'는 소신을 보였던 사람이다.

5MW 원자로 재가동을 시사한다고 했다. 문재인 정부는 영변에서의 이런 특이 동향을 포착했음에도 김정은의 비핵화 의지를 수없이 강조해왔기 때문에 국민들에게는 이런 사실을 숨겼다.

문 대통령은 2019년 6월 세계 6대 뉴스통신사 인터뷰에서 "영변은 북한 핵시설의 근간으로, 완전히 폐기된다면 북한 비핵화는 되돌릴 수 없는 단계로 접어드는 것"이라고 말한 바 있고, 2018년 10월 마크롱 프랑스 대통령과 회담 때는 "북한의 비핵화가 되돌릴 수 없는 단계(영변 핵시설 폐기)에 왔다는 판단이 선다면 유엔 제재를 완화해야 한다"고 말한 바 있다. 영변 핵시설은 김정은의 '완전한 비핵화' 의지의 핵심이었다. 따라서 영변 핵시설을 재가동했다면 이것은 원점으로 되돌아간 것으로 비핵화 프로세스의 심각한 후퇴였다.

"중국은 전략적 파트너"

최 차관은 2021년 11월 15일 美 전략국제문제연구소^{CSIS}와 한국국제교류재단이 공동 주최한 한미 전략포럼에서 미·중 패권경쟁에 대한 한국의 입장을 묻는 질문에 다음과 같이 답변했다. 하나만 알고 둘은 모르는 이야기를 강의하듯 했다.

"그들은 전략적 파트너다. 다른 국내정책과 마찬가지로 외교정책 또한 한국인, 한국 중산층의 필요와 이해관계에 맞는 것이어야 한다. 중국과의 교역규모는 미국·일본을 합친 것보다 크고 그 시장에서 오는 큰 수익의 혜택을 즐기는 것은 우리 국민들이다"

"(북한문제에 있어서도) 현실적으로 베이징과 파트너십이 필요하다. 우리가 좋든 싫든 간에 그것이 우리 정책의 현실이다"

패널로 참석한 에번 메데이로스 전 백악관 국가안보회의NSC 선임보좌관은 "동맹관계가 계속되려면 우리는 중국의 도전 앞에 함께 서 있어야 한다"고 했고, 랜들 슈라이버 전 국방부 아·태 차관보는 "한쪽은 핵심적인 도전으로 보는데 다른 한쪽은 이를 받아들이지 않는 동맹관계는 없다. (한국이) 그런 식으로 표류한다면 동맹이 점차 약화할 수 있다는 점에서 위험하다"고 했다. 그러면서 "한국은 오커스AUKUS 출범 과정에서 프랑스처럼 되고 싶지는 않을 것"이라고 가시 돋친 말을 덧붙였다.*

최 차관이 '우리에 관해서는 중국은 전략적 파트너이니 그쯤 알라'는 식으로 말한 것은 미 측 참석자들에게 거부감을 주기에 충분했다. 한미동맹이 중요하다고 보는 사람들에게는 어이가 없는 말이었다. 미국이 중국과 첨예하게 갈등하고 있는 상황에 동맹국 고위관리가 중국을 전략적 파트너라고 한 것은 과했다. '경제적으로 중요한 나라' 정도로 언급했으면 적절했다.

최 차관의 인식은 단순했다. "중국과의 교역 규모는 미국·일본을 합친 것보다 크고 그 시장에서 오는 큰 수익의 혜택을 즐기는 것은 우리 국민들이다"라 말이 그렇다. 한미동맹이 한국 경제에 얼마나 중요한가

---

* 호수는 2021년 9월 15일 미국·영국과 AUKUS라는 안보동맹체를 결성하면서 프랑스와 맺은 560억 유로 규모의 디젤잠수함 공급 계약을 백지화했다.

에 대해서는 이해가 없는 듯했다. 한국의 대중對中 수출도 중간재가 많은 부분을 차지하기 때문에 이 점에서도 한국 경제가 미국 시장과 무관하지 않다.*

| 홍현익 국립외교원장

"한미연합훈련은 안 해도 된다"

홍 원장은 2021년 8월 5일 KBS 인터뷰에서 "한미연합훈련은 안 해도 된다고 본다"며, 그 근거로 "북한의 경제력이 남한의 53분의 1로 축소됐고 군사비도 우리가 10배 이상 쓴 지 10년이 지나 재래식 군사력은 우리가 더 우세하기 때문"이라고 했다. 이런 주장은 적어도 두 가지 점에서 문제가 있었다. 하나는 북한 정권이 수십 개의 핵무기를 갖고 있다는 사실을 감안하지 않았다는 것이고, 다른 하나는 한미연합훈련의 전쟁 억지 효과를 무시했다는 것이다. '한미연합훈련을 안 해도 된다'는 것은 주한미군이 철수해도 된다는 말과 크게 다르지 않았다.

"북한에 핵 포기 기회를 주자"

홍 원장은 2021년 11월 8일 〈국민일보〉 칼럼에서 북한에 핵 포기 기회를 주어야 한다고 주장했다. 이는 다른 말로 하면 북한에게 핵을 포기할 기회를 주지 않은 것이 문제라는 것이었다. 말이 안 되는 궤변이었다. 그는 이 칼럼에서 "1993년 3월 북한의 핵확산금지조약 탈퇴로 시작

---

* 미국은 600억 달러 규모의 한미 통화스와프를 연장하지 않고 2021년 12월 31일부로 종료시켰다.

된 1차 북핵 위기의 주요 원인은 한미가 재개한 연합훈련이었고, 2002년 2차 북핵 위기를 촉발시킨 것은 2002년 10월 제임스 켈리 미국 특사가 평양을 방문해 우라늄 농축을 추궁한 것"이라고 했다. 이 두 가지 다 사실이 아니었다. 홍 원장 논리대로라면 북한의 잘못된 행동은 모두 미국 등 외부 세계가 잘못한 때문이다. 그는 이 칼럼에서 다음과 같은 주장도 폈는데, 역시 북한 관점에서 하는 주장이었다.

우리는 북핵 해결 지연을 북한 탓으로만 돌리기보다는 우리 안보를 심각하게 위협하고 남북교류와 평화 통일을 막고 있는 이 문제의 근본 원인인 북한의 안보 딜레마를 고려해 북한이 핵을 포기할 수 있는 진정한 기회를 주면서 문제 해결로 나아가는 것이 현명하다.

가장 좋은 방법은 바이든 행정부가 전임 대통령이 북한에 약속한 것의 일부라도 이행해 북한 신뢰를 얻고 스냅백 조건으로 제재를 일부 완화해 핵 개발 명분을 차단하면서 대화를 통해 한반도 평화 프로세스를 복원하는 것이다.

그 첫걸음이 미국의 종전선언 수용이고 이를 구현하는 것이 현재 한국외교의 최대 과제다.

김정은을 우리가 원하는 사람으로 만들 수 있다?

홍 원장은 2021년 11월 30일 우드로윌슨센터에서 열린 세미나에서 "경제력이 북한보다 600배 강하고 핵무기도 300배로 가진 미국이 북한에 과연 핵을 포기할 기회를 줬는지 생각해 봐야 한다"고 했다. 북한에 핵을 포기할 기회를 주지 않아 북한이 핵을 포기하지 않았다는 것은 한심한 논리였다. 그는 또 "김정은을 고르바초프로 만들어야 하는데 우리가 스탈린으로 만들고 있는 것 아니냐"라고 했는데, 우리가 어떻게 김정은을 이런저런 사람으로 만들 수 있다는 것인가.

홍 원장은 "종전선언이 안 되고 이 상태가 지속하면 내년에 위기가 올 것이다. 4~10월 매우 위험한 시기가 될 수 있다"고 했다. 북한이 큰 도발을 하기 전에 뭔가를 해 주어야 한다는 엄포였다. 그는 또 "(북한이) 500km 미사일을 발사하면 위협적인 것은 사실이지만 우리도 잠수함발사탄도미사일 SLBM 등을 개발한다. 상호안보 관점에서 우리도 개발하는 미사일 사거리면 문제 삼을 필요 없다"고도 했다. 미사일 사거리가 기준이 될 수 없다. 북한의 경우에는 탄도미사일 발사가 유엔 안보리 결의에 의해 금지되어 있다는 사실도 무시했다.

❙ 주요 대사

외교는 아무나 할 수 있는 일이 아니다. 전문 지식과 경험을 쌓은 사람이어야 잘할 수 있다. 신입 외교관이 대사가 되기까지는 보통 25년 넘게 걸린다. 문 대통령은 현지어는 말할 것도 없고 영어조차 안 되는 사람들을 대사에 임명했다. 미국·중국·일본·러시아와 같은 주요 포스트에 외교 경험이 전무한 사람들을 내보냈다. 주중 대사로 나간 노영민·장하성이 그런 사례다. 노영민은 3선 국회의원 출신이었고, 장하성은 청와내 정책실장 출신이었다. 〈중앙일보〉는 2020년 2월 1일자 사설에서 이렇게 썼다.

> 대중(對中)외교 사령탑인 주중대사도 심각한 문제다. 중국은 베이징 고위층과 허심탄회하게 대화할 수 있는 중국통이 아니면 뚫기 어려운 '죽의 장막'이다. 하지만 정부는 친문 진영의 정치인 노영민(현 대통령 비서실장)에 이어 미국 박사 출신 경영학자로 외교에 문외한인 장하성을 주중대사로 보냈다. 신종코로나 사태에서 장 대사의 존재감이 전혀 느껴지지 않는 건 어찌 보면 예견됐던 일이다. 전문 외교관들을 '적폐'로 몰아 숙청하고 주중대사 같은 요직을 '코드 인사'로 일관했으니 정말 외교력이 필요한 상황에서 제대로 뛰는 사람을 찾기 어려운 것 아닌가. 정부는 이제라도 현실과 동떨어진 이념·코드 외교를 버리고 냉정한 현실주의에 바탕을 둔 실용외교 노선을 정립해야 한다. 그것이 신종코로나 사태가 우리 외교에 주는 엄중한 경고다.

국민의당 이태규 의원실이 해외공관 39곳을 대상으로 '2020~2021 외교 네트워크 구축비 집행 현황'을 분석한 결과, 정치적 임명 대사들의 외교활동이 지극히 부진하다는 사실이 드러났다(〈조선일보〉 2021.9.2.). 몇몇 사례를 들어 보자.

－주중국 장하성 대사: 2020년 1월~2021년 7월까지 중국 정부인사 접촉 2건, 중국주재 타국 대사 접촉 12건, 학계 인사 2건

－주독일 조현옥 대사: 2020년 11월~2021년 7월까지 주재국 인사 접촉 1건[*]

－주스위스 노태강 대사: 2020년 11월~2021년 7월까지 주재국 인사 접촉 1건

－주캐나다 장경룡 대사: 2020년 6월~2021년 7월까지 주재국 인사 접촉 6건[**]

저자의 경우, 주노르웨이대사 재직 시 3년간 147회에 걸쳐 3,714명을 오·만찬이나 리셉션 등에 초청했다. 매달 평균 100명이 넘었다.

특임대사들의 활동이 부진했다는 사실은 외교전문電文 건수로도 확인되었다. 자유한국당 정양석 의원실이 2019년 4월 입수한 '해외공관별 외교전문 송수신건수'에 의하면, 미·중·일·러 주재대사관의 전문 건수가 2016년 22,338건에서 2018년 20,558건으로 8% 줄었다. 주일대사관의 경우 2014년 8,682건에서 2018년에는 무려 34.1%가 줄었고, 같은 기간 주중대사관의 경우 15.6% 감소했다. 주미대사관은 2016년 6,328건에서 2018년 5,830건으로 7.9% 감소했다(《조선일보》 2019.4.16). 당시 주미대사는 조윤제, 주중대사는 노영민, 주일대사는 이수훈, 주러대사는 우윤근으로 모두 정치적 임명 케이스였다.

* 조 대사는 문재인 대선 캠프 출신으로 청와대 인사수석 역임

** 장 대사는 문 대통령 경희대 동문

*메이어 주미 영국대사 사례

직업외교관 출신인 영국의 크리스토퍼 메이어 대사는 1997년부터 5년 반 동안 주미대사직을 수행했다. 그는 재임 기간 중 매달 1,000명이 넘는 미국 인사들을 조찬·오찬·만찬·리셉션 등에 초청했다. 대사관저 오·만찬 행사에 참석한 사람들 면면도 화려했다. 체니 부통령, 파월 국무장관, 럼스펠드 국방장관, 라이스 국가안보보좌관, 아미티지 국무부 부장관, 월포비츠 국방부 부장관, 로브 대통령 정치참모, 리비 부통령 비서실장 등 주요 인사들을 총망라했다.

| 이수혁 주미대사

'한국은 미·중 가운데 한 나라를 선택할 수 있다'

李 대사는 2020년 6월 3일 워싱턴특파원 간담회에서 "우리 스스로 양자택일 상황에 빠질 것이라는 자기 예언적 프레임에 우리 사고와 행동을 가둘 필요는 없다. 이제는 한국이 미국과 중국 사이에서 선택을 강요받는 게 아니라 스스로 선택할 수 있는 국가라는 자부심을 갖는다"고 말했다. 한미관계를 가장 중시해야 할 사람이 이런 말을 공개적으로 하니 그의 외교 감각이 의문스러웠다.

이런 언급에 대해 국무부 대변인실은 "한국은 수십 년 전 권위주의를 버리고 민주주의를 받아들였을 때 이미 어느 편에 설지 선택했다(The ROK already chose side when it abandoned authoritarianism and embraced democracy several decades ago)"라는 논평을 내놓았다. 스틸웰 국무부 동아태차관보는 "한국은 과거 1980년대에 민주주의를 선택했다"며 "민주주의를 선택한다면 옳은 선택을 한 것"이라고 말했다. 중국은 전체주의 국가이지 않느냐는 말이었다.

"70년 전 미국 선택했다고 또 미국 선택해야 하나"

李 대사는 2020년 10월 11일 국회 국정감사에서도 다음과 같은 말을 했다. 현지 대사가 주재국과의 관계에 대해 이런 식으로 말한 것은 부적절했다. 학술세미나에서 학자들이나 할 수 있는 말을 했기 때문이다. 미국은 李 대사의 이런 말을 문재인 정부의 속마음으로 읽었을 것이다.

> "한국이 70년 전 미국을 선택했기 때문에 앞으로도 70년간 미국을 선택하는 것이 아니다. 우리 국익이 돼야 미국을 선택하는 것이다"

> "사랑하지도 않는데 70년 전에 동맹을 맺었다고 해서 그것을 계속해야 한다는 것은 미국에 대한 모욕이다"

이 말은 '미국은 더 이상 우리 국익에 그렇게 절대적인 나라가 아니다'라는 느낌을 주었다. 과연 그럴까? 국무부 대변인실은 이 발언에 대해 "우리는 70년 동맹과 그 동맹이 미국·한국·지역 전체의 평화와 번영을 위해 이룩한 모든 것을 지극히 자랑스럽게 생각한다(We are extremely proud of our 70-year old alliance and all it has done for the sake of peace and prosperity for the US and ROK and the region as a whole)"는 논평을 내놓았다.

주미대사관은 李 대사 발언을 두고 논란이 증폭되자 "한미동맹이 강력하게 지속되어야 한다는 점을 강조한 취지"라고 해명했다. 李 대사는 "한국이 70년 전 미국을 선택했다"고 했는데, 정확히 말하자면 우리가 필요해서 미국을 잡았다. '국익이 되어야 미국을 선택하는 것 아닌가' 하는 것도 말은 맞다. 하지만 한미동맹이 국익에 도움이 안 된다거나 중국을 선택하면 더 큰 이익을 얻을 수 있다는 의미라면 그것은 맞지 않는다. '사랑하지도 않으면서 미국을 사랑하는 것처럼 대하는 것은 미국에 대한 모욕'이라고 했는데 적절한 비유가 아니었다.

李 대사는 한국의 대미·대중 관계와 관련하여 '선택'이라는 단어를 자주 썼는데, 이는 단어 선택을 잘못한 것이었다. 미국과 중국을 놓고 어느 하나를 선택하는 것이 가능하다는 사고방식 자체가 잘못된 것이었다. 이승만 대통령이 1948년 건국할 때 우리는 자유민주주의를 근간으로 했다. 李 대사 사고방식에 의하면 자유민주주의와 전체주의 체제 중 어느 하나를 선택할 수 있다는 말이 된다. 에번스 리비어 전 국무부 수석부차관보는 李 대사 발언이 믿어지지 않는다며, "노련한 외교관인 李 대사가 정부 견해를 반영하지 않고 그런 말을 하지는 않았을 것"이라고 했다.

*이수혁 대사에 대한 신문 사설(예시)

-국감에서 한미동맹 근본 흔든 주미대사 당장 해임해야 <문화일보>

-동맹 신뢰 갉아먹은 이수혁, 주미대사 자격 있나 <중앙일보>

-한미동맹 기반 흔드는 주미대사, 외교관 자격 있나 <세계일보>

-주미대사 신분 망각한 '선택적 동맹론' … 수준 미달 '코드대사' <동아일보>

-차라리 '韓은 美 아닌 中 선택해야'라고 밝히라 <조선일보>

-주미대사가 자꾸 흔드는 한미동맹 … 정부 공식 입장인가 <한국경제>

통일외교안보특보

　　문재인 대통령은 2017년 5월 21일 문정인 교수를 대통령통일외교안보특보로 임명했다. 문 특보가 수행한 역할을 구체적으로는 알 수 없으나, 그가 가졌던 인식이나 생각은 파악이 가능하다.

| '문재인 외교가 성공하는 길'

　　문 교수는 문 정권 출범 직후인 2017년 5월 20일 「문재인 외교가 성공하는 길」이라는 제목의 글을 〈중앙일보〉에 기고했다. 그는 이 기고문에서 남북관계를 한미관계·한중관계 위에 놓아야 한다며 '한반도 외교의 한반도화'를 주장했다.

-이제 우리는 한반도와 동북아 외교의 중심에 서야 한다.

-북핵문제 해결에서 우리가 주도권을 잡아야 한다.

-시민의 힘과 촛불의 기적, 그것을 한반도 평화를 만드는 원동력으로 승화시켜야 할 때다.

-남북관계를 한미·한중 관계 위에 놓고 '한반도 외교의 한반도화'라는 발상의 전환을 하면 강대국 결정론을 넘어서는 길이 보일 것이다.

-비핵화와 평화 체제 구축의 병행 추진 역시 전향적으로 고려되어야 한다.

-'핵·미사일 개발 동결'을 협상의 입구로 삼고 '핵 폐기'를 그 출구로 설정

해야 한다.

문 교수는 남북관계가 한반도 국제정치의 종속변수가 아니라 독립변수가 되어야 한다는 주장을 폈는데, 이는 동쪽에서 뜨는 해를 서쪽에서 뜨는 해로 만들어야 한다는 주장과 같았다. 이런 발상은 문재인 외교안보가 실패하는 데 결정적인 역할을 했다. 문재인 정부의 대북 올인 접근법도 여기서 나왔다. '한반도 외교의 한반도화'는 북한 체제의 속성을 완전히 무시하는 것으로서 한반도 지정학에 근본적으로 역행하는 일이었다. 빠지지 말아야 할 함정에 빠지도록 만드는 일이었다.

| 트럼프 대통령 대북정책을 정면으로 비판

문 특보는 2017년 6월 13일 美〈ABC뉴스〉인터뷰에서 "트럼프 대통령의 발언이 우려스럽고, 더불어 북한에 대한 정책도 명확하지 않다"며 트럼프 대통령의 대북정책을 정면으로 비판했다. 〈ABC뉴스〉는 '한국을 보호하는 역할을 하는 미국에 대한 이례적인 질책'이라는 코멘트를 달았다. 대통령특보라는 직함을 갖고 있는 인사가 해서는 안 되는 언급이었다.

| "한미동맹보다 다자안보를 해야 한다"

문 특보는 2017년 6월 16일 워싱턴특파원들과의 대화에서 "사드가 해결되지 않으면 한미동맹이 깨진다는 인식이 있는데, 그렇다면 그게 무슨 동맹인가"라고 말했다. 같은 날 한 세미나에서는 "북한이 핵·미사일 활동을 중단한다면 미국과 논의를 통해 한미합동군사훈련과 한반도에 있는 전략무기를 축소할 수 있다. 이는 문 대통령의 제안이다"라고 말했다. 이런 중대 제안을 특보가 세미나에서 불쑥 던졌다. 문 특보는 또 "한미동맹보다 다자안보를 해야 한다"고도 했다. 논란이 일자 "봉급도 안 받는 특보가 무슨… 학자로서 얘기한 것인데"라고 눙쳤다. 문 대통령은 2017년 6월 21일 美 CBS 방송과의 인터뷰에서 문 특보 발언은 "개인적인 견해"로 "언론 보도를 통해 알았다"고 말했다. 특보 지위를 갖고 있는 사람이 이렇게 무책임해서는 안 되었다.

| '북한의 핵보유를 인정해야'

문 특보는 2017년 8월 15일 美 언론과의 인터뷰에서 '북한은 핵무기와 이를 운반할 미사일을 갖췄다'고 평가하면서, 북한의 핵보유를 인정하고 그에 맞는 해법을 마련해야 한다는 주장을 폈다.

북한의 핵보유를 일단 인정하고 그런 다음 대화를 통해 비핵화와 한반도 평화 체제를 병렬적으로 추진해야 한다는 것은 놀라운 주장이었다. 美 언론들은 '미국과 국제사회가 북한의 핵보유를 인정한다면 주한미군 철수문제를 비롯해 한미동맹이 도전을 받게 될 것'으로 전망했다. 문 특보는 2017년 9월 27일 국회 헌정기념관 세미나에서 또다시 "북한을 사실상 핵보유국으로 인정해야 한다. 북한이 비핵화하지 않으면 대화하지 않겠다는 것은 현실적이지 않다"고 했다. 대통령특보가 북한의 핵보유를 인정해야 한다는 주장을 공공연히 폈다. 경솔한 일이었다.

| '사드의 군사적 유용성에 의문'

문 특보는 2017년 9월 14일 한 세미나에서 "중국이 제시한 쌍중단(북핵 동결＋한미연합훈련 중단)이 어려우면 북핵 동결과 한미연합훈련 축소라도 모색할 필요가 있다"며, "(성주에 배치된) 사드 6개 발사대의 군사적 유용성에 의구심이 있다"고 말했다.

| 공개해서는 안 되는 사항을 언급

문 특보는 2017년 9월 26일 10·4선언(2007. 노무현-김정일) 기념세미나에서 "문재인 정부의 남북군사회담 제의에 미국이 엄청나게 불쾌해했고 틸러슨 美 국무장관이 강경화 외교부 장관에게 강력히 항의했다"고 말했다. 공개해서는 안 되는 사항을 언급했다. 문재인 정부는 군사회담을 제의한 사실이 없다고 부인했지만, 곧 이는 사실로 확인되었다.

| '한미동맹이 깨진다 하더라도 전쟁은 안 된다'

문 특보는 2017년 9월 27일 아시아미래재단 토론회에서 북한의 핵개발에 대해 "핵심 동기는 미국의 핵위협에 핵 억지력을 갖추겠다는 것"이라고 말했다. 북한 주장 그대로였다. 문 특보는 또 트럼프 대통령이 대북 군사옵션을 거론한 것에 대해 "많은 분들이 한미동맹이 깨진다 하더라도 전쟁은 안 된다고 한다. 동맹하는 목적이 전쟁하지 말라는 건데 동맹이 전쟁하는 기제가 된다면 찬성하는 사람 별로 없을 것이다"라고 말했다. 궤변이었다. 동맹의 목적이 전쟁하지 말라는 것이라는 주장은 맞지 않다. 동맹은 공동의 적을 상정하고 싸워야 할 때 함께 싸우겠다는 약속이다. 한미동맹이 한반도에서 전쟁 억지 효과를 발휘해 왔음은 주지의 사실이다. 그런데도 문 특보는 한미동맹이 전쟁의 원인이 될 수도 있다는 주장을 폈다. 한미동맹 무용론을 넘어 한미동맹 해악론이었다.

문 특보는 이번에도 "특보는 정부에서 봉급을 받지 않는 위촉직"이라며 "특보보다는 연세대 명예교수로 받아들여 줬으면 좋겠다"고 했다. 하지만 누구도 그의 발언을 개인 의견으로 받아들이지 않는다. 문 특보 발언을 비판한 송영무 국방부 장관은 청와대로부터 '엄중 주의' 경고를 받았다. 웃지 못할 해프닝이었다. 여론에서 외교안보 라인의 불협화음이 지적되자 문 대통령은 "정부 내에 똑같은 소리가 있을 필요는 없다. 미국에서 대통령이 국무·국방장관과 의견이 다르면 전략적이라고 하면서 왜 국내에선 불협화음이라 하느냐"고 반박했다. 국방부가 한미 공조에 대한 외교부 설명을 부인하고, 외교부가 문 특보 발언을 반박하는 상황은 이런 차원의 문제가 아니었다. 혼선을 정리해 주어야 하는 컨트롤 타워의 기능이 작동되지 않고 있다는 지적이었다.

▎"남북관계가 잘 풀리면 한미동맹에 목을 맬 이유가 없다"

문 특보는 2017년 11월 8일 〈통일뉴스〉 창간 기념 강연에서 남북관계가 잘 되면 미·북 관계 등은 저절로 잘 풀린다는 '남북관계 선순환론'을 주장했는데, 망상妄想이었다. 대북 올인 접근법을 합리화하기 위한 것으로, 잘못된 가설이었다. 문 특보는 이렇게 말했다.

(문 대통령이 강조한) '운전석론'은 남북 대화와 북·미 대화를 병행으로 추진하는 과정에서 우리가 북한과 신뢰를 구축하면 북·미 간 대화 활성화에 도움을 주고, 한반도의 평화와 안정을 가져오는 데 우리가 주도적인 역할을 하자는 것이다.

남북관계가 잘 풀리면 한미동맹에 목을 매달릴 이유가 없다. 한미동맹에 목매 달릴 이유가 없으면 한중관계가 불편할 일도 없고, 그럼 북·중관계도 좋아질 것이고, 그런 상황에서 북·미관계도 좋아지고 북·미, 한미, 한중, 북·중, 남북 이런 게 선순환을 가져온다.

'남북관계 선순환론'은 맞지 않다. 이 주장과 정반대로 한미관계가 잘 되어야 남북관계가 잘 될 수 있다. 남북관계가 잘 풀리는 일은 한국만 잘해서 되는 일이 아니다. 북한이 호응을 해 주어야 하는데 지금까지 북한은 그런 자세를 보이지 않았다. 시종 한국을 배제하면서 미국을 직접 상대하려는 '통미봉남' 전략을 써 왔다. 한국을 체제 위협 세력으로 인식했기 때문이다. 한국이라는 존재가 사라져야 비로소 체제안전이 달성된다고 생각한 것이다. 그렇다면 우리의 대응전략은 '남북관계 최우선'이 아니라 '한미관계 최우선'이 되어야 했다.

흥미로운 사실은, 북한도 문 정권의 '남북관계 선순환론'에 대해 "무지와 무능의 극치다. 지구상에 사는 사람들에게는 도무지 이해도 납득도 되지 않는 달나라 타령이다"라고 했다(〈우리민족끼리〉 2020.6.7.). 그런데도 문·재인 정부는 '남북관계 선순환론'을 끝까지 믿었다.

| "김정은은 강단 있는 지도자"

문 특보는 2018년 1월 4일 교통방송TBS 〈김어준의 뉴스공장〉에 출연해 "김정은은 강단 있는 지도자다. 김정은 위원장이 우리가 생각하는 그렇게 비합리적이고 크레이지한 리더는 아니라고 본다. 김정일 위원장 서거 이후 6년이 지났는데 지금 권력을 움켜쥐고 어떻게든 지금까지 오고, 핵무장력이란 것을 완성했다고 하는 점에서 보면 강점이라고 할 수 있다"며 김정은을 칭찬했다.

| "대한민국 대통령이 주한미군더러 나가라고 하면 나가야"

문 특보는 2018년 2월 27일 민주평화통일자문회의 워싱턴협의회가 주최한 강연에서 전시작전통제권 전환문제와 관련해 "대한민국 대통령은 군사주권을 갖고 있다. 대통령이 주한미군더러 나가라고 하면 나가야 한다"고 말했다. 그는 또 "미국의 군사행동을 저지할 다자협의 체제를 만들어야 한다"며 "미국의 군사행동을 막을 수 있는 최선의 방법은 북·미 수교다. 북·미가 특정한 합의를 맺고 6자의 틀 안에서 이를 다진다면 미국이 일방적 행동을 하기 어려울 것"이라고 말했다. 문 특보가 갖고 있는 한미동맹과 주한미군에 대한 인식이 잘 드러난 말이었다. 다자협의체를 만들어 미국의 대북 군사행동을 저지해야 한다는 것은 실현 가능성 제로의 엉터리 같은 얘기였다. 한 평론가는 "문 특보가 황당한 궤변으로 미국을 자극했다"고 했다. 대통령에게 자문하는 위치에 있는 사람이 이런 주장을 공개적으로 한다는 것은 문제가 있었다.

| "북한은 대동강 트럼프타워, 맥도날드 평양점 원한다"

문 특보는 2018년 4월 26일 일산 킨텍스에 설치된 남북정상회담 메인프레스센터에서 열린 '남북 정상회담 논의 방향과 북·미 정상회담에 미칠 영향' 제하 토론회에서 다음과 같은 말을 했다.

북한이 원하는 체제 보장은 트럼프타워가 대동강에 들어서고, 맥도널드가 평양 시내에 입점하는 것을 말한다. 북한은 미국과의 컨소시엄 사업을 진행하길 원한다.

이런 사업이 북한에서 진행된다면 군사적으로 안정된다. 북한은 미국의 공격으로부터의 안전보장과 함께 경제협력도 원한다.

뜬구름 잡는 얘기였다. 북한 정권 엘리트들은 개방은 체제 불안을 야기하기 때문에 개방을 원치 않는 평양에 트럼프타워나 맥도널드가 들어선다는 것은 개방을 의미하고, 개방은 체제가 흔들리는 것을 의미한다. 북한 정권이 이런 자해행위를 할 리가 없다. 문 특보는 "북한은 미국과의 컨소시엄 사업을 진행하길 원한다"고 말했는데 북한 측에 물어보고 나 한 말인지 의문이었다. 김계관 북한 외무성 제1부상은 2018년 5월 16일 담화에서 "미국은 북한이 핵을 포기하면 경제적 보상과 혜택을 주겠다고 떠들고 있는데 북한은 단 한 번도 미국에 기대를 걸고 경제건설을 해 본 적이 없으며 앞으로도 그런 거래를 절대로 하지 않을 것"이라고 했다.

문 특보는 2018년 6월 펴낸 『평화의 규칙』이란 대담집에서도 "종잇조각에 불과한 조약과 협정보다는 이를테면 평양을 비롯해 북한의 주요 도시에 맥도널드와 스타벅스가 들어가고, 미국과 일본, 유럽의 관광객 수만 명이 북한을 여행하는 상태가 훨씬 더 전쟁을 예방하고 평화를 담보해 준다"고 했다.

문 특보는 이 토론회에서 사회자가 "북한이 체제안전 보장을 이유로 주한미군 철수를 요구하는 것 아니냐"고 질문하자 "북한이 주한미군 철수를 비핵화 전제조건으로 하지 않았다는 것을 기억해야 한다"며 "한국 일부 지역에서의 핵 억지력 철수도 요구하지 않았다"고 답했다. 이는 사실과 달랐다. 북한은 비핵화 전제조건으로 사실상 주한미군 철수 등의 조건을 내세웠다.

Ⅰ "평화협정이 서명되면 미군의 한국 주둔을 정당화하기 어려울 것"

문 특보는 2018년 4월 30일 美 외교전문지 〈포린어페어스〉 기고문에서 다음과 같은 말을 했다. 이 잡지는 기고자를 'Special Adviser for Foreign Affairs and National Security to South Korean President Moon Jae-in and a Distinguished University Professor at Yonsei University'로 표기했다. 〈포린어페어스〉가 문 특보의 글을 실은 것은 그가 한국 대통령특보였기 때문일 것이다.

What will happen to U.S. forces in South Korea if a peace treaty is signed? It will be difficult to justify their continuing presence in South Korea after its adoption(평화협정이 서명되면 주한미군에 어떤 일이 일어날까? 한국에 계속 주둔하는 것을 정당화하기 어렵게 될 것이다).

A peaceful, nuclear weapons-free Korean Peninsula has been Moon's goal since long before his election to the presidency(평화롭고 핵무기 없는 한반도는 문재인이 대통령이 되기 훨씬 전부터 가졌던 목표였다).

'a nuclear weapons-free Korean Peninsula'란 북한이 주장한 '조선반도 비핵지대화' 개념이었다. 문 특보는 문 대통령이 생각하는 비핵화가 이런 것임을 확인했다. 그렇다면 문 대통령이 주로 썼던 '완전한 비핵화'도 한반도와 그 주변에 어떤 형태의 핵무기도 존재하지 않는 것,

즉 미국의 핵우산이 제거된 상태를 의미했다. '북한 비핵화'를 의미하지 않았다는 것이다.

문 특보는 기고문에서 '평화협정이 체결되면 주한미군 주둔을 정당화하기 어려울 것'이라고 했다. 문 정권의 속내가 노정되었다. 문 특보 주장을 두고 국내외에서 논란이 일자 문 대통령은 즉시 "주한미군은 한미동맹의 문제로 평화협정 체결과는 아무 상관이 없다"고 정정했다 (2018.5.2.). 청와대는 이어 브리핑 형식으로 "평화협정 이후에도 주한미군 주둔은 필요하다"는 입장을 내놓았다. 문재인 정부는 종전선언을 추진하면서도 이것이 주한미군 지위와는 아무 관련이 없다고 누누이 밝혔지만 진정성 없는 얘기였다.

〈중앙일보〉는 2018년 5월 3일 사설에서 '(문 특보의) 반복되는 돌출 언행은 이제 문 대통령의 역사적인 비핵화·평화 프로세스에 치명적인 걸림돌이 되고 있다'며 경고 이상의 조치를 취해야 한다고 주장했다. 〈동아일보〉는 '경고에서 그칠 일이 아니다'라며 해촉해야 한다고 주장했다.

Ⅰ '동맹은 아예 없애는 것이 최상이다'

문 특보는 2018년 5월 18일 美 시사주간지 〈애틀랜틱〉과의 인터뷰에서 또 논란의 소지가 될 말을 했다. '동맹 무용론' 내지 '동맹 해악론'이었다.

동맹이라는 것은 일반적으로 국제관계에서 아주 자연스럽지 않은 상태 (very unnatural state of international relations)다. 최선의 방책은 동맹을 아예 없애는 것(really get rid of alliance)이다. 장기적 관점에서 보면, 나는 동맹 체제가 다자안보협력 체제(some form of a multilateral security cooperation regime)로 전환되기 바란다.

(현재의 한국 상황을 '고래 싸움에 낀 새우'에 비유하며) 한국이 동맹관계에서 벗어나야만 지정학적 멍에(yoke), 지정학적 덫(trap)에서 빠져나올 수 있다.

문 특보는 국제관계에서 동맹이라는 것은 자연스럽지 않은 것이라고 했는데 이론적으로나 실제적으로 근거가 없는 얘기였다. 국제정치학자가 어떻게 이런 터무니없는 주장을 펴는지 이해할 수 없었다. 그는 (한미동맹이) 다자안보협력 체제로 전환되는 것이 바람직하다고 주장했는데, 동북아에서 다자안보협력 체제는 실현 가능성이 제로에 가깝다. 미국과 중국이 패권을 다투고 있는데 어떻게 다자안보 체제를 성립시킬 수 있겠는가. 문 특보는 한국이 한미동맹으로 인해 지정학적 멍에를 지고 있다고 했는데, 틀린 얘기다. 우리가 멍에를 지고 있다면 그것은 한미동맹 때문이 아니라 우리의 지정학적 위치 때문이다. 지정학적 숙명인 것이다. 한미동맹 폐기 주장을 뒷받침하기 위해 끌어다 댄 엉터리 논리였다. 미국 없는 한국은 중국의 변방으로 격하될 수밖에 없다. 시진핑 주석이 트럼프 대통령에게 "역사적으로 한반도는 중국의 일부였다"라고 한 말은 지금도 그런 의식이 살아 있다는 것을 의미한다. 미국과의 끈이 끊어지면 이런 날이 앞당겨진다. 한미동맹 파기는 멍에를 지는 일이 아니라 발에 족쇄를 차는 일이다.

│ "북한 핵 포기, 90%의 성공을 확신한다"

문 특보는 2018년 6월 11일 도쿄에서 열린 한 국제회의에서 '북한이 핵무기를 포기할 것으로 보는가'라는 질문에 "90%의 성공을 확신한다"라고 말했다. 이 회의에 함께 참석하고 있던 자칭궈 베이징대 국제관계학원 원장은 "20% 정도 될 것"이라고 했다. 사회자로 나선 아키타 〈닛케이신문〉 해설자는 "나는 회의적이다. 북한은 2005년에도 비슷한 약속을 했지만 약속을 깼고 우리는 속았다. 이번엔 우리가 북한을 믿을 수 있는 증거가 필요하다"고 했다. 그러자 문 특보는 "그것은 북한의 과거 태도다. 미국도 북한을 속인 적이 있다. 지금은 그런 것을 모두 잊어버릴 때다. 과거의 행동으로 미래의 행동을 판단해서는 안 된다. (김정은 위원장은) 다른 사람이기를 기대해 보자"고 말했다. 북한이 핵을 포기할 가능성이 90%라는 것은 터무니없는 전망이었다. 문 특보가 하는 말의 신뢰를 떨어트리는 것이었다.

│ "절대 인권문제를 전제조건으로 걸어서는 안 된다"

문 특보는 2018년 6월 14일 이화여대에서 열린 시사토론회에서 '북한과의 대화에서 인권문제를 제기해야 하느냐'라는 질문에 "지금 무엇보다 중요한 것은 비핵화다. 절대 인권문제를 전제조건으로 걸어서는 안 된다"고 말했다. "우선순위를 두고 북한과 대화를 해야 한다. 비핵화가 먼저고 그다음이 인권"이라고 했다. 그는 또 "북한이 개혁·개방을 하고 경제가 나아져 그 결과로 인권문제가 개선될 수 있는 환경을 조성하는 것이 필요하다"고 덧붙였다. 문재인 정부가 북한 인권문제에 대해 갖고 있던 기본 시각을 대변했는데, 근본적으로 잘못된 것이었다. 북한 정권이나 체제의 속성을 감안하지 않은 관점이었다. 북한 인권 증진은 장기적으로는 북한 비핵화에 도움이 되는 길이다.

| "'완전한 비핵화'란 용어는 'CVID'와 동의어다"

문 특보는 2018년 6월 19일 美 외교전문지 〈포린어페어스〉 기고문에서 미·북 싱가포르 정상회담 결과를 높이 평가하며 다음과 같이 썼다. 문 특보는 북한도 '완전한 비핵화'를 'CVID(완전하고 검증 가능하며 되돌릴 수 없는 비핵화)'와 동의어로 인식하고 있다고 썼는데, 사실이 아니었다.

2018년 4월 27일 판문점 정상회담 시 남북한 지도자들은 CVID를 심도 있게 논의했으나 CVID 대신에 '완전한 비핵화(complete denuclearization)'라는 용어를 사용하기로 합의했다.

CVID는 2003년 미국-리비아 핵 협상 때 만들어진 용어로, 북한이 일방적으로 핵을 포기한다는 함의가 있다. 북한이 이 용어에 지극히 민감한 반응을 보이는 이유다.

평양·서울·워싱턴은 '완전한 비핵화'라는 용어가 'CVID'와 동의어라는 데 공통의 인식을 갖고 있다.

문 특보는 이 기고문에서 '트럼프 대통령의 한미연합훈련 중단 결정은 북한의 적극적 양보 proactive concessions 에 대한 보상적 성격을 띤다며 이제 북한은 비핵화를 향한 과감한 조치로 보답하게 되어 있다'라고 썼다. 하지만 그런 일은 일어나지 않았다. '아니면 말고' 식의 무책임한 낙관론이었다.

┃ "남북관계가 나빠지면 우리는 미국하고 같이 갈 수밖에 없다"

문 특보는 2018년 9월 5일 MBC 공개홀에서 열린 한 콘퍼런스 연설에서 다음과 같은 말을 했다.

북핵에 모든 것을 걸면 남북관계가 잘 안 되고 북한의 개혁·개방을 끌어내기 어렵다.

남북관계가 북·미 관계의 부수물이 될 수 없다. 북·미 관계가 잘 안 된다면 남북관계를 진전시켜 북·미 관계도 잘되도록 하는 혁신적 자세가 필요하다.

남북관계가 좋아져야 한다. 남북관계가 나빠지면 우리는 미국하고 같이 갈 수밖에 없다.

문 특보가 한 말을 뒤집어 보면, 우리가 미국과 함께 가지 않으려면 남북관계가 좋아져야 한다는 것이다. 미국과 함께 가는 것이 무슨 나쁜 일인 것 같다. 대미 인식의 단면을 드러냈다. 문 특보는 또 북핵에 모든 것을 걸면 남북관계가 잘 안 되니 북핵문제는 적당히 다루어야 한다는 생각을 드러냈다. 문 특보는 미·북관계가 잘 안 되는 상황에서는 남북관계를 진전시켜 미·북관계도 잘되도록 만들어야 한다는데, 문제는 북한이다. 북한의 계산이나 전략은 다르다.

| "핵 포기와 관련한 북한의 진정성을 더 믿어 줘야 한다"

문 특보는 2018년 9월 6일 인천경영포럼 주관 조찬 강연에서 "북미 간 대화가 지금보다 더 진전하기 위해서는 핵 포기와 관련한 북한의 진정성을 미국 측이 더 믿어 줘야 한다"고 말했다. 그러면서 "미국은 북한이 과거처럼 얻어먹고 아무런 행동을 안 할 것으로 생각할 수 있다. 진정성은 믿어 줄 때 생기는 것"이라고 했다. 문 대통령이 2018년 4월 27일 판문점 도보다리에서 김정은으로부터 들었다는 말에 근거했다. 당시 김정은은 문 대통령에게 "우리가 미국과 더 자주 대화하고 신뢰를 구축하면 핵무기로 고통받을 필요가 있겠는가"라고 말한 것으로 전해졌다. 문 특보는 이 말이 "상당히 진정성을 가진 것"이라고 했지만, 결과가 어땠나. 김정은은 아무렇지도 않게 미국과 한국을 속였다.

| "김정은 연내 서울 답방은 여전히 가능하다"

문 특보는 2018년 11월 8일 베이징에서 개최된 제4회 한중 전략대화에서 "북한의 핵 포기 의지는 확고하며, 북·미 고위급회담이 연기됐지만 김정은 위원장의 연내 서울 답방은 여전히 가능하다"고 말했다. 그는 또 "북한이 과거에는 말로만 비핵화하겠다고 했지만 지금은 다르다"고 강조했다.

문 특보는 또 "시진핑 주석이 트럼프 대통령과 G20 정상회의에서 만나 대북제재 완화를 요청하면 좋겠다. 북한이 (비핵화에) 전향적으로 나오고 있기 때문에 부분적인 제재 완화가 필요하다고 얘기해 주면 고맙겠다"고 했다. 행사 후 한국 기자들과 만나서는 "김정은이 문 대통령에게 조건만 맞으면 비핵화를 할 수 있다고 언급한 만큼 북한 비핵화의 진정성에 의심을 갖지 말고 북한 지도자의 말을 신뢰하고 여건을 계속 만들어 가는 것이 중요하다"고 했다. 김정은은 우리가 그를 신뢰할 수 있게 만드는 행동을 하지 않았다. 문 특보는 '먼저 믿어 보자'라는 것인데, 그동안 믿을 만큼 믿었다.

문 특보는 2020년 4월 20일 민주평화통일자문위원회(민주평통) 대담에서 "남북관계의 실타래를 푸는 최선의 방법은 9·19 평양공동선언에 따라 김 위원장이 답방하는 것"이라며 "5월 초 코로나19 사태가 진정되면 그때부터 6월 국회 개원 전까지 남북 간에 돌파구가 열릴 것"이라고 했다. 그런 일은 일어나지 않았다. 국민들을 희망고문하는 발언이었다.

| "한반도 비핵화는 오키나와 및 괌에 설치된
미국 핵도 제거하는 것"

문 특보는 2019년 1월 6일 한 방송대담에서 "국립외교원에서 한반도 비핵지대화를 연구 중이다. '한반도 비핵화'라는 것은 일본 오키나와와 미국 괌에 설치된 미국 핵도 제거하는 것"이라고 말했다. 이것은 북한이 주장하는 '조선반도 비핵지대화' 개념이었다. 문 정부가 '한반도 비핵화'를 이런 개념으로 인식하고 있었음을 말해 주는 또 하나의 사례였다.

| '영변 핵시설 해체는 대북제재 해제 조건이 된다'

문 특보는 2019년 2월 8일 일본에서 열린 한 세미나에서 "북한이 영변 핵시설 해체에 응하면 북한에 대한 제재 해제 조건이 된다"고 주장했고 2월 15일에는 〈블룸버그 통신〉과의 인터뷰에서 "영변 핵시설 사찰 대가로 경제 제재 일부를 해제해야 한다"고 주장했다. 그는 2월 26일 워싱턴 한미경제연구소 세미나에서도 "영변 폐기 시 개성공단, 금강산 해 주고도 남는다"고 했다. 2월 28일 하노이 2차 미·북 정상회담을 앞두고 미국을 향해 던진 메시지였는데 북한의 이런 시도는 결국 무위로 돌아갔다.

│ '하노이 회담 결렬은 전적으로 미국 책임'

문 특보는 2019년 3월 6일 관훈토론회에서 '하노이 미·북 정상회담 합의 무산의 귀책사유가 어느 쪽에 있다고 보느냐'는 질문에 "북한은 예측 가능한 행태를 보였고 미국은 예측 가능하지 않은 행태를 보였다"며 회담 결렬 책임을 전적으로 미국에 돌렸다. 문 특보는 하노이 회담 결렬 요인의 하나로 나경원 자유한국당 원내대표의 방미를 지목하기도 했다. 나 원내대표가 낸시 펠로시 하원의장 등을 만나 남북 경제협력에 반대 의사를 밝히는 등 찬물을 끼얹은 것이 영향을 주었다는 것이다. 얼토당토않은 주장이었다. 하노이 회담 결렬은 온전히 트럼프 대통령 판단에 따른 것이었다.

│ "미국과 관계없이 한반도 정세를 밀고 가겠다는 것"

문 특보는 2019년 3월 13일 강원대 강연에서 김연철 통일부 장관 후보자에 대해 "문재인 대통령이 신한반도 체제와 평화 프로세스를 소신 있게 할 사람을 뽑은 것이다. 미국과 관계없이 한반도 정세를 밀고 가겠다는 것"이라고 말했다. "미국과 관계없이 한반도 정세를 밀고 가겠다는 것"은 대북관계를 독자적으로 추진한다는 것인데 대북제재 하에서는 실현되기 어려운 일이었다. 문 특보는 3월 14일에는 "북한 비핵화 촉진자로서 문재인 대통령이 역할을 할 수 있도록 미국이 한국에 남북 경협 등에 지렛대를 줘야 한다"고 했다. "문재인 대통령은 한국에서 경제적 어려움이 계속되는 시기에 그에게 정치적 이득을 가져다줄 평화이니셔티브에 베팅한 것"이라는 말도 했다. 경박한 말이었다.

| "볼턴 국가안보보좌관 때문에 판이 깨졌다"

문 특보는 2019년 4월 18일 여의도에서 열린 한 세미나에서 하노이 미·북 정상회담이 결렬된 것과 관련하여 "볼턴 美 백악관 국가안보보좌관 때문에 판이 깨졌다"고 주장했다. 그는 "트럼프와 김정은은 90%를 합의했지만 10% (합의를) 못 본 상황에서 90%로 가려 했다. 북한이 관련해 문서를 달라고 하자 볼턴 보좌관이 문서로 만들어 줄 수 없다고 해 판이 깨졌다"고 했다. 볼턴 보좌관이 판을 깼다는 것은 사실과 달랐다. 트럼프 대통령 결정이었다.

| 주미대사 내정 취소

한국 언론들은 문 대통령이 문 특보를 주미대사로 파견하려 했으나 미국 측이 난색을 보여 생각을 접었다고 보도했다. 〈동아일보〉는 2019년 7월 23일 자 사설에서 문 특보를 주미대사에 내정한 것은 "뜬금없는 일"이라며, "한미동맹보다는 대북 대화를 중시하는 문 특보가 한미관계를 일선에서 관리하는 주미대사 직무에 적합한지도 신중히 판단해야 한다"고 썼다. 그러면서 "그렇게 맘껏 발언의 자유를 누리던 문 특보가 국가를 대표하는 대사로서 한마디 한마디에 책임을 지는 신중한 처신을 할 수 있을지부터 의문"이라고 했다. 문 특보가 그때까지 보였던 언행에 비추어 이런 주장은 타당성이 있었다.

| '민족이익의 관점에서 대북관계에 임해야 한다'

문 특보는 2019년 6월 14일 〈시사IN〉 기고문에서 '한국이 처한 딜레마의 본질은 북한이 추구하는 민족이익과 미국이 요구하는 동맹이익 사이에 끼어 있다는 사실'이라며 다음과 같은 주장을 폈다. 최진석 교수는 문 특보의 이런 주장에 대해 "민족사적 정당성이 북한에 있다고 인정하는 것으로, 북한을 따른다는 증거"라고 했다.

(김정은이 2019년 4월 12일 시정연설에서 "남측은 중재자·촉진자 행세를 할 것이 아니라 민족의 일원으로서 제정신을 가지고 제가 할 소리는 당당히 하면서 민족의 이익을 옹호하는 당사자가 되어야 한다"고 한 말은) 미국에 끌려다니지 말고 이른바 민족이익의 관점에서 당사자로서 대북관계에 임하라는 압박이다.

| "남북관계에 가장 큰 장애물은 유엔군사령부"

문 특보는 2019년 9월 9일 고려대 강연에서 "(지금 상황은) 한미동맹을 살리려다 남북관계가 망가진 상황"이라고 했다. 그러면서 "남북관계에 가장 큰 장애물은 유엔군사령부"라고도 했다. 한미동맹과 유엔사령부에 대한 부정적 인식과 불만을 드러냈다.

우리의 기본은 한미관계가 아니라 남북관계라고 생각하면 해법이 나온다.

개성공단에 물자나 버스가 넘어가고 하는 모든 것이 유엔군사령부에 사전 신고해서 가도록 되어 있다. 만약 국민들이 이를 알면 유엔군사령부 철수하라고 할 것이다.

지난해 만든 한미 워킹그룹은 남북이 추진하는 일을 미국에 일러바치고 사실상 미국에 승인받는 것이라 북한이 이해하지 못한다.

유엔 안보리 제재결의안에 걸리지 않는 금강산관광을 왜 운용하지 않느냐고 청와대 앞에서, 美 대사관 앞에서 데모하는 시민의 행동만이 바꿀 수 있다.

대통령특보가 청와대·美 대사관 앞 데모를 사주했다. 정도가 지나쳤다. '유엔사가 남북관계에 가장 큰 장애물'이라고 한 것은 틀린 주장이었다. 유엔사는 (대북제재에 관한) 유엔 안보리 결의를 집행할 권한이나 책임이 없다. 그런 권한은 유엔1718위원회(대북제재위원회)가 갖고 있었다. 유엔사가 아니라 이 기관이 검토하고 승인했다.

| "동맹이 우리의 목적은 아니다"

문 특보는 2019년 11월 25일 〈JTBC 뉴스룸〉에 출연, "주한미군 5,000여 명 줄여도 한미동맹이나 대북 억지력에 큰 변화가 없다"고 말했다. 그는 한미동맹이 어려워지는 상황을 만드는 것은 미국이라며 "동맹이 깨진다면 우리도 다른 생각을 많이 해 봐야 한다. 동맹이 우리의 목적은 아니다"라고 말했다. 한미동맹에 대한 그의 부정적 인식을 또 드러냈다.

| 중국이 한국에 핵우산을 제공한다?

문 특보는 2019년 12월 4일 국립외교원이 주최한 국제회의에서 사회를 보면서 이 회의에 참석 중인 옌쉐퉁 칭화대 국제관계연구원장에게 "만약 북한 비핵화가 이뤄지지 않은 상태에서 주한미군이 철수하면 중국이 한국에 핵우산을 제공하고 그 상태로 북한과 협상을 하는 방안은 어떻겠느냐"는 질문을 던졌다. 북한이 한국에 대해 핵을 사용할 경우 중국이 핵으로 북한에 보복한다니, 어떻게 이런 질문을 했는지 황당했다. '한국이 한미동맹에서 이탈해 중국과 동맹하자고 하면 중국이 받아줄 것인가'라는 질문과 별반 다르지 않았다. 美 공화당 스캇 상원의원은 문 특보가 한 말을 "웃기는^{laughable} 발언"이라고 했고, 맥스웰 민주주의수호재단 선임연구원은 "매우 어리석고 이해가 가지 않는 개념으로, 위험하고 도발적인 발언"이라고 했다. 리비어 전 국무부 수석부차관보는 "충격적이고 위험한 발언으로 도저히 이해할 수 없다"고 했다.

| "철도사업은 제재 위반 아니다"

문 특보는 2020년 1월 6일 중국과 러시아가 유엔 안전보장이사회에 제출한 대북제재 완화 결의안과 관련해 "중·러가 결의안을 냈으니 우리 정부도 철도연결 사업 같은 것을 할 수 있다"며 "그건 안보리 제재 결의 위반이 아니다. 미국·프랑스·영국만 동의해 주면 하나의 새로운 시험이 될 수 있다"고 말했다. 중·러가 2019년 12월 16일 공동으로 제출한 대북제재 일부 해제 결의안에는 남북의 '철도·도로 협력 프로젝트'를 제재 대상에서 면제하고 북한 노동자의 본국 송환 규정을 폐지해야 한다는 내용이 포함되어 있었다. 결의안을 제출했다고 해서 기 시행 중인 결의가 유보되는 것도 아닌데 이런 엉터리 주장을 했다. 문 특보는 1년 전인 2019년 1월 4일 언론 인터뷰에서 "남북관계는 민족 내부의 특수문제다. 북한이 비핵화에 대한 구체적 행보를 보인다는 전제 아래 안보리 결의를 신축적으로 해석해 남북 경제협력을 예외로 할 수 있다고 본다"는 터무니없는 주장을 편 바 있다. 중·러가 제출한 대북제재 완화 결의안은 미국·영국·프랑스 등의 반대로 무산되었다.

문 대통령은 2020년 1월 7일 신년사에서 "남북 간 철도와 도로 연결 사업을 실현할 수 있는 현실적인 방안을 남북이 함께 찾아낸다면 국제적인 협력으로 이어질 수 있을 뿐 아니라 남북 간의 관광 재개와 북한의 관광 활성화에도 큰 뒷받침이 될 수 있을 것"이라고 했다. 남북 철도·도로 연결 사업은 안보리 결의안 2397호 때문에 추진이 불가능한 것이었다.

┃ 주한미군 잠정적 감축이 북한 비핵화 흥정 카드가 될 수 있다?

문 특보는 2020년 5월 27일 워싱턴의 한 싱크탱크가 주최한 세미나에서 "많은 이들이 주한미군의 점진적 감축과 북한 비핵화 사이에 어떤 종류의 연계가 있기를 바란다"며 "주한미군의 점진적 감축은 북한 비핵화의 빠른 이행을 위한 하나의 흥정 카드로 사용될 수 있다"고 말했다. 문 특보는 "많은 사람들이 바란다"고 했지만 실은 자신이 원하는 바였다. 문 특보는 〈르몽드디플로마티크 Le Monde diplomatique 〉 한국어판 기고문 (2020.5.29.)에서도 "최근 방위비 분담문제와 관련하여 주한미군 감축 가능성이 지속적으로 제기되고 있는 바, 미국이 점진적으로 주한미군을 감축할 의사가 있다면 한국 정부와 협의해서 이를 대북 비핵화 협상 카드로 사용하는 방안도 전향적으로 검토해야 할 것"이라고 주장했다. 주한미군을 바라보는 그의 시각이 또 드러났다.

| "대북전단 살포는 체제 교란 행위"

문 특보는 2020년 6월 10일 〈국민일보〉와의 인터뷰에서 김여정이 대남 비난을 주도하는 이유에 대해 "북한 최고지도부가 코로나19 사태로 긴장하고 있는데, 대북전단 살포라는 체제 교란 행위를 우리 정부가 방치한 때문"이라고 답했다. "남북 두 정상이 판문점 선언을 통해 전단 살포를 중단하기로 했는데 우리 정부가 이를 이행하지 못한 때문"이라는 것이었다.

| "남북연락사무소 폭파는 군사적 도발은 아니다"

문 특보는 2020년 7월 1일 한국언론진흥재단 주최 포럼에서 "개성 남북연락사무소 폭파는 사실상 정치적 행위인 것은 맞지만 엄격한 의미에서 군사적 도발은 아니다"고 주장했다. 북한 영토에서 행해진 것이어서 도발이라 할 수 없다는 것이다. 그러면서 언론이 '도발'이라는 단어를 사용하는 데 주의해야 한다고 했다. 그런데 흥미로운 사실은, 북한 김여정은 2021년 9월 25일 문 대통령이 '도발'이라는 단어를 썼다고 노발대발하며 이의 중단을 요구했다는 것이다. 이후 문재인 정부는 김여정 요구에 충실히 따랐다.

▎"난장판도 이런 난장판이 없다"

문 특보는 2020년 7월 2일 국회의원회관에서 열린 한반도평화포럼 간담회에서 美 백악관의 의사결정 과정을 "완전 봉숭아 학당"이라며, "난장판도 이런 난장판이 없다"고 했다. 그러면서 "어떻게 이런 나라를 믿을 수 있느냐"고 했다. 미 행정부 고위인사가 청와대에 대해 이렇게 말하면 청와대는 어떤 반응을 보일까? 대통령특보 지위에 있는 사람이 동맹국 최고지도부에 대해 이런 식으로 말해서는 안 되었다.

▎"볼턴은 나쁜 사람, 아베는 추한 사람"

문 특보는 2020년 7월 2일 국회의원회관에서 열린 한반도평화포럼 간담회에서 "한미연합훈련을 예정대로 실시할 경우 북한에 어떤 형식으로든 양해를 구하든 통보하든 해야 한다"고 말했다. 문 특보는 또 하노이 미·북 정상회담 결렬 책임을 볼턴 국가안보보좌관에게 돌리며, "볼턴은 나쁜 사람, 아베는 추한 사람, 트럼프는 그 정도면 괜찮은 사람"이라고 했다.

┃ 쿼드 가입 불가론

문 특보는 2020년 10월 27일 한국과 미국의 싱크탱크가 공동 주최한 세미나에서 "한국이 미국의 반反중국 군사훈련에 동참하면 중국은 한국을 적으로 간주할 것"이라며 쿼드 가입 불가론을 폈다. 그는 "미국이 우리에게 일종의 반중反中 군사동맹에 가입하라고 강요하면 나는 이것이 한국에 실존적 딜레마가 될 것으로 본다"고 했다. 문 특보는 쿼드Quad를 "반중反中 군사동맹"이라고 했는데 쿼드가 중국 견제 목적인 것은 맞지만 반중 군사동맹으로 규정할 근거가 없었다. 문 특보는 2021년 4월 19일 〈한겨레〉 기고문에서는 '(쿼드는) 대중 견제를 위해 만들어진 군사연합으로 보기는 어렵다'라고 썼다.

┃ "한국은 초월적 외교를 해야 한다"

문정인 세종연구소 이사장은 2021년 4월 11일 일본 〈아사히〉 신문 인터뷰에서 한국은 초월적 외교를 해야 한다고 주장했다.* '초월적 외교'란 "미·중 어느 진영에 속하는 것이 아니라 다자협력과 지역 통합의 새로운 질서를 만들어 미·중 충돌을 막고 외교적으로 움직일 수 있는 공간을 확보하는 적극적인 외교를 의미한다"고 했다. "한국이 미국 편에 서면 북한을 포함한 한반도 평화와 번영을 담보하기 어렵게 된다"며 "중국은 북한 지원에 힘을 쏟을 것이고, 한국의 안보 부담이 한없이 커

---

* 문 특보는 2021년 2월 세종연구소 이사장직을 맡으면서 특보에서 해촉되었다.

진다"고 했다. 북한문제 때문에 미국의 중국 견제에 동참할 수 없다는 말이었다. 결국 그가 말한 '초월적 외교'란 '탈미외교'의 다른 이름이었다.

Ⅰ "동북아 6개국 안보정상회의를 정례화 · 제도화해야"

문 이사장은 2021년 12월 20일 한 웹 세미나 기조연설에서 "(문 대통령이) 종전을 제기하는 이유는 북한을 비핵화 협상 테이블로 나오게 하기 위한 유인책"이라며 "북한을 대화에 나오게 해서 한반도 평화 프로세스와 북한 비핵화 구축을 동시에 병행해야 한다"고 말했다. 그는 또 "동북아 지역 6개국이 참여하는 동북아 안보정상회의 같은 것을 정례화·제도화해서 동북아 안보를 점검하는 과정에서 핵무기 도미노문제를 다뤄야 한다"고 했다. 해가 서쪽에서 뜨기를 바라는 것만큼이나 실현 가능성이 없는 얘기였다.

THE TRUTH

제5부

문재인 정부
대북정책

운전자 · 중재자 · 촉진자론

문재인 대통령은 2017년 7월 1일 워싱턴에서 트럼프 대통령과 회담했다. 회담 후 문 대통령은 "트럼프 대통령으로부터 한반도의 평화통일 환경 조성에서 대한민국의 주도적 역할과 남북대화 재개에 대한 지지를 확보한 것은 매우 중요한 성과"라고 말했다. 동포간담회에서도 "남북관계는 한국이 운전석에 앉아 주도권을 잡는다는 데 트럼프 대통령도 동의했다. 주변국에 기대지 않고 우리가 운전석에 앉아 주도해 나갈 것"이라고 했다.

문 대통령은 대선 후보시절이었던 2017년 4월 23일 기자회견에서 "우리 주도로 핵 없는 한반도를 만들겠다" "우리에게 그럴 능력이 있다. 저에게 그런 자신이 있다"고 말했으며, "우리가 문제의 당사자이고 문제 해결을 주도해야 한다" "미국과 중국 등 이웃 나라에만 맡겨 둘 수 없다"고도 했다. 취임 직후인 2017년 6월 2일 제주포럼 연설에서도 "외국 역할론에 기대지 않고 한반도문제를 대한민국이 주도해 나가겠다"고 했다.

문 대통령이 내세운 '운전자론'이란 한마디로 한반도문제에서 한국이 주도적인 역할을 한다는 것을 의미했다. '강대국 결정론'에 빠져들지 않기 위해 우리가 선제적·주도적으로 대북정책을 편다는 의미였다. 한반도문제 논의에서 한국이 소외되는 소위 '코리아 패싱' 현상은 국내정치적으로 민감한 문제였다. 전임 정부의 경우 주요 외교사안에서 한국이 패싱당하고 있다는 우려가 제기되어 곤혹스러워하곤 했다. 이런 배경에서 한국이 북핵문제 등에서 주도적으로 임해야 한다는 여망이 있었다. 이런 분위기에 문정인 통일외교안보특보는 '강대국 결정론'을 벗어나기 위해 '한반도 외교의 한반도화'를 추진해야 한다고 주장했다. 이 주장의 요체는 남북관계를 그 어떤 대외관계보다 우선한다는 것이었다.

문 대통령이 한 이런 말들은 한국이 북핵문제 등에서 존재감을 보일 것이라는 기대를 갖게 만들었다. 그러나 문 대통령은 얼마 후 완전히 다른 말을 했다. 독일에서 열린 주요 20개국 G20 정상회의에 참석하고 돌아와 "우리에게 가장 절박한 한반도문제인데도 현실적으로 우리에게 해결할 힘도, 합의를 이끌어 낼 힘도 없다는 사실을 뼈저리게 느껴야 한다"고 말했다.

북한은 한국과는 핵문제를 논의할 생각이 없었다. 북핵문제는 한반도 문제의 핵심인데 북한이 이런 입장을 취하니 운전자론의 장래는 불투명했다. 북한은 2017년 8월 27일 문재인 정부의 '운전자론'에 대해 "처지에 어울리지도 않는 헛소리를 하기보다는 차라리 자기 몸값에 맞는 의자에 앉아 입 다물고 있는 것이 훨씬 더 현명한 처사"라고 직격탄을 날렸다.

그러자 문재인 정부는 '운전자론'을 '중재자론'으로 바꾸었다. 2018

년 평창 동계올림픽을 계기로 '한반도 평화의 봄' 이벤트를 연출하면서 "우리는 중매를 서는 입장"이라고 했다. 북핵문제의 당사자는 미국과 북한이니 한국은 이 둘 사이에서 중개go-between 역할을 하겠다는 것이었다.

2018년 3월 초 대북특사단이 평양에서 김정은을 면담했고, 이어 정의용 국가안보실장이 트럼프 대통령을 면담, 김정은의 정상회담 의사를 전달했다. 메신저 역할이었다. 우여곡절 끝에 2018년 6월 미·북 정상회담이 열림으로써 일단 이 역할에는 성공했다.

문 대통령은 2018년 6월 12일 싱가포르 미·북 정상회담을 계기로 이번에는 남·북·미 3자 정상회담을 성사시키려 했다. 5월 22일 백악관에서 트럼프 대통령과 회담하면서 이런 제안을 했지만 트럼프는 즉석에서 거절했다. 문 대통령은 싱가포르 정상회담 바로 전날까지도 3자 정상회담에 기대를 걸었으나 그런 일은 일어나지 않았다.

문 대통령은 2018년 9월 11일 국무회의에서 "한반도의 비핵화는 기본적으로 북·미 간 협상으로 해결되어야 할 문제"라며 "비핵화를 위한 북·미 대화 촉진을 위해 중재하고 촉진하는 노력을 할 것"이라고 했다. 이번에는 '촉진자론'을 들고나온 것이다. 한국이 북핵문제의 최대 당사국인데도 미·북 대화와 협상을 촉진하는 역할을 하겠다는 얘기였다. 문 대통령은 2018년 9월 20일 평양과 백두산 방문을 마치고 돌아와 행한 대국민보고에서 "북한도 우리에게 북미 대화 중재를 요청하는 한편, 완전한 비핵화를 위해 긴밀히 협력할 것을 제의했다"고 말했다. "북미 대화 중재를 요청했다"는 말이 무슨 의미인지 알 수 없었다.

스콧 스나이더 미국외교협회CFR 선임연구원은 "한국이 중재자가 되려고 해서는 안 된다. 한국은 메신저가 될 수는 있겠지만 중재자가 될 수 없다"고 했다. 문재인 정부가 할 수 있는 역할은 정확히 말하면 메신저라는 것이다. 크리스토퍼 힐 전 국무부 차관보도 "한국이 중재자가 되겠다는 것은 결국 미국과 다른 입장이라고 하는 것을 시인하는 것"이라고 했다.

문 대통령은 하노이 미·북 정상회담을 이틀 앞둔 2019년 2월 25일 수석·보좌관회의에서 "한반도 운명의 주인은 우리다. 우리는 지금 식민과 전쟁, 분단과 냉전으로 고통받던 시간에서 평화와 번영의 시대를 주도하는 시간으로 역사의 한 페이지를 우리 손으로 넘기고 있다"고 말했다. 하노이 2차 미·북 정상회담에 뭔가 큰 기대를 갖고 있는 것으로 보였다.

문 대통령이 심혈을 기울인 중재자·촉진자 역할은 2019년 2월 하노이 미·북 정상회담 결렬과 함께 끝이 났다. 그런 데도 이해찬 더불어민주당 대표는 "트럼프 대통령이 문 대통령에게 일곱 차례나 중재 역할을 부탁했다"고 했다. 트럼프는 '중재'를 부탁한 것이 아니라 북한 '설득'을 부탁했다.

문정인 통일외교안보특보는 2019년 3월 12일 관훈토론회에서 "어려워진 북·미관계에서 한국의 역할은 중재자보다는 촉진자라는 표현이 더 적절하다"며 "북미가 협상을 잘할 수 있도록 한국이 촉진자 역할을 수행해야 한다"고 했다. 하노이 미·북 징상회담 결렬로 미·북 대화가 소강상태에 들어가자 촉진자 역할을 강조한 것이다.

최선희 북한 외무성 부상은 2019년 3월 15일 평양주재 외교단 설명회에서 "미국의 동맹인 남조선은 중재자가 아니다"라고 말했다. 이어 북한 대외선전매체 〈메아리〉는 3월 22일 문재인 정부가 촉진자 역할을 하겠다고 하는 데 대해 '남조선 당국은 중재자가 아니라 당사자로, 당사자 역할을 해야 할 것'이라고 일침을 놓았다. 한국이 당사자란 지적이 흥미롭다. 이 매체는 또 미·북 협상에서 중재자·촉진자 역할을 하겠다는 한국 외교부 업무보고에 대해 '미국에 대고 요구할 것은 요구하고 할 말은 하는 당사자 역할을 하라'고 촉구했다. 대외용 주간지 〈통일신보〉도 3월 23일 '남조선 당국자들이 중재자 역할, 촉진자 역할을 떠드는 것은 미국의 승인과 지시가 없으면 한 발자국도 움직이지 못하는 자기 처지도 모르는 주제넘은 처사"라고 비난했다. 한국이 당사자 역할을 하라는 것은 북한과 하나가 되어 미국에 대항하라는 말이었다. 즉 북한과 하나가 되어 '민족이익'을 추구하라는 의미였다.

이즈음 이종석 전 통일부 장관은 다음과 같은 주장을 폈다. 문 대통령이 김정은을 설득할 수 있는 여건을 만들어 주어야 한다는 것이었다.

북한발로 '남한도 당사자가 아니냐'는 주장이 나왔다. 맞는 말이지만, 한국이 북핵문제의 당사자라고 해서 중재 역할을 할 수 없는 것은 아니다. 남·북·미 3자 간의 비핵화 논의 과정에서 북·미 간 의견 차이가 발생했기 때문에 이를 해소하기 위해서 한국이 중재를 서는 것은 자연스러운 일이다.

이번에는 트럼프 대통령이 문재인 대통령에게 김정은 위원장에 대한 설득을 부탁하면서 맡는 중재 역할이다. 그러나 미국은 말로만 북한 설득을 부탁해서는 안 된다. 트럼프 대통령은 먼저 문 대통령이 김 위원장을 설득할 수 있는 여건을 제공해야 한다. 그 여건은 바로 한국 정부가 남북관계의 발전을 주도할 수 있는 자율성이다.

문 대통령은 2019년 4월 11일 워싱턴에서 트럼프 대통령과 회담하면서 미·북 3차 정상회담이 열릴 수 있기 바란다는 기대를 표명하고 아울러 대북제재 완화 필요성을 거론했다. 이에 트럼프 대통령은 "미·북 정상회담은 서두를 일이 아니다"라며 제재 완화에 대해서도 "때가 아니다"라고 분명히 선을 그었다.

북한은 즉각 반응했다. 김정은은 2019년 4월 12일 최고인민회의 시정연설에서 문재인 정부에 직격탄을 날렸다. 북한 편에 서야지 어디 제3자 노릇을 하려 하느냐는 말이었다. 마침내 문재인 정부는 미국과 북한 모두로부터 따돌림을 당한 처지가 되었다.

남조선 당국은 추세를 보아 가며 좌고우면하고 분주다사한 행각을 재촉하며 오지랖 넓은 중재자, 촉진자 행세를 할 것이 아니라 민족의 일원으로서 제정신을 가지고 제가 할 소리는 당당히 하면서 민족의 이익을 옹호하는 당사자가 되어야 한다.

남조선 당국이 진실로 북남관계 개선과 평화와 통일의 길로 나아갈 의향이라면 우리의 입장과 의지에 공감하고 보조를 맞추어야 하며 말로만이 아니라 실천적 행동으로 그 진심을 보여 주는 용단을 내려야 한다.

북한의 요구는 분명했다. 쓸데없는 얘기하지 말고 확실히 북한 편에서서 미국에 양보를 요구하라는 것이었다. 문 대통령은 김정은의 이런 요구에 선문답했다. 2019년 4월 15일 청와대 회의에서 "정부는 남북관계와 북·미관계의 선순환, 국제사회의 지지와 협력 강화 등 한반도 평화 질서를 만드는 데 책임과 역할을 다할 것이다. 앞으로도 필요한 일을 마다하지 않겠다"고 했다. 문 대통령은 또 "김 위원장은 한반도 비핵화와 평화 구축에 대한 확고한 의지를 거듭 천명했다. 변함없는 의지를 높이 평가한다"라고 했다. 김정은의 비핵화 의지를 읽을 수 있는 부분은 어디에도 없었다. 김정은의 말을 편의적으로 들었거나 아니면 국민을 속이는 말을 했다. 이런 사례는 부지기수였다.

심범철 아산정책연구원 안보통일센터장은 2019년 4월 22일 "우리는 북핵 협상의 운전자나 중재자가 아니다. 북핵문제의 당사자 중 우리를 제외한 누구도 운전이나 중재를 부탁하지 않았기 때문이다"라며 "문재인 정부는 뭔가 역할을 해내야 한다는 강박관념에서 그리고 평화 세력임을 과시하려는 국내정치적 목적에서 걸맞지 않은 행동을 하다가 북한으로부터 훈계나 듣는 저지가 되었다"고 비판했다.

북한은 한국이 미·북 사이에서 할 역할은 없다고 다시 한번 주장했다. 권정근 외무성 국장은 2019년 6월 27일 발표한 담화에서 "우리가 미국에 연락할 것이 있으면 조·미 사이에 이미 전부터 가동되고 있는 연락 통로를 이용하면 되는 것이고 협상을 해도 조·미가 직접 마주 앉아 하게 되는 것만큼 남조선 당국을 통하는 일은 절대로 없을 것"이라고 했다. 이제 메신저 역할마저 부인한 것이다.

조·미관계를 중재하는 듯이 여론화하면서 몸값을 올려 보려 하는 남조선 당국자들에게 한마디 하고 싶다. 조·미 대화의 당사자는 말 그대로 우리와 미국이며 조·미 적대관계의 발생 근원으로 보아도 남조선 당국이 참견할 문제가 전혀 아니다.

지금 남조선 당국자들은 저들도 한판 끼여 무엇인가 크게 하고 있는 듯한 냄새를 피우면서 제 설 자리를 찾아보려고 북남 사이에도 여전히 다양한 경로로 그 무슨 대화가 진행되고 있는 듯한 여론을 내돌리고 있다.

문 대통령이 남·북·미 3자 정상회동을 고대하던 중 기회가 생겼다. 트럼프 대통령이 G20 오사카 정상회의 참석 후 귀로에 판문점에서 김정은과 만나는 이벤트를 만들었다. 문 대통령은 2019년 6월 30일 오전, 청와대에서 트럼프와 만나 판문점에서의 미북 회동에 자신도 참석하겠다고 했다. 미 측이 계속 거절하자 문 대통령은 "일단 판문점 내 관측 초소까지 같이 가서 결정하자"며 뜻을 굽히지 않았다. 쇼의 달인인 트럼프는 문 대통령이 옆에 있는 것을 원치 않았다. 폼페이오 국무장관이 쐐기를 냈다. "문 대통령 생각을 전날 밤 북한 측에 제시했는데 북측이 거절했다"고 했다. 북한의 반대를 구실로 문 대통령 참석을 막으려 한 것이다. 그러자 문 대통령은 "김정은이 한국 땅에 들어섰을 때 내가 없으면 적절하지 않게 보일 것이다. 김정은을 트럼프에게 넘겨준 뒤 떠나겠다"고 했다. 이에 트럼프는 "나는 문 대통령이 참석하길 바라지만 북한 요청대로 할 수밖에 없다"고 거부했다.

우여곡절 끝에 트럼프·김정은·문재인은 6월 30일 오후 판문점 자유의 집 앞에서 4분 정도 서서 사진을 찍었다. 트럼프와 김정은은 따로 53분간 회담을 했다. 청와대는 이런 만남을 두고 '역사적 순간'이라며 '세 지도자의 비전과 용기와 결단의 산물'이라고 환호작약했다. 문 대통령은 "북·미가 사실상 적대 관계를 종식했다"고 했고, 조국 민정수석까지 나서서 "사실상 종전선언을 천명한 역사적인 날"이라고 했다. 잠깐 선 채로 사진 찍은 일을 두고 이렇게 요란을 떨었다.

북한 선전매체 〈우리민족끼리〉는 2019년 7월 13일 '조·미 두 나라가 마주 앉아 양국 사이의 현안을 논의하는 마당에 남조선이 굳이 끼어들 필요는 없다"며 그동안 북한과 합의한 사항이나 이행하라고 다음과 같이 다그쳤다.

-(남조선은) 여기(조·미 협상)에 끼어들어 봤자 할 일도 없다는 것은 자명하다.

-(2019년 6월 30일 트럼프-김정은 판문점 회동 이후 '한국 소외론'이 대두되고 있다며) 우리로서는 미국 승인 없이는 한 걸음도 움직일 수 없는 상대와 마주 앉아 공담(空談)하기보다는 남조선에 대한 실권을 행사하는 미국을 직접 대상으로 하여 필요한 문제들을 논의하는 것이 훨씬 생산적이다.

-남조선 당국이 조선반도문제에서 소외되지 않으려면 제정신으로 사고하고 스스로 결단을 내릴 수 있는 자주적 입장을 지켜야 하며 좌고우면하지 말고 북남 선언들의 이행에 과감히 적극적으로 나설 용단을 내려야 한다.

또 다른 선전매체인 〈메아리〉도 다음과 같은 주장을 폈다. 북한이 원하는 것을 읽을 수 있었다. 그동안 합의한 사항을 이행하라는 것이다.

-문제를 해결할 가능성이 없는 상대와는 마주 앉을 필요가 없다.

-북남관계 개선에 기여하지 못하는 대화, 실천이 없는 협상은 의미가 없다. 열백 번 마주 앉아 대화를 진행하고 아무리 좋은 선언을 발표해도 외세의 눈치나 보고 이러저러한 조건에 빙자하며 실천하지 않는 상대와 마주 앉아 봐야 무엇이 해결되겠는가.

-스스로 자처한 '한국 소외'이니 거기서 벗어나는 것도 남조선 당국의 몫이다.

-충고하건대, 중재자요, 촉진자요 하면서 허튼 데 신경을 쓸 것이 아니라 북남관계 문제의 당사자로서 선언(남북 정상 합의) 이행에 적극적으로 달라붙는 것이 문제 해결의 출로일 것이다.

한국이 미·북 사이에서 뭔가 역할을 하고 있음을 보여 주려다 톡톡히 망신을 당하는 일이 발생했다. 정의용 국가안보실장은 2020년 1월 10일 워싱턴 출장 귀로에 기자들에게 "트럼프 대통령이 김정은 북한 국무위원장 생일에 대한 덕담을 하며 문재인 대통령께서 그 메시지를 김 위원장에게 꼭 좀 전달해 줬으면 좋겠다고 당부했다"고 말했다. 생일축하 메시지를 문 대통령이 김정은에게 전달해 달라고 부탁했다는 것이었다. 좀 이상했다.

바로 다음 날 진상이 밝혀졌다. 북한은 김계관 외무성 고문 명의 담화를 내고 "남조선 당국이 숨 가쁘게 흥분에 겨워 온몸을 떨며 대ㅊ긴급 통지문으로 알려 온 미국 대통령의 생일축하 인사라는 것을 우리는 미국 대통령의 친서로 직접 전달받은 상태"라고 했다. 이미 친서로 전달받았는데 그토록 호들갑을 떠느냐는 말이었다. '이런 일에 청와대가 끼어들어 생색내려 하지 말라'고 한 것이다. '숨 가쁘게 흥분에 겨워 온몸을 떨며'라는 표현을 써 가며 청와대를 야유했다. 다음은 김계관 담화 내용의 일부다.

－남조선이 우리 국무위원장에게 보내는 미국 대통령의 축하인사를 전달한다고 하면서 호들갑을 떨었는데 저들이 조·미관계에서 중재자 역할을 해 보려는 미련이 의연 남아 있는 것 같다.

－남조선이 김정은 국무위원장과 트럼프 대통령 사이의 친분관계에 중뿔나게 끼어드는 것은 좀 주제넘은 일이라고 해야겠다.

－우리는 우리가 갈 길을 잘 알고 있으며 우리의 길을 갈 것이다. 남조선 당

국은 이런 마당에 우리가 무슨 생일축하 인사나 전달받았다고 하여 누구처럼 감지덕지하며 대화에 복귀할 것이라는 허망한 꿈을 꾸지 말고 끼어들었다가 본전도 못 챙기는 바보 신세가 되지 않으려거든 자중하고 있는 것이 좋을 것이다.

트럼프 대통령이 정 실장에게 어떻게 말했는지는 알 수 없으나 친서로 전달했으면 되었지 왜 구태여 문 대통령에게 전달을 부탁했을까 하는 의문이 생긴다. 정 실장이 외교 기밀을 언론에 얘기한 것이 잘못이었다. 문 대통령이 트럼프와 김정은 사이에서 중요한 역할을 하고 있다는 인상을 주려다 결국 사달이 났다. 그러자 다음과 같은 비판이 쏟아졌다.

-북한으로부터 이런 모욕을 당한 것은 자업자득이다. 대한민국 국민의 한 사람으로서 창피하고 자존심 상하며 화가 난다. 청와대의 상황판단 능력과 일 처리 솜씨에 근본적인 문제가 있다. 공직자는 흥분해서 한 건 하려는 태도를 가져서는 안 된다. (천영우 전 외교안보수석)
-정의용이 하는 말은 믿을 수 없다. 이번에 제대로 사고를 쳤다. 문재인이 망신을 당했다. (전원책 변호사)
-북한이 문재인·정의용 얼굴에 침을 뱉었다. 북한이 지금까지 한 말 중 가장 신랄하고 경멸적인 것이다. 김정은은 문재인을 부하로 생각한다. 문재인은 트럼프로부터도 농락당했다. (언론인 조갑제)
-김계관 담화를 읽다가 숨이 멎을 뻔했다. 북한은 문재인 대통령을 마음껏 짓밟았다. (고영환 전 북한 외교관)

북한은 2020년 6월 13일 외무성 권정근 국장의 담화 형식을 빌려 한국이 미·북 대화나 비핵화문제에 끼어들지 말라며 또다시 문재인 정부를 통렬하게 비난했다. 창피스러웠다.

조·미 사이의 문제와 더욱이는 핵문제에 있어서 논할 신분도 안 되고 끼울 틈도 자리도 없는 남조선 당국이 조·미 대화의 재개를 운운하고 비핵화에 대하여 제멋대로 해석하면서 말 같지도 않은 헛소리를 치고 있는데 참 어이없다. 뜨물에 던져진 오이꼭지처럼 그만큼 버림을 받았으면 이제는 제 신세를 알고도 남음이 있겠는데 중 염불 외우듯 앞뒤 분별없이 비핵화를 운운하니 말이다.

바로 1년 전에도 어울리지 않는 체모로 꼴불견스럽게 놀아대지 말고 조·미 사이에서 썩 빠지라고 충고를 준 것으로 기억되는데 지금까지도 끼어들 명분을 찾아보려는 아래 동네 사람들의 모습이 너무나도 가긍하고 초라하다.

일러두건대 지금 조·미 대화가 없고 비핵화가 날아 난 것은 중재자가 없어서가 아니다.

비핵화가 실현되자면 어떤 조건이 성숙되어야 하고 얼마나 많은 산들을 넘어야 하는지 그 개념조차 모르는 팔삭둥이들이 맹물 마시고 트림하듯이 그 와중에도 앵무새처럼 비핵화를 운운해대는 꼴을 보면 이렇게도 아둔한가 하는 생각을 금할 수 없다.

아무리 축에 끼우고 싶어도 이쯤 되고 보면 끼울 데 안 끼울 데를 가려보아야 하지 않겠는가.

문 대통령은 2020년 6월 30일 유럽연합^{EU} 집행부와의 화상 정상회의에서 "미국 대선 이전에 북·미가 다시 마주 앉아 대화를 나누도록 전력을 다할 계획"이라고 말했다. 미국 대선 전에 또 한 차례 미·북 정상회담이 열리도록 중재에 나서겠다는 얘기였다. 강경화 외교부 장관도 7월 2일 "북한의 대화 복귀를 위한 노력을 전방위적으로 전개하겠다"고 했다. 한국이 무슨 일을 할 수 있다고 이런 말을 하는지 알 수 없었다. 말로 다하는 사람들이었다.

문정인 특보는 2020년 7월 2일 국회 의원회관에서 열린 한반도평화포럼 간담회에서 중재자 역할에 대해 이런 말을 늘어놓았다. "우리 시각으로 보면 우리 대통령이 참 잘했다. 정말 엄청 대단한 것이었다. 난공불락 같은 백악관에 치고 들어가서 그렇게 (결과를) 만들어 내고, 볼턴이 수문장 역할을 하는 데도 그 수문장을 뚫고 우리 정의용이 얼마나 노력해서 판을 바꾸었는가". 얼굴이 화끈거릴 정도의 자화자찬이었다.

2020년 7월 4일 최선희 북한 외무성 부상은 문 대통령의 6월 30일 발언에 대해 "당사자인 우리가 어떻게 생각하겠는가에 대해서는 전혀 의식하지 않고 섣부르게 중재 의사를 표명하는 사람이 있다"며 "사소한 오판이나 헛디딤도 치명적이고 돌이킬 수 없는 후과를 초래하게 될 지금과 같은 예민한 때에 조·미관계의 현 실태를 무시한 수뇌회담설이 여론화되고 있는 데 대하여 아연함을 금할 수 없다"고 비난했다.

최선희 담화로 부족했는지 북한은 사흘 후 권정근 외무성 국장 담화로 문 대통령이 "때도 모르고 조·미 수뇌회담 중재 의사를 밝힌 오지랖 넓은 사람"이라며 다음과 같이 밝혔다.

참으로 보기에도 딱하지만 중재자로 되려는 미련이 그렇게도 강렬하고 끝까지 노력해 보는 것이 정 소원이라면 해 보라는 것이다. 그 노력의 결과를 보게 되겠는지 아니면 본전도 못 찾고 비웃음만 사게 되겠는지 두고 보면 알게 될 것이다.

미국의 전직 고위관리와 한반도 전문가들도 다음과 같이 문재인 정부가 중재자 역할을 자임하는 것은 문제가 있다고 보았다.

—북한은 미·북관계를 벌려 놓으려 하는데, 한국 정부가 미·북 간 공정한 역할을 암시하는 중재자를 자임하는 것은 북한 손에 놀아나는 일이라는 지적을 받을 수 있다. (에번스 리비어 전 국무부 수석 부차관보)
—중재자 역할을 한다는 것은 근본적으로 결함이 있다. 이 개념의 근본적인 문제는 한국을 파괴하는 데 전념하는 정권과 한국을 방어하는 데 전념하는 동맹 사이에서 한국이 정직한 중재자(honest broker)를 자처한다는 점이다. (니컬러스 에버스타트 미국기업연구소 선임연구원)

| 문제점

─한국이 북핵문제를 포함한 한반도문제에서 주도적 역할을 할 수 있으려면 그만한 외교 역량이 있어야 하는데 문재인 정부에는 그런 역량이 없었다. 게다가 미국이나 북한 어느 쪽도 그런 역할을 인정하지 않았다. 북한은 1994년 제네바협상 이래 한국을 배제하고 미국을 직접 상대하려 했다. 그러니 '운전자론'은 환상이었다.

─한국은 북핵문제를 혼자서 해결할 수 없기 때문에 가장 강력한 지렛대를 갖고 있는 미국에 아웃소싱을 했다. 따라서 한국은 미국과의 공조를 최우선 했어야 한다. 중재자 역할을 한다며 미국과 엇박자를 내는 것은 이런 점에서 실책이었다. 그러니 '중재자론'은 헛소리였다.

─문 대통령은 김정은과 회담하는 과정에서 북핵문제를 진지하게 논의했어야 했다. 핵문제는 미국이 해결할 일이고 우리는 남북관계만 잘하면 된다는 생각은 크게 잘못된 것이었다. 그러다 보니 미·북 회담에서 진전이 없자 모든 것이 원점으로 돌아갔다.

대북 올인

'

"현 정권 최대 실정失政은 우리 외교의 폭을
북한, 한반도로 좁혀 놓은 것이다."
_윤덕민 전 국립외교원장

"(문 정권에는) 자나 깨나 북한만 보이고,
세상만사가 북한으로 통하는 길로 보인다"
_천영우 전 외교안보수석

"남북관계 개선은 평양이 통제 체제를 유지하는 한 불가능하다"
_최영진 전 주미대사

문재인 정부는 남북관계를 최우선 하는 접근법을 썼다. 대북관계에
모든 것을 걸다시피 했다. 남북관계가 잘되면 미·북관계도 좋아지고 따
라서 한반도 평화 프로세스도 진전될 것으로 믿었다. 소위 '남북관계 선
순환론'이다. 문 대통령은 2020년 1월 신년기자회견에서도 "남북관계
를 최대한 발전시켜 나간다면 그 자체로도 좋은 일일 뿐만 아니라 그것
이 북미 대화에 좋은 효과를 미치는 선순환적인 관계를 맺게 될 것"이
라고 말했다.

북한은 달랐다. 대외선전매체 〈우리민족끼리〉는 2020년 6월 7일 '아마 남조선 집권자가 북남 합의 이후 제일 많이 입에 올린 타령을 꼽으라고 하면 선순환관계 타령일 것이다. 성격과 내용에 있어서 판판 다른 북남관계와 조·미관계를 억지로 연결시켜 놓고 선순환관계 타령을 하는 그 자체가 무지와 무능의 극치다'라고 했다. 그러면서 '지구상에 사는 사람들에게는 도무지 이해도 납득도 되지 않는 달나라 타령이다'라고 했다. 북한이 한반도 현실을 문재인 정부보다 더 정확하게 이해했다.

문재인 정부의 대북 올인은 동북아 역학관계와 북핵문제로 제동이 걸리면서 한국외교의 행동반경만 좁히는 결과를 낳았다. 유엔과 미국이 시행하는 대북제재의 벽을 넘을 수 없자 문 대통령이 직접 나서서 대북제재 완화 캠페인까지 벌였지만 그렇게 해서 될 일이 아니었다. 북한은 초기에는 문 대통령에 대해 일말의 기대를 가졌으나 2019년 2월 미·북 하노이 정상회담이 결렬된 이후에는 완전히 등을 돌렸다.

| 북한 관련 가짜 뉴스 사례

-김정은의 비핵화 의지가 확고하다. (문재인 대통령, 정의용 국가안보실장)
-지금 남북 간에 다양한 경로로 소통이 이루어지고 있다. (문 대통령, 2019.6.15.)
-제재를 했는데 왜 북한 경제는 망하지 않고 오히려 좋아졌을까. (김연철 전 통일부장관, 2016.2.18.)
-김정은은 자유민주 사상에 접근해 있는 상태다. (송영무 전 국방부 장관,

2019.5.16.)

–김정은은 계몽군주 같다. (유시민 노무현재단 이사장, 2020.9.25.)

ㅣ 메아리 없는 외침

문 대통령은 2019년 9월 24일 유엔총회 연설에서 "한반도의 허리를 가로지르는 비무장지대^{DMZ}를 국제평화지대로 만들자"고 제안했다. 문 대통령은 또 "판문점·개성을 잇는 지역을 평화협력지구로 지정해 남북·국제사회가 함께 한반도 번영을 설계할 수 있는 공간으로 바꿔 내고, DMZ에 남북에 주재 중인 유엔기구와 평화·생태·문화와 관련한 기구 등이 자리 잡아 평화연구·평화유지^{PKO}·군비통제·신뢰구축 활동의 중심지가 된다면 명실공히 국제적인 평화지대가 될 수 있을 것"이라고 했다.

북한은 부정적인 반응을 보였다. 2019년 10월 8일 선전 매체 〈우리민족끼리〉를 통해 "남한 당국이 국제무대에서 비무장지대의 국제평화지대를 운운한 것은 북침 전쟁 연습과 침략 무기 구입 책동으로 한반도를 유린해 온 범죄적 정체를 가리고, 민족 분열의 비극적 산물인 군사분계선 비무장 지대를 국제화하려는 데 목적이 있다"고 비난했다. 그런데도 문 대통령은 2020년 1월 7일 신년사에서 "8천만 겨레의 공동 안전을 위해 접경지역 협력을 시작할 것을 제안한다"고 했다.

문 대통령은 2019년 12월 24일 중국 청두^{成都}에서 열린 한·중·일 비즈니스 서밋 기조연설에서 "중국의 일대일로, 일본의 인도·태평양 구상, 한국의 신북방·신남방정책은 대륙과 해양을 연결하고 마음과 마음을 이어 모두의 평화와 번영을 돕는 것을 목표로 하고 있다"면서 "동북아에서 철도공동체를 시작으로 에너지공동체와 경제공동체, 평화안보체제를 이뤄 낸다면 진정으로 대륙과 해양의 네트워크 연결을 완성시킬 것"이라고 했다. 현실과 동떨어진 얘기였다.

남·북·중·러를 포괄하는 철도공동체 구상은 문 대통령이 집권 이후 제시한 한반도 평화 프로세스의 일부였다. 북한은 2020년 1월 6일 〈우리민족끼리〉를 통해 문 대통령에게 '현실을 똑바로 보고 창피스러운 입방아를 그만 찧으라'고 주문했다. 그런데도 문 대통령은 2020년 1월 7일 신년사에서 "남과 북은 국경을 맞대고 있을 뿐 아니라, 함께 살아야 할 '생명공동체'"라며 "남북 간 철도와 도로 연결 사업을 실현할 수 있는 현실적인 방안을 함께 찾아내자"고 했다. 북한은 '현실을 똑바로 보라' 하는데 문 대통령은 이런 지적에 개의치 않았다.

문 대통령의 제안은 북한으로부터 아무런 공명共鳴을 얻지 못했다. 메아리 없는 외침이었다. 북한이 전혀 관심이 없다는데도 이런저런 제안을 계속했다. 실현 가능성 여부는 전혀 신경 쓰지 않았다.

| 망신만 당한 김정은 초청

문 대통령은 2019년 8월 29일 동남아시아 3개국 순방을 앞두고 〈방콕포스트〉와 가진 서면 인터뷰에서 "아세안ASEAN 10개국이 모인 자리에 김정은 북한 국무위원장이 함께하는 기회를 가질 수 있다면 한반도와 동아시아 평화를 위해 매우 의미 있는 계기가 될 것"이라고 했다. 3개월 후 한·아세안 특별정상회의가 부산에서 열릴 예정으로 있어 이와 관련이 있는 말로 보였다.

관련하여, 북한 〈조선중앙통신〉은 2019년 11월 21일 다음과 같은 보도를 했다. 하나도 틀린 말이 없었다. 이런 지적을 당할 만했다. 창피하기 그지없는 일이었다.

11월 5일 남조선의 문 대통령은 조선민주주의인민공화국 국무위원회 위원장께서 이번 특별수뇌자회의(한·아세안 특별정상회의)에 참석해 주실 것을 간절히 초청하는 친서를 정중히 보내어 왔다.

하지만 흐려질 대로 흐려진 남조선의 공기는 북남관계에 대해 매우 회의적이며 남조선 당국도 북남 사이에 제기되는 모든 문제를 의연히 민족공조가 아닌 외세의존으로 풀어 나가려는 그릇된 입장에서 탈피하지 못하고 있는 것이 오늘의 엄연한 현실이다.

무슨 일에서나 다 제시간과 장소가 있으며 들 데, 날 데가 따로 있는 법이다. 과연 지금의 시점이 북남 수뇌 분들이 만날 때이겠는가에 대해 생각해 보지 않을 수 없다. 이런 때에 도대체 북과 남이 만나서 무엇을 할 수 있으며 그런 만남이 과연 무슨 의의가 있겠는가.

아이들이라면 철이 없어 소뿔 위에 닭 알 쌓을 궁리를 했다고 하겠지만 남조선 사회를 움직인다는 사람들이 자신들의 과와 실을 냉정하게 판단하는 데 숨을 고를 대신 물 위에 그림 그릴 생각만 하고 있으니 북남관계는 어떻게 개선되고 화해와 협력의 꽃은 언제 다시 피어나겠는가.

다시금 명백히 말하건대 무슨 일이나 잘되려면 때와 장소를 현명하게 선택해야 한다. 이런 이치도 모르는 상대와 열백 번을 만난들 어떻게 좋은 결과가 나올 수 있겠는가 하는 것이다.

문재인 정부가 한심해도 너무 한심하다는 지적이었다. 들러리가 될 행사에 왜 가겠느냐는 것이다. 김정은을 몰라도 이렇게 모르느냐는 말이었다.

북한은 여기서 그치지 않고 다음과 같이 조목조목 따졌다. 문 대통령이 뭔가 크게 잘못한 일이 있고, 김정은에게 한 약속을 하나도 지키지 않고 있다는 추궁이었다.

　-저지른 잘못에 대한 반성과 죄스러운 마음으로 삼고초려를 해도 모자랄 판국에 ….
　-판문점과 평양, 백두산에서 한 약속이 하나도 실현된 것이 없는 지금의 시점에 ….
　-북남관계의 현 위기가 어디에서 왔는가를 똑바로 알고 통탄해도 늦은 때에 ….

│ 탈북 어민 2명 강제 북송

문재인 정부는 2019년 11월 7일 귀순 의사를 밝힌 북한 어민 2명을
나포 5일 만에 강제 북송北送 했다. 이들은 귀순 의사를 자필로 밝혔음에
도 안대로 눈을 가리고 포승줄로 묶여 판문점으로 이송됐다. 북송되고
있다는 사실을 몰랐기 때문에 그중 한 사람은 북한군을 보자마자 털썩
주저앉았다.

청와대는 이 북송이 정무적 판단에 따라 이루어진 것이라고 했다. 김
연철 통일부 장관은 "이들이 '죽더라도 돌아가겠다'는 진술을 했다"고
했는데, 금방 거짓말로 드러났다. 당시 국가안보실장으로 이 사건 처리
를 지휘한 정의용은 외교부 장관 후보자 인사청문회에서 "처음부터 (이
들을) 우리 국민으로 인정하지 않았다"고 했다. 헌법학자 허영 교수는
"일단 이들을 수용해 우리 법에 따라 수사·재판을 받게 했어야 한다"고
주장했고, 장영수 교수도 "헌법상 북한 주민은 귀순 의사 표명 여부와
무관하게 우리 국민"이라며 "정부가 '국민'이라는 개념 자체를 부정했
다"고 비난했다. 문재인 정부의 이런 조치는 국제인권규범에도 맞지 않
았다. 최소한의 절차와 원칙을 지키지 않았다. 당시 청와대는 김정은 방
한을 추진하고 있었는데, 이것이 북송 결정의 배경이 되었을 것으로 추
정되었다.

| 북한인권결의안 공동제안국에서 빠지다

　유엔총회 산하 제3위원회는 2019년 11월 14일 북한의 인권침해를 규탄하는 북한인권결의안을 표결 없이 컨센서스^{consensus}로 채택했다. 유엔이 2005년부터 매년 채택해 온 이 결의안에 한국은 2008년부터 2018년까지 공동제안국으로 참여해 왔는데, 11년 만에 참여하지 않았다. 이런 불참은 2020년, 2021년에도 이어졌다. 2021년 북한인권결의안에는 미송환 전쟁포로와 그 후손에 대한 인권침해 우려가 처음으로 포함됐다. 한국 불참에 대해 조태용 국민의힘 의원은 "북한 주민들의 인권 참상을 외면하고 대한민국을 위해 희생한 국군포로들까지 저버리면서 북한 정권의 편에 선 것"이라고 비난했다.

| 문 대통령 제안을 아예 무시한 북한

　문 대통령은 2020년 1월 7일 신년사에서 북한에 다음과 같은 제안을 했지만 북한은 이를 아예 무시했다. 문 대통령 말이라면 콩으로 메주를 쑨다 해도 믿지 않겠다는 것이었다.

　-우리 정부도 북·미 대화의 촉진을 위해 할 수 있는 노력을 다할 것이다.
　-8천만 겨레의 공동 안전을 위해 접경지역 협력을 시작할 것도 제안한다.
　-개성공단과 금강산관광 재개를 위한 노력도 계속해갈 것이다… 남과 북이 머리를 맞대고 진지하게 함께 논의할 것을 제안한다.

┃ 대북 개별관광 추진

　문 대통령은 2020년 1월 7일 신년사에서 "북·미 대화의 교착 속에서 남북관계의 후퇴까지 염려된다. 남북 협력을 더욱 증진시켜 나갈 현실적인 방안을 모색할 필요성이 더욱 절실해졌다"고 말했다. 1월 14일 신년 기자회견에서도 "남북 간에도 이제 북·미 대화만을 바라보지 않고 남북 협력을 증진시키면서 북·미 대화를 좀 더 촉진해 나갈 필요성이 높아졌다. 우선 접경지역 협력도 할 수 있고, 개별관광도 국제 제재에 저촉되지 않아 충분히 모색할 수 있다"고 말했다.

　2019년 2월 하노이 미·북 정상회담 결렬 이후 비핵화 협상이 교착상태에 빠지자 문재인 정부는 대북 개별관광 허용 등을 통해 남북교류에 불씨를 살려야 한다는 생각이 커졌다. 팔짱만 끼고 있을 수 없다는 판단이었다. 이런 배경에서 민주당 송영길 의원을 비롯한 범여권 국회의원 64명은 2019년 12월 26일 중국과 러시아가 유엔 안보리에 제출한 대북제재 완화 결의안을 적극 검토해야 한다는 공동성명을 냈다.

　하지만 이런 움직임에는 많은 문제가 있었다. 무엇보다도, 남북 협력과 미·북 대화는 서로 영향을 주고받는 관계가 아니라는 것이다. 미·북 관계가 진전되지 않는 것은 북한이 비핵화에서 진전된 입장을 보이지 않는 데 있었다. 이로 인해 유엔의 대북제재도 완화될 수 없었다. 남북관계를 통해 미·북관계가 좋아질 수 있다는 생각은 근본적으로 맞지 않는 것이었다.

문재인 정부의 이런 입장에 대해 美 국무부는 "우리는 북한에 대한 일치된 대응을 위해 긴밀히 조율해 왔다"며 "모든 유엔 회원국들은 유엔 안보리 제재 결의들을 이행해야 한다"는 입장을 밝혔다. 한국도 대북제재를 엄격히 이행하라는 말이었다. 백악관 입장은 더 강했다. 2020년 1월 15일 "미국은 모든 유엔 회원국들이 안보리의 모든 제재 결의들을 이행할 것을 기대하고 있다"며 안보리 결의의 엄격하고도 완전한 이행을 강조했다. 안보리 상임이사국인 프랑스도 "북한의 제재 회피 활동이 계속되고 있고 비핵화 조치가 이뤄지지 않고 있는 상황에서 제재 해제나 완화는 타당하지 않다"고 했다.

이런 요구에도 불구하고 김연철 통일부 장관은 "금강산 관광의 발전 및 동해안 일대 남북 공동관광지대를 현실화하는 방안을 모색하겠다"고 했다. 김정은은 2019년 10월 금강산관광지구를 찾아 "너절한 남측 시설들을 싹 들어내라"고 지시한 데 이어 2020년 2월 말까지 이런 시설들을 모두 철거하라는 통지문을 보내 왔다. 김정은은 "금강산에 대한 관광사업을 남측을 내세워 하는 일은 바람직하지 않다"고도 했다. 북한 입장이 이러함에도 문재인 정부는 2020년 초부터 대북 개별관광을 들고나온 것이다.

해리스 주한미국대사는 2020년 1월 16일 외신기자 간담회에서 "문 대통령의 낙관주의는 고무적이지만 그에 따른 행동에 관해서는 미국과 협의를 거쳐야 한다. 추후 제재를 촉발할 수 있는 오해를 피하기 위해서는 한미 워킹그룹을 통해 논의하는 것이 바람직하다"고 말했다. 본국 정부의 지시를 받고 한 말이었다.

그러자 청와대는 "주한미국대사가 주재국 대통령의 발언에 대해서 언론에 공개적으로 언급한 부분은 대단히 부적절하다. 남북 협력과 관련된 부분은 우리 정부가 결정할 사안이다"라며 불만을 표시했다. 통일부 대변인도 "대북정책은 대한민국의 주권에 해당한다는 점을 다시 한 번 강조한다. 해리스 대사의 발언에 언급할 필요성을 느끼지 않는다"라며 불쾌감을 드러냈다. 통일부가 '주권' 운운한 것은 맥락에 맞지 않았다. 이것은 주권에 관한 문제가 아니었다. 강경화 외교부 장관과 이도훈 한반도평화교섭본부장이 미국과 협의에 나섰다. 통일부 얘기대로 이것이 주권 사항이라면 그대로 하면 된다. 그렇게 하지 못하는 것은 유엔의 대북제재 때문이었다.

청와대와 통일부뿐만 아니라 더불어민주당(여당)도 '해리스 때리기'에 나섰다. 송영길 민주당 의원은 "대사로서의 위치에 걸맞지 않은 과한 발언이다. 우리가 (해리스) 대사가 한 말대로 따라 한다면 대사가 무슨 조선총독인가"라고 했다. 여당 지지자들도 "해리스 대사의 콧수염이 일본 순사 같다"며 대사의 외모에 시비를 거는가 하면, 해리스 대사 모친이 일본계라는 사실을 빗대 "일왕으로부터 욱일장 받고 부임했다"는 등의 인종차별적·외모차별적인 공격을 마구 해댔다.*

---

* 북한 매체 <우리민족끼리>도 2019년 12월 13일 해리스 대사를 향해 '사실상의 현지 총독' '남조선을 한갓 식민지로밖에 보지 않는 태도'라고 공격한 바 있다.

국무부 대변인실은 2020년 1월 19일 미국 정부 입장을 분명히 밝히면서 다음과 같이 청와대와 통일부 주장을 반박했다.

미국은 남북 협력을 지지하며, 남북 협력이 반드시 비핵화 진전과 보조를 맞춰(in lockstep with) 진행되도록 미·한 워킹그룹을 통해 조율하고 상의한다.

국무부는 미한동맹을 강화하고 (한국에서) 트럼프 대통령을 대변하기 위해 노력을 기울이고 있는 해리스 대사를 전적으로 신뢰한다.

해리스 대사를 포함 그 누구도, 특히 해리스 대사는 한국의 주권에 의문을 제기하지 않는다.

친정부 정치인·언론·여당 지지자들이 동맹국 대사를 향해 보인 언행은 외교사절에 대한 기본적 예우에도 어긋났다. 해리스 대사는 대사직을 마치고 돌아간 후 〈동아일보〉와 가진 인터뷰에서 다음과 같은 소회를 밝혔다(2021. 10.).

(당시 나의 인종적 배경을 문제 삼은 것은) 최대 안보동맹국 대사에 대한 것으로는 불필요한 일이었고, 매우 실망스러웠다. 그런 비판이 나오는 것은 둘째 치고 청와대가 이런 상황에 침묵하는 것에도 실망했었다. 청와대는 인권문제에 진보적이고 인권을 중심에 놓는 정부라는 것을 자랑스러워하지 않았던가.

문재인 정부의 대북 경협 구상은 전략적이지 않았다. 말로 다했다. 설사 북한이 개별관광을 허용한다 해도 관광객들의 신변안전 대책이 없었다. 북한군이 2008년 금강산 단체관광을 하던 박왕자 씨를 사살한 사례가 있고, 개성공단 직원을 130일 넘게 억류한 적도 있다. 문 대통령이나 문 정권 인사들에게는 이런 일은 문제가 아닌 듯했다.

| 2032 하계올림픽 남북 공동개최 추진

문 대통령은 2018년 9월 26일 뉴욕 유엔본부에서 바흐 국제올림픽위원회[IOC] 위원장을 만나 "드디어 2032년 하계올림픽 남북 공동 유치에 대해 북한과도 합의를 이루었다"며 이 올림픽을 남북이 공동으로 개최할 수 있도록 지지해 달라고 요청했다. 이에 바흐 위원장은 "남북이 2032 올림픽을 공동 유치한다면 2018 평창 동계올림픽으로부터 시작된 노력이 2032 하계올림픽으로 한 바퀴 원을 그리며 완성되는 의미가 있을 것"이라고 말했다. 외교적 답변이었다.

문 대통령은 1년 후인 2019년 9월 24일 뉴욕 유엔본부에서 두 번째로 바흐 위원장을 만나 "한국은 작년 평창에서 시작한 평화의 열기가 2032년 남북 공동올림픽으로 이어져 한반도의 완전한 평화로 완성되기를 바라마지 않는다"며 "그렇게 될 수 있도록 위원장님과 국제올림픽위원회에 부탁드린다"고 했다. 문 대통령은 앞서 2019년 8월 15일 광복절 경축사에서도 "2032년 서울·평양 공동올림픽을 성공적으로 개최하고…"라고 말했다. 성공적으로 유치한다는 게 아니고 성공적으로 개최한다고 했다. 개최지가 이미 결정된 것처럼 말했다. 2019년 10월 18일 주한외교단 초청 청와대 가든파티에서도 "평창으로 모아 주신 평화와 화합의 열기가 2032년 서울·평양 올림픽까지 계속될 수 있도록 여러분의 변함없는 관심과 지지를 당부드린다"고 말했다.

문 대통령은 2020년 1월 7일 신년사에서 "2032년 올림픽 남북 공동개최는 남북이 한민족임을 세계에 과시하고, 함께 도약하는 절호의 기회가 될 것"이라고 했다. 이어 1월 14일 신년기자회견에서도 "2032년 올림픽 남북 공동개최도 이미 합의한 사항이기 때문에 그 부분을 추진할 구체적인 협의도 필요하다"고 말했다. 〈워싱턴포스트〉는 2020년 1월 19일 '문 대통령이 2032년 하계올림픽을 북한과 공동으로 유치하는 캠페인을 벌이고 있는 것은 대단히 비현실적인 시도'라며 다음과 같이 보도했다.

하계올림픽과 같은 대규모의 스포츠 행사를 개최하기 위해서는 남북관계가 안정적이어서 수년간의 협력이 가능해야 한다. 세계 언론과 수백만 관중이 자유롭게 경기를 관람할 수 있다고 생각하는 것은 '그림의 떡'이다.

북한인권운동가 수잰 숄티는 올림픽 남북 공동개최 아이디어는 "터무니없는 것"이고, "비도덕적"이라고 비판한다. 북한 주민들에게 매일 가해지는 가혹 행위에 눈감는 것이자, 활기찬 공화국인 한국의 지위를 북한과 같은 수준으로 깎아내리는 일이다.

2016년 북한에 여행을 갔다가 선전 포스터 하나를 뗀 혐의로 체포된 뒤 17개월 만에 혼수상태로 풀려나 귀국 직후 사망한 미국 대학생 오토 웜비어를 상기해 보라.

북한 정권을 어떻게 믿고 이런 국제행사를 추진하느냐 하는 지적이었다. 개최지로 결정된 후 북한이 개최 직전에 어깃장을 놓는다면 어떻게 할 것이냐는 얘기다. 과거 북한의 행동으로 보아 이럴 개연성이 충분히 있었다. 비근한 예로, 2019년 10월 평양에서 무관중·무중계 속에 남북한 축구 경기가 개최된 바 있다.

서울시는 2021년 4월 1일 IOC에 유치제안서를 냈는데, IOC는 2021년 7월 21일 호주 브리즈번을 2032년 하계올림픽 개최 도시로 결정했다. 문 대통령은 '상상의 세계'에 살고 있다는 말이 나왔다. 국제인권단체 휴먼라이츠워치 HRW 로버트슨 부국장은 문 대통령은 대북 인식에 관한 한 〈라라랜드 la-la land 〉 같은 다른 세상에 살고 있다고 말했다. 〈라라랜드〉는 2016년 제작된 영화 제목으로 몽상의 세계를 의미한다.

| 파병부대에는 백신 안 보내고 북한에 백신 공급 제안

2021년 7월 소말리아 인근 아덴만에서 우리 선박 보호 임무를 수행하고 있던 청해부대 문무대왕함에서 승조원 301명 가운데 271명이 코로나19에 감염되었다. 장교단 30명 가운데 함장을 포함한 29명이 감염되어 함정을 운항할 수 없게 되었다. 세계 해군사 史 에 없었던 일이 발생했다. 이들은 2021년 2월 출항하면서 코로나19 백신을 맞지 못했다. 정부와 군 당국의 무지와 무관심, 태만이 낳은 결과였다. 그런데도 책임지는 사람이 없었다. 앞서 문 대통령은 2021년 6월 오스트리아를 방문하면서 "북한이 동의한다면 백신 공급 협력을 추진하겠다"고 했다. 오로지 북한이었다.

| 무엇이 문제였나

- '남북관계 선순환론'에 따른 대북 올인 접근법은 크게 잘못된 것이었다. 남북관계가 진전되는 일은 한국만 잘한다고 되는 일이 아니다. 북한이 싫다면 그만이었다. 잘못된 전제premises에 기초한 정책이나 접근법은 실패하기 마련이라는 사실이 다시 한번 확인되었다. '남북관계 선순환론'이 아니라 '한미관계 선순환론'이 맞다. 남북관계를 진전시키기 위해서는 한미관계를 잘해야 한다는 것이다. 그래야 미국이 우리가 원하는 방향으로 움직이게 되고, 우리가 남북관계에서도 일정 정도 주도권을 쥘 수 있게 된다. 김대중 대통령이 클린턴 대통령과 좋은 관계를 유지하면서 햇볕정책을 추진했던 것이 그런 사례다.

- 문 대통령의 대북정책은 현실성 없는 꿈을 좇는 것이었다. 북한과 뭔가 하지 않으면 못 견디는 강박관념이 작용했다. 북한이 그토록 무시하고 모욕하며 퇴짜를 놓는데도 실현 가능성 없는 제안을 불쑥불쑥 내놓곤 했다. 북한은 대화든 교류든 자기들 필요에 따라 자기들이 원하는 조건하에서 해 왔다. 이런 부분은 한국이 어떻게 할 수 없는 일이다.

대북 굴종

"지금 남북한은 대등한 관계가 아닌
주종主從 관계로 기울고 있다는 인상을 준다"
_김형석 교수, 2021.6.4.

문 대통령은 2018년 9월 26일 〈블룸버그 통신〉으로부터 '김정은 수석 대변인 top spokesman '이란 말을 들었을 정도로 북한 입장을 적극 옹호했다. 그는 2018년 10월 12일 영국 BBC 방송과의 인터뷰에서 "김정은 위원장은 아주 예의 바르고, 솔직담백하면서 연장자들을 제대로 대접하는 그런 아주 겸손한 리더십을 가지고 있다"고 칭찬했다. 하지만 북한은 문 대통령에 대해 질책과 훈계를 일삼았다.

리선권 조국평화통일위원장은 2018년 9월 19일 남북 정상회담을 수행한 우리 기업 총수들이 옥류관에서 점심을 하는 자리에서 "지금 냉면이 목구멍으로 넘어갑니까"라며 눈을 부라렸다. 당시 옥류관 주방장이었던 오수봉이라는 자는 후에 문 대통령을 향해 "평양에 와서 이름난 옥류관 국수를 처먹을 때는 그 무슨 큰일이나 칠 것처럼 요사를 떨고 돌아가서는 지금까지 전혀 한 일도 없다"고 막말을 했다(2020.6.).

북한은 2019년 2월 하노이 미·북 정상회담 결렬 이후부터는 문 대통령에 대해 상상을 뛰어넘는 조롱과 모욕을 퍼부었다. 김정은이 포문을 열었다. 그는 2019년 4월 12일 최고인민회의 시정연설을 하면서 문 대통령을 향해 분노를 터뜨렸다. 문 대통령이 뭔가 해 줄 것처럼 요란을 떨더니 아무것도 없지 않느냐는 것이었다. 문 대통령이 "민족의 일원으로서 제정신을 가지고 제가 할 소리는 당당히 하면서 민족의 이익을 옹호하는 당사자가 되라"고 했다.

문재인 정부는 김정은의 이런 언사에 어떤 반응도 보이지 않았다. 문 대통령은 2019년 4월 15일 청와대 수석·보좌관회의에서 오히려 다음과 같이 말했다.

김정은 위원장은 시정연설을 통해 한반도 비핵화와 평화 구축에 대한 확고한 의지를 안팎으로 거듭 천명했다. 또한 북·미 대화 재개와 제3차 북·미 정상회담 의사를 밝혔다. 김 위원장의 변함없는 의지를 높이 평가하며 크게 환영한다.

서로의 뜻이 확인된 만큼 남북 정상회담을 추진할 여건이 마련됐다. 북한의 형편이 되는 대로 장소와 형식에 구애되지 않고, 남과 북이 마주 앉아 두 차례의 북·미 정상회담을 넘어서는 진전된 결실을 맺을 방안에 대해 구체적이고 실질적인 논의를 할 수 있기를 바란다.

문 대통령의 말은 사실과 달랐다. 김정은은 시정연설에서 단 한 번도 '비핵화'를 언급하지 않았다. 오히려 '핵 보유'를 강조했다. 그런데도 문 대통령은 김정은이 '한반도 비핵화 의지를 안팎으로 거듭 천명했다'고 했다. 어떻게 이런 거짓말을 하는지 이해할 수 없었다.

북한은 2019년 6월 27일에는 외무성 담화 형식으로 문재인 정부는 이제 미·북관계에서 손을 떼라고 했다. 문재인 정부가 할 수 있는 역할은 더 이상 없으니 '중재자' '촉진자' 같은 시답잖은 역할을 집어치우라고 했다.

> 북·미관계는 우리 국무위원회 위원장 동지와 미국 대통령 사이의 친분관계에 기초하여 나가고 있다. 우리가 미국에 연락할 것이 있으면 북·미 사이에 이미 전부터 가동되고 있는 연락통로를 이용하면 되는 것이고 협상을 해도 북·미가 직접 마주 앉아 하게 되는 만큼 남조선당국을 통하는 일은 절대로 없을 것이다.

> 남조선 당국자들이 지금 북·남 사이에도 그 무슨 다양한 교류와 물밑 대화가 진행되고 있는 것처럼 광고하고 있는데 그런 것은 하나도 없다. 남조선 당국은 제집의 일이나 똑바로 챙기는 것이 좋을 것이다.

문 대통령은 2019년 6월 세계 7개 통신사와 서면 인터뷰를 하면서 "남북 간에도 다양한 경로로 대화를 지속하기 위한 대화가 이루어지고 있다"고 했는데, 북한은 곧바로 그런 것은 없다며 거짓말이라고 했다. 대외 선전매체 〈우리민족끼리〉는 2019년 6월 27일 문 대통령의 6월 14일 스웨덴 국회 연설에 대해 '어처구니없다' '경악 금치 못한다' '생억지 '궤변' '낭설'이라고 비난했다.

북한은 2019년 7월 25일 문재인 정부가 "세상 사람들 앞에서는 평화의 악수를 연출하며 공동선언이나 합의서 같은 문건을 만지작거리고 뒤돌아 앉아서는 최신 공격형 무기 반입과 합동 군사연습 강행과 같은 이상한 짓을 하는 이중적 행태를 보이고 있다"고 비난했다. 그러면서 문 대통령을 향해 "자멸적 행위를 중단하고 하루빨리 지난해 4월과 9월과 같은 바른 자세를 되찾기 바란다. 평양발 경고를 무시해버리는 실수를 범하지 말라"고 으름장을 놓았다.

북한의 이런 태도에도 불구하고 문 대통령은 일방적인 대북 메시지를 계속 던졌다. 2019년 8월 5일 "남북경협으로 평화경제가 실현된다면 단숨에 일본을 따라잡을 수 있다"라고 말했다. 그러자 북한은 바로 다음 날 외무성 대변인 담화를 통해 "차라리 맞을 짓을 하지 않는 것이 더 현명한 처사"라고 했다. 남북관계를 주종主從 관계로 인식하지 않으면 보일 수 없는 태도였다.

북한은 2019년 8월 11일 권정근 외무성 국장을 내세워 청와대를 "겁먹은 개"에 비유했다. 이런 청와대를 상대하는 게 한심스럽다는 것이다. 그런데도 청와대 핵심관계자는 "북쪽에서 내는 담화문은 통상 우리 정부가 내는 담화문과 결이 다르고 쓰는 언어가 다르다"며 넘어갔다. 다음은 권정근 담화의 일부다.

바보는 클수록 더 큰 바보가 된다고 하였는데 바로 남조선 당국자들을 가리켜 하는 말이다. … 우리의 상대가 이 정도로 바닥이라는 것이 안타깝다.

우리 군대의 위력시위 사격을 놓고 사거리 하나 제대로 판정 못 해 쩔쩔매어 만 사람의 웃음거리가 된 데서 교훈을 찾을 대신 저들이 삐칠 일도 아닌데 쫄딱 나서서 새벽잠까지 설쳐대며 허우적거리는 꼴이 참으로 가관이다.

청와대의 이러한 작태가 남조선 '국민'들의 눈에는 안보를 제대로 챙기려는 '주인'으로 비칠지는 몰라도 우리 눈에는 겁먹은 개가 더 요란스럽게 짖어대는 것 이상으로 보이지 않는다. … 그렇게도 안보를 잘 챙기는 청와대이니 새벽잠을 제대로 자기는 영 글렀다.

문 대통령이 2019년 8월 15일 광복절 경축사에서 "평화경제에 우리가 가진 모든 것을 쏟아부어 새로운 한반도의 문을 활짝 열겠다"고 하자 북한은 기다렸다는 듯 바로 다음 날 조평통 대변인 담화로 "삶은 소대가리도 앙천대소仰天大笑(하늘을 보고 크게 웃다)할 노릇"이라며 걷어찼다. 문 대통령을 지목해 "웃겨도 세게 웃기는 사람" "사고가 과연 건전한가"라고 했다. 헛소리 좀 그만하라는 말이었다. 이런 모욕에도 청와대는 침묵했다. 북측은 북측대로 다음에서 보듯 문재인 정부에 대해 적지 않은 좌절감을 느꼈다.

남조선 당국자의 말대로라면 저들이 대화 분위기를 유지하고 북남 협력을 통한 평화경제를 건설하며 조선반도 평화체제를 구축하기 위해 노력하고

> 있다는 소리인데 삶은 소대가리도 앙천대소할 노릇이다. 이 시점에 뻐젓이 북남 대화를 운운하는 사람의 사고가 과연 건전한가.
>
> 아랫사람들이 써 준 것을 그대로 졸졸 내리읽는 웃기는 사람, 정말 보기 드물게 뻔뻔스러운 사람, 웃겨도 세게 웃기는 사람이다.
>
> 북쪽에서 사냥총소리만 나도 똥줄을 갈기는 주제에 애써 의연함을 연출하며 북조선이 핵이 아닌 경제와 번영을 선택할 수 있도록 하겠다고 역설하는 모습을 보면 겁에 잔뜩 질린 것이 역력하다.

북한의 이런 언사를 보면 김정은 정권이 얼마나 문재인 정권을 우습게 바라보고 있었는가가 드러난다. 또한 문 대통령이 '평화경제' 운운하는 것은 김정은 정권에게는 '자다가 봉창 두드리는 일'이었다.

문 대통령은 2019년 9월 24일 유엔총회 연설에서 '비무장지대DMZ 국제평화지대화' 구상을 제안했다. 이를 두고 북한 〈우리민족끼리〉는 10월 8일 '세치 혓바닥 장난으로 세상을 기만하지 말라'고 비난했다. 〈우리민족끼리〉는 문 대통령이 10월 18일 주한외교단 초청 리셉션에서 한 말도 문제 삼았다. 문 대통령이 "한반도 평화를 위한 환경이 달라진 것은 국제사회의 협력 때문이다. 국제사회의 지지와 협력이 계속 필요하다"고 말한 데 대해 '구차스러운 추태'로 '실로 민망스럽기 짝이 없다'고 했다. 그러면서 "남조선 당국이 역사의 뼈저린 교훈을 망각하고 사대와 외세 의존의 갓끈을 놓지 못하고 있으니 참으로 가련한 노릇이 아닐 수 없다"고 비난을 퍼부었다.

문 대통령은 남북관계 진전을 위해 최선을 다하는데 북한은 왜 문 대통령을 조롱하고 경멸했을까? 가장 큰 원인은 문 대통령에 대한 불신이었다. 김정은은 문 대통령에게 속았다고 생각했다. 2019년 2월 문 대통령 말을 믿고 하노이로 달려가 트럼프를 만났는데 벌어진 상황은 영 딴판이었다. '닭 쫓던 개 지붕 쳐다보는' 꼴이 되자 분기탱천했다.

김정은이 하노이 악몽을 통해 깨달은 것은 문 대통령이 하는 말은 믿을 수가 없다는 것이었다. 2018년 초 트럼프 대통령을 움직여 싱가포르에서 역사적인 회담을 할 수 있도록 만들어 준 것까지는 좋았는데 문 대통령이 할 수 있는 역할은 거기까지였다. 한국이 유엔의 대북제재를 돌파하면서 경제적인 도움을 줄 것으로 믿었지만 아무것도 없었다. 하노이에서 영변 핵시설 폐기와 제재 해제 교환이 성사될 것으로 믿었다가 허탕을 쳤다. 그런데도 문 대통령이 되지도 않을 일을 자꾸 떠벌이니 부아가 치밀었다.

이 같은 사실은 북한이 보인 언행을 통해 하나둘 확인되었다. 북한은 2019년 11월 21일 〈조선중앙통신〉을 통해 문 대통령이 김정은을 한-아세안 특별정상회의에 초청하는 친서를 보낸 사실을 밝히며, '모든 일에는 때와 장소가 있는 법'인데 어쩌면 이렇게 한심한 작태를 보이느냐고 나무랐다.

문 대통령을 향한 무례는 그칠 줄 몰랐다. 2020년 1월 6일 문 대통령의 해외 언론 기고문을 두고 '말 그대로 가소로운 넋두리, 푼수 없는 추태'라며 '아전인수 격의 궤변을 늘어놓을 것이 아니라 현실을 똑바로 보고 창피스러운 입방아를 그만 찧는 것이 좋을 것'이라고 했다. 입을 닫고 있으라는 요구에 가까웠다.

한미 정부는 2018년 말 '한미 워킹그룹'을 설치했다. 문재인 정부가 북한 비핵화보다 앞서 나가는 남북교류 사업을 추진하면서 한미 간 마찰이 생긴 것이 배경이었다. 미국 측은 "남북교류 사업의 상당 부분이 유엔의 대북제재 범위에 들어감에도 한국 정부가 사후적으로 면제를 요청하는 일이 계속되어서는 안 된다는 것이 워킹그룹 설치의 주된 배경"이라고 말했다. 이 워킹그룹은 결국 2021년 6월 종료되었다. 북한이 워킹그룹을 '친미 사대의 올가미' '장애물' '미국의 간섭이고 월권' 등이라며 비난한 것이 이런 결과로 이어졌다.

2020년 들어서는 김여정이 남북관계 전면에 나섰다. 그는 2020년 3월 3일 '청와대의 저능한 사고방식에 경악을 표한다'는 제목의 담화를 냈다. 담화는 "청와대의 비논리적인 주장과 언동이 불신과 증오, 경멸을 증폭시키고 있다"며 "청와대의 행태가 세 살 난 아이들과 크게 달라 보이지 않는다. 완벽하게 바보스럽다"고 했다. "참으로 미안한 비유이지만 겁을 먹은 개가 더 요란하게 짖는다"고 했다. 청와대를 "세 살 난 아이"에 비유했다. 이 지경에 이르니 북한이 실제 그렇게 판단하는 것으로 추정되었다.

북한은 2020년 6월 12일 장금철 통일전선부장 명의로 '남북관계가 수습할 수 없는 지경에 이르렀다'는 담화문을 냈다. 문 대통령을 지목해 "좌우상하 눈치를 살피고 좌고우면하면서 번지르르하게 말보따리만 풀어놓았다"며 "자기가 한 말과 약속을 이행할 의지가 없고 그것을 결행할 힘이 없으며 무맥 무능하였기 때문에 북남관계가 이 모양 이 꼴이 되었다"고 했다. 다음날 김여정도 나섰다. "확실하게 남조선 것들과 결별할 때가 된 듯하다"라며 "우리는 곧 다음 단계의 행동을 취할 것"이라고 했다. "멀지 않아 쓸모없는 북남공동연락사무소가 형체도 없이 무너지는 비참한 광경을 보게 될 것"이라고 했다. "배신자들과 쓰레기들이 저지른 죗값을 깨깨(몽땅) 받아 내야 한다는 판단과 그에 따라 세운 보복 계획들"에 의한 것이라고 했다.

김여정 경고 사흘 후(2020.6.16.) 북한은 개성공단 내 남북공동연락사무소 건물을 난폭하게 폭파했다. 4·27 판문점 선언의 상징물을 흉물로 만들었다. 북한 정권이 문재인 정부에 대해 분기탱천했음을 말해 주었다. 이 건물 건립과 개보수에 들어간 국민 혈세 338억 원이 날아갔다. 북한의 이런 만행을 두고 송영길 국회외교통일위원장은 "포砲로 폭파 안 한 게 어디냐"고 했다.

남성욱 교수는 연락사무소 건물 폭파는 "문재인 정부로부터 대담한 지원이 있을 것으로 믿었는데 그렇지 못한 데다가 문 대통령이 이때까지 한 말들이 지켜지지 않아 더 이상 참을 수 없었기 때문에 일어난 일"로 보았다. 전성훈 전 통일연구원장은 북한의 이런 행동은 핵을 가진 북한이 한국에게 명령하고 핵이 없는 한국은 북한에 복종하는 관계가 형성되었음을 의미한다고 했다. 김여정을 등장시킨 것도 남북관계의 주종관계화를 상징했다.

김여정의 문 대통령 모멸 행진은 계속되었다. 2021년 3월 15일 '3년 전의 봄날은 다시 돌아오기 어려울 것이다'는 제목의 담화에서 문 대통령에 대해 "태생적인 바보라고 해야 할지 아니면 늘 좌고우면하면서 살다 보니 판별능력마저 완전히 상실한 떼떼가 되어 버린 것은 아닌지 다시 보게 된다"고 했다. '떼떼'는 말더듬이 바보를 뜻한다. 그러면서 "명백한 것은 이번의 엄중한 도전으로 임기 말기에 들어선 남조선 당국의 앞길이 무척 고통스럽고 편안치 못하게 될 것"이라고 했다. '태생적인 바보'라는 것은 상상을 초월하는 모독이었다. 김여정은 2021년 3월 30일 담화에서 문 대통령을 "실로 뻔뻔하고 철면피한" "미국산 앵무새"라고 했다.

남북관계가 주종관계가 되었다는 사실은 국방부·통일부·외교부 장관 교체에서도 입증되었다. 북한이 이들에 대해 비난을 하면 이어 이들이 교체되는 희한한 일이 생겼다. 우연이라고 할 수 없었다.

김영철 노동당 중앙위원회 부위원장은 2020년 6월 24일 정경두 국방부 장관에 대해 "경박하고 우매한 행동을 한 데 대해 대단히 큰 유감을 표하지 않을 수 없다"고 비난했다. 정 장관이 '북한은 대남 군사행동을 완전히 철회해야 한다'는 취지로 말한 것을 두고서다. 그는 두 달 뒤 경질되었다. 김여정이 2020년 6월 대북전단 살포 방조를 비난하면서 '사죄와 반성, 재발 방지'를 요구한 지 2주 지난 시점에 김연철 통일부 장관도 교체되었다.

강경화 외교부 장관은 2020년 12월 5일 바레인에서 열린 한 국제회의에서 "코로나로 인한 도전이 북한을 더욱 북한답게 만들었다고 생각한다. 북한이 더 폐쇄적으로 됐다"고 말했다. 북한의 '코로나 확진자 제로' 주장에 대해서는 "믿기 어렵다. 조금 이상한 상황이다"라고 했다. 김여정은 사흘 후 강 장관의 이런 발언을 문제 삼는 담화를 내고 "앞뒤계산 없는 망언"이라고 했다. "얼어붙은 북남 관계에 더더욱 스산한 냉기를 불어오고 싶어 몸살을 앓는 모양이다. 정확히 계산돼야 할 것"이라고 했다. "정확히 계산돼야 할 것"이라는 말은 '강 장관을 교체하라'는 의미였다. 문 대통령은 2021년 1월 21일 강 장관을 돌연 경질했다. 강 장관은 정권 출범 때부터 문 대통령과 함께했고, 대통령 부부와 가까운 사이여서 끝까지 갈 것이라는 말도 있었다. 청와대는 외교장관 교체를 "바이든 행정부 출범과 맞춘 것"이라고 했지만 궁색한 변명이었다.

김여정은 2021년 9월 15일 담화에서 문 대통령을 향해 "소위 한 개국가의 대통령으로서는 우몽하기 짝이 없다"라고 했다. '삶은 소대가리'에서 시작해 이제 '우몽'에 이르렀다. 우몽은 우매하고 몽매하다는 뜻이다. 이런 사람이 어떻게 나라를 이끄느냐는 빈정거림이었다. 남북관계의 수직화가 거의 완성단계에 다다른 것 같았다. 이 담화에서 간과할 수 없는 것은 '소위 한 개 국가'라는 표현이다. 대한민국도 나라냐는 의미였다.

김여정은 2021년 9월 25일 담화를 통해 남북 정상회담과 남북공동연락사무소 재건 등을 논의할 수 있다고 했다. 남북공동연락사무소 건물을 폭파한 지 1년 3개월 만에 버젓이 연락사무소 재건 운운했다. 그야말로 제멋대로였다.

정부와 여당의 인식은 달랐다. 문 대통령은 2021년 9월 21일 미국 ABC 방송과의 인터뷰에서 "북·미 대화가 시작되기만 하면 한반도문제가 풀릴 단서가 열릴 것"이라고 했고, 여당은 "남북 대화의 재개를 알리는 파란불"이라며 환영했다. 북한과의 대화에 걸신들린 듯했다. 북한이 핵시설을 다시 가동하는데도, 여당 대표와 외교부 장관은 북한의 장거리 탄도미사일 발사와 핵실험 중단에 대한 상응조치로 대북제재 완화를 주장했다. 통일부는 민간단체들의 대북 지원 사업에 100억 원을 지원하기로 결정했다.

김여정의 "한미 훈련을 없애라"는 한마디에 범여권 의원 74명은 훈련 연기 연판장을 돌리며 맞장구친 바 있고(2021.8.), 대북전단 중단 요구에 대북전단금지법도 신속하게 만들어냈다(2020.12. 국회 통과). 문재인 정부가 이렇게 말을 잘 들으니 김여정은 신이 났다. 툭하면 칼자루를 휘둘렀다. 이런 '김여정 현상'은 누가 보아도 비정상이었다. 그런데 이런 비정상을 정상으로 만든 사람은 문 대통령이었다.

북한은 2021년 10월 4일, 55일간 단절됐던 남북통신연락선을 복원했다. 통신선 재개통을 발표하면서 "남조선 당국은 북남통신연락선의 재가동 의미를 깊이 새기고 북남 관계를 수습하며 앞으로의 밝은 전도를 열어 나가는 데 선결되어야 할 중대 과제들을 해결하기 위해 적극 노력해야 할 것이다"라고 했다. 통신선 복원이 대남 시혜 조치라며 이를 유지하고 싶으면 자신들이 하는 요구에 잘 따르라는 지시였다. 이를 두고 김숙 전 유엔대사는 "지난 4년 반 동안 문 정부가 보인 끝을 모르는 유화와 비굴함이 크게 작용한 결과"라며 "북한이 한국을 가지고 놀고 있다"고 했다.

북한이 통신선을 복원한 데 대해 통일부는 "한반도 정세 안정과 남북관계 복원을 위한 토대가 마련됐다"며 반색했다. 북한은 그동안 일곱 차례나 통신선 단절과 복원을 되풀이했기 때문에 언제 또 단절할지 모르는데도 이런 논평을 냈다.

문 대통령은 2021년 9월 15일 우리 군의 잠수함발사탄도미사일^{SLBM} 시험 발사를 참관한 뒤 "북한 도발의 확실한 억지력이 될 수 있다"고 말했다. 10일 후 김여정은 문 대통령이 "기자들 따위나 함부로 쓰는 도발이라는 말을 따라 하고 있다. 함부로 도발이라는 막돼먹은 평을 하지 말라"고 했다. 이번에는 문 대통령에게 이래라저래라 했다.

북한은 2021년 10월 19일 신형 SLBM을 발사했다. 서욱 국방부 장관은 10월 21일 국회 국정감사에서 이것은 '도발'이 아니라 '위협'이라고 했다. "도발은 영공, 영토, 영해에 피해를 끼치는 것"이라며 "우리는 용어를 구분해 사용하는데, 북한의 위협이라고 보인다"고 했다. 국방부는 국감 자료에서 북한의 SLBM 발사는 '연구개발 활동 지속'이라고 했다. 북한 미사일을 마치 무색무취한 일반적인 과학기술 개발처럼 서술한 것이다.

같은 날 정의용 외교부 장관도 국회 국정감사에서 야당 의원이 "북한의 SLBM 발사는 전략적 도발이냐"는 질의에 "최근 북한의 단거리미사일 발사는 우리 군이 충분히 방어할 수 있는 능력을 갖추고 있다"며 동문서답을 했다. '도발'이라는 단어를 쓰지 않으면서 '대북제재 해제 검토'까지 거론했다. 홍현익 국립외교원장은 "(북한의 SLBM 발사는) 우리도 하고 있는 국방력 강화를 위한 시험발사이므로 특별한 도발로 간주할 필요는 없다"고 북한을 두둔했다. 김여정이 '도발'이라는 단어를 문제 삼자 이제 이 단어가 사라졌다. 북한이 2022년 1월 극초음속 미사일 등을 일곱 차례 발사했을 때 정부·여당 어느 누구도 '도발'이란 단어를 쓰지 않았다.

〈조선일보〉 전수조사에 의하면, 문 대통령은 취임 이후 북한의 미사일 발사와 핵실험에 대해 도발이라는 표현을 최소 77회 사용했다. 예컨대, 2017년 8월 29일 북한이 탄도미사일을 발사하자 다음 날 일본 아베 총리와의 통화에서 "이번 발사는 도발을 넘어 폭거"라고 했다. 같은 해 9월 북한이 6차 핵실험을 감행하자 독일 메르켈 총리와의 통화에서 "과거와는 차원이 다른 엄중한 도발이다. 추가 도발을 묵과하지 않을 것"

이라고 했다. 그런데 김여정이 '도발'이라는 단어를 쓰지 말라고 하자 이 단어가 자취를 감췄다. 북한의 문재인 정권 길들이기가 완벽하게 성공했다.

김정은 정권의 문 대통령과 청와대에 대한 모욕은 한국민 전체에 대한 모욕이었다. 그런데도 문재인 정부는 단 한 번도 정면 대응하지 않았다. 국격을 한없이 떨어트렸다. 문 대통령은 대통령이 되기 전인 2015년 7월 자신의 페이스북에 "상대방의 국가원수를 막말로 모욕하는 것은 국민 전체를 모욕하는 것과 같다. 박근혜 대통령의 대북정책에 대해 비판적인 국민들도 박 대통령에 대한 북한의 막말에는 모욕감을 느낀다. 북한의 그런 태도는 남북관계 발전에 전혀 도움이 되지 않는다. 우리 국민들에게 북한에 대한 비호감을 키울 뿐이다. 국제사회에서도 북한을 품격 없는 국가로 평가받게 만들 뿐이다"라고 쓴 바 있다. 그런 사람이 어떻게 이렇게 변할 수 있나? 무엇이 그를 변화시켰을까? 박근혜 대통령에 대한 모욕과 비교도 되지 않을 정도로 자신을 능욕하는데 왜 끝까지 침묵했을까? 〈서울신문〉의 한 논설위원은 2019년 12월 19일 칼럼에서 '북한이 아무리 남한을 깔아뭉개더라도 껴안고 갈 수밖에 없는 게 우리의 숙명이 아닌가'라고 썼는데, 여기서 답을 찾을 수 있을까?

┃ 문제점

문재인 정부는 북한으로부터 극심한 모욕을 당하면서도 단 한 번도 반발을 한 적이 없다. 오히려 더 자세를 낮췄다. 국민들이 자존감 상하는 것은 안중에도 없었다. 오로지 김정은 심기만 살폈다. 김정은·김여정을 상전 대하듯 했다. '좋은 게 좋은 것 go along to get along '이라고 생각했는지 모르지만, 분노해야 할 때 분노하지 않는 지도자는 지도자가 아니다. 마키아벨리는 "사랑받는 군주보다 두려운 군주가 되라"고 했다. 북한에 할 말을 하지 못하는 사람은 대한민국 대통령으로서의 자격이 없다.

–문재인 정부는 북한 앞에만 서면 한없이 작아졌다. 대등한 관계라면 있을 수 없는 일들이 벌어졌다. 북한은 김여정을 대남관계 전면에 내세워 김정은을 남북한 모두를 아우르는 지도자 반열에 올려놓았다. 북한은 문재인 정부가 김여정 요구를 즉각 실행에 옮기도록 만드는 데까지 성공했다. 북한은 2017년 11월 핵무장 선언 이후 한국을 얕잡아 보기 시작했다. 한반도의 진정한 주인은 이제 북한이라고 믿는 듯했다. 문재인 정부가 유화정책을 쓰니 거리낄 것이 없었다. 유화정책에서는 양보자보다 도발자가 상황을 주도한다.

| 대북전단금지법 제정

북한 김여정은 2020년 6월 4일 '문재인 정부는 화를 자초하지 말라'는 담화를 냈다. 탈북자들이 며칠 전 대북전단을 날렸는데 이는 군사분계선 일대에서의 모든 적대 행위를 금지한 4·27 판문점 선언과 9·19 남북군사합의를 위반하는 행위라는 것이었다. 김여정은 "못된 짓을 하는 놈보다 그것을 못 본 척하거나 부추기는 놈이 더 밉다"라며 문 대통령을 힐난했다.

　김여정의 요구는 구체적이었다. "구차하게 변명할 생각에 앞서 그 쓰레기들의 광대놀음을 저지시킬 법이라도 만들라"고 했다. 그렇게 하지 않으면, 남북공동연락사무소 폐쇄, 남북군사합의서 파기 등이 있을 수 있다고 협박했다. "최악의 사태를 마주하고 싶지 않다면 제 할 일을 똑바로 하라"고 다그쳤다. 김일철 내각부총리도 나섰다. 6월 7일 "못된 짓을 하는 놈보다 그것을 못 본 척하거나 부추기는 놈이 더 미운 것처럼 앞에서 짖어대는 똥개들보다 그 뒤에서 표현의 자유 따위를 떠벌리며 아닌 보살 하는 남조선 당국자들의 꼬락서니가 더욱 격분을 자아낸다"고 했다. 김일철은 심지어 "이 더러운 개 무리가 눈앞에 있다면 당장에 철퇴로 대갈통을 부숴 버려도 시원치 않겠다"고 날뛰었다.

　그러자 문재인 정부는 6월 11일 국가안전보장회의NSC 상임위원회를 열고 '대북전단 살포는 법에 저촉되는 행위'라며 엄정 대응해 나갈 것이라고 했다. 북한은 이번에는 장금철 통일전선부장 명의 담화문을 내고 "청와대가 현 위기를 모면하기 위해 나름대로 머리를 굴리며 꾸며 낸 술책"이라며, "말만 하지 말고 행동을 하라"고 압박했다. 김여정은 6월 13일 또 담화를 내고 "머지않아 남북공동연락사무소가 형체도 없이 무너지는 비참한 광경을 보게 될 것"이라고 했다. 북한은 6월 16일 남북공동연락사무소 건물을 폭파했다.

　김여정은 6월 17일 담화에서 판문점 선언 2조 1항에 군사분계선 일대에서 확성기 방송과 전단 살포를 비롯한 모든 적대행위를 중지한다고 명시되어 있다며, "2년이라는 긴 시간 동안 한두 번도 아니고 제집에서 벌어지는 반공화국 삐라 살포를 못 본 체 방치해 둔 것은 누가 보기에도 남조선 당국의 책임이라는 것이 명명백백하다"고 일갈했다. 문 대통령이 "겉으로는 멀쩡해 보이는데 정신은 잘못된 것이 아닌가 걱정된다"고 했다. 모욕도 이런 모욕이 없었다.

문재인 정부는 급히 움직였다. 통일부는 김여정 담화 4시간 반 만에 예정에 없던 브리핑을 실시하고 '대북전단살포금지법'(가칭)을 준비 중이라고 밝혔다. 7월 17일에는 전단을 살포해 온 탈북민 단체들에 대해 법인설립 허가를 취소하는 등 고강도 제재를 가했다. 그러자 미국 조야朝野에서 다음과 같은 비난이 쏟아졌다.

-한국 정부가 북한 지도부를 달래기 위해 김정은 정권에 비판적인 탈북민 운동가들의 목소리를 억압하고 있다는 사실을 분명히 보여 준다. 이 같은 탄압은 심각한 의문을 제기한다. 한국이 우리가 알던 민주주의 국가가 맞나. (그레그 스칼라튜 美 북한인권위원회 사무총장)

-끔찍하다. 문재인 대통령이 남북한 사람들보다 김 씨 독재정권을 더 염려하고 지지하고 있다는 사실을 보여 주는 또 하나의 사례다. (수잰 숄티 북한자유연합 대표)

-대북전단을 금지하겠다는 한국 정부의 신속한 발표는 한국이 북한의 요구에 굴복한 것으로 비친다. (로버트 킹 전 국무부 북한인권특사)

문 대통령은 새정치민주연합 대표 시절(2015년) "대북전단 살포는 국민 안전문제 말고도 북한의 주권을 침해하는 국제법 위반이 아니냐"라고 말한 바 있다(《중앙일보》 2020.6.18.). 문 대통령이 대북전단 살포에 대해 과거 어떤 인식을 갖고 있었던가를 알 수 있게 해 준다.

더불어민주당(여당)은 2020년 11월 8일 국회 법제사법위원회에서 남북관계발전법 개정안(대북전단금지법)을 단독으로 통과시켰다. 야당은 이 법을 '김여정 하명법'으로 부르며 반대했는데, 이 법은 대북전단 살포 등으로 남북합의서를 위반할 경우 3년 이하의 징역 또는 3,000만 원 이하의 벌금에 처하도록 되어 있었다. 그러자 인권단체 등이 강력 비난하고 나섰다. 앨릭스 글레드스타인 휴먼라이츠파운데이션 최고전략책임자는 이렇게 말했다.

> 비극적인 날이고 재앙적인 결과다. 인권 변호사 출신 대통령이 북한과의 관계를 위해 인권을 희생했다.

> 김정은과 가장 좋은 친구(best friend)가 된다고 평화가 오는 게 아니다. 문재인 정부는 반인권적이고 비겁한 정권이다.

대북전단금지법은 2020년 12월 15일 국회 본회의에서 통과되었다. 해외에서 부정적인 반응이 일자 민주당 대변인은 "한국 내정에 대한 훈수성 간섭"이라고 받아쳤다. 서방 선진국 대열에 진입한 나라의 집권당이 인권문제를 두고 "내정간섭 하지 말라"고 했다.

유엔인권최고대표사무소^{OHCHR} 고위직을 지낸 강경화 외교부 장관은 12월 17일 CNN 방송에 출연해 "표현의 자유는 절대적인 것은 아니고 제한될 수 있다. 법은 군사적으로 가장 민감한 지역에 살고 있는 국민의 생명과 안전에 해를 끼치고 위협을 줄 때만 적용된다"며 이 법을 옹호했다. 유엔 근무 당시 세계 곳곳의 반인권 실태를 고발했던 사람이 '내로남불' 태도를 보인 것이다. 이 법에 반대하는 사람들은 문재인 정부가 왜 북한 주민에게 진실을 알리려는 최소한의 노력조차 못 하게 만드느냐고 묻고 있었다.

천영우 전 외교안보수석은 이 법은 "김정은 체제 수호법"이라며, "김정은의 절대 권력을 영속화하는 데 도움을 줄 것이다. 이 법을 만든 사람들은 이적 행위를 한 것"이라고 주장했다. 그는 2020년 12월 15일 자 〈조선일보〉 칼럼에 '북한을 짝사랑하는 것만으로 모자라 북한의 폭압체제를 지켜 주기 위해 헌법이 보장한 표현의 자유를 제한하고 북한 주민의 알 권리를 봉쇄하는 위헌적이고 반민주적인 폭거'에 해당한다고 했다. 이용준 대사도 이 법을 "북한 체제 보위법"으로 부르며 이 법이 대북 인권개선 활동을 봉쇄하는 수단으로 역할을 할 것으로 전망했다. "이런 법을 만들면 한국이 미국 등 자유 진영과 가치를 공유하는 문명국가인지 의구심을 불러일으킬 것이므로 부끄러운 일이고 역사의 심각한 퇴행"이라고 했다.

문재인 정부는 북한 인권문제를 앞세우는 것은 남북관계와 미·북관계를 저해한다고 생각했다. 남북관계가 진전되면 북한 인권도 개선될 것이라고 믿었다. 이런 생각에서 5년 전 우여곡절 끝에 제정된 북한인권법을 사문화시켰다. 이 법에 따라 설치하게 되어 있는 북한인권재단을 설립하지 않았고, 북한인권 국제협력대사도 임명하지 않았다. 북한인권백서를 발간해 온 북한인권정보센터^{NKDB}는 정부의 압박으로 4년째 백서를 발간하지 못했다. 유엔의 북한인권결의안 공동제안국에 3년 연속 발을 뺐다.

상황이 이런데도 최종문 외교부 2차관은 2021년 2월 24일 제46차 유엔인권이사회 연설에서 "한국 정부는 북한인권 상황에 깊은 관심과 우려를 가지고 국제사회와의 협력하에 북한 주민의 인권을 실질적으로 향상하기 위해 노력해 왔다"고 말했다. 한 신문은 사설에서 '소가 웃을 일'이라며 '문재인 정부가 북한 관련하여 지금까지 한 거짓말 중에서 최악의 거짓말'이라고 썼다.

대북전단금지법은 2021년 3월 말부터 시행에 들어갔다. 그러자 美국무부는 4월 13일 다음과 같은 입장을 밝혔다. 이 법이 재검토되어야 한다는 것이었다.

우리는 한국이 독립적이고 강한 사법부가 있는 민주주의 국가로서 이 법을 재검토할 수 있는 도구가 갖춰져 있다는 사실을 존중한다.

우리는 한국 정부와 긴밀히 접촉하며 북한으로의 정보 유입과 표현의 자유의 중요성에 관한 우리의 강력한 견해를 표명해 왔다.

이번에는 美 의회까지 나섰다. 이 법이 외부정보 유입 등 북한인권 증진을 위한 노력을 방해할 수 있다는 이유를 들어 2021년 4월 15일 청문회를 개최했다. 명망 높은 초당적 인권기구인 '랜토스인권위원회'(상·하원 의원 39명으로 구성)가 주관했다. 의장인 크리스 스미스 하원의원은 "이 법은 가장 잔인한 공산정권에서 고통받는 주민들에게 민주주의를 지원하는 행위를 범죄화한다"고 주장했다. "대북전단 살포를 범죄시하는 것은 문재인 대통령의 권한 남용"이라고까지 했다. 청문회에 참석한 의원 4명은 "문재인 정부에 주어진 권력이 도를 넘었다"며 "한국 국회가 그 법을 고치는 결정을 내리기 바란다"고 했다. 한국 정치 상황과 대북정책이 미 의회 청문회에 오른 것은 부끄러운 일이었다. 그때까지 청문회 대상이 된 나라는 중국·아이티·나이지리아 세 나라뿐이었다.

문재인 정부는 이 청문회의 권위를 깎아내리기 바빴다. 통일부는 "랜토스인권위는 의결 권한이 없고 정책연구 모임 성격에 가깝다"고 했다. 사실이 아니었다. 정세현 민주평화통일자문회의 수석부의장은 "미국이 아무리 큰 나라지만 의회에서 뭐든지 할 수 있다는 것은 착각이다. 이런 청문회를 여는 것은 내정간섭이다"라고 했다. 뭘 모르고 하는 주장이었다.

탈북자 단체인 자유북한운동연합은 대북전단금지법에도 불구하고 전단 50만 장을 북으로 날려 보냈다. 김여정은 2021년 5월 2일 담화를 내고 "탈북자 쓰레기들이 또다시 기어 다니면서 반공화국 삐라를 살포하는 용납 못 할 도발을 감행했다"며 문재인 정부가 "무분별한 망동을 방치해 두고 저지하지 않았다"고 비난했다. 같은 날 김창룡 경찰청장은 "대북전단 살포에 대해 신속하고 철저한 수사를 통해 엄정 처리하라"고 지시했다. 로버타 코헨 전 국무부 인권담당 부차관보는 "김여정이 한국 정부나 경찰을 지휘하는 사람은 분명 아니다. 그런데 지금 일어나는 일련의 일들을 보면 지휘권이 누구에 있는지 의문을 갖게 만든다"고 꼬집었다.

문 대통령은 2021년 5월 10일 취임 4주년 연설에서 대북전단 살포에 대해 "엄정한 법 집행을 하지 않을 수 없다"고 했다. 그는 취임 직후인 2017년 6월 1일에는 "나는 오랫동안 인권변호사로 국민의 인권을 위해 노력했다"며, "인권은 인류 보편의 가치인 만큼 북한 주민의 인권 개선을 위해서도 주저 없이 노력할 것이다. 국제사회와 공조해 북한 당국의 정책과 제도 개선을 유도하겠다"고 말한 바 있다. 4년 전 이런 말을 한 사실을 까마득히 잊은 듯했다.

2021년 5월 21일 발표된 한미 정상회담 공동성명은 "북한의 인권 상황을 개선하기 위해 협력한다는 데 동의한다"고 하는 등 '인권'이란 단어를 네 차례나 썼다. 또 "표현·종교·신념의 자유 보장을 위한 협력을 확대하기로 했다"고 했다. 이는 반인권·반민주 정권인 북한과 중국을 겨냥한 것이기는 하지만 북한인권 개선에 소극적인 문재인 정부도 포함하는 것으로 볼 수 있었다.

문재인 정부는 2021년 7월 8일 유엔 인권최고대표사무소 OHCHR 에 서한을 보내 '대북전단금지법은 국민 안전을 위해 표현의 자유를 최소한으로 제한하는 것으로 국제인권규약상 허용되는 수준'이라는 입장을 밝혔다. 그러면서 '정부의 반복적인 권고와 행정 조치에도 대북전단·물품 살포가 접경지역 주민의 생명과 신체에 지속적인 위협을 초래하고 있어 법을 통한 제한이 필요하다'고 설명했다.

휴먼라이츠워치 HRW 는 2021년 7월 12일, 다음과 같은 성명을 내고 문재인 정부를 혹독하게 비난했다.

문재인 정부는 한국인의 기본 인권을 명백히 침해하는 법에 대한 철저한 검토를 피하려고 할 수 있는 말을 뭐든지 하면서 그때그때 핑곗거리를 만들고 있다.

전직 인권변호사가 이끄는 한국 정부가 세계 최악의 인권 탄압 정권 중 하나인 북한 정부를 옹호하기 위해 자국민의 인권을 침해하고 있는 것은 모순적이고 슬픈 일이다.

이 단체의 필 로버트슨 아시아부국장도 2021년 7월 14일 〈조선일보〉와의 인터뷰에서는 문 대통령에게 직격탄을 날렸다.

우리는 전직 인권변호사가 세계 최악의 인권 유린 정권인 북한을 달래기 위해 인권 유린법으로 한국 국민들의 인권을 억누르는 상황을 목격하고 있다. 어이없고 우스꽝스럽지 않다면 이 상황을 어떻게 표현해야 하나.

인권변호사 출신인 문 대통령이 이런 법을 서둘러 통과시킨 것은 북한 정권에 눈치를 본 것이다. 김정은 남매가 얼마나 남한 정부를 쉽게 조종할 수 있는지 생각하면서 평양은 웃고 있을 것이다.

문재인 정부는 북한의 협박에 굴복해 이 법을 만들었다. 이 법을 만든 근거로 '접경지 주민 안전'을 내세웠으나 이는 구실에 불과했다. 북한 주민들과 중·하급 관리들에게 외부정보가 유입되는 것은 북한 변화를 유도해 낼 수 있는 거의 유일한 방법인데 이런 일을 못 하게 막은 것이다.

북한이 가진 비대칭 무기가 핵과 화학 무기라면 한국이 가진 비대칭 무기는 자유를 불어넣는 심리전인데, 문재인 정부는 이런 비대칭 무기를 스스로 제거했다. 전단을 통해 한국의 실상이 북한 주민들에게 알려지는 것은 북한 정권의 약점을 건드리는 일이었다. 한국의 매력, 한국인 생활상에 대한 소문이 북한 내에서 확산되는 것은 북한 권력 기반에 중대한 위협이 된다. 대북전단을 못 날리게 하는 것은 북한 정권을 돕는 일이었다.

▎북한에 의한 해수부 공무원 사살 · 소각 사건

해양수산부 공무원 A씨가 2020년 9월 21일 오전 11시 30분 서해 북방한계선[NLL] 인근 소연평도 해상에서 실종됐다. A씨는 9월 22일 저녁 9시 40분 북한군에 의해 사살되고 시신은 불태워졌다. 국방부는 이런 사실을 9월 24일 오전 11시에 공식 발표했다. 군 당국은 문 대통령에게는 9월 22일 오후 6시 36분 실종 사실을 서면 보고했고, 이어 당일 밤 10시 30분에는 사살·시신 훼손 사실을 서면 보고했다.

긴급 안보관계 장관 회의가 9월 23일 새벽 1시 서훈 국가안보실장 주재로 열렸다. 회의에는 노영민 대통령비서실장, 박지원 국가정보원장, 서욱 국방부 장관, 이인영 통일부 장관이 참석했다. 군은 9월 23일 오전 8시 30분 문 대통령에게 첫 대면 보고를 했다. 문 대통령은 보고를 받은 뒤에도 33시간 동안 아무런 언급을 하지 않았다. 그는 9월 23일 새벽 안보관계 장관 회의가 열린 사실을 몰랐다는데, 믿기 어려운 일이었다. 이것이 사실이라면 있을 수 없는 일이었다. 문 대통령은 2017년 12월 영흥도 인근에서 낚싯배 전복 사고가 나자 즉각 "구조 작전에 최선을 다해 달라"고 긴급 지시하며 "국민의 생명과 안전에 관한 국가의 책임은 무한 책임"이라고 말한 바 있다.

〈조선일보〉는 2020년 9월 25일 자 1면 톱기사 헤드라인을 「北이 우리 국민 총살하고 불태워도… 대통령 33시간 침묵」이라고 뽑았다. 문 대통령의 소극적 대응을 문제 삼는 기사였다. 국방부는 우리 국민이 사살되어 불태워지는 것을 처음부터 끝까지 보고 있었으면서도 언론의 확인 요청에 '확실치 않다'는 말만 반복했다. A씨가 북한군에 발각된 순간부터 사살당하기까지 골든타임 6시간 사이에 북한 측과 연락을 취했더라면 결과가 달라질 수도 있지 않았을까 하는 안타까움이 컸다.

통일부는 9월 24일 오후 늦게 "한반도 평화를 위한 우리 국민의 열망에 정면으로 반하는 것으로 엄중히 항의한다"는 성명을 발표했고, 청와대와 국방부는 '강력 규탄'과 '책임자 처벌'을 요구했다. 그러면서도 이 만행이 "남북 군사합의 위반은 아니다"라고 했다. A씨가 피살된 장소는 9·19 남북군사합의서에서 일체의 적대행위를 금지한 완충해역이기 때문에 북한은 이 합의를 정면으로 위반했다. 그런데도 군 당국은 "9·19 합의에 총 쏘지 말라는 규정은 없다"고 했다. 실소를 자아냈다.

언론은 군과 청와대가 북한의 만행을 막을 수도 있었는데 A씨 구출을 위해 최선을 다하지 않았다고 비난했다. 군은 안이한 자세로 손을 놓고 있었고 문 대통령은 보고를 받고도 아무런 지시를 하지 않았다. 헝가리에서 한국인 관광객이 탄 유람선이 침몰한 사고가 발생했을 때 (2019.5.29.) "가장 중요한 것은 속도"라며 외교장관을 헝가리에 급파했던 대통령이 이번에는 최소한의 조치도 취하지 않았다. 문 대통령은 9월 24일 김포시 공연장에서 가수 공연을 관람했다.

서훈 국가안보실장은 9월 25일 북한이 통일전선부 명의로 통지문을 보내 왔다며 이를 TV 카메라 앞에서 읽었다. 북한 측은 통지문에서 "뜻밖의 불미스러운 일이 발생해 문재인 대통령과 남녘 동포들에게 커다란 실망감을 더해 준 것에 대해 대단히 미안하게 생각한다"고 했다. "미안하게 생각한다"라는 것은 사과가 아니었다. 사과謝過라면 잘못을 명시적으로 인정하고, 용서를 구하며, 재발 방지를 약속해야 한다. 그런데 북한 통지문은 "벌어진 사건에 대한 귀측의 정확한 이해를 바란다"라고 했다. 적반하장이었다. 그런데도 청와대와 국정원은 이런 통지문을 받고 반색했다.

북한 통지문은 거짓과 변명으로 가득 차 있었다. 예컨대, "우리 군인들은 정장의 결심 밑에 해상 경계 근무 규정이 승인한 행동준칙에 따라 10여 발의 총탄으로 불법 침입자를 향해 사격을 했다"고 했다. 정장은 중위 내지 대위 계급의 군인인데, 전문가들은 김정은에게 보고하지도 않고 이런 일을 할 수 없다고 보았다. 하지만 박지원 국가정보원장은 "김정은이 지시한 게 아니라 현장 판단에 따른 것"이라고 말했다. 노동당 39호실 출신 리정호 씨는 "(국정원장 말은) 전형적인 거짓말"이라고 주장했다. 최고위급 탈북자로 미국에 거주 중인 리 씨는 "남한에서 넘어온 사람을 사살하는 것은 김정은 지시 없이는 할 수 없는 일"이라고 했다.

'사람이 먼저'라는 구호를 내걸었던 문 정권은 이런 천인공노할 사건을 두고도 북한 감싸기에 급급했다. 집권 세력은 이른바 '세월호 7시간'을 놓고 박근혜 정부에 대해 "국가가 가장 기본적인 임무인 국민의 생명과 안전을 보호하지도 못하는 것을 보면서 국민들은 정부의 무능과 무책임에 분노하며 국가에 대한 근본적인 회의를 갖게 됐다"고 몰아붙였던 사람들이다. 문 대통령은 9월 25일 국군의 날 연설에서 "국민의 생명과 안전을 위협하는 그 어떤 행위에 대해서도 단호히 대응할 것"이라고 했다. 무슨 말을 하고 있는지 알 수 없었다. 다른 위성에서 살다 온 사람 같았다.

청와대는 여론이 악화하자 2020년 9월 25일 문 대통령과 김정은이 주고받았던 친서를 공개했다. 문 대통령은 2020년 9월 8일 김정은에게 보낸 친서에서 코로나19 사태와 관련해 "국무위원장님의 생명 존중에 대한 강력한 의지에 경의를 표합니다"라며 "무너진 집은 새로 지으면 되고, 끊어진 다리는 다시 잇고, 쓰러진 벼는 일으켜 세우면 되지만, 사람의 목숨은 다시는 되돌릴 수 없으며 무엇과도 바꿀 수 없는 절대적 가치입니다"라고 했다. '생명 존중에 대한 강력한 의지'를 갖고 있는 사람이 이런 만행을 저질렀다. 그런데도 청와대는 이런 내용이 담긴 친서를 공개했다. 무슨 이유에서였을까?

더불어민주당 사람들은 어떻게든 북한의 심기를 건드리지 않으려는 자세를 취했다. 국회 국방위 민주당 간사인 황희 의원은 "국방부 보고에 의하면 월북의 정황이 많다"고 했고, 설훈 의원도 "정보 자산을 다 취합해서 판단한 내용으로는 월북한 게 사실"이라고 했다. A씨 실종을 월북으로 몰아갔다. '빚 많은 도박 중독자의 현실 도피'라는 프레임까지 씌었다. A씨는 바다를 잘 아는 사람인데 38km나 떨어진 거리에서 월북을 시도했다는 것은 상식적으로는 믿어지지 않는 일이었다.

민주당 이낙연 대표는 "얼음장 밑에서도 강물이 흐르는 것처럼 남북관계가 엄중한 상황에서도 변화가 있는 것 같다"고 했다. 그는 또 시신 소각 행위를 '화장火葬'이라고 불렀다. 화장은 장례다. 이런 상황을 묘사하는 데 적합한 단어가 아니었다. 살인 만행이 장례가 될 수는 없었다. 정세현 민주평화통일자문회의 수석부의장은 "(이 사건이) 전화위복의 계기가 될 수도 있다"고 했고, 유시민 노무현재단이사장은 "김정은은 계 몽군주"라고 했다. 김원웅 광복회장은 "그간 친일에 뿌리를 두고 분단 에 기생하여 존재해 온 세력이 끊임없이 민족을 이간시키고, 외세에 동 조하면서 쌓아 온 불신이 이번 불행의 근본적인 원인"이라고 했다.

민주당은 9월 28일 느닷없이 국회 외교통일위에서 '한반도 종전선언 촉구 결의안'과 '북한 개별관광 촉구 결의안'을 일괄 상정했다. 사건 와 중에 이런 안건을 처리해야 할 이유가 없었다. 여론은 이게 제정신이냐 고 비난했다. 그런데도 안민석 민주당 의원은 "2018년 종전선언이 됐다 면 (이런) 불행한 사태가 없었을 것"이라고 했다. 얼토당토않은 얘기였 다.

문 대통령은 2020년 9월 28일 수석·보좌관회의에서 이번 사건에 "국 민의 신변과 안전을 지켜야 하는 정부로서 대단히 송구한 마음"이라며 다음과 같이 말했다. 문 대통령에게는 북한과의 대화와 협력이 모든 것 에 우선했다.

김정은 위원장이 우리 국민들께 대단히 미안하게 생각한다는 뜻을 전해 온 것에 대해 각별한 의미로 받아들인다. 북한의 최고지도자로서 곧바로 직접 사과한 것은 사상 처음 있는 매우 이례적인 일이다.

이번 비극적 사건이 사건으로만 끝나지 않고 대화와 협력의 기회를 만들고, 남북관계를 진전시키는 계기로 반전되기를 기대한다. 이번 사건을 풀어나가는 데에서부터 대화의 불씨를 살리고 협력의 물꼬를 터 나갈 수 있기 바란다.

문 대통령은 10월 28일 국회 시정연설에서 이 사건과 관련하여 '피살'이나 '총살'과 같은 단어를 쓰지 않고 '사망'이란 단어를 썼다. 북한이 살인범이라는 사실을 흐리는 어법이었다. 문 대통령은 그러면서 "평화체제의 절실함을 다시금 확인하는 계기가 됐다"고 했다.

문재인 정부는 기본 책무를 다하지 않았다. 특히 문 대통령은 군軍 통수권자로서 책임 있는 자세를 보여 주지 못했다. 그의 위기관리 능력은 실망스러웠다. 이 사건은 문재인 정부의 무능과 무책임을 적나라하게 드러냈다. 문 대통령과 그의 참모, 군 당국의 자세에 심각한 문제가 있었다. 제대로 된 국가관으로 무장되어 있는 사람들이라면 그렇게 하지 않았을 것이다. '북측이 설마 그렇게까지 할 줄 몰랐다'는 군 관계자의 말이 이들의 의식 상태를 말해 주었다.

비핵화 사기극

정의용 청와대 국가안보실장은 2018년 3월 6일 대북^對
北 특사단을 인솔해 북한을 다녀온 다음 국민들에게 방북 결과를 발표했
다. 정 실장은 김정은 위원장이 '비핵화 의지'를 갖고 있다고 다음과 같
이 말해 국민들의 기대를 잔뜩 부풀렸다.

> 북측은 한반도 비핵화 의지를 분명히 하였으며 북한에 대한 군사적 위협이
> 해소되고 북한의 체제안전이 보장된다면 핵을 보유할 이유가 없다는 점을
> 명백히 했습니다.

> 북측은 비핵화문제 협의 및 북·미관계 정상화를 위해 미국과 허심탄회한 대
> 화를 할 수 있다는 용의를 표명했습니다.

> 대화가 지속되는 동안 북측은 추가 핵실험 및 탄도미사일 시험발사 등 전략
> 도발을 재개하는 일은 없을 것을 명확히 했습니다.

정 실장은 이 발표문에서 '한반도 비핵화 의지'라는 용어를 썼는데 일
반 국민들은 이 말을 '북한 비핵화 의지'로 이해했다. 그리고 '비핵화'라
는 용어도 '핵 포기' 개념으로 이해했다.

정 실장은 또 "김정은 위원장이 '선대의 유훈도 비핵화다. 못 할 이유가 없다'고 했다"고 전했다. '비핵화는 선대의 유훈'이라는 말은 처음 나온 것은 아니었다. 2016년 7월 6일 발표한 정부대변인 성명에서 "조선반도의 비핵화는 위대한 수령님과 어버이장군님의 유훈이며 경애하는 김정은 동지의 영도 따라 나아가는 우리 당과 군대, 인민의 드팀없는 의지"라고 한 바 있다. 북한은 이 성명에서 "명백히 하건대 우리가 주장하는 비핵화는 조선반도 전역의 비핵화이다. 여기에는 남핵 폐기와 남조선 주변의 비핵화가 포함되어 있다"고 했다. '조선반도 비핵화'가 북핵 폐기 개념이 아니라는 사실은 이때 이미 확실하게 정의되었다. '한반도 주변 비핵화'란 주한미군 철수를 포함하는 개념이었다. 그렇다면 특사단이 전한 김정은의 비핵화 의지라는 것은 새로운 것이 아니어서 특별한 의미를 부여할 만한 일이 아니었다.

북한은 2009년 1월 17일에도 "미국과의 관계 정상화 없이는 살아갈 수 있어도 핵 억제력이 없이는 살아갈 수 없는 것이 조선반도의 현실이다. 관계 정상화와 핵문제는 철두철미 별개의 문제이다. 우리가 갈망하는 것이 있다면 조·미관계 정상화가 아니라 우리 민족의 안전을 더욱 믿음직하게 지키기 위한 핵 억제력을 백방으로 강화하는 것이다"라는 입장을 표명한 바 있다. 김정일 때였지만 이런 목표가 달라졌다고 볼 수 있는 어떤 근거도 없었다.

정 실장은 서훈 국정원장과 곧바로 워싱턴으로 달려가 트럼프 대통령에게 김정은이 트럼프와 회담할 용의가 있다고 전달한다. 이에 트럼프는 참모들과 상의도 없이 즉석에서 이를 수락했다. 성급한 결정이었다. 트럼프는 '비핵화'를 북핵 폐기로 이해했을 것이다. 김정은을 만나는 것이 정치적으로 도움이 될 것이라는 직관으로 내린 결정이었다.

정 실장은 트럼프 대통령 면담 후 백악관 출입기자들 앞에서 다음과 같은 발표문을 읽었다. 미 측과 조율된 문구였지만 발표 현장에 미 측 인사는 아무도 없었다. 서훈 국정원장과 조윤제 주미대사만 정 실장 옆에 서 있었다.

-I told President Trump that, in our meeting, North Korean leader Kim Jong Un said he is committed to denuclearization(나는 트럼프 대통령에게 북한 지도자 김정은과의 면담에서 김정은이 비핵화에 대한 의지를 갖고 있음을 언급하였다고 했다).

-Kim pledged that North Korea will refrain from any further nuclear or missile tests. He understands that the routine joint military exercises between the Republic of Korea and the United States must continue(김정은은 북한이 향후 어떠한 핵 또는 미사일 실험도 자제할 것이라고 약속하였다. 그는 대한민국과 미국 간의 정례적인 연합군사훈련이 지속되어야 한다는 점을 이해하고 있다).

-President Trump appreciated the briefing and said he would meet Kim Jong Un by May to achieve permanent denuclearization(트럼프 대통령은 브리핑에 감사를 표시하고, 항구적인 비핵화 달성을 위해 김정은과 금년 5월까지 만날 것이라고 하였다).

이처럼 정 실장이 백악관 기자들 앞에서 읽은 발표문에는 2018년 3월 6일 대국민 발표문에 들어갔던 '비핵화 전제조건'은 들어 있지 않았다. 중요한 사실을 누락한 것이다. 의도적인 것이었다. 3·6 발표문에서는 '북측'이 한반도 비핵화 의지를 분명히 했다고 표현했으나 백악관 발표문에서는 '북한 지도자 김정은'이 비핵화 의지를 갖고 있다고 표현했다.

트럼프 대통령은 정의용 특사를 만난 직후 자신의 트위터에 다음과 같은 글을 올렸다. '비핵화'를 '북한 비핵화'로 인식하고 있었음이 읽힌다.

Kim Jong Un talked about denuclearization with the South Korean Representatives, not just a freeze. Also, no missile testing by North Korea during this period of time. Great progress being made but sanctions will remain until an agreement is reached. Meeting being planned!(김정은은 한국 대표단과 단지 동결이 아니라 비핵화에 관해 논의했다. 또한 논의가 진행되는 동안 어떤 미사일 실험도 하지 않는다고 했다. 대단한 진전이지만 제재는 합의에 도달할 때까지 유지될 것이다. 만남이 있게 된다!)

이 단계에서 일부 전문가들은 경종을 울렸다. 이들은 특사단 보고가 '마사지' 되었을 가능성과 북한이 기만술을 쓰고 있을 가능성을 지적했다. 일례로 선우정 〈조선일보〉 사회부장은 2018년 3월 7일 자 칼럼에서 특사단의 3월 6일 발표는 1590년 일본에 파견된 조선통신사의 오판만큼이나 위험한 것이라고 썼다. '잘못된 보고가 나라를 그르친' 또 다른 사례가 될 가능성이 있다는 것이다. 그는 2018년 3월 21일 자 칼럼에서는 "북한이 천지개벽했거나 사기극을 반복하거나 둘 중의 하나다. 99% 사기극을 대비하는 누군가도 있어야 한다"라고 경고했다. 〈아주경제〉 육정수 논설위원도 2018년 3월 12자 칼럼에서 "우리 특사단은 방북 결과에 대해 당장이라도 핵문제가 해결될 것처럼 낙관적인 전망으로 국민의 기대감을 잔뜩 부풀려 놓았다"고 꼬집었다.

북한 전문가 이동복은 3월 10일 "문재인 정부가 '북한 비핵화 의지가 확인되었다'는 표현으로 한국민과 트럼프 행정부를 미혹했다. 이는 나중에 큰 문제가 될 것이다"라고 했다. 그는 "문 대통령과 정 실장이 한국민들을 속였고, 김정은은 교묘한 언어 조작으로 한국과 국제사회를 속였다"고 했다. "북한이 말하는 비핵화는 우리가 말하는 비핵화와 내용이 상이하다. 미국이 이번에 김정은이 벌이는 핵 사기극에 다시 한번 넘어갈 것인지 두고 볼 일"이라고 했다. 정확한 분석과 예측이었다.

송민순 전 외교통상부 장관도 2018년 3월 12일 〈한국일보〉 칼럼에서 "북한은 체제와 정권의 안전이 보장되지 않는 한 핵을 포기하지 않는다. 문제는 북한 정권 자신만이 그 안전을 궁극적으로 보장할 수 있다는 진실이다"라고 썼다. 자신만이 할 수 있는 일을 남이 어떻게 해 주느냐는 것이었다. 송 전 장관은 특사단이 "김정은의 비핵화 의지를 확인했다"는 말에 그다지 신뢰를 두지 않았다. 특사단 면담 시 김정은이 비핵화 조건의 하나로 '체제안전 보장'을 들었다는 사실은 시사하는 바가 컸다. 이것 하나만으로도 그에게 비핵화 진정성이 없다는 사실을 감지할 수 있었다. 체제안전 보장은 다른 나라가 해 줄 수 있는 일이 아니다. 이런 조건을 달았다는 것은 비핵화를 하지 않겠다는 것이나 마찬가지였다.

플라이어서 전 백악관 대변인의 지적도 날카로웠다. 그는 2018년 3월 7일 "북한은 클린턴 대통령에게 거짓말을 했다. 부시 대통령에게도 거짓말을 했다. 오바마 대통령에게도 거짓말을 했다. 트럼프 대통령! 북한이 당신에게도 거짓말을 할 테니 대비하라"고 경고했다. 미국기업연구소ᴬᴱᴵ 니컬러스 에버스타트 선임연구원도 2018년 3월 9일 〈워싱턴포스트〉 기고문에서 "북한이 말하는 비핵화란 한국이 핵을 가진 미국과의 동맹을 종료함으로써 먼저 비핵화하는 것을 의미한다"며 같은 단어라도 북한은 한국이나 미국과 다른 의미로 사용하니 주의를 요한다고 했다.

에번스 리비어 전 국무부 수석부차관보는 〈중앙일보〉 워싱턴특파원과의 인터뷰에서 "지금은 때가 아니다. 김정은 위원장은 핵무기를 포기할 준비가 되어 있지 않다"고 단언했다. "한마디로 미국이 사용하는 비핵화의 의미와 북한의 비핵화 비전은 전혀 다르다"며 김정은이 말했다고 정 실장이 전한 "북한에 대한 군사적 위협이 해소되고 체제 안전이 보장된다면 비핵화할 용의가 있다"는 말은 북한과 협상을 해 본 외교관이라면 수없이 들었던 얘기로 하나도 새로울 것이 없다고 했다. 그러면서 그는 이렇게 덧붙였다.

북한 고위관리들은 그동안 '비핵화는 한미동맹, 주한미군, 한일에 대한 핵우산을 제거하는 것을 의미한다'는 얘기를 계속해 왔다. 북한은 이 세 가지 위협이 제거되면 그때 가서 비핵화를 고려해 보겠다고 했다. 이런 얘기를 내게 해 준 사람 중에는 현 이용호 북한 외무상도 포함된다.

똑같은 얘기를 정 실장이 김정은으로부터 듣고 온 것이다. 북한의 비핵화 해석이 달라졌다는 증거가 없는 이상 트럼프 행정부는 이를 절대 수용하지 말아야 한다.

북한은 김정은–트럼프 회담을 동등한 핵무장국 자격으로 마주 앉는 기회라고 생각한다. 미국 대통령과 만나는 것만으로도 자신의 국제적 지위와 정당성을 확보하는 일이라고 생각한다.

김정은의 '비핵화 의지'를 뒷받침하는 근거가 없었음에도 문재인 정부는 마치 김정은이 핵 폐기 용의가 있는 것처럼 부풀려 선전했다. 문재인 정부는 북한에 모든 것을 걸다시피 했다. 남북관계 진전을 위해서는 먼저 미·북관계에서 일정 정도 돌파구가 마련되어야 한다고 판단했다. 이를 위해 '김정은의 비핵화 의지'라는 미끼를 만들어 워싱턴에 던졌다.

서훈 국정원장은 3월 8일 정 실장과 함께 미국으로 가는 비행기에서 〈조선일보〉와 인터뷰를 했는데, 그는 이 인터뷰에서 "김정은이 빠른 판단력과 결단력을 갖고 있고, 미국과의 문제에 대해 진정성과 의지가 담겨 있었다"고 말했다. 기자가 "김정은이 이번에 대북특사단에 말한 비핵화는 핵 동결이나 핵 확산 방지가 아닌 정말 완전한 비핵화를 말하나"라고 물은 데 대해 "그게 아니라면 우리가 받아들일 수가 없다. 김정은 위원장이 처음으로 직접 비핵화를 약속한 것에 의미를 둬야 한다"라고 답했다. '김정은이 처음으로 직접 비핵화를 약속했다'는 말은 진실을 호도하는 말이었다.

서 원장은 또 이 인터뷰에서 "김정은이 정말로 진정성 있는 비핵화 의지를 갖고 있다고 판단하나"라는 질문에 "이런 일을 할 때는 상대의 의지를 가지고 판단하지 않는다. 상대가 한 말 중에서 의미 있는 것을 끄집어내 실천할 수 있게 만들어 가는 것이 중요하다"라고 했다. 천기누설이었다. 서 원장은 오랫동안 북한문제를 다뤄 온 사람인데 인식이나 판단 수준이 별로였다. '의미 있는 것을 끄집어내 실천할 수 있게 만드는' 일이 가능하다고 보았다는 점에서 그렇다. 김정은이 비핵화의 길을 걷도록 유인하면 된다는 것인데 착각이었다. 정책결정자의 자기중심적 인식과 판단은 위험하다.

서 원장의 말에 의문이 드는 일은 한두 가지가 아니었다. 북한은 3개월 전인 2017년 12월 15일 유엔 안전보장이사회 장관급 회의에서 핵보유국 지위를 인정하면 핵 비확산에 협조하겠다는 입장을 밝힌 바 있다. 핵보유국 지위를 말한 것은 핵 포기는 없다는 의미였다. 핵 비확산은 핵 폐기를 의미하지 않는다. 앞서 지적했지만, 북한은 1년 8개월 전인 2016년 7월 6일 정부대변인 성명을 통해 "명백히 하건대, 우리가 주장하는 비핵화는 조선반도 전역의 비핵화다. 여기에는 남한 핵 폐기와 남조선 주변의 비핵화가 포함되어 있다"고 했다. 〈노동신문〉은 2013년 12월 3일 "우리의 핵은 지구상에 제국주의가 남아 있고 핵 위협이 존재하는 한 절대로 포기할 수 없는 것"이라고 한 적도 있다. 북한이 입장을 바꾸었다고 볼 수 있는 근거가 단 하나도 없었다.

북한이 핵 포기 의사가 없다는 사실은 특사단 평양 방문 직전에도 확인되었다. 평창 동계올림픽을 계기로 방한한 북한 고위급 대표단이 한 말을 통해서다. 2018년 2월 9~10일 방한한 대표단에는 김여정이 포함되어 있었다. 이들은 방한 중 "핵보유국 지위를 갖고 미국과 대화하겠다" "한미연합훈련이 예정대로 행해지면 수용할 수 없다"는 등의 언급을 했다. 이는 통일부 장관과 외교부 차관이 2018년 2월 28일 민주당을 방문해 북한 대표단 방한 결과를 브리핑하면서 밝힌 사실이다.

청와대가 김정은에게 '비핵화 결단'이 있는 것처럼 국민들과 미국을 오도誤導 했을 개연성은 2018년 3월 6일 정의용 실장이 사용한 언어에서도 찾아볼 수 있다. 정 실장은 북한이 "비핵화 의지를 분명히 했다" "핵을 보유할 이유가 없다는 점을 명백히 했다" "추가 핵실험 및 탄도미사일 시험 발사 등 전략 도발을 재개하는 일은 없을 것을 명확히 했다"고 말했다. '분명히' '명백히' '명확히'라는 단어를 매 문장마다 사용해 자신이 하는 말이 신빙성 있게 들리도록 했다. 과장·왜곡 가능성을 시사한다.

강경화 외교부 장관은 2018년 3월 18일 美 CBS 방송과의 인터뷰에서 "한국 정부가 남북 정상회담 전제조건으로 북한에 비핵화 약속을 명확한 용어로 명시해 줄 것을 요청했고, 김 위원장은 사실상 그렇게 했다"고 밝혔다. 강 장관은 "북한 최고지도자가 직접 한 첫 약속이라는 점이 중요하다. 전에는 그런 적이 없었다"고 말했다. 강 장관의 말이 사실이라면 김정은이 속인 것이다. 그러나 그럴 가능성보다 김정은이 한 말을 우리 측이 아전인수 격으로 이해했을 가능성이 더 크다.

북한 전문가 안드레이 란코프 교수는 2018년 3월 28일 〈조선일보〉 기고문에서 북한은 다음과 같은 네 가지 이유로 절대로 비핵화하지 않을 것이라고 썼다.

-비핵화는 '집단자살'과 같다. 이라크·리비아 독재자 몰락 선례에서 익히 본 바다.

-북한 정권 엘리트들은 비핵화를 '죽음으로 가는 고속도로'로 생각한다.

-미국이 북한 정권 안전을 보장하는 것은 불가능하다.

-북한은 강대국들의 국제적 보장을 믿지 않는다.

문재인 대통령은 2018년 4월 19일 남북 정상회담을 며칠 앞두고 언론사 사장단과 가진 간담회에서 "지금 북한은 국제사회에 완전한 비핵화 의지를 표명하고 있다"고 말했다. "비핵화 개념에서 차이가 있다고 생각하지는 않는다"는 말도 했다. 북한도 '비핵화'라는 용어를 '북핵 폐기' 개념으로 사용하고 있다는 말로 이해되었다. 북한은 2018년 4월 20

일 노동당 중앙위 결정서에서 "핵무력 건설이 실현되었다"며 "지금부터는 세계적인 핵군축 과정에 합류할 것"이라고 했다. '핵무력을 완성했다'는 것이나 '핵군축에 들어가겠다'는 것은 핵을 유지하는 것을 전제로 한다. 김정은이 특사단에게 했다는 말과 영 달랐다.

2018년 4월 27일 남북 정상회담 후 발표된 '판문점 선언'에서도 북한이 의미하는 비핵화가 북한 핵 폐기를 의미하지 않는다는 사실이 드러났다. 이 선언은 "남과 북은 완전한 비핵화를 통해 핵 없는 한반도를 실현하는 공동의 목표를 확인하였다"라고 했는데, '핵 없는 한반도'란 북한이 종래 주장해 온 '조선반도 비핵화' 나아가 '조선반도 비핵지대화'로 이는 주한미군 철수, 한미동맹 해체, 한반도 인근에서의 미국 핵우산 제거 등을 두루 포함하는 개념이었다.

문정인 통일외교안보특보는 2018년 4월 30일 외교전문지 〈포린어페어스〉에 "평화롭고 핵무기 없는 한반도는 문 대통령이 대통령에 당선되기 훨씬 전부터의 목표였다"라고 썼다. '핵무기 없는 북한'이 아니라 '핵무기 없는 한반도'라고 쓴 것은 문 대통령이 갖고 있는 비핵화 개념이 어떤 것인지를 암시한다. 문 특보는 또 이 기고문에서 "판문점 회담 모든 과정에서 김정은은 실용주의적이고 현실적이었다. 그는 비핵화 전제조건으로 주한미군 감축 또는 철수를 언급하지 않았으며 한미동맹(의 문제점)을 지적하지 않았다"고 했다. 진실을 호도하는 말이었다. 태영호 전 북한 공사는 "북한은 절대 핵을 포기하지 않을 것"이라며, 판문점 선언에서 '북한 비핵화'가 아닌 '한반도 비핵화'에 합의했다는 것은 북한이 의미하는 비핵화에 합의했다는 것이라고 했다(2018.5.14.). "북한이 그간 줄기차게 주장해 온 '한반도 비핵화'는 주한미군을 몰아내는 데 목적이 있는 것"이라고 했다.

존 볼턴 국가안보보좌관은 2018년 5월 13일 북한 비핵화 방식으로 북한의 모든 핵무기를 폐기해 미국 땅에 가져다 놓는 리비아식 핵 폐기를 제시했다. 그러자 김계관 북한 외무성 제1부상은 2018년 5월 16일 담화를 내고 미·북 정상회담을 하지 않을 수도 있다고 했다. 그는 또 북한이 말하는 비핵화가 무엇을 의미하는지를 다시 한번 명확히 했다. 북핵 폐기 가능성에 들떠 있던 분위기에 찬물을 끼얹었다. 김정은–트럼프 회담이 이런 전제에서 이뤄지는 것이라면 하지 않겠다는 선언이었다.

(미 측이) 일방적인 핵 포기만을 강요하려 든다면 우리는 그러한 대화에 더는 흥미를 갖지 않을 것이며, 다가오는 북·미 수뇌회담에 응하겠는가를 재고려할 수밖에 없을 것이다.

우리는 이미 조선반도 비핵화 용의를 표명하였고, 이를 위하여서는 미국의 대(對)조선 적대시(敵對視)정책과 핵위협 공갈을 끝장내는 것이 그 선결조건으로 된다는 데 대하여 수차례 걸쳐 천명하였다.

김계관이 비핵화 선결조건을 다시금 상기시킨 것은 북한이 걸핏하면 동원하는 술수의 하나이기도 했다. 즉 장애물을 만들어 제시하고 이후 협상에서 유리한 고지를 차지하며, 협상이 결렬되면 그 책임을 상대방에게 돌리는 수법이었다. 김계관은 '조선반도 비핵화'의 선결조건으로 미국의 적대시정책과 핵위협 종식을 들었다. 이것은 북핵 폐기는 언감생심焉敢生心 꿈도 꾸지 말라는 말과 다름없었다. 트럼프와 만난다 하더라도 북핵 폐기는 진지하게 논의될 사안이 아님을 예고했다.

북한이 말하는 '적대시정책'에는 미국의 어떤 행동도 여기에 들어갈 수 있다. 북한은 그동안 한미연합훈련, 주한미군, 미국 전략자산 한반도 인근 전개 등을 적대시정책 사례로 들면서 이런 것들이 먼저 종식되어야 핵문제가 협상 테이블에 올라올 수 있다고 했다.[*]

이런 엄연한 사실에도 불구하고 문재인 정부와 트럼프 행정부는 북핵 폐기가 마치 협상을 통해 달성할 수 있는 일인 것처럼 부산하게 움직였다. 어쨌든 트럼프는 김정은과 만나는 것을 원했다. 트럼프에게 중요한 것은 스포트라이트였다.[**] 때문에 트럼프는 미·북 정상회담을 하지 않겠다는 김계관 담화에 발끈했다. 트럼프는 참모들에 화를 냈지만 참모들이 잘못한 것은 하나도 없었다. 성미 급한 트럼프는 2018년 5월 19일 문 대통령에게 전화를 걸었다. 사흘 후 워싱턴에서 문 대통령을 만나기로 되어 있는데도 전화를 걸어 '왜 당신들이 한 말이 김계관 말과 다르

---

[*] 백악관 국가안보회의(NSC) 관리가 뉴욕에서 북한대사를 만나 '조건 없는 협상'을 제안했을 때 북한대사는 왜 '조건이 없다'는 조건을 다느냐고 화를 냈다 한다. 빅터 차 전략국제문제연구소 수석 부소장에 의하면, 美 대통령·국무장관·국가안보좌관이 적어도 40차례 '미국은 북한에 대해 적대적 의도가 없다'는 입장을 밝혔다.

[**] 볼턴 전 국가안보좌관은 2020년 회고록에서 '트럼프는 무지하고 변덕스러우며 무능할 뿐만 아니라 국익보다 사익을 앞세우는 사람'이라고 했다.

냐'고 추궁했다.

조셉 윤 전 국무부 대북정책특별대표는 이런 상황을 "한국이 (미·북) 양쪽을 설득하는 과정에서 약간의 과장이 있었고 이로 인한 오해가 불거졌다"고 보았다. 북한 메시지를 미국에 전달한 정의용 실장이 과장해서 메시지를 전달해 생긴 일로 본 것이다. 북한이 김계관 담화 형식으로 자신들이 의미하는 비핵화 개념을 다시 한번 분명히 한 것은 정의용이 트럼프에게 전달한 메시지가 자기들이 대북특사단에 애기한 것과 차이가 있는 것임을 간접적으로 확인한 것이었다. 이렇게 하지 않으면 추후 차질이 생길 수 있음을 우려한 것이다.[*]

2018년 5월 22일 백악관에서 한미 정상회담이 열렸다. 두 정상이 단독으로 나눈 대화 시간은 불과 21분이었다. 트럼프 대통령이 기자들과의 일문일답에 34분을 썼기 때문이었다. 기자들과 문답을 하는 동안 트럼프는 시종 불만스런 표정이었다. 문 대통령은 트럼프가 한 말과 관련이 없는 애기를 한참을 늘어놓았다. 통역이 이를 통역하려 하자 트럼프는 손사래를 치며 "뻔한 애기일 터이니 통역을 하지 않아도 된다"고 잘

* -볼턴 전 국가안보보좌관은 2020년 펴낸 회고록에서 2018년 6월 12일 싱가포르 미·북 정상회담 성사는 긴전읜이 트럼프 대통령 평양 초청에서 시작됐다는 문재인 정부의 설명과 달리 정의용 국가안보실장이 먼저 김정은에게 트럼프를 만나면 어떻겠냐고 제안했고 트럼프에게는 김정은이 당신을 만나고 싶어한다고 말함으로써 가능해진 것이라고 썼다.

 -이즈음 리비어 전 국무부 수석부차관보는 트럼프 대통령이 김정은을 만나는 것은 "위태롭고, 위험하며, 또 적절하지 않다. 순서도 거꾸로다. 쌍방이 합의할 수 있는 결과가 없는 정상회담은 결코 해서는 안 된다는 것이 외교의 법칙이다"라며 미·북 정상회담이 열려서는 안 된다고 주장했다.

랐다. 정상회담 역사상 처음 보는 장면이었다. 위싱턴에서는 '트럼프가 문 대통령을 싫어한다'는 말이 나돌았다.

문 대통령은 다음과 같은 말로 트럼프를 한껏 치켜세우며 미·북 정상회담에 큰 의미를 부여했다.

트럼프 대통령님의 강력한 비전과 리더십 덕분에 한반도의 완전한 비핵화와 세계 평화라는 꿈에 성큼 다가섰다. 바로 트럼프 대통령님이기 때문에 지난 수십 년간 아무도 해내지 못했던 일을 해내실 것이라고 확신한다.

이번 북·미 정상회담도 반드시 성공시켜서 65년 동안 끝내지 못했던 한국전쟁을 종식시키고, 북한의 완전한 비핵화를 이룸과 동시에 한반도의 항구적인 평화 체제를 구축하고, 북·미 간에도 수교를 하고, 정상적인 관계를 할 수 있을 것이라고 확신한다. 그것은 세계사에 있어서 엄청난 대전환이 될 것이다.

트럼프 대통령은 2018년 5월 24일 김정은에게 보낸 공개서한에서 "미·북 정상회담이 현시점에선 적절하지 않은 것 같다"며 6월 12일 싱가포르에서 예정됐던 회담을 취소한다고 했다. 다급해진 문 대통령은 5월 26일 판문점 북쪽 지역에서 비밀리에 김정은과 만났다. 문 대통령은 다음 날 기자들과의 일문일답에서 이 만남에 관해 이렇게 밝혔다.

김정은 위원장은 판문점 선언에 이어 다시 한번 한반도의 완전한 비핵화 의지가 확고하다는 것을 어제 다시 한번 분명하게 피력했다.

(김정은 위원장은) 북한이 비핵화할 경우 미국이 체제안전을 보장하겠다고
하는 것에 대해 확실히 신뢰할 수 있는가에 대해 걱정하고 있다.

트럼프 대통령과 김정은 위원장은 2018년 6월 12일 싱가포르에서 회
담을 했다. 회담 후 발표된 공동성명에는 북한이 의미하는 개념의 비핵
화가 그대로 들어갔다. 이 선언은 "북한은 '판문점 선언'을 재확인하면
서 조선반도의 완전한 비핵화를 향하여 노력할 것work towards 을 확약했
다"고 했다. '~노력한다'는 것은 의미가 없는 수사에 불과했다. 트럼프
가 한 일이란 김정은에게 '핵을 포기하라. 그러면 부자로 만들어 주겠
다' 정도였다. 김정은은 속으로 코웃음을 쳤을 것이다. 미·북 공동성명
에서 북한 비핵화는 미·북관계와 관련된 여러 사안 중 하나로 취급되었
다. 중요성이나 우선순위에서 밀렸다. 공동성명 문안은 북한이 원하는
내용과 형식으로 만들어졌다. 트럼프가 회담을 철저히 준비하지 않은
결과였다.

그런데도 트럼프 대통령은 김정은과의 회담이 "어마어마하게 성공을
거둔 회담이었다"며, "북핵 위협은 완전히 사라졌다"고 트윗을 날렸다.
빨간 거짓말이었다. 트럼프의 속셈은 다른 데 있었다. 비핵화는 후순위
로 미루고 '새로운 미·북관계'와 '신뢰 구축'을 앞세웠다. 김정은이 원
한 바대로였다. 트럼프는 노벨평화상도 염두에 두었다. 전임자인 오바
마가 노벨평화상을 받은 것을 의식했다.

송민순 전 외교통상부 장관은 미·북 싱가포르 정상회담은 "북한을 세계 9번째 핵 국가로서 무대에 등장시킨 것"이라고 했다. 그는 "북한을 사실상의 핵 국가로 받아들이는 과정은 4·27 판문점에서 시작하여 6·12 센토사에서 화룡점정이 되었다"고 묘사했다. 조너선 폴락 브루킹스연구소 선임연구원도 문 대통령과 트럼프 대통령은 김정은을 만나면서 "근본적인 문제를 애매하게 만들고 무시하려 했다"고 꼬집으며 향후 상황 전개를 비관적으로 전망했다.

폼페이오 국무장관은 미·북 정상회담 한 달 후인 2018년 7월 평양을 방문했다. 정상회담 후속 조치의 일환이었다. 그런데 북한은 폼페이오가 "강도 같은 주장을 한다"고 화들짝 반발하며 김정은 면담을 불허했다. 싱가포르에서 신뢰구축을 가장 먼저 하기로 합의해 놓고 왜 비핵화 먼저 꺼내느냐고 따졌다. 미국 측은 충격을 받았다. 폼페이오는 이때 북한은 더 이상 신뢰할 수 없는 상대라는 생각을 굳혔다.

볼턴 백악관 국가안보보좌관은 2018년 8월 5일 〈폭스뉴스〉에 출연해 "김정은은 2018년 4월 27일 판문점에서 문 대통령을 만났을 때 1년 이내 비핵화를 약속했다"고 말했다. '1년 이내'라고 시한까지 정했다는 것이다. 이는 김정은으로부터 직접 들은 것은 아니고 한국 측으로부터 전해 들은 것이라고 했다. 김정은이 실제 그렇게 말했는지 알 수 없으나 만약 그게 사실이라면 김정은은 거짓말을 한 것이다. 남북 정상회담 준비차 평양을 방문하고 돌아온 정의용 국가안보실장은 2018년 9월 6일 기자들에게 "김정은 위원장은 비핵화 의지가 분명하다. 김 위원장은 여러 차례 분명하게 천명했다"고 강조했다. "일부 국제사회가 자신의 의지에 대해 의문을 제기하는 것에 대해 답답함을 토로했다"고 했다. 김정은이 정말로 이렇게 말했는가에 관하여는 의문이 있다. 이것이 사실이라면 김정은은 거짓말을 했다.

문 대통령은 2018년 9월 13일 남북정상회담 원로자문단 오찬에서 "북한은 핵과 미사일을 더 고도화하는 능력을 포기했다고 말할 수 있으며, 표현하자면 북한이 미래 핵을 폐기하는 조치를 이미 취했다고 생각한다"고 했다. 근거도 없으면서 한참 앞서 나간 얘기였다. 문 대통령은 사실과 달라도 너무 다른 말을 계속했다. 국민을 속이는 일이었다.

북한이 말하는 비핵화 개념이 '북핵 폐기'를 의미하지 않는다는 사실은 2018년 9월 19일 평양 정상회담에서도 확인되었다. 김정은은 "조선반도를 핵무기도 핵위협도 없는 평화의 땅으로 만들기 위해 적극 노력해 나아가기로 확약했다"고 말했다. 북한이 시종일관 주장해 온 '조선반도 비핵화'였다. 그런데도 문 대통령은 귀국 직후 "김정은 위원장은 확고한 비핵화 의지를 거듭거듭 확약했다. 김정은 위원장이 확고한 비핵화 의지를 거듭 확약하며 가능한 한 빠른 시기에 완전한 비핵화를 끝내고 경제발전에 집중하고 싶다는 희망을 밝혔다"고 말했다. "빠른 시기에 완전한 비핵화를 끝내고 경제발전에 집중하고 싶다"는 말은 사탕발림이었다. 문 대통령은 또 국민들을 호도했다.

문 대통령은 "북한이 말하는 비핵화가 우리가 생각하는 비핵화와 같은 것"이라며 '김정은은 핵을 포기할 것'이라는 말을 반복했다. '북한이 말하는 비핵화가 우리가 생각하는 비핵화가 같다'는 것은 거짓말이다. 문 대통령 스스로 2018년 9월 19일 평양 5·1경기장 연설에서 "백두에서 한라까지 아름다운 우리 강산을 영구히 핵무기와 핵위협이 없는 평화의 터전으로 만들어 후손에게 물려주자고 확약했습니다"라고 했다. 이것은 북한이 말하는 '조선반도 비핵화'를 의미한다. 그러므로 문 대통령이 평양에서 김정은과 합의한 것은 '북핵 폐기'가 아니었다.

문 대통령은 2018년 9월 25일 워싱턴에서 트럼프 대통령과 회담하면서 "이제 북한의 핵 포기는 북한 내부에서도 되돌릴 수 없는, 되돌릴 수 없을 만큼 공식화되었다"고 말했다. 근거 없는 얘기였다. 김정은이 문 대통령을 속였는지 아니면 문 대통령이 거짓말을 했는지는 분명치 않았다. 문 대통령은 그러면서 "김정은 위원장도 트럼프 대통령에 대해 변함없는 신뢰와 기대를 가지면서 트럼프 대통령만이 이 문제를 해결할 수 있기 때문에 트럼프 대통령과 조기에 만나서 트럼프 대통령과 함께 비핵화 과정을 조속히 끝내고 싶다는 희망을 밝혔다"고 말했다. 김정은을 바로 또 만나라는 얘기였다.

문 대통령은 같은 날 〈폭스뉴스〉와의 인터뷰에서도 "김정은 위원장은 트럼프 대통령과 함께 트럼프 대통령 임기 내에 북한의 비핵화를 이루고 싶다는 이런 희망을 여러 차례 표명하고 있다"고 말했다. 김정은은 '북한 비핵화'를 단 한 번도 말한 적이 없다. 문 대통령은 더 나아가 "김정은 위원장이 말하는 완전한 비핵화라는 것은 미국이 요구하는 CVID

라는 것과 같은 개념이라는 것을 확인할 수 있었다"라고 말했다. 거짓말이었다. 그럴 리가 없었다. 문 대통령은 또 "과거의 비핵화 합의는 실무 차원에서 이루어졌던 합의였기 때문에 언제든지 쉽게 깨어질 수 있는 그런 구조였지만, 이번 비핵화 합의는 세 명의 정상이 전 세계 앞에 천명한 약속이기 때문에 반드시 지켜질 것"이라고 자신했다. 터무니없는 얘기였다.

문 대통령은 "김정은 위원장은 젊지만 아주 솔직 담백한 그런 인물이고 또 비핵화에 대해서는 확고한 의지를 가지고 있는 것으로 나는 확신하고 있다. 그뿐만 아니라 이제는 핵을 버리고 그 대신에 경제 발전을 통해서 북한 주민들을 더 잘살게 하겠다는 그런 전략적 마인드를 가지고 있는 인물이다"라고 했다. 사실과 달랐다. 김정은은 2021년 1월 노동당 8차 당대회에서 핵무장을 완성할 때까지 자력갱생으로 버텨 나간다고 했다. 김정은이 경제를 위해 핵을 포기한다는 것은 해가 서쪽에서 뜰 것이라고 말하는 것과 같았다.

문 대통령은 9월 25일 미국외교협회^{CFR}에서 연설하고 일문일답을 가졌는데, 이때에도 "김정은이 북한을 경제적으로 발전시키겠다는 의욕이 아주 강하다"며 김정은이 자기에게 다음과 같이 말했다고 전했다. 김정은이 정말로 이렇게 말했다면 그것은 문 대통령을 속인 것이다.

"많은 세계인들이 북한의 비핵화를 위한 여러 조치에도 불구하고 여전히 '북한을 믿지 못하겠다' '속임수다' '시간 끌기다'라고 말하는 걸 잘 알고 있다. 그러나 지금 이 상황 속에서 북한이 속임수를 쓰거나 시간 끌기를 해서 도대체 얻을 수 있는 게 뭐가 있겠는가. 그렇게 되면 미국이 강력하게 보복을 할 텐데 그 보복을 어떻게 감당할 수 있겠는가. 그래서 이번에야말로 북한의 진정성을 믿어 달라"

문 대통령은 9월 26일 유엔총회 연설에서도 "북한은 4월 20일 핵개발 노선을 공식적으로 종료하고 경제발전을 위해 모든 노력을 기울여왔다"고 말했다. 엉뚱한 얘기로 사실이 아니었다. 북한이 노동당 중앙위 전원회의 결정서에서 '핵무력 건설이 실현되었으니 이제부터는 세계적인 핵군축 과정에 합류할 것"이라고 한 것을 두고 이렇게 말했다. 대통령이 유엔 무대에서 이렇게 사실과 다른 말을 말한다는 것은 이해할 수 없는 일이었다.

문 대통령은 2018년 10월 12일 영국 BBC 방송과의 인터뷰에서도 "북한은 완전한 비핵화를 약속했고 경제발전을 위해서 핵을 포기하겠다고 말했다"고 했다. 그러면서 "김정은 위원장이 말하는 완전한 비핵화는 추가적인 핵실험과 미사일 실험을 하지 않는 것에서 시작해서 핵을 생산하고 미사일을 발전시키는 시설들을 폐기한다는 것이다. 북한은 현존하는 핵무기와 핵물질들을 전부 없앤다는 약속을 했다"고 했다. 거짓이었다. 김정은이 그렇게 말했을 리가 없다.

문 대통령은 프랑스·영국·독일·이탈리아 등 유럽 주요국 정상들을 만나 대북제재 완화를 요청했다. 이들의 반응은 하나같이 부정적이었다. 아시아유럽정상회의ᴬˢᴱᴹ 51개국 정상은 2018년 10월 19일 북핵 CVID 촉구, 완전한 대북제재 이행 약속, 북한인권 개선을 위한 외교 노력 등의 내용을 담은 의장성명을 채택했다. 미국 조야는 문 대통령의 유럽 순방 행각에 대해 '이해할 수 없는 배신' '한미관계 붕괴' '신뢰할 수 없는 상대' 등의 반응을 보였다.

북한 전문가 이동복은 "문 대통령이 김정은 발언이라고 소개한 거의 모든 발언들은 문 대통령 자신의 발언일 뿐이지 김정은의 발언이라고 할 수 있는 아무런 객관적 근거가 없다"고 단언했다(2018.9.29.). 태영호 전 북한 공사는 2018년 10월 23일 "우리가 생각하는 비핵화 개념과 북의 조선반도 비핵화는 전혀 다르다. 조선반도 비핵화는 곧 미국이 한반도에서 나갈 때까지 북핵이 존재해야 한다는 것을 의미한다. 따라서 앞으로 협상에서는 '한반도 비핵화'가 아니라 '북핵 폐기'라는 정확한 용어를 사용해야 한다"고 주장했다. 그러면서 "미군이 나가도 북은 핵을 포기하지 않는다. 절대 핵은 포기할 수 없다"고 잘라 말했다.

북한은 비핵화 개념을 오해하지 말라고 다시 한번 주문하고 나섰다. 2018년 12월 20일 〈조선중앙통신〉은 "미국은 '조선반도 비핵화'를 '북한 비핵화'로 어물쩍 간판을 바꿔 놓음으로써 세인의 시각에 착각을 일으켰다"며 "(우리가 말하는 비핵화는) 우리의 핵 억제력을 없애는 것이기 전에 북한에 대한 미국의 핵위협을 완전히 제거하는 것"이라고 했다. 미국의 핵위협 제거가 먼저라고 했다. 이보다 더 명백할 수 없었다. 2018년 12월 31일에는 선전매체 〈메아리〉를 통해 "조선반도 비핵화와 북한 비핵화는 다르다. 남조선 당국은 조선반도 비핵화와 북한 비핵화라는 개념이 무엇이 차이 나며 또 그것을 왜 뒤섞어 쓰면 안 되는가 하는 이유를 모르지 않을 것"이라고 했다. 왜 잘 알면서도 이러느냐는 말이었다.

정 실장은 2018년 12월 21일 기자들에게 "한반도 비핵화 프로세스는 돌이킬 수 없는 단계에 접어들었다. 북한도 이 과정을 되돌릴 수 없다고 본다"고 말했다. 또 거짓말을 했다. 이렇게 말할 수 있는 근거가 없었다. 공로명 전 외무부 장관은 2019년 1월 2일 언론 인터뷰에서 "지난 1년간 (한국과 미국이) 북한의 사기극에 놀아난 것밖에 안 된다"고 단언했다. "북한의 사기극"이라고 했다. 김정은이 속였다는 것인데, 문 대통령이나 정 실장이 속인 부분은 없었을까?

폼페이오 국무장관은 2018년 11월 20일 문재인 정부에 "북한 비핵화가 남북관계 증진보다 후순위가 아니다"라는 입장을 전달했다. 한미간 입장 차이가 분명해졌다. 폼페이오는 김정은에 대해 좌절감과 분노를 느꼈지만 문재인 정부에 대해서도 마찬가지였다. 그는 2018년 12월 초 비공식적인 자리에서 김정은 위원장과 정의용 실장을 '거짓말쟁이'로 불렀다(《동아일보》 2019.3.26.). 김정은은 폼페이오에게 여섯 번이나 비핵화 의사를 밝혔다. "뭐하러 핵을 쥐고 고생하겠느냐" "내 자식들까지 핵 짊어지고 살게 하고 싶지 않다"는 등의 말을 했다. 새빨간 거짓말이었다. 폼페이오가 내린 결론은 "김정은은 믿을 만한 인간이 아니다"였다. 폼페이오는 2019년 8월 사석에서 "미국은 북한에 사기를 당했다"

고 실토했다. 김정은은 2019년 1월 1일 신년사에서도 "완전한 비핵화로 나가려는 것은 우리 당과 공화국 정부의 불변한 입장이며 나의 확고한 의지"라고 말했다. 폼페이오가 김정은을 믿을 수 없다고 한 것은 정확한 판단이다. 하지만 김정은이 하는 말의 행간을 읽지 못한 측면도 분명히 있다. 속인 사람 못지않게 속은 사람도 문제라는 것이다.

문 대통령은 2019년 1월 10일 신년기자회견에서 "김 위원장은 나에게나 트럼프 대통령 등 각국 정상에게 국제사회가 요구하는 비핵화와 (김정은이 생각하는) '완전한 비핵화' 개념에 차이가 없다는 점을 분명히 밝혔다"고 말했다. '국제사회가 요구하는 비핵화'라는 것은 CVID를 말하기 때문에 '완전한 비핵화'의 의미도 CVID라는 말인데, 김정은이 그렇게 말했다고 하는 것은 거짓말이었다. 조명균 통일부 장관은 2019년 1월 9일 국회 남북경협특위에서 "북한이 계속해서 주장하고 있는 조선반도 비핵화는 우리가 목표로 하는 북한의 비핵화와는 차이가 있다"고 말했다. 이 말이 맞았다. 북한이 말하는 비핵화와 한미가 달성하고자 하는 비핵화는 달랐다.

김정은은 폼페이오가 2018년 4월 초 평양을 방문했을 때 "나는 아버지이자 남편이다. 내겐 아이들이 있다. 나는 내 자식들이 평생 핵을 짊어지고 사는 것을 원치 않는다"라고 말했다. 김정은이 실제 이렇게 말을 했는지 알 수 없으나 그의 본심은 그게 아니었다. 쿠슈너 백악관 선임고문(트럼프 대통령 사위)에 의하면, 김정은은 2019년 8월 초 트럼프에게 보낸 친서에서 "아버지(김정일)가 핵무기를 절대로 포기하지 말라는 유훈을 남겼다"고 썼다. 폼페이오에게 했던 말과 완전히 다르다. '비핵화는 선대의 유훈'이라고 했던 말과도 다르다. 김정은이 거짓말쟁이임을 확인해 주는 증거다.

미국 의회 인사들도 문재인 정부에 대해 불만을 드러냈다. 2019년 2월 낸시 펠로시 하원의장은 미국을 방문한 문희상 국회의장과 여야 대표단을 면담하면서 "김정은의 속셈은 북한 비핵화가 아니라 남한의 비무장화"라고 꼬집었다. 정신 좀 차리라는 일갈이었다. 상원 외교위원회 소속 공화당과 민주당 의원들도 문 대통령이 미국과 다른 행각을 보여 온 데 대해 불만을 드러냈다. 그들은 폼페이오 국무장관에 서한을 보내 문 대통령이 유럽을 순방하며 대북제재 완화를 요청한 사실을 지적하며 한국의 은행과 기업에 대한 제재 가능성을 경고했다.

트럼프와 김정은은 2019년 2월 27~28일 하노이에서 두 번째로 회담했다. 트럼프는 김정은과 회담에 들어가기에 앞서 참모들과 대책회의를 했다. 스몰딜은 제재를 약화시키는 것처럼 보여 곤란하고, 빅딜은 김정은이 핵포기라는 전략적 결단이 있어야 가능하니 기대하기 어렵다고 보았다. 그렇다면 남은 것은 노딜밖에 없었다. 트럼프는 김정은과 회담하기 전날 밤 자신의 변호인이었던 마이클 딘 코언의 의회 증언을 TV로 밤새 시청했다. 트럼프에게는 이 문제가 김정은과의 회담보다 더 신경이 쓰였다.

회담에서 김정은은 영변 보따리가 얼마나 의미가 있는지 반복적으로 설명했다. 트럼프는 김정은이 영변 폐기의 대가로 제재를 해제해 달라고 하는 게 걸림돌이라는 입장을 견지했다. 김정은은 자신의 제안이 환영을 받을 줄 알았는데 부끄럽게 됐다고 했다. 회담이 끝나나 했는데 김정은은 영변을 다시 설명하면서 전임자들이 이룬 것보다 더 큰 성과를 거둘 수 있다고 설득하려 들었다. 하지만 영변 폐기와 제재 해제를 맞바꾸려는 북한의 목표는 수포로 돌아갔다. 마침내 김정은이 핵을 포기할 의사가 없었다는 것과 북한이 말하는 '비핵화'가 '북핵 폐기'를 의미하지 않는다는 사실이 확인되었다.

볼턴 국가안보좌관은 2020년 회고록에서 "(자신은) 재앙적 타협이 하노이에서 이뤄지는 것을 막는 데 전력을 다했다"고 적었다.* 볼턴은 하노이 회담에서 트럼프 대통령이 결정적인 실수를 하지 않도록 하기 위해 백방으로 노력했다. 2월 12일 첫 준비회의에서는 북한과의 이전 회담이 실패한 경과를 설명했고, 2월 15일 두 번째 회의에서는 '완전한 비핵화'의 의미를 보고했으며, 2월 21일 최종 회의에서는 북한이 어떤 기습적인 제안을 하더라도 트럼프가 불필요한 양보를 하지 않도록 주의를 환기시켰다.

문 대통령은 2019년 3월 4일 국가안전보장회의[NSC]에서 "북한 핵시설의 근간인 영변 핵시설이 완전히 폐기된다면 북한 비핵화는 진행 과정에 있어 되돌릴 수 없는 단계로 접어든다고 평가할 수 있을 것"이라

---

* 문정인 통일외교안보특보는 "하노이 북미정상회담에서 제시했던 영변 카드는 남측 제안에 따른 것"이었다고 했다(「Le Monde diplomatique」 2020.5.29.)

고 말했다. 혼자만의 생각에 불과했다. 이를 두고, 이용준 전 북핵담당 대사는 "북한이 원하기만 하면 중국·영국·프랑스를 추월해 세계 3위 핵보유국이 되는 것도 시간문제다. 사정이 이런데도 북한 핵문제에 관한 시선이 영변의 녹슨 핵시설에 멈춰 서 있는 이들이 있다. 1990년대처럼 영변 핵시설이나 동결해 놓고 경제적 지원을 해 주면 해결되리라는 구시대적 사고를 한다"고 꼬집었다(《신동아》 2019.5월호).

최선희 외무성 부상은 2019년 3월 15일 평양주재 대사관 및 국제기구 대표들을 초청해 설명회를 가졌는데 이 자리에서 하노이 정상회담이 성과 없이 끝난 배경을 다음과 같이 설명했다.

회담에서 우리가 현실적인 제안을 제시하자 트럼프 대통령은 합의문에 '제재를 해제했다가도 조선이 핵 활동을 재개하는 경우 제재는 가역적이다'는 내용을 더 포함시킨다면 합의가 가능할 수도 있다는 신축성 있는 입장을 취하였지만, 미 국무장관 폼페이오나 백악관 국가안보보좌관 볼턴은 기존의 적대감과 불신의 감정으로 두 수뇌분 사이의 건설적인 협상 노력에 장애를 조성하였으며 결국 이번 수뇌회담에서는 의미 있는 결과물이 나오지 못하였다.

이번 회담에서 내가 느낀 것은 미국의 계산법이 참으로 이상하다는 것이다. 미국이 우리가 지난 15개월 동안 핵시험과 대륙간탄도로케트 시험발사를 진행하지 않고 있다고 말은 많이 하면서도 그에 상응하게 해당한 유엔 제재들을 해제하는 조치를 취하지는 않고 오히려 여기에 뚱딴지같이 비핵화문제까지 껴들어 넣으면서 비핵화를 하지 않으면 제재를 해제할 수 없다는 얼토당토않은 궤변을 늘어놓았다. 그렇다면 미국의 계산법은 대체 어디에 기초를 둔 계산법인가 하는 것이다.

김정은은 하노이에서 '영변 시설 폐기-제재 해제'를 맞바꾸는 데 실패하자 '문재인 정부를 믿었던 게 패착'이라며 분개했다. 문재인 정부는 미국 부통령이나 국무장관, 국가안보보좌관 등이 반대하더라도 트럼프가 어떤 형태로든 합의를 만들어 낼 것으로 예상했으나 오판이었다.

강경화 외교부 장관은 2019년 3월 21일 국회 남북경제협력특위에서 "북한이 주장하는 한반도 비핵화와 한미가 말하는 비핵화는 같은 개념"이라고 말했다. 강 장관은 또 "미국이 요구했던 것은 북핵 폐기가 아니고 동결이었다"라고 했다. 엉뚱한 얘기였다. 외교장관으로서의 자질이 의심되었다. 앤드류 김 전 美 중앙정보국^{CIA} 코리아미션센터장은 바로 전날 강연에서 "북한이 주장하는 조선반도의 비핵화와 미국의 비핵화 개념이 대단히 달랐으며 특히 북한은 괌, 하와이 등 미국 내 전략자산을 없애야 한다고 주장했다가 합의가 결렬됐다"고 말했다.

김정은은 단 한 번도 '핵보유국 지위를 버리겠다'고 한 적이 없다. 그는 기차로 하노이까지 60시간을 달려가면서 핵보유국 지위에 영향을 주는 합의를 할 생각은 추호도 없었다. 영변 시설 폐기가 그가 가진 최종 카드였고, 문재인 정부는 이 카드로 트럼프 대통령을 움직일 수 있을 것으로 믿었다.

문재인 정부는 하노이 회담이 결렬되자 망연자실했다. 상황 파악에 심각한 오류가 있었음을 알 수 있다. 하노이 협상 결렬에 문재인 정부의 오산과 오판이 일조를 했다. 김정은은 문 대통령에 속았다고 분노했고, 이후 문 대통령을 철저히 불신했다.

선우정 〈조선일보〉 부국장은 2019년 3월 13일 자 칼럼에서 "세상은 북한이 말하는 비핵화를 비핵화가 아니라고 하는데 (문) 대통령은 국민에게 계속 비핵화라고 한다. 이것은 실수가 아니라 의도적인 것"이라고 썼다. 언론인 조갑제는 "하노이 미·북 정상회담에서 비핵화 사기극이 발각되었다. 문재인 대통령이 주도해 온 비핵화 사기극이 들통이 난 것이다. 문재인·정의용이 국민을 속였다"고 주장했다. 천영우 전 외교안보수석도 정의용 실장을 단장으로 한 대북특사단이 "희대의 비핵화 사기극"의 장본인이었다며, "정 실장에게 가장 큰 책임이 있다"고 주장했다.

문 대통령은 2019년 4월 11일 백악관에서 열린 한미 정상회담에서 소위 '굿 이너프 딜(영변 핵시설 폐기와 부분적인 제재 완화를 맞바꾸는 방안)'을 설득했으나 트럼프는 "우리는 핵무기를 없애는 빅딜을 논의할 것"이라며 거부했다. 금강산 관광 재개와 개성공단 재가동에 대해서도 "지금은 적절한 시기가 아니다"라며 일축했다.

2019년 6월 12일 북한 〈노동신문〉은 싱가포르 미·북 정상회담 1주년에 즈음하여 1면에 논설을 발표했다. 이 논설은 미·북 대결 국면을 핵을 독점하려는 강대국과 그 독점을 깨려는 북한의 싸움으로 규정하고, 이제 자신들은 핵무기를 가졌고, 김정은이 핵무기를 만들어서 대대손손 전쟁이 없는 나라를 만들었다고 강조했다. 북한 체제가 존속하는 한 절대 핵을 포기하지 않을 것이라는 말이었다.

북한은 2018년 3월 이래 핵무기 전력을 50% 이상 증강했다. 당시 대북특사단에게 "대화가 지속되는 동안 탄도미사일 시험발사를 하지 않을 것"이라고 약속했지만 2019년 5~10월 11번이나 미사일과 방사포를 쏘아 올렸다. 2019년 10월 2일에는 잠수함발사탄도미사일 SLBM 까지 실험 발사했다.

북한은 2019년 9월 16일 "우리의 제도·안전을 불안하게 하고 발전을 방해하는 위협과 장애물이 깨끗하고 의심할 여지도 없이 제거될 때라야 비핵화 논의도 가능하다"고 했다. 김명길 외무성 순회대사(미·북 실무협상 대표)는 10월 5일 미국과의 스톡홀름 실무협상 결렬을 선언하는 성명에서 "조선반도의 완전한 비핵화는 우리의 안전을 위협하고 발전을 저해하는 모든 장애물들이 깨끗하고 의심할 여지없이 제거될 때에라야 가능하다"고 했다.

문 대통령은 2019년 10월 25일 청와대 출입기자단 행사에서 다음과 같이 말했다. 고장 난 축음기가 돌아가는 것 같았다.

남북한이 사용하는 용어인 '완전한 비핵화'라는 것은 미국이 원하는 비핵화

수준과 같다. 김정은 위원장이 그런 의지를 여러 번 피력했다.

김 위원장은 '안전이 보장되고 밝은 미래가 보장돼야 한다'는 조건들이 갖춰질 때 비핵화할 수 있다고 한다. 따라서 문제는 미국이 김 위원장이 바라는 이런 조건들을 대화를 통해 받쳐 줄 수 있을 것인가 하는 것이다.

30년 동안 북한노동당 간부로 있다가 미국으로 망명한 리정호는 2019년 11월 18일 트럼프 대통령에게 보낸 편지에서 "문재인과 김정은이 미국 대통령을 속였다"며, "북한에 대한 전면적인 제재를 가하면서 심리전과 군사적 압박을 병행하는 것이 북핵문제를 해결하는 가장 효과적인 전략이 될 것"이라고 주장했다.

북한은 2019년 11월 김계관 외무성 고문, 최선희 제1부상, 김영철 조선아시아태평양평화위원회 위원장을 내세워 "미국이 북한에 대한 적대시敵對視 정책을 철회하지 않으면 핵문제 논의는 더 이상 없을 것"이라고 선언했다. 최선희는 "미국 쪽에서 대對조선 적대시정책을 철회한다는 중대한 전략적 결정을 내린 이후라면 모르겠지만, 그전에는 지금까지 놓여 있던 핵문제가 협상 테이블에서 이제는 내려졌다고 개인적으로 생각한다"고 말했다. 2018년 3월 시작된 '비핵화 사기극'은 이렇게 하여 1년 반 만에 완전히 막을 내렸다.

| 종합 평가

-김정은이 핵을 포기할 리가 없었다. 핵 포기는 자살과 다름없다. 김정은·문재인·트럼프는 이 사안을 놓고 각자 다른 목적을 추구했다. 문 대통령은 김정은을 트럼프와 연결시켜 주면서 남북관계를 열어 2018년 내내 '한반도 평화쇼'를 벌여 톡톡히 재미를 보았다. 김정은은 트럼프와 협상 테이블에 마주 앉는 데 성공함으로써 일약 세계적 인물이 되었다. 트럼프는 싱가포르·하노이 이벤트를 통해 국내정치적인 득을 보았다.

-문 대통령이나 정의용 국가안보실장은 김정은이 하는 말을 정확하게 전달하지 않았다. 일부 전문가들이 처음부터 북한의 속임수일 가능성을 제기했지만 조금도 귀를 기울이지 않았다. 문 대통령이나 청와대 참모들에게 중요한 것은 남북관계를 진전시키는 것이었다. 다소 각색이나 과장이 있다 하더라도 이는 문제 될 것이 없었다. 목적 달성을 위한 수단이라고 생각했기 때문이다. 어차피 이들에게는 북핵 폐기가 제1의 목표는 아니었다.

-북한의 '비핵화 사기극'은 이것이 처음이 아니다. 북한은 1991년 12월 31일 한국과 역사적인 '비핵화 공동선언'을 한 이래 이러저러한 사기극을 멈추지 않았다. 북한은 믿을 수 없다는 사실이 거듭거듭 확인되었다. 북한 체제의 속성이 변하지 않는 한 이런 일은 반복된다고 보는 것이 맞다. 북한이 설정한 목표가 핵보유국이었고 이를 달성하려는 의지에 아무런 변화가 없었다.

● 종전선언 추진

"남북이 추구하는 종전선언은
평화 체제로 나아가기 위해 거쳐야 할 과정이다.
북한의 비핵화 조치를 촉진하기 위해서도 필요하다"
_문재인 대통령, 미국외교협회 연설 2018.9.25.

"김정은은 핵무기로 평화 지키겠다는데,
문재인 대통령은 종전선언으로 '화해와 번영의 시대' 열겠다니"
_태영호 국회의원, 2021.7.

종전선언은 노무현 정부 때부터 거론되었다. 노 대통령은 2006년 11월 18일 하노이에서 조지 W. 부시 대통령과 회담하면서 종전선언 필요성을 제기했다. 종전선언을 먼저 하고 그 동력으로 북핵 폐기를 이어 가자고 했다. 하지만 부시 대통령은 "북한이 핵을 포기하면 종전선언과 평화협정을 체결할 용의가 있다"며 종전선언과 평화협정 체결을 북핵 폐기의 종착점으로 해야 한다는 입장을 견지했다.

노 대통령은 2007년 10월 4일 평양에서 김정일과 회담하고 '남과 북은 현 정전체제를 종식시키고 항구적인 평화체제를 구축해 나가야 한다는 데 인식을 같이하고 직접 관련된 3자 또는 4자 정상들이 한반도지역에서 만나 종전을 선언하는 문제를 추진하기 위해 협력해 나가기로 하였다'라는 문구에 합의했다.

종전선언은 문재인 정부 들어서면서 '평화경제'와 더불어 한반도 평화 프로세스의 핵심 내용이 되었다. 문 대통령은 2018년 4월 27일 판문점에서 김정은과 회담하고 "정전협정 체결 65년이 되는 올해에 종전을 선언하고 정전협정을 평화협정으로 전환하며 항구적이고 공고한 평화체제 구축을 위해 남·북·미 3자 또는 남·북·미·중 4자회담 개최를 적극 추진해 나가기로 하였다"라고 했다.

트럼프 美 대통령도 이런 움직임에 호응하는 모습을 보였다. 문재인-김정은 판문점 선언이 나온 직후 자신의 트위터에 "한국전쟁은 끝날 것"이라고 했다. 6월 1일 백악관에서 김영철 북한노동당 부위원장을 만난 후 기자들에게 "우리는 전쟁을 끝내는 것을 얘기했다. 그런 가능성이 있다. 역사적으로 이것은 매우 중요하다. 지켜보자"라고 했다.

종전선언을 하는 경우 1953년 7월 27일 서명된 정전협정 Agreement concerning a military armistice in Korea 이 어떻게 될 것인가가 가장 큰 문제였다. 일부 학자들은 종전선언을 해도 정전협정은 평화협정이 체결될 때까지 지속된다고 하는데, 북한도 그렇게 볼 것인가는 별개의 문제였다. 북한은 1990년대 이래 정전체제의 두 기둥인 군사정전위원회와 중립국감독위원회를 와해시키며 정전체제를 무시해 왔다.

종전선언으로 대두되는 또 다른 문제는 유엔군사령부 United Nations Command 였다. 종전선언은 북한에게 유엔사 해체 명분을 제공한다. 북한은 그동안 유엔사 해체를 줄기차게 요구해 왔다. 유엔사 해체는 한미연합사에도 영향을 준다. 1978년 창설된 한미연합사는 사령관이 4성 장군으로서 유엔군사령관을 겸임하는 동안 한미연합사령관이 되는 구조다. 북한이 유엔사 해체를 추구하는 이유도 유엔사가 해체되면 주한미군이 일본에 있는 7개 유엔사 후방기지로부터 지원을 받지 못하게 되기 때문이다.

태영호 전 북한 공사는 '종전선언과 유엔사는 관계가 없다'는 것은 거짓이라며, 종전선언을 하게 되면 북한은 적대행동 중지 지역을 한반도 전역으로 확대하자면서 유엔사 해체를 들고나올 것으로 확신했다. 북한은 또 '평화체제로 가는데 왜 외국 군대가 주둔하느냐, 나가라'고 할 것이므로 종전선언은 유엔군사령부 해체와 주한미군 철수를 각오해야 하는 일이라고 단언했다.

종전선언의 또 다른 문제점은 서해북방한계선NLL 문제였다. 종전終戰이 법적으로 발효되면 북한은 정전협정의 산물인 NLL은 자동 폐기된다고 주장하게 되어 있다. 이렇게 되면 서해5도는 북한 영해 깊숙이 위치한 고립된 섬으로 변하고, 수도권 방위가 취약한 상태에 놓이게 된다.

종전선언을 하면 이런 어려움이 예상되는데도 문재인 정부는 이를 집요하게 추진했다. 왜 그랬을까? 문재인 정부 설명에 의하면, 북한이 느끼는 체제안전에 대한 불안감을 덜어 주어 비핵화를 진전시킬 수 있고, 나아가 한반도 평화 프로세스를 촉진시킬 수 있기 때문이라고 했다. 위험한 생각이었다. 북한이 핵을 폐기하지 않은 상태에서 평화협정으로 간다는 것은 치명적 실수로 귀결될 것이 번했다. 평화협정이란 절대로 믿을 것이 못 된다. 예컨대, 美 트럼프 행정부가 2020년 2월 탈레반과 맺은 평화협정은 탈레반이 2021년 8월 카불을 점령함으로써 종잇조각이 되었다. 1973년 1월 북베트남·남베트남·미국 3자가 서명한 파리평화협정도 1975년 5월 북베트남이 사이공을 함락함으로써 휴짓조각이 되어 버렸다.

종전선언을 하면 평화협정을 체결해야 한다. 여기에도 문제가 있다. 문 대통령 말대로 평화협정이 체결된다고 해서 주한미군이 반드시 철수해야 하는 것은 아니다. 하지만 북한이 평화협정의 전제조건으로 주한미군 철수를 요구할 가능성이 크다고 보아야 한다. 북한은 실제로 1990년대 남·북·미·중이 4자회담을 했을 때 주한미군 철수문제를 다루지 않으면 평화협정 체결문제를 다룰 수 없다고 집요하게 주장한 바 있다.

문 대통령은 2018년 5월 22일 워싱턴 한미 정상회담에서 트럼프 대통령에게 6월 12일 예정된 싱가포르 미·북 정상회담을 계기로 남·북·미 3자 간 종전선언을 할 것을 제의했다. 트럼프 대통령은 종전선언이 지니는 함의를 잘 몰랐다. 그에게는 자신의 정치적 위상에 어느 정도 도움이 되느냐가 중요했다. 트럼프는 처음에는 6·25전쟁의 종식을 선언하는 일이 역사적인 이벤트가 될 것이라고 믿었다. 노벨평화상에 대한

욕심도 있었다.

문 대통령은 미·북 정상회담이 열리는 것을 계기로 종전선언을 위한 남·북·미 3자 회담을 갖는 것에 집착했다. 싱가포르 현지에 내외신 기자를 위한 프레스센터까지 마련해 놓았다. 하시라도 현지로 날아갈 수 있도록 만반의 준비를 해 놓고 있었지만 그런 일은 일어나지 않았다. 희망사항에 불과했다. 한여름 밤의 꿈으로 끝났다.

美 국무부 관계자는 2018년 7월 14일 〈동아일보〉 특파원에게 "당초 북한의 비핵화 의지를 확인하기 전에는 종전선언을 하지 말아야 한다는 기류가 강했다"며, "그럼에도 트럼프 대통령이 관심을 보여 진지하게 가능성을 모색했으나 지금은 분위기가 달라졌다"고 했다. 여기에는 볼턴 국가안보보좌관과 매티스 국방장관이 역할을 한 것으로 알려졌다.

문 대통령은 2018년 7월 11일 싱가포르 언론과의 서면 인터뷰에서 "판문점 선언에서 합의한 대로 정전협정 체결 65주년이 되는 올해 종전을 선언하는 게 우리 정부의 목표다. 종전선언은 상호 적대관계를 종식하고 평화적으로 공존하는 관계로 나아가겠다는 공동 의지를 표명하는 정치적 선언이라는 점에 의미가 있다"고 했다.

북한은 문 대통령이 말하는 성격의 종전선언에는 관심이 없었다. 4·27 판문점 선언에 '종전을 선언하고 정전협정을 평화협정으로 전환'이라는 문구가 들어간 데서도 알 수 있듯이 북한이 원한 것은 평화협정

이었다. 그것이 있어야 유엔군사령부 해체·북방한계선 ^{NLL} 폐지·주한미
군 철수 등을 요구할 수 있기 때문이다.

문재인 정부는 북한이 종전선언을 원하기 때문에 이를 들어주면 북한
비핵화를 견인할 수 있다고 주장했다. 이번만큼은 다를 수 있으니 북한
을 일단 믿자고 했다. 남·북·미 3자가 하는 것을 추진하다가 중국이 참
여해야 한다고 하니까 이도 받아들였다. 하지만 워싱턴 분위기는 부정
적 시각이 강했다. 〈뉴욕타임스〉는 2018년 8월 10일 한국 정부가 북한
입장을 지지해 종전선언을 성사시키려는 배경에 대해 종전선언을 하면
이후 트럼프 대통령이 어떤 상황에서도 군사행동으로 북한을 위협할 수
없게 되므로 이를 노리는 것이라고 분석했다.

해리스 주한대사는 2018년 8월 2일 기자간담회에서 종전선언에 관한
미 측 입장을 이렇게 설명했다.

> 종전선언은 한번 하면 전쟁을 시작하지 않는 한 되돌릴 수 없기 때문에 매
> 우 조심해야 한다. 종전선언을 하려면 비핵화를 향한 북한의 상당한 움직임
> 이 있어야 하는데 아직 그런 움직임이 없다. 현 단계에서 종전선언을 논의
> 하는 것은 시기상조다.

> 종전선언은 한미동맹이 결정하는 것이 돼야 하며 일방적인 선언이 되어서
> 는 안 되고 빨리 가서도 안 된다. 미국과 한국이 나란히 함께 가야 한다.

김영철 북한 통일전선부장은 2018년 8월 23일 폼페이오 장관에게 보낸 서한을 통해 평화협정을 요구했다. 종전선언을 놓고도 고민이 많은 미국에게 이는 완전히 다른 얘기였다. 평화협정은 북한 체제보장의 완결판이어서 비핵화가 완료된 후에나 검토될 사안인데, 평화협정을 꺼냈다는 것은 북한이 무엇을 원하는가를 단적으로 드러낸 것이었다. 종전선언을 하면 평화협정이 지연될 것을 염려한 것이다. 김영철은 미국이 평화협정에 미온적이면 "비핵화 협상이 결딴날 수도 있다"고 으름장을 놓기도 했다. 북한이 원한 것은 종전선언이 아니라 평화협정임을 알 수 있다.

문정인 통일외교안보특보는 2018년 8월 29일 워싱턴에서 개최된 한 세미나에서 "종전선언의 첫 번째 측면은 1953년 정전협정 이후 65년째인 전쟁 상태를 상징적인 차원에서 종식하자는 것"이라며, "법적 효력이 있는 평화협정을 체결하기 전까지는 군사분계선 MDL 과 유엔군사령부를 포함한 정전협정을 유지하고, 마지막으로 비핵화와 평화 체제를 연계해 나가자는 것"이라고 말했다.

문 특보는 그러면서 "종전선언은 주한미군 철수나 한미동맹문제와는 아무런 관계가 없다. 종전선언은 불가역적인 게 아니라 상황에 따라 되돌릴 수 있는 것이다"라고 했다. '약속은 지켜야 한다pacta sunt servanda '는 국제법의 기본원칙을 들먹이지 않더라도, 터무니없는 얘기였다. '상황에 따라 되돌릴 수 있다'고 한다면 그 되돌아간 상태는 어떤 상태를 말하는지 알 수 없었다. 문 특보는 또 "남·북·미·중 정상이 유엔에서 종전선언을 하면 멋지지 않겠느냐"며 상상의 나래를 펴기도 했다.*

정의용 국가안보실장을 단장으로 한 특사단이 2018년 9월 5일 평양을 다녀왔다. 정 실장은 다음 날 기자회견에서 김정은이 생각하는 종전선언의 성격과 상응하는 비핵화 조치가 무엇이냐는 질문에 다음과 같이 답변했다.

종전선언은 이미 4·27 남북정상회담에서 올해 실현하기로 합의한 바 있다. 우리 정부는 종전선언은 정치적 선언이고 관련국 간 신뢰를 쌓기 위한 첫 번째 단계라고 생각하고 있다. 북한도 이런 우리 판단에 공감하고 있다.

이와 관련해 김 위원장은 미국과 우리나라 일부에서 제기하고 있는 우려, 즉 '종전선언을 하면 한미동맹이 약화한다' '주한미군을 철수해야 한다' 하는 것들은 종전선언과는 전혀 상관없는 것 아니냐는 입장을 저희에게 표명해 왔다.

믿을 수 없는 말이었다. 정 실장이 하는 말은 항상 이런 식이었다. 뭔가 각색된 인상을 주었다. 북한의 속임수가 들어 있는 메시지를 그대로 전달해 한국 국민들을 오도했다. 때문에 정 실장이 하는 말은 액면 그대로 이해해서는 안 되었다.

---

* 문 특보는 2018년 4월 30일 미 <포린어페어스> 기고문에서 "평화협정이 서명되면 미군이 한반도에 계속 주둔하는 것을 정당화하기 어려울 것"이라고 쓴 바 있다.

문 대통령은 2018년 9월 20일 평양과 백두산 방문을 마치고 돌아와 기자들에게 "종전선언은 전쟁을 종식한다는 정치적 선언으로 평화협정 체결을 위한 출발점"이라며, "북한이 완전한 비핵화를 이룰 때 평화협정을 체결하고 북·미관계를 정상화하는 개념이다. 따라서 유엔사의 지위나 주한미군 주둔 필요성에 대해서는 전혀 영향이 없다"라고 말했다. 그러면서 "특히 주한미군문제는 한미동맹에 의해 주둔하고 있는 것이기 때문에 그것은 종전선언이나 평화협정과는 무관하게 전적으로 한미 간의 결정에 달려 있다. 김 위원장도 동의한 것이다. 북한의 완전한 비핵화가 이뤄질 때까지 주한미군을 포함한 현재의 정전체제는 유지된다"라고 했다. '김 위원장도 동의한 것'이라는 말은 믿을 수 없는 말이었다.

문 대통령은 '김정은도 동의한 것'이라고 했는데 송민순 전 외교통상부 장관은 "김정은 입으로 직접 이런 말을 한 적이 있느냐"며 회의적인 반응을 보였다(2019.1.25.). 김정은이 2018년 3월 비핵화 관련해 대북특사단에게 한 말도 믿을 수 없었듯 김정은이 문 대통령에게 했다는 이 말도 액면 그대로 믿기 어려웠다. 설사 김정은이 그렇게 말한 것이 사실이라 하더라도 그것은 속임수임이 틀림없었다. 종전선언이 이뤄지면 한국 내 종북從北 세력 등이 주한미군 철수를 들고나올 가능성이 얼마든지 있었다. 주한미군 철수가 북한에 의해서는 말할 것도 없고 한국 내 세력에 의해서도 제기될 수 있다.

문 대통령은 2018년 9월 25일 美 〈폭스뉴스〉와의 인터뷰에서 "종전선언은 전쟁을 종료하겠다는 하나의 정치적 선언으로 평화협정이 체결될 때까지는 정전 체제가 그대로 유지된다. 그래서 유엔사의 지위라든지 주한미군의 지위에는 아무런 영향이 없다"고 말했다. 또한 "평화협정이 체결되더라도 주한미군은 전적으로 한미동맹에 의해서 결정되는 것이고 평화협정과는 무관한 것"이라고 했다. 문 대통령은 이어 "종전선언은 정치적 선언이기 때문에 언제든지 취소할 수 있다. 미국이 전혀 손해 볼 것이 없다. 설령 제재를 완화하는 한이 있더라도 북한이 약속을 어길 경우 제재를 다시 강화하면 그만이다"라고 했다.

문 대통령의 이런 반복적 발언은 앞에서도 지적했듯이 문제가 있었다. 전쟁 상태가 더 이상 존재하지 않는다고 선언해 놓고 이를 '언제든지 취소할 수 있다'는 것은 국제법적 측면은 차치하고서라도 상식적으로도 맞지 않았다. '취소'라는 것은 없었던 일로 한다는 것인데 국가행위에는 여러 관련 문제들이 복합적으로 연관되어 따라다니기 때문에 손바닥 뒤집듯 할 수 있는 일이 아니다. 수미 테리 CSIS 선임연구원은 "미국으로선 일단 종전선언을 하고 나면 이를 되돌리는 것은 불가능할 것"이라고 했다. 해리스 주한미대사도 "종전선언은 한번 선언하면 전쟁을 시작하지 않는 한 되돌릴 수 없기 때문에 매우 조심해야 한다"고 했다. 조현 외교부 1차관도 "법적 구속력이 없는 정치적 선언에 대해 법적 효력(철회 가능성)을 논하기는 곤란하지만, 일반적으로 정치적 선언이라고 해도 일단 발표한 다음에는 함부로 그리고 일방적으로 철회하는 것은 어렵다"고 했다.

문 대통령은 '제재를 완화했다가 북한이 약속을 안 지키면 이를 다시 강화하면 된다'고 했는데 뭘 잘못 알고 한 말이었다. 합의 불이행 시 원상태로 돌아가는 '스냅백snapback'이라는 것은 자동적으로 원상태로 돌아가는 것이 아니다. 관련한 모든 조건을 다시 협상해야 하는 등 복잡한 문제가 따른다. 제재 시스템이 어떻게 작동하는지 모르면서 한 말이었다.

문 대통령은 2018년 9월 25일 미국외교협회CFR 연설에서 "종전선언이 유엔사의 지위에 영향을 미칠지 모른다는 우려는 사실이 아니다. 이런 종전선언 개념에 김정은 위원장도 동의하고 있다"라고 했는데, 이 말이 거짓임은 북한에 의해 바로 입증되었다. 리용호 외무상은 9월 29일 유엔 연설에서 종전선언 필요성을 역설하더니 말미에 돌연 유엔사문제를 꺼냈다. 미군 지휘에 복종하는 연합군사령부에 불과한 주제에 왜 유엔군사령부란 호칭을 쓰느냐고 시비를 걸었다. 김인철 유엔주재 북한 대표부 서기관은 10월 12일 열린 유엔총회 제6위원회(법률부문)에서 "긴장 완화와 평화를 향한 한반도 상황 전개에 근거해 가능한 한 빠른 시일 내에 유엔사는 해체돼야 한다"고 주장했다.

김정은 위원장은 2018년 10월 7일 네 번째로 평양을 방문한 폼페이오 국무장관에게 '종전선언 안 해도 좋다. 대신 먹고살기 힘드니 제재 좀 풀어 달라'는 식으로 말했다. 제재 해제가 더 급했다. 북한은 7월 초 폼페이오의 3차 방북 때만 해도 종전선언에 관심을 보였었다. 당시 북한 외무성은 "종전선언을 하루빨리 발표하는 것이 신뢰조성을 위한 선차적 요소"라고 했었다. 북한은 미국의 반응이 미온적이자 선전매체들을 동원해 "남조선 당국도 종전선언문제를 수수방관하지 말라"고 다그치기도 했다. 그러던 북한이 2018년 10월 2일 〈조선중앙통신〉을 통해 "미국이 종전을 바라지 않는다면 우리도 연연하지 않을 것"이라고 입장을 바꿨다.

이와 같은 입장 변화가 어떤 연유인지는 알 수 없으나 미국이 종전선언을 비핵화 조치와 연계시켜 협상 카드로 쓰려 하니 이 카드를 무력화시키기 위해 그랬을 가능성이 있다. 북한과 달리 문재인 정부의 입장은 변함이 없었다. 조명균 통일부 장관은 2018년 11월 16일 워싱턴 방문 중 연내 종전선언이 가능하기도 하고 또 필요하기도 하다고 말했다.

청와대는 하노이 미·북 정상회담(2019.2.28.)에서 종전선언이 이뤄질 수도 있다고 보았다. 김의겸 청와대 대변인은 회담일이 가까워 오자 연일 미국과 북한이 종전선언에 합의할 가능성을 내비쳤다. 하지만 하노이 회담 시 종전선언은 일체 거론되지 않았다. 청와대가 무슨 근거로 하노이에서의 종전선언을 그토록 기대했는지 알 수 없다.

트럼프 대통령은 2019년 6월 30일 판문점에서 김정은을 만났다. 이 자리에 잠깐 모습을 드러냈던 문 대통령은 7월 2일 "남북에 이어 북·미 간에도 문서상의 서명은 아니지만 사실상의 행동으로 적대관계의 종식과 새로운 평화시대의 본격적인 시작을 선언했다고 말할 수 있을 것 같다"고 했다. 이 회동을 "사실상의 남·북·미 3자 종전선언"이라고 했다.

종전선언을 임기 중 최대 업적으로 남기고 싶은 생각이 이토록 강했다.

이로부터 1년 넘게 종전선언은 아무런 진전이 없었다. 그러다가 2020년 9월 다시 종전선언이 테이블에 올려졌다. 문 대통령은 2020년 9월 22일 유엔총회 연설과 10월 8일 코리아소사이어티 연설에서 "종전선언이야말로 한반도 평화의 시작이자 항구적 평화체제의 길을 여는 문이 될 것"이라고 말했다. 워싱턴의 반응은 싸늘했다. 백악관 국가안보회의 선임보좌관을 지낸 마이클 그린은 "한국 대통령이 유엔에서 미 의회나 행정부 입장과 이렇게 다른 연설을 하는 것을 본 적이 거의 없다"며 "평화와 통일로 향하는 하나의 단계로서 평화협정 체결을 촉구했다면 괜찮았겠지만, 평화를 선언함으로써 그렇게 할 수 있다고 생각하는 것은 환상"이라고 말했다.

이수혁 주미대사는 2020년 10월 11일 국회 국정감사에서 종전선언과 관련해 "북한만 동의한다면 미국은 아무런 이견이 없다"고 밝혔다. "비핵화 프로세스의 문을 여는 정치적 합의를 남북한, 미국 또는 중국이 하자는 것인데 어떻게 그걸 (미국이) 거부하겠는가"라고 했다. 그러면서 이 말은 자신이 美 고위 관리와 접촉한 결과를 토대로 하는 것이라고 했다. 미국은 비핵화 진전이 없이는 종전선언에 나서지 않겠다는 입장을 견지해 왔는데 이 대사가 한 말이 사실이라면 미국 입장에 변화가 있었다. 일각에서는 이 대사가 청와대에 코드를 맞추려고 사실을 왜곡했을 가능성이 있다고 보았다.

미국은 북한이 전향적인 비핵화를 추진할 때 종전선언이 고려될 수 있다는 입장이었다. 미국이 이런 입장을 견지하는 데는 그럴 만한 이유가 있었다. 미국은 국내법에 의해 북한을 제재하고 있었다. 종전선언이 되면 북한은 더 이상 미국의 적성국이 아니고 테러지원국 명단에서도 빠질 수 있다. 이렇게 되면 미국 국내법이 규정하는 제재 근거의 다수가 사라진다.

문 대통령은 2021년 9월 22일 유엔총회에 참석해 행한 연설에서 "종전선언이야말로 한반도에서 화해와 협력의 새로운 질서를 만드는 중요한 출발점이 될 것"이라며 다음과 같이 지지를 호소했다. 메아리 없는 외침이었다. '종전선언을 하면 비핵화의 불가역적 진전이 시작될 수 있다'는 것은 문 대통령 생각일 뿐이었다.

> 나는 오늘 한반도 종전선언을 위해 국제사회가 힘을 모아 주실 것을 다시 한번 촉구하며, 남·북·미 3자 또는 남·북·미·중 4자가 모여 한반도에서의 전쟁이 종료되었음을 함께 선언하길 제안한다.

> 한국전쟁 당사국들이 모여 종전선언을 이뤄낼 때, 비핵화의 불가역적 진전과 함께 완전한 평화가 시작될 수 있다고 믿는다.

문 대통령은 2018년부터 4년 연속 유엔총회 연설에서 종전선언 지지를 요청했지만 국제사회는 이를 무시했다. 2021년의 경우에는 특히 그랬다. 뜬금없는 얘기로 받아들여졌다. 북한이 핵시설을 재가동하고, 미사일 도발로 유엔 안보리 결의를 무시하며, 핵미사일 고도화를 계속하고 있는 상황이었기 때문이다. 문 대통령 연설 바로 하루 전 그로시 국제원자력기구IAEA 사무총장은 "북한에서 플루토늄 분리와 우라늄 농축 등의 작업이 전속력으로 진행되고 있다. 북한은 핵 프로그램에 전력을 기울이고 있다"고 우려를 표명했다.

에번스 리비어 전 국무부 수석부차관보는 "전쟁의 근본 원인이 그대로 남아 있는 상황에서의 종전선언 제안은 위험하고 마법에 취해 있는 듯한 사고방식"이라며, "종전선언이 비핵화를 가속화시킬 수 있다는 생각에 강력히 반대한다"고 했다. 그는 또 "종전선언은 비핵화가 아니라 북한의 핵보유국 지위만 공고히 할 것"이라고 했다. 이어 "6·25전쟁 정전협정 당사국의 하나인 중국이 한반도에서 장기적으로 노리는 것은 한미동맹이 종료되고 주한미군이 철수하는 것임을 기억해야 하며 이는 북한도 공유하는 목표"라고 말했다.

문 대통령 방미를 수행한 정의용 외교부 장관은 2021년 9월 23일 뉴욕특파원들과 가진 간담회에서 "지난 68년간 정전협정 상태를 유지한 게 정상은 아니다. 역사상 그런 적이 없다. 종전선언은 평화협정으로 가는 첫째 관문이다. 법적 구속력이 있는 것도 아니고 평화로 가겠다는 의지의 선언인데 그것도 못 하나"라고 말했다. 이어 "남북 간 불가침 협약도 맺었다. 또 종전선언을 해도 주한미군과 유엔사 지위에도 아무 영향을 미치지 않는다. 아직도 이런 요구가 국제사회에서 받아들여지지 않는 것은 우리 국민에겐 불공평한 상황이다"라고 했다.

정 장관의 이런 인식에는 문제가 많았다. 정전협정 상태가 지속되고 있다고 해서 무슨 문제가 있나. 종전선언이 평화로 가는 길이라고 했는데 이것은 심각한 오류였다. 종전선언이든 평화협정이든 지속적인 평화를 보장하지 못한다. 그는 또 국제사회가 종전선언을 받아들이지 않는 것은 한국 국민들에게는 불공평한 일이라고 했는데, 억지 주장이었다. 문재인 정부가 원하는 종전선언이 합리적인 것이라면 왜 국제사회가 그토록 냉담한 반응을 보였겠는가.

북한 리태성 외무성 부상은 2021년 9월 24일 종전선언과 관련하여 다음과 같은 담화를 냈다. 종전선언이 이루어지기 전에 북한이 핵보유국임을 승인해야 한다고 했다.

> 종전선언이 현시점에서 조선반도 정세 안정에 전혀 도움이 되지 않으며 미국의 적대시정책을 은폐하기 위한 연막으로 잘못 이용될 수 있다는 것을 바로 봐야 한다.

> 우리는 이미 종전선언이 그 누구에게 주는 선사품이 아니며 정세 변화에 따라 순간에 휴짓조각으로 변할 수 있다는 입장을 공식 밝힌 바 있다.

> 한반도에 있어서 가장 우선 과제는 미국이 이중기준과 대북 적대시정책 철회이며 종전선언 체결 전에 미국 및 관련 국가들은 북한이 핵보유국임을 승인해야 한다.

종전선언은 지역의 전략적인 군비경쟁의 나락에 빠지는 참혹한 결과를 낳게 될 것이다.

리태성 담화가 나온 후 7시간 만에 김여정의 담화가 또 나왔다. 어찌된 일인지 알 수 없으나 김여정도 리태성과 마찬가지로 충족이 어려운 전제조건을 달음으로써 종전선언에 부정적인 입장을 취했다.

종전선언은 흥미 있는 제안이고 좋은 발상이다. 종전선언은 나쁘지 않다. 그러나 지금 때가 적절한지 그리고 모든 조건이 이런 논의를 해 보는 데 만족이 되는지를 먼저 살펴보아야 한다.

지금과 같이 우리 국가에 대한 이중적인 기준과 편견, 적대시적인 정책과 적대적인 언동이 지속되고 있는 속에서 반세기 넘게 적대적이었던 나라들이 전쟁의 불씨로 될 수 있는 그 모든 것을 그대로 두고 종전을 선언한다는 것은 말이 되지 않는다.

종전이 선언되자면 쌍방 간 서로에 대한 존중이 보장되고 타방에 대한 편견적인 시각과 지독한 적대시정책, 불공평한 이중기준부터 철회되어야 한다.

'불공평한 이중기준부터 철회되어야 한다'는 것은 북한의 불법 핵미사일 개발에 대해 이의를 제기하지 말라는 것으로, 이 요구를 받아들인다는 것은 북한을 핵보유국으로 인정하는 것이 된다. 북한의 관심 사항이 핵보유국 지위를 인정받는 데 있다는 사실이 여기에서도 드러났다.

이것은 문재인 정부가 내세운 '종전선언=북한 비핵화 입구'라는 주장이 틀린 것임을 말해 주었다.

이런 상황에 대해 천영우 전 외교안보수석은 "오히려 북한이 종전선언의 본질을 정확히 파악하고 있다. 종전선언이 평화체제 수립과정에서 한 번쯤 짚고 넘어갈 사안이기는 하지만 시기상조라는 반론으로 문 대통령의 종전선언 만능론에 일침을 가한 것"이라며 "문 대통령의 종전선언에 대한 집착이 병적 잠꼬대 정도로 치부되고 북한 외무성 부상의 반박거리가 되는 현실에 국민의 한사람으로서 자존심이 상하고 화가 난다"고 비난했다.

김정은 위원장은 2021년 9월 29일 최고인민회의 시정연설에서 "종전선언과 남북관계 회복은 남한 당국에 달렸다. 선결조건을 해결하지 않으면 핵무장력을 더욱 강화하겠다"고 말했다. 북한은 종전선언의 선결조건으로 △'불공정한 이중 기준' 철회, △'대북 적대시정책' 철회, △한미연합훈련·미국 전략자산 전개 영구 중단을 내걸었다.

서훈 국가안보실장은 2021년 10월 12일 워싱턴을 방문, 설리번 국가안보보좌관을 만나 종전선언을 논의한 다음 기자들에게 "우리 입장에 대한 미국의 이해가 깊어졌다고 생각한다"고 말했다. 1주일 뒤 노규덕 한반도평화교섭본부장도 워싱턴에서 성김 대북대표와 만난 뒤 "(종전선언은) 북한과 대화를 시작하기 위한 계기로서 상당히 유용하다는 한미 간 공감대가 있다. 미국은 성명 채택 시 어떤 영향이 있을지 검토가 필요하다고 보고 내부적으로 심도 있게 검토 중"이라고 밝혔다. 북한과 대화를 시작하기 위한 계기로서 종전선언이 유용하다는 것은 한심하기 짝이 없는 사고였다. 종전선언을 대북 대화 재개와 연관시킬 일은 아니었다.

한국 측으로부터 나오는 이런 분위기와는 달리 미국에서는 회의론이 지배적이었다. 버웰 벨 전 한미연합사령관은 미국의 소리 방송VOA에 보낸 성명에서 종전선언이라는 개념은 북한군의 공격적 전진 배치 태세가 중단돼야 적용될 수 있다고 주장했다. 종전선언을 위해서는 북한군의 태세 변화가 선행되어야 한다는 것이다. 브루스 클링너 헤리티지재단 선임연구원도 문 대통령이 자꾸 종전선언을 정치적 선언에 불과하다고 하는데 "한반도 안보에 아무런 영향이 없는 정치적 문서라면 이것이 무슨 소용이 있으며 왜 이것을 추진해야 하는 것이냐"고 되물었다. 그는 "휴전협정도 수없이 위반한 북한이 평화선언을 준수할 것이라고 믿는 근거가 어디에 있는가"라고 물었다. 랠프 코사 태평양포럼 명예회장도 "종전선언은 거의 도움이 되지 않거나 아예 쓸모가 없다. 무의미한 제스처에 불과하다"고 단언했다.

주한대사를 지낸 도널드 그레그는 2021년 10월 28일 〈중앙일보〉 인터뷰에서 주한미군과 유엔사령부, 북한 비핵화를 다루지 않는 종전선언은 의미가 없다고 말했다. "일단 하고 나서 다음 생각해 보자는 태도는 안 된다"고 했다. 문재인 정부의 주장을 반박한 것이다. 캐슬린 스티븐슨 전 주한대사도 11월 2일 〈워싱턴타임스〉가 주최한 대담에서 "평화협정을 맺기 전까지는 전쟁을 끝내는 선언을 해서는 안 된다"고 강조했다. 종전선언을 따로 할 필요가 없다는 의미였다. 스티븐슨 대사는 또 "문 대통령은 임기를 얼마 남겨 두지 않은 상황에서 업적을 남기기 위해 종전선언을 강력히 추진하고 있지만, 이것이 한반도 평화에 미칠 영향이 매우 우려된다"고 했다. 문 대통령이 정치 일정에 영향을 받아 이런 일을 추진해서는 안 된다는 지적이었다.

설리번 백악관 국가안보보좌관은 2021년 10월 26일 기자들에게 종전선언을 하려면 여러 상황과 조건이 맞아야 한다는 생각을 밝혔다. 순서·시기·조건 면에서 한국과 입장이 다름을 드러냈다. 순서 sequencing 는 무슨 일을 먼저 할 것인가의 문제였다. 종전선언과 북한의 비핵화 조치 간 선후관계의 문제였다. 미 측은 종전선언은 북한의 진정성 있는 비핵화 조치가 선행되거나 최소한 담보되었을 때 해야 한다는 입장이었다. 시기 timing 는 언제 할 것인가의 문제였다. 문재인 정부는 비핵화 입구에서 해야 한다는 입장이었지만 미국은 이것은 합당하지 않다고 생각했다. 조건 condition 은 무엇을 전제로 할 것인가의 문제였다.

미 측은 신중했다. 종전선언에 담기는 내용이 북한에 의해 어떻게 해석되고 어떤 주장으로 이어질지 등을 철저히 검토했다. 이와 함께, 북한이 각종 미사일 시험발사 등으로 유엔 안보리 결의를 위반하고 있는 가운데 종전선언을 하게 되면 북한의 상습적인 도발을 눈감아 주는 것이 되기 때문에 이 점도 걸렸다. 다만, 동맹국 지도자를 존중하는 차원에서 한국과의 협의에 성의 있게 임할 뿐이었다.

미첼 리스 전 국무부 정책기획실장은 "기저에 깔린 긴장과 불협화음을 근본적으로 바꾸지 않고 6·25전쟁 종전선언 등을 하는 것은 암 환자에게 반창고를 붙이는 것과 같다"고 단언했다. 언론인 조갑제는 종전선언 추진을 다음과 같이 신랄하게 비난했다.

문재인이 지금 하고 있는 쇼는 핵문제 해결을 위한 것이 아니라 비핵화 사기극의 후속으로 내년(2022.3.9.) 선거에서 정권 교체를 막아 보려는 마지막 발악에 가깝다.

핵무장한 북한과 무장하지 않은 한국이 종전선언을 한다는 것은 칼 든 강도와 맨손뿐인 주인이 동거한다는 뜻이다.

안보문제를 국민이 아니라 김정은 입장에서 생각하는 문재인이다. 핵무장한 북한 정권과 종전선언하자고 하는 것은 역적이나 바보가 아니면 할 수 없는 짓이다.

북한이 종전선언을 근거로 주한미군 철수와 유엔사 해체를 요구할 수 있다는 우려는 근거 없는 것이 아니었다. 김성 유엔주재 북한대사는 2021년 10월 27일 제76차 유엔총회 제4위원회에서 "유엔사를 유지해야 한다는 미국의 고집은 남한에 대한 점령을 정당화·영구화하고 아시아·태평양 지역에서 미국의 정치·군사적 목적을 달성하는 데 있다"며 유엔사의 즉각적인 해체를 촉구했다. 그는 "미국이 유엔사를 불법으로 설립했다"며 "사악한 정치·군사 목적을 달성하기 위해 평화유지라는 구실로 유엔 이름을 악용하는 행위를 간과해서는 안 된다"고 주장했다.

이런 분위기인데도 한국 고위관리들은 종전선언이 곧 성사될 것처럼 말했다. 정의용 장관은 2021년 11월 11일 국회 외교통일위원회 전체회의에서 "한미 간 상당히 조율이 끝났다"고 했고, 이수혁 주미대사는 11월 9일 워싱턴특파원 간담회에서 "한미 간 종전선언 문안까지 서로 의견을 교환하고 있다"고 했다. 최종건 외교부 1차관도 11월 14일 기자들에게 "조만간 좋은 결과가 있지 않을까 싶다"며 "언제, 어떻게 할지 방법론을 논의하고 있다"고 했다.

최 차관은 11월 15일 한미전략포럼 기조연설에서 "종전선언은 남·북·미가 비핵화 대화와 평화회담의 길을 열어 새로운 질서를 형성하기 위한 의미 있는 진입점이 될 것"이라며 "(문재인) 정부는 종전선언을 통해 비핵화에서 불가역적인 진전을 만들고 비정상적으로 긴 정전협정을 평화체제로 전환하는 과정을 시작하려 한다"고 말했다. 그는 한반도 평화 프로세스와 관련해 "누구도 벗어날 수 없는 틀을 만드는 게 중요하다"며 종전선언이 이를 위한 좋은 방안이라는 입장을 밝혔다. '종전선언이 비핵화에서 불가역적인 진전을 만든다'는 것은 난센스였다. 최 차관도 정 장관과 마찬가지로 '정전협정이 비정상적으로 길다'고 했는데 이게 왜 문제라고 생각하는지 이해가 되지 않았다. 또한 "누구도 벗어날 수 없는 틀을 만든다"고 했는데 이런 일이 내 뜻만 갖고 되는 일이 아니라는 사실을 잊은 듯했다.

해리스 전 주한대사는 2021년 11월 17일 뉴욕 코리아소사이어티 간담회에서 "종전선언이 서명되면 그 다음 날 무엇이 달라지는지 우리 스스로 물어보아야 한다"며 "이미 정전협정이라는 이름으로 종전선언은 이뤄진 것"이라고 했다. 이 간담회에서 로버트 에이브럼스 전 주한미군사령관은 "일각에서는 종전선언이 상징적인 것에 불과하고 법적 의미나 유형의 결과는 없을 것이라고 말하지만 이를 확신할 수 없다"며 "종전선언이 이뤄지면 유엔군사령부를 발족시킨 과거의 유엔 안보리 결의를 폐기하자는 움직임이 안보리 내에서 있을 것이라는 증거가 많다"고 했다.

미국기업연구소^{AEI} 니컬러스 에버스타트 선임연구원은 2021년 11월 28일 〈월스트리트저널〉 기고문에서 "한미가 종전선언을 하면 북한 비핵화라는 범세계적인 목표는 사실상 포기한 것"이라며 "종전 파티를 하면서 어떻게 국제사회를 동원해 북한 비핵화를 압박할 수 있겠는가"라고 썼다. 그뿐만 아니라 종전선언이 이뤄지면 "중국과 러시아도 대담해져 유엔의 대북제재를 마음대로 위반하고 대북제재 해제를 위한 로비를 강화할 것"으로 예상했다.

반기문 전 유엔사무총장도 문재인 정부를 향해 쓴소리를 했다. 그는 2021년 11월 30일 서울에서 개최된 한 콘퍼런스 연설에서 "종전선언은 정치적 선언이지만 우리의 안보태세를 이완시키고 유엔사령부 해체 및 주한미군 철수까지 주장할 수 있는 빌미를 제공해 주게 된다"며, 북한과 그동안 많은 합의를 했지만 의미 있게 지켜진 것은 하나도 없었음을 상기시켰다.

문 대통령은 2021년 12월 2일 한미안보협의회 SCM 참석차 방한한 로이드 오스틴 美 국방장관을 접견한 자리에서 "차기 정부에 북·미 대화와 남북 대화가 진행 중인 상황을 물려주기 위해 한반도 종전선언을 제안했다"고 말했다. 설득력 없는 자기중심적인 얘기였다. 다음 정부는 다음 정부가 알아서 하면 된다. 문 대통령이 그런 일을 하지 않았다고 해서 누구도 뭐라고 하지 않는다.

미국 공화당 소속 연방 하원의원 35명은 2021년 12월 7일 다음과 같은 내용의 종전선언 반대 서한을 블링컨 국무장관과 설리번 백악관 국가안보보좌관에게 보냈다.

우리는 종전선언이 평화를 증진하기보다 한반도 안보를 심각하게 훼손하고 불안정하게 만들지 않을까 우려한다.

비핵화 진전이나 북한 주민에 대한 기본적 인권 보장 없이 일방적으로 종전선언과 평화협정을 추진하는 것은 위험하다.

북한은 한국·미국·유엔과의 구속력 있는 협정을 반복적으로 위반해 왔다. 북한이 평화협정 조항들을 준수할 것이라는 주장을 뒷받침할 만한 어떠한 역사적 사례가 없다.

문 대통령은 12월 13일 스콧 모리슨 호주 총리와 정상회담 후 가진 공동기자회견에서 "종전선언 유관국인 미국·중국·북한 모두 원론적이고 원칙적인 찬성 입장을 밝혔다. 다만 북한이 미국의 대북 적대정책을 근본적으로 철회하는 것을 선결조건으로 요구하고 있어 아직 대화에 들어가지는 못하고 있다"고 말했다.

60년 경력의 동아시아 전문가 도널드 커크 기자는 2021년 12월 22일 美 정치전문 매체 〈The Hill〉에 다음과 같이 썼다. 워싱턴의 일반적 시각을 담은 주장이었다.

1953년 7월 서명된 정전협정은 이 자체가 훌륭한 종전선언이었다. 지금까지 이 협정이 얼마나 잘 작동되어 왔나. 그런데 왜 종전선언이 필요한가. 한국 방위만 훼손하는 일을 하는 것은 정말이지 의미가 없는 일이다 (absolutely no point).

문재인이 그토록 종전선언에 집착하는 이유를 알 수 없다. 종전선언은 한국 민주주의를 북한 독재에 팔아넘기는 행위다. 이것을 진지하게 고려하기에는 너무나 부적절하고(absurd), 너무나 잘못된 것(deeply flawed)임을 문재인은 인정해야 한다.

종전선언이 역사적인 한미동맹을 파괴하는 것은 불을 보듯 번하다. 종전선언으로 득을 보는 것은 북한뿐이다. 북한은 대북제재 해제와 한미연합훈련 중단 없이는 종전선언을 하지 않을 것이다.

정의용 외교부 장관은 2021년 12월 29일 기자간담회에서 "종전선언과 관련해서는 사실 한미 간에 이미 그 중요성에 대해서는 공감을 하고 있고, 종전선언 문안에 관해서도 이미 사실상 합의가 돼 있는 상태다. 다만, 북한과의 협의를 어떻게 진전시켜야 될지에 대해서는 여러 가지로 검토를 하고 있다"고 말했다. 그러면서 "종전선언 제안에 대해서 북한은 일련의 신속한 그리고 긍정적인 반응을 보여 왔지만 좀 더 구체적인 반응이 있기를 기대하고 있다"고 덧붙였다.

북한은 2022년 1월 들어 7차례나 극초음속 미사일 등을 발사하였지만 문 정부는 별로 개의치 않았다. 정의용 외교부 장관은 2022년 1월 21일 〈YTN〉과의 인터뷰에서 종전선언과 관련하여 "한미 간에 문안에 관해서도 사실상 합의를 봤다"며 "북한의 반응이 관건이다. 조만간 우리의 이런 제안에 긍정적으로 반응해 올 것으로 기대하고 있다"고 말했다. 희망사항에 불과했다.

┃ 문제점

-핵으로 무장한 북한과의 종전선언은 북한의 핵보유를 공인하는 것으로 한국이 먼저 무장해제를 하겠다는 것과 다를 바 없다. 문 대통령은 종전선언을 비핵화 입구로 삼을 수 있다고 했지만, 종전선언을 하면 북한 비핵화는 더 멀어질 것으로 보는 것이 상식이었다. 문 대통령이 임기 마지막까지 이를 추진한 저의를 의심하게 만들었다.

-종전선언이 주한미군·유엔사문제 등과 무관하다는 것은 거짓이었다. 북한이 종전선언 후 이런 문제들을 제기하는 것은 해가 동쪽에서 뜨는 것만큼이나 확실했다. 그런데도 문 정권은 종전선언 이후 발생할 수 있는 문제들에 대해서는 '그런 일은 없을 것'이라고 했다. 무책임했다.

-미 측은 종전선언에 대해 부정적이었다. 득보다 실이 크다고 확신했다. 다만 문 대통령의 체면을 살려 주기 위해 외교적 언사를 보였을 뿐이다. 그런데도 외교부 장관과 차관, 국가안보실장, 주미대사 등은 미국 입장이 긍정적인 것처럼 국민들을 오도했다. 종전선언을 부정적으로 본 것은 북한도 마찬가지였다. 문재인 정부는 가능성이 희박한 일을 하는 데 외교력만 낭비했다. 아마추어 외교라는 게 바로 이런 것이었다.

-종전선언은 역사적 교훈을 무시하는 일이었다. 1953년 휴전 이후 2020년 말까지 북한의 대남침투 및 국지도발 건수는 3,120건에 이르렀다(『2020년 국방백서』). 1970년대 초 남북 대화가 시작된 이후 2018년 말까지 남북회담은 총 679회, 합의서 서명은 258회였는데 이 모든 합의가 유명무실화되었다(『2020년 통일백서』). 북한과의 합의는 별 의미가 없다. 역사적으로 평화협정 없이도 평화가 지속된 경우가 많았다. 오히려 평화협정을 체결한 후 평화가 깨진 경우가 더 많았다.

안보태세 약화

"문 대통령의 안보관은 이적利敵 여부를 따져봐야 할 정도다"
_최진석 교수, 〈중앙일보〉, 2021.12.20.

| 핵무장 잠재력을 없애다?

문 대통령은 2017년 6월 19일 고리 1호기 원전을 영구 정지시키면서 탈원전정책을 선언했다. 취임 1개월 지난 시점이었다. 이 일이 왜 그렇게 시급했는지 알 수 없다. 2016년 12월 18일 원전 재난 영화 〈판도라〉를 보고 이런 결심을 하게 되었다는 설이 있었다. 한국의 핵무장 잠재력을 없애려는 의도는 없었을까 하고 의심하는 사람도 있었다. 언론인 조갑제는 "김정은의 원폭은 위험하지 않고 한국의 원전은 위험하다고 생각하는 분이 탈원전을 선포했다"고 주장했다.

| "북한이 뻥을 치지만…"

문 대통령은 2017년 6월 20일 美 CBS 방송과의 인터뷰에서 "북한이 겉으로는 핵과 미사일로 뻥을 치지만 속으로는 (대화를) 간절히 바라는 바일 수도 있다"고 말했다. 북한은 2017년 9월 3일 6차 핵실험을 한 후 'ICBM 장착용 수소탄 시험 완전 성공'을 발표했다. 2017년 11월 29일

미 전역을 타격할 수 있는 ICBM을 쏘고 "국가 핵 무력 완성"을 선언했다. 북한의 핵·미사일을 '뻥치기'로 인식했다는 것은 놀라운 일이었다.

| 국방백서에서 '북한은 적' 표현 삭제

국방부는 매년 국방백서를 발간한다. 문재인 정부는 『2018 국방백서』에서 '북한은 적'이란 표현을 삭제하고 대신 "북한의 대량살상 무기는 한반도 평화와 안전에 대한 위협"이라는 표현을 썼다.

'북한은 주적'이라는 표현은 김영삼 정부 시절이었던 1995년 국방백서에 처음 들어갔고, 김대중 정부 시절인 2000년에도 유지되다가 2002년 국방백서에서 "현존하는 북한의 위협"으로 바뀌었다. 노무현 정부 때인 2004년 국방백서에서는 '주적'을 삭제하고 '북한은 직접적 군사위협'이란 표현을 썼다. 이명박·박근혜 정부는 "북한 정권과 북한군은 우리의 적"이라고 표현했다.

| 안보 자해 행위를 하다

안보 전문가들은 4·27 판문점 선언과 9·19 남북군사합의는 안보주권을 북한에 넘겨준 것으로 보았다. 특히 남북군사합의는 군사적 대비 태세를 허무는 것이었다.

-2018년 4월 27일 판문점 선언 2조 1항에 '남과 북은 한반도의 모든

공간, 지상·해상·공중에서 군사적 긴장의 원인이 되는 적대행위를 서로 안 한다'라고 함으로써 북한이 한미연합훈련 등에 대해 항의할 수 있는 근거를 제공했다. 적용 범위를 '한반도의 모든 공간'으로 한 것은 북한에 절대적으로 이로운 것이었다. 그런데도 문 대통령은 판문점 선언 3년 되는 날(2021.4.27.) "판문점 선언은 누구도 훼손할 수 없는 평화의 이정표"라고 했다.

–2018년 9월 19일 9·19 남북군사합의서 1조 3항에 "남과 북은 지상과 해상, 공중을 비롯한 모든 공간에서 군사적 긴장과 충돌의 근원으로 되는 상대방에 대한 일체의 적대행위를 전면 중지하기로 하였다"라고 하고, 북한에 대한 항공 정찰을 서부 지역은 군사분계선에서 20km, 동부 지역은 40km 이내에서 못하도록 함으로써 북한이 장사정포나 단거리 전술지대지 미사일로 기습 공격하려 할 때 정찰을 통해 사전에 감지하는 것을 불가능하게 만들었다.

문재인 정부는 9·19 군사합의서가 "사실상의 불가침협정이자 실질적 종전선언"이라고 했는데 한심한 애기였다. 친정부 인사들은 전쟁 없는 한반도가 실현된 만큼 평화협정을 서둘러 체결해야 한다고 했다. 김정은은 2019년 11월 23일 서해 접경해역 창린도에서 해안포 사격을 지휘했다. 9·19 군사합의 위반이었다. 그런데도 정경두 국방부 장관은 "인내할 수 있는 만큼 인내하겠다"고 했고, 김연철 통일부 장관은 "북한의 단거리미사일 발사는 억지력 강화를 위한 것"이라고 했다.

천영우 전 외교안보수석은 9·19 남북군사합의는 "진짜 이적행위"라고 했다. 태영호 전 북한 공사도 "북핵은 건드리지도 못하고 우리의 대북 정찰 기능을 마비시키는 비행금지구역 설정, 북방한계선NLL을 무력화하는 서해 평화수역 설정, 이런 건 한참 잘못됐다"며, "문재인 정부가 김정은의 비핵화 선의만 믿고 무장을 해제해 안보에 구멍이 생겼다"고 했다.

북한 대남선전 매체 〈우리민족끼리〉는 2019년 11월 12일 "지난해 채택된 판문점 선언과 9월 평양공동선언, 북남군사분야합의서는 북남 사이에 무력에 의한 동족상쟁을 종식시킬 것을 확약한 사실상의 불가침 선언이다. 미국이 남조선에 저들의 침략 군대를 주둔시킬 명분은 이미 사라졌다"고 했다. 문재인 정부가 9·19 군사합의서를 "사실상의 불가침협정"으로 불렀는데, 흥미롭게도 북한도 "사실상의 불가침 선언"이라고 했다.

| 희한한 국군의 날 행사

문재인 정부는 2018년 10월 1일 국군의 날 행사를 군사퍼레이드도 없이 야밤에 대중가수들을 불러 쇼처럼 진행했다. 국군의 날 행사를 '야간 쇼' 형식으로 개최한 사례는 전 세계적으로 전무후무한 일이었다. 안보를 희화화한 촌극이었다.

ㅣ 북한이 핵실험을 몇 차례 했는지?

노영민 대통령비서실장과 표창원 더불어민주당(여당) 의원은 2019년 8월 6일 국회 운영위원회에서 다음과 같은 질의응답을 했다. 대통령비서실장이 북한이 몇 차례 핵실험을 했는지도 몰랐다.

> **표창원:** 문재인 정부 들어서 북한의 핵실험이 몇 차례 있었습니까? (이 질문은 이명박·박근혜 정부와 비교해 문재인 정부 들어서 안보상황이 개선되었다고 주장할 의도에서 한 질문이었다)
>
> **노영민:** 핵실험을 말씀하시는 겁니까?
>
> **표창원:** 어려운 문제가 아니지 않습니까?
>
> **노영민:** (겸연쩍은 듯 웃으면서 김현종 국가안보실 2차장을 돌아보고) 두 번인가 했나.[*]
>
> **표창원:** 문재인 정부 들어서 핵실험을 했냐는 질문입니다. 실장님, 잠깐만 안정을 찾으시고…
>
> **노영민:** 미사일 실험하고 헷갈렸습니다.
>
> **표창원:** (핵실험이) 하도 없었으니까 그러신 것 같습니다. 한 번도 없었지요. 중장거리 탄도미사일발사, ICBM 발사는 몇 차례 있었습니까? 한 차례도 없었지요?
>
> **노영민:** 그렇습니다.[**]

---

[*] 북한은 총 여섯 차례 핵실험을 했는데 이 중 한 번은 문재인 정부 시기인 2017년 9월에 했다.

[**] 북한은 문재인 정부 들어 2017년 7~9월 총 세 차례 ICBM 실험을 했다.

| "북한의 미사일 발사는 9 · 19 남북군사합의 위반이 아니다"

한 야당 의원이 2019년 8월 6일 국회 운영위 회의에서 "북한의 최근 미사일 도발이 우리 국민의 생명과 재산, 국가에 중대한 위협인가"라고 물은 데 대해 정의용 국가안보실장은 "큰 위협은 아니라고 본다"며 "군사적 능력은 우리가 북한보다 훨씬 더 앞서고 있다"고 했다. 정 실장은 "북한의 미사일 발사는 9·19 남북군사합의 위반이 아니다. 문재인 정부 출범 이후 북한이 직접적 군사 도발을 한 적이 없다"라고도 했다. 9·19 남북군사합의는 '지상·해상·공중 등 모든 공간에서 상대방에 대한 일체의 적대 행위를 전면 중지한다'고 되어 있다. 정 실장은 북한이 "남조선에 대한 경고"라며 쏜 미사일 발사가 이런 합의를 위반한 것이 아니라고 주장한 것이다. 핵이 없는 한국이 핵을 가진 북한보다 군사적 능력이 훨씬 앞선다는 것도 수긍하기 어려운 주장이었다.

문 대통령도 2019년 9월 24일 유엔총회 연설에서 "북한은 작년 9·19 군사합의 이후 단 한 건의 위반이 없었다"고 말했다. 김정은이 "남조선에 보내는 경고"라며 신형 미사일을 발사했는데도 "단 한 건의 위반도 없었다"고 했다.

| F-35A 스텔스 전투기 전력화

공군 청주기지에서 2019년 12월 17일 F-35A 전력화 행사가 열렸다. 대통령은 물론이고 국방부 장관도 이 행사에 참석하지 않아 공군참모총장이 주관했다. 행사 모습도 일체 공개되지 않았다. 북한 눈치를 본 결과였다. F-35A는 2019년 3월 말 2대가 처음 도착한 것을 시작으로 30여 대가 들어왔다. 1차로 8조 원의 예산을 들여 2021년까지 총 40대를 들여오기로 되어 있었다. 이 전투기 도입 결정은 2014년 박근혜 대통령이 했다.

이 전투기는 5세대 전투기로 탑재된 모든 센서의 정보가 하나로 융합 처리돼 조종사에게 최상의 정보를 제공한다. 스텔스 성능으로 적진 한복판에 은밀하게 침투해 정밀 폭격도 할 수 있다. 한국은 세계에서 9번째로 이런 첨단 성능의 전투기를 보유한 나라가 되었다. 이 전투기는 미국·영국 등 8개국이 합동 개발한 것으로 공동개발국이 아니면서 이 전투기를 도입한 나라는 한국·일본·벨기에 세 나라뿐이었다. 한미동맹이 없었으면 불가능한 일이었다.

그런데 공군은 2020년부터 2021년 8월까지 무려 109번이나 다른 항공기 부품을 빼내 이 전투기를 정비했다. 수년째 기관포 실탄도 없이 운용되고 있었다는 사실이 드러나기도 했다. 부품도 실탄도 없이 첨단 무기를 운용한 것이다. 안보의식의 현주소였다.

ㅣ "싸울 적이 없는 군대, 목적이 없는 군대가 되고 있다"

김용현 전 합참 작전본부장은 2020년 1월 24일 한 언론 인터뷰에서 9·19 군사합의 이후 한미연합훈련이 폐지 내지는 축소되고, 북한 감시도 제한되고 있는 데다 정신적 무장해제가 심각하다며, 실상을 다음과 같이 지적했다.

9·19 남북군사합의 이후 군 장병의 정신자세가 매우 이완됐다. 국방부가 장병 정신교육을 통제하고 있다. 그러다 보니 장병들이 누가 적인지 분간하지 못하는 일까지 있다고 한다. 우리 군의 실질적인 대응 태세가 무너지고 있다. 굉장히 심각하다. 싸울 적이 없는 군대, 목적이 없는 군대가 되고 있다.

과거엔 미국이 많은 정보를 줬다. 그런데 요즈음은 미국이 전처럼 북한 정보를 주지 않는다는 얘기가 있다. 또 전방에서 공중 정찰을 하지 못해 정보 수집에 어려움이 있다.

북한 핵 위협은 증가하는데 우리는 부대를 없애고 있다. 병사의 복무기간을 18개월로 단축하는 바람에 병력 공백이 생겨 일부 사단과 군단을 폐지하고 있다.

┃ 전차 싣고 미국에 가서 하는 한미훈련 추진

2018년 6월 싱가포르 미·북 정상회담에서 트럼프 대통령이 한미연합 훈련 중단을 선언함에 따라 기동훈련이 중단되었다. 2018년 9·19 남북 군사합의에 따라 최전방에서의 포사격 훈련도 하지 못하게 되었다. 이로 인해 군 당국은 2020년 美 캘리포니아주에 있는 대규모 야외 훈련장으로 육군 전차와 자주포 등을 수송해 한미연합훈련을 실시하는 방안을 검토했다.

9·19 남북군사합의에 따라 한국군은 군사분계선에서 5km 이내 지역에선 포사격 및 연대급 이상의 야외 기동훈련을 할 수 없게 되었다. 해병대는 이 합의에 따라 서북 도서 일대에서의 해상 사격훈련을 할 수 없게 됐다. 서북 도서에 배치된 K-9 자주포들을 중대 단위로 배에 실어 육지로 반출해 사격훈련을 한 뒤 다시 반입해야 했다. 연간 약 20억 원의 예산이 소요되는 일이었다.

| 문재인 정부 국방부의 진면목

김정은은 2020년 10월 10일 열병식 연설에서 이런 말을 했다. "우리는 전쟁 억제력이 결코 남용되거나 절대로 선제적으로 쓰이지는 않겠지만 만약 어떤 세력이든 우리를 겨냥해 군사력을 사용하려 한다면 우리의 가장 강력한 공격적인 힘을 선제적으로 총동원하여 응징할 것이다".

김정은의 말장난에 한국 국방부는 "군사력을 선제적으로 사용하지 않겠다는 북한의 입장에 주목한다"고 했다. '선제 불사용 No First Use'은 입에 발린 소리일 뿐 의미가 없는 것이다. 그런데 우리 국방부는 여기에 의미를 부여했다. '눈 가리고 아웅' 식 평가를 했다. 이게 문재인 정부 국방부의 진면목이었다. 북한이 해수부 공무원을 총살해 불태우는 것을 지켜보면서도 "설마 죽일 줄은 몰랐다"고 한 게 우리 군이었다. 북한이 무력 공격 감행해 와도 '설마 그럴 줄 몰랐다'고 할 국방부였다.

┃ 연평도 포격 도발 10주년

북한은 2010년 11월 23일 연평도에 방사포와 해안포를 쏟아부었다. 백주에 대한민국 영토를 유린한 전쟁 행위였다. 서정우 병장 등 군인 2명이 전사하고 민간인 2명이 사망했다. 1,700여 명의 주민들은 공포에 질려 인천 등지로 대피했다. 2020년 11월 23일은 이런 일이 있은 지 10년째 되던 날이었다. 이날 문 대통령은 연차를 냈다. 통일부 장관은 북한에 구애 사인을 보냈다. 기업인들을 불러 남북경협을 압박했다. 국토가 짓밟히고 군인과 민간인이 희생당한 지 10주년 되던 날 모습이다. 국가를 위해 희생한 군인들의 영령을 위로하는 모습은 어디에서도 찾아볼 수 없었다.

┃ 성주 사드기지 방치

주한미군이 북한의 탄도미사일 위협에 대응하기 위해 사드 장비를 경북 성주에 배치한 것은 2017년 4월인데 이후 반대 단체와 주민의 반발로 장병들이 생활해야 할 막사 공사가 4년간 이뤄지지 못하고 있었다. 성주 사드기지에는 한미 장병 400여 명이 주둔하고 있었는데, 미군은 성주 골프장 클럽하우스에서, 한국군은 컨테이너 박스에서 생활했다. 건물이 낡은 데다, 전기나 상·하수도 등 기반시설이 되어 있지 않았다. 장병들은 겨울에도 온수·난방이 공급되지 않는 상황에서 근무했다. 미군 장병들은 클럽하우스 복도나 창고에서 야전 침대를 깔고 자기도 했다. 오스틴 美 국방장관은 2021년 3월 17일 한미 외교·국방장관 회담에서 "사드 기지의 열악한 생활 여건을 계속 방치하는 것은 동맹국으로서 용납할 수 없는 일 unacceptable "이라고 불만을 터트렸다.

| 북한 해킹을 은폐한 청와대 · 국정원 · 국방부

북한 해커로 추정되는 세력이 2021년 한국원자력연구원·핵융합연구원·항공우주산업 KAI ·항공우주연구원 등 핵심 보안 시설을 대상으로 해킹 공격을 시도했다. 잠수함용 소형 원자로 개발에 관여하고 있는 한국원자력연구원의 경우 12일 동안이나 고스란히 노출됐다. 원전과 핵연료, 전투기 도면 등의 핵심 기술이 북한에 넘어갔을 가능성이 있었다. 안보에 치명상을 입을 수 있는 일이었다.

북한 해커로 추정되는 세력은 2020년에는 해군 3,000t급 신형 잠수함 등 각종 함정을 건조하는 대우조선해양을 해킹해 일부 자료가 유출되었다. 북한은 2016년 4월에는 대우조선해양을 해킹해 1~3급 군사기밀 60여 건을 포함, 4만 건의 내부 자료를 빼 간 적도 있다. 북한은 2020년 국방데이터센터를 해킹해 A4용지 1,500만 장 분량의 군 정보를 탈취해 갔다.

북한 해킹은 북한 핵 못지않게 위협적이었다. 그런데도 문재인 정부는 첫 남북정상회담 직전인 2018년 3월 사이버 위기 경보를 '관심'에서 '정상'으로 낮춘 뒤 이를 격상하지 않았다. 국방부는 2020년부터 군 해킹 시도 중 북한 소행 추정은 0건이라고 야당에 보고했다. 2017년 15건이던 북 추정이 2018년 4건, 2019년 1건으로 줄었다고 했다. 청와대 국가안보실은 2021년 7월 16일 해킹대책회의를 열었다. 회의 후 배포한 보도자료에는 '북한'이라는 단어가 어디에도 없었다.

코로나 지원금을 위해 F-35A 도입 예산 삭감

문재인 정부는 2021년 7월 코로나 추가경정예산을 편성하면서 F-35A 도입 예산 921억 원을 삭감했다. 2020년 2차 추경 때에도 F-35A 예산 2,864억 원을 삭감했다. 총 3,785억 원이 삭감된 것이다.[*]

북한으로부터 지령을 받고 F-35A 도입 반대 투쟁을 벌인 일당 4명 중 3명이 2021년 8월 국가보안법 위반 혐의로 구속됐다. 이들은 2017년 대통령 선거 당시 문재인 후보 선거대책위원회 특보단 일원으로 활동한 사람들이었다. 이들은 2020년 4월 국회의원 선거에 출마하기도 했다.

군 장병에 '노 마스크 실험' 지시

문 대통령은 2021년 8월 4일 군 주요지휘관 보고 자리에서 군 장병들을 대상으로 병영에서 '노 마스크 실험'을 지시했다. 코로나19 방역 주무부서인 질병관리청은 이런 사실을 모르고 있었다. 질병청이 모르는

---

[*] 문 정부는 2020~2021년 코로나 재난지원금 증액을 위해 주요 전략무기 예산 2조 3000억 원을 삭감했다.

가운데 이 사안이 논의된 것이다. 이런 사실을 제보한 국민의힘(야당) 하태경 의원은 "국군 통수권자인 문 대통령이 K방역 홍보를 위해 병사들을 생체 실험으로 내몰고 있다"고 비난했다. 군에 대한 군 통수권자의 인식이 이 정도였다.

| '도발'을 '도발'이라 부르지 못하다

김정은은 2021년 1월 노동당대회에서 핵을 36차례나 강조하며 "핵무력 건설을 중단 없이 추진할 것"이라고 했다. 그러면서 "탄두 위력이 세계를 압도하는 신형미사일과 중장거리 순항미사일 개발"도 공언했다. 그러더니 2021년 9월 13일 최대 사거리 1,500km 순항미사일 시험발사에 성공했다. 2021년 3월 25일 탄도미사일 시험발사 후 6개월 만의 도발이었다. 북한은 이때 탄두 중량을 2.5t까지 늘렸다. 김정은 지시가 차질 없이 이행되고 있음을 말해 주었다.*

북한은 여기서 그치지 않았다. 9월 15일 열차에서 탄도미사일 2발을 발사했다. 고도 60km로 800km를 비행했다. 종전보다 200km 더 날아갔다. 이런 사태에도 문재인 정부는 "남북 합의 위반이 아니다"라며 대북 지원을 늘리겠다고 했다. 청와대는 마지못해 NSC 상임위원회를 열어 "연속된 미사일 도발에 우려를 표명한다"고 했다. 문재인 대통령은

---

* 북한이 1,500km 사거리의 순항미사일을 개발한 것은 유사시 주일미군 기지에서 군인과 장비를 싣고 한반도로 들어오는 함정을 공격하기 위한 것이다. 순항미사일은 정밀 유도장치에 의해 지상의 장애물을 피해 가면서 초저고도로 비행하기 때문에 레이더로 탐지하기 어려우며 명중률도 매우 높다.

같은 날 잠수함발사탄도미사일SLBM 발사 시험 성공과 관련해 "우리의 미사일 전력 증강이야말로 북한 도발에 대해 확실한 억지력이 될 수 있다"고 말했다. 그러자 북한 김여정은 문 대통령의 이 발언을 문제 삼았다. 9월 15일 담화를 내고 "대통령이 기자들 따위나 함부로 쓰는 도발이라는 말을 망탕(되는대로 마구) 따라 하고 있는 데 대해 매우 큰 유감을 표시한다"고 했다. 김여정의 이 한마디에 문재인 정부에서 '도발'이란 단어가 사라졌다. 서욱 국방부 장관은 10월 21일 국회 국감에서 북한의 신형 SLBM 발사를 '위협'으로 표현했다. "도발은 영공, 영토, 영해에 피해를 끼치는 것"이라며 "용어를 구분해 사용하는데 위협으로 보고 있다"고 했다. 정의용 외교부 장관도 국회 국감에서 "SLBM이 전략적 도발은 아니다"라고 했다. 남성욱 교수는 이런 현상을 두고 "극심한 북한 눈치 보기로 직무유기에 해당한다"고 했다.

┃"체제 경쟁이나 국력의 비교는 더 이상 의미가 없다"

문 대통령은 2021년 10월 5일 세계 한인의 날 기념식에서 남북 분단 상황에 대해 다음과 같은 말을 했다.

우리 민족은 수많은 위기와 역경을 힘을 모아 헤쳐 왔다. 포용과 상생의 정신을 실천하며, 국경을 넘어 연대와 협력의 힘을 발휘해 왔다.

재외동포들의 시각에서 바라보면, 남북으로 나누어진 두 개의 코리아는 안타까운 현실일 것이다. 하지만 우리는 대립할 이유가 없다. 체제 경쟁이나

국력의 비교는 이미 오래전에 더 이상 의미가 없어졌다. 이제는 함께 번영
하는 것이 더욱 중요하다.

문 대통령의 대북 인식이 이런 것이었는데, 문제는 북한은 그렇게 생
각하지 않는다는 것이다. 한국은 모든 분야에서 북한을 압도하지만 비
대칭 전력에서는 우위를 빼앗겼다. 북한의 '핵 인질' 상태에 놓여 있다.
문 정권의 이런 순진한 naive in the extreme 민족정서가 안보의식을 허물었다.

| 이해할 수 없는 북한 도발은 없다?

북한은 2021년 10월 19일 함경남도 신포 동쪽 해상에서 동해상으로
신형 잠수함발사탄도미사일 SLBM 1발을 쐈다. 북한이 SLBM을 발사한
것은 2년 만이었다. 북한은 2016년 8월 24일 SLBM을 처음으로 발사
한 바 있다. 기존 한미 미사일 방어 체계로는 탐지요격이 쉽지 않은 신
형 미니 SLBM이었다. 북한 발표대로라면 이 미사일은 비행 중에도 좌
우상로 기동이 가능해 사실상 요격이 불가능한 것이었다. 유엔사 7개
후방 기지 등 주일 미군까지 겨냥한 전략 무기였다. 북한 잠수함이 내려
와 우리 측 후방을 기습적으로 때릴 능력을 갖게 됨을 의미했다.

청와대는 NSC 상임위를 열고 "깊은 유감을 표명한다"는 입장을 내
놓았다. 정의용 외교부 장관은 10월 20일 국회 국감에서 "북한이 대화
에 응하면 제재 완화도 충분히 검토할 수 있다"고 말했다. 대화에 응하
는 것만으로도 제재 완화를 검토할 수 있다는 것은 헛소리였다. 한국이

원한다고 이런 일을 해낼 수 있는 것도 아니다. 이러니 북한이 청와대를 향해 제정신 차리라고 큰소리친 것이다. 송영길 더불어민주당(여당) 대표는 라디오방송에서 "장거리 미사일과 추가 핵실험을 하지 않은 것은 불행 중 다행이다. 우리의 SLBM 성공에 자극을 받은 것도 있다. 대화의 필요성이 더 높아졌다"고 했다. 이들이 이해할 수 없는 북한 도발은 없었다.

홍현익 국립외교원장은 2021년 10월 25일 국가안보전략연구원이 개최한 NK포럼에서 "북한 단거리 미사일 정도는 미국이 묵인할 수 있는 관용을 보여야 한다"고 했다. 이렇게 주장하는 근거로 "대한민국도 순항 차원에서 1,000km가 넘어가는 미사일을 개발하는 중"이라고 했다. 한국의 합법적인 미사일 개발을 유엔 결의 위반인 북한의 미사일 개발과 동일시했다.

| 국회의 방위력 개선비 삭감

국회 국방위원회는 2021년 11월 16일 전체회의에서 2022년 방위력 개선비를 6,122억 원 삭감했다. 방위력 개선비 감액은 15년 만에 처음이었다. 공중조기경보통제기 도입 3,283억 원, F-35 성능 개량 200억 원, 대형 공격도입헬기 154억 원, 경항공모함 67억 원 등이다. 그러면서도 장병 복지와 각종 활동비·수당에 소요되는 예산을 2,158억 원 증액했다. 선거를 의식해 군 유권자의 환심을 사려는 게 아니냐는 비판이 나

왔다.[*]

| 북한이 정신없이 미사일을 시험 발사하는데…

북한은 2017년 9월 3일 대륙간탄도미사일[ICBM]에 장착할 수 있는 수소탄 시험에 성공했다고 발표했다. 6차 핵실험이었다. 핵폭발 산출량이 200kt을 넘었을 것으로 추정되었다. 1차 핵실험은 2kt였고 5차 핵실험은 35kt였다. 1945년 히로시마에 투하된 원자폭탄의 산출량 추정치는 16kt였다.[**]

2019년 8월 10일 북한판 에이태킴스 단거리탄도미사일[SRBM]을 시험 발사했다. 이 미사일은 1발로 축구장 3~4개 크기를 초토화시킬 수 있을 정도로 위력적인 것인데, 청와대까지 도달하는 데는 85초면 된다. 2021년 10월 19일에는 신형 잠수함발사탄도미사일[SLBM]을 시험 발사했다. 2021년 9월 11~12일 신형 장거리순항미사일, 9월 15일 열차 발사 단거리 탄도미사일, 9월 28일 극초음속미사일, 9월 30일 신형 지대공미사일을 시험 발사했다.

[*] 경항공모함 예산은 문 대통령 요구로 다시 살아났다.

[**] 1kt은 TNT 폭약 1,000t에 해당한다.

┃ 한 · 미 연합작전계획 최신화 묵살

주한미군은 2019년 여름부터 북한 핵미사일 위협에 대응할 작전계획^{OPLAN} 최신화 필요성을 제기했다. 하지만 우리 국방부는 이를 계속 거부하다가 2021년 12월 2일 한미 연례안보협의회^{SCM}에서 로이드 오스틴 국방장관이 강하게 주장하자 이를 받아들였다. 기존 작전계획은 북한의 재래식 군사력 대비용이어서 핵미사일로부터 국민을 보호할 수 없는데도 미 측 요청을 2년 이상 묵살했던 것이다.

┃ 제집 드나들듯 탈북과 월북을 반복하며 군 경계를 비웃다

어떤 사람이 2022년 1월 1일 강원도 동부전선 22사단 지역 최전방 철책을 넘어 월북했다. 그런데 이 사람은 2020년 11월 이 철책에서 수 킬로미터 떨어진 곳의 철책을 넘어 월남했던 사람으로 파악됐다. 문재인 정부 들어 군의 7번째 경계 실패 사례였다. 기강이 무너진 우리 군의 실상이었다.

┃ 북한의 극초음속 미사일 시험발사

북한은 2021년 9월 28일 오전 극초음속 미사일 화성-8형 시험발사에 성공했다고 발표했다. 극초음속 미사일은 통상 음속의 5배 이상 속도에 예측 불가능한 궤도로 비행하기 때문에 사실상 요격이 불가능한 무기체계여서 '게임 체인저^{game changer}'로 불린다. 극초음속 미사일을 개발한 나라가 러시아·중국뿐일 정도로 고난도 기술을 요한다. 북한이 제재 국면에서 극초음속 무기 개발에 이 정도의 진전을 보인 것은 실로 놀라운 일이 아닐 수 없었다.

마하5는 초속 1.7km이므로 평양~서울 간 거리(195km)를 1분대에 이동할 수 있다. 기존 미사일 방어 체계가 무력화되어 남한 전역이 무방비 상태가 됨을 의미한다. 북한이 극초음속 무기를 실전 배치하게 되면 한국이 17조 원을 투자하는 킬 체인Kill Chain 과 한국형 미사일방어체계KAMD 는 무용지물이 되는 것이다. 화성-8형은 중장거리 미사일로 마하5의 속도를 낼 수 있고, 북한이 2021년 9월 28일 쏜 것은 정점 고도 30km에서 아래로 내려와 수평 활공을 했다. 이는 40km 이상의 고도에서만 작동하는 사드로 요격이 불가능하다. 30km 고도에서 요격하는 팩3 미사일은 마하5를 못 따라잡는다. 북한은 한국 미사일 방어망의 사각지대를 노린 것이다.

2022년 1월 5일 발사한 것은 음속 6배 이상 속도로 700km 떨어진 목표물을 타격했다. 그런데도 한국 국방부는 "극초음속으로 보기 어렵다"고 평가 절하했다. 이 미사일 발사는 문 대통령이 남북 철도 연결식 행사 참석 3시간 전에 있었다. 문 대통령은 이 행사에서 '평화'를 10여 차례 언급했다.

북한은 2022년 1월 11일 또 극초음속 미사일을 발사했다. 북한은 이 미사일 속도가 마하10에 이르고 1,000km 떨어진 표적을 명중시켰다고 발표했다. 김정은이 시험발사를 직접 참관하는 모습도 공개했다. 문 대통령은 "대선을 앞두고 남북관계가 긴장되지 않는 것이 필요하다"고 했다. 북한이 러시아·중국에 이어 3번째 극초음속 미사일 보유국이 되었는데도 경각심을 찾아볼 수 없었다. 군 당국은 "대응에 문제없다"는 말만 되풀이했다. 안보 불감증이 이 정도였다. 북한이 극초음속 미사일에 핵탄두를 탑재해 서울 상공에 도달시키는 데 불과 1분 정도 걸리는데도 아무렇지도 않은 일인 듯했다. '북한 핵미사일은 절대로 우리를 겨냥한 것이 아니다'라고 믿는 것 같았다. 시중에 '강 건너 미사일 구경하고 있다'는 패러디가 나왔다.

야당 대통령 후보(윤석열)가 이와 관련하여 "마하5 이상 미사일은 요격이 불가능하다. 조짐이 보일 때 우리 '3축 체계'의 가장 앞에 있는 킬 체인이란 선제타격 말고는 막을 방법이 없다"고 했다. 그러자 여당은 "전쟁 위험을 고조하는 전쟁광"이라며 "평화를 위해 힘을 합쳐야 할 시기에 전쟁을 부추긴다"고 비난을 퍼부었다.

| 문 대통령과 국가안보회의[NSC]

문 대통령은 취임 첫해에는 NSC 전체회의를 8차례나 주재했다. 그런데 2018년 4월 남북 정상회담 이후에는 달라졌다. 북한이 해수부 공무원을 총살했을 때도, 개성 남북공동연락사무소가 폭파되었을 때도, 극초음속 미사일을 연거푸 발사했을 때도 NSC 전체회의를 열지 않았다.

| 어떻게 이렇게 달라질 수가 있을까…

아래는 문 대통령이 대통령이 되기 전인 2017년 2월 소셜미디어에 올린 글이다.

북한의 미사일 발사는 무모하고 어리석기 짝이 없는 일이다. 이런 식의 도발을 계속한다면 이제는 김정은 정권의 앞날도 예측할 수 없다는 것을 명심해야 한다

문 대통령은 2017년 4월 더불어민주당 대선 후보로 확정된 직후에는 이렇게 말했다. "인내심에도 한계가 있다. 김정은 정권이 자멸의 길로 가지 말 것을 분명하게 경고한다. 우리 군은 북한을 순식간에 무력화하고 재기 불능의 타격을 가할 압도적 전력을 보유하고 있다. 한반도에 참화가 벌어지면 나부터 총 들고 나서겠다".

이런 문재인이 어떻게 이렇게 달라졌을까. 미스터리였다.

한미연합훈련 축소 · 중단

정의용 국가안보실장은 2018년 3월 7일 방북 결과 브리핑에서 다음과 같은 말을 했다.

김정은 위원장은 대북특사단에 평창 동계올림픽을 위해 연기된 한미연합훈련과 관련해 4월부터 예년 수준으로 진행하는 것을 이해한다고 말했다.

한미훈련과 관련한 우리의 입장은 재연기나 중단은 힘들고 명분이 없다는 것이었는데, 김 위원장은 이미 이를 보고받아 알고 있었다.

김 위원장은 한반도 정세가 안정기로 진입하면 한미연합훈련이 조절될 수 있을 것으로 기대한다는 입장을 밝혔다.

정 실장은 2018년 3월 8일 백악관에서 트럼프 대통령을 면담한 후 백악관기자단 브리핑에서도 "김 위원장은 한미 양국의 정례적인 연합군사훈련이 지속되어야 한다는 점을 이해하고 있다"라고 말했다. 그는 2018년 5월 2일에는 또 다음과 같은 말을 했다.

김정은 위원장은 방북 특사단에게 '한미연합훈련 실시를 이해한다'며 '한반도에 평화가 오면 주한미군과 한미훈련의 성격과 지위도 달라지지 않겠느냐'는 입장을 밝혔다.

김정은 위원장이 트럼프를 만나면 주한미군 인정을 선물할 가능성이 있다.

그런데 북한은 2018년 5월 16일 열기로 했던 남북고위급 회담을 한미연합훈련을 이유로 당일 새벽 취소했다. 정 실장이 두 번에 걸쳐 전한 말이 사실이라면 이럴 수 없었다. 이후에도 한미연합훈련에 반대하는 북한 입장에는 아무런 변화가 없었다. 남북 정상회담과 미·북 정상회담 과정에서도 이런 사실이 확인되었다. 통일부 장관과 외교부 차관이 2018년 2월 28일 더불어민주당을 방문, 김여정 일행 방한 (2018.2.9.~11.) 결과를 브리핑하면서 '김여정이 한미연합군사훈련에 반대했다'고 했다.

트럼프 대통령은 2018년 6월 12일 싱가포르에서 김정은과 회담한 후 가진 기자회견에서 "향후 협상이 진행되는 동안에는 엄청난 돈을 절약할 수 있는 한미연합훈련을 중단할 것"이라며 "협상하면서 워게임을 하는 것은 부적절하고 매우 도발적인 것"이라고 했다. 트럼프는 이 회견에서 "주한미군을 언젠가는 불러들이고 싶다"는 말을 3번이나 했다. 놀라운 일이었다.

트럼프는 독단으로 이런 결정을 내리고 만인이 지켜보는 앞에서 발표했다. 청와대 대변인은 '북한과 대화를 원활하게 이어 가기 위해 필요한 조치'라는 취지의 논평을 냈다. 한국과 협의가 없었던 데 대한 불만은 일체 표명되지 않았다. 오히려 '한반도 긴장을 완화하는 조치'라고 반겼다.

트럼프-김정은 회담에서 한미연합훈련을 누가 먼저 꺼냈는가에 관해서는 양측이 하는 말이 달랐다. 북한 〈조선중앙통신〉과 〈노동신문〉은 2018년 6월 13일 다음과 같이 김정은이 제기했다고 보도했다.

싱가포르 조·미 정상회담 시 김정은 위원장이 트럼프 대통령에게 상대방을 자극하고 적대시하는 군사행동들을 중지하는 용단부터 내려야 한다고 말했다.

이에 트럼프 대통령은 이해를 표시하면서 조·미 사이에 선의의 대화가 진행되는 동안 북한 측이 도발로 간주하는 한미합동군사연습을 중지하며 조선민주주의인민공화국에 대한 안전담보를 제공하고 대화와 협상을 통한 관계개선이 진척되는 데 따라 대(對)조선 제재를 해제할 수 있다는 의향을 표명했다.

그런데 트럼프는 자신이 이 문제를 제기했다고 했다. 6월 15일 백악관 출입기자들에게 "그것은 나의 제안이었다. 나는 그것들을 '워게임'이라 부른다. 나는 취임 첫날부터 이를 증오했고 왜 우리가 (한국으로부터) 비용을 돌려받지 못하느냐고 말했었다"고 했다. 기자들이 '전쟁연습'이라는 용어는 북한이 사용하는 용어가 아니냐고 지적하자 트럼프는 "(그것은) 내가 사용하는 용어"라고 2번이나 반복하며, "나는 그것을 중단하고 싶다. 돈이 엄청나게 들어간다. 나는 많은 돈을 절약했다"고 말했다.

존 볼턴 전 국가안보보좌관(2018.4.~2019.9. 재임)은 2020년 6월 펴낸 회고록에서 한미연합훈련과 관련하여 중요한 사실을 공개했다. 김정은이 2018년 4월 27일 판문점에서 문 대통령과 회담하면서 한미연합훈련이 중단되어야 한다고 하자 문 대통령은 '나는 이의가 없으니 트럼프를 잘 설득해 보라'는 식으로 말을 했다는 것이다. 볼턴은 다음과 같이 적었다.

> 김정은은 2018년 6월 12일 미·북 정상회담에서 트럼프에게 "지난 4월 판문점에서 문 대통령에게 한미연합훈련 중단을 요구했더니 문 대통령은 '그것은 미국 결정에 달려 있다'며 자신은 훈련 축소나 중단을 희망한다고 했다"고 말했다. 이에 트럼프는 "한미연합훈련은 도발적이고 시간과 돈 낭비라고 말하면서, 당신 덕분에 미국이 많은 돈을 절약할 수 있게 됐다"고 말했다. 그러자 김정은은 환한 미소를 지었다.

한미 국방부는 2018년 6월 19일 "8월에 실시하려던 방어적 성격의 을지프리덤가디언 UFG 군사연습의 모든 계획 활동을 유예하기로 결정했다"고 발표했다. 트럼프가 김정은에게 훈련 중단을 약속한 지 7일 만에 나온 발표였다. 이로써 미국은 북한을 압박할 수 있는 카드 하나를 없애버렸다. 반대급부로 받아 낸 것은 아무것도 없었다. 여론의 비난이 일자 한미 정부는 "북한의 선의를 믿고 협상할 것"이라고 했다.

트럼프가 싱가포르 정상회담을 계기로 한미연합훈련 중단과 대북 '최대 압박'을 그만두겠다고 한 것은 결정적 실수였다. 트럼프는 동맹의 방어 체제를 와해시키려는 북한과 중국·러시아의 전략적 목표에 부합하는 행동을 했다. 특히 중국은 가만히 앉아서 득을 봤다. 동아시아에서 미국의 영향력을 약화시키려는 목표에 한 걸음 더 다가갈 수 있게 되었다. 그런 조치를 미국이 스스로 취했다. 대북 억지력이 약화되어 안보에 큰 손실을 보게 되었는데도 문재인 정부는 내심 이를 반겼다.

김정은은 2019년 신년사에서 한미연합훈련과 미국의 전략자산 전개 중단을 요구했다. 9·19 남북군사합의에 근거해 당당하게 이런 요구를 했다. 9·19 합의에 따라 설치된 남북군사공동위원회가 이제 한미동맹을 약화시키는 일을 하는 상황이 되었다.

트럼프 대통령은 2019년 3월 3일 자신의 트위터에 "한국과의 군사훈련을 원하지 않는 이유는 (미국이) 변제받지 못할 수억 달러를 아끼기 위한 것이다. 이것은 내가 대통령이 되기 훨씬 전부터의 입장이었다. 지금 시점에 북한과의 긴장을 줄이는 것도 좋은 일이라고 생각한다"고 썼다. 그는 바로 다음 날 자신의 트위터에 또 아래와 같은 글을 올렸다. 이번에는 싱가포르 미·북 정상회담에서 한미연합훈련이 논의되지 않았다고 했다. 세계를 움직이는 사람이 이렇게 자신이 한 말을 뒤집는 것은 곤란했다. 〈워싱턴포스트〉가 팩트 체크한 바에 의하면 트럼프는 재임 4년 동안 1일 평균 무려 21건의 거짓말을 했다. 믿어지지 않을 정도였다.

내가 위게임이라고 부르는 군사훈련은 북한 김정은과의 회담에서 논의되지 않았다. 가짜뉴스다. 나는 오래전에 그 결정을 내렸다. 왜냐하면 그러한 연습을 하는 것은 미국 입장에서 너무나도 많은 비용이 들기 때문이다. 특히 우리는 엄청난 돈을 돌려받지도 못하고 있다.

김정은은 2019년 7월 26일 탄도미사일 발사 현지지도를 하며 이 발사가 "거듭된 경고에도 첨단공격형 무기들을 반입하고 군사연습을 강행하려고 열을 올리는 남조선 군부 호전 세력들에게 엄중한 경고를 보내기 위한 것"이라며 자신들의 유엔 안보리 결의 위반을 합리화했다. 김정은은 문 대통령을 향해서는 "세상 사람들 앞에서는 평화의 악수를 연출하며 공동선언이나 합의서 같은 문건을 만지작거리고, 뒤돌아 앉아서는 합동군사연습 강행과 같은 이상한 짓을 하는 이중적 행태를 보이고 있다"고 비난했다.

트럼프 대통령은 2019년 8월 9일 기자들에게 김정은으로부터 친서를 받았다며 "김정은이 위게임이 마음에 들지 않는다고 했다. 나도 결코 마음에 든 적이 없다"고 맞장구쳤다. 그러면서 "(한미연합훈련은) 터무니없고 돈이 많이 든다ridiculous and expensive"라고 했다. 한미연합훈련이 '터무니없는 것'이라는 말이 군 통수권자 입에서 나왔다. 무식을 드러냈다.

북한은 2019년 11월 13일 국무위원회 대변인 담화를 통해 한미연합훈련이 "조·미관계의 거듭되는 악순환"과 "한반도와 지역의 정세를 격화시키는 가장 큰 요인"이라고 했다. 북한의 일관된 입장이었다. 11월

19일에는 한미연합훈련의 '완전 중단'을 요구했다. 김영철 조평통 위원장은 담화에서 "우리가 미국에 요구하는 것은 남조선과의 합동군사연습에서 빠지든가 연습 자체를 완전히 중지하라는 것"이라고 밝혔다. 북한의 이런 요구는 자신들은 훈련해도 되고 한국은 해서는 안 된다는 것이었다. 김여정은 2020년 3월 담화에서 "우리는 누구를 위협하고자 훈련한 것이 아니다. 나라의 방위를 위해 존재하는 군대에서 훈련은 주업이고 자위적 행동이다"라고 했다. 맞는 말이었다.

김정은은 2021년 1월 5~12일 열린 8차 노동당대회에서 "남조선 당국이 미국과의 군사연습을 중지해야 한다는 우리의 거듭된 경고를 외면하고 있다"며 무려 36차례나 핵을 언급했다. 한국을 겨냥한 전술핵 개발까지 천명했다. 핵 추진 잠수함, 극초음속 무기 개발도 공언했다. 이런 상황인데도 문 대통령은 "김정은 위원장의 비핵화에 대한 의지는 분명히 있다고 생각한다"고 말했다. 외교부 차관을 역임한 조태용 의원은 문 대통령의 이런 말은 "세계사의 조롱거리로 남을 일"이라고 논평했다. 북한은 2021년 1월 당규약을 개정했는데, 이 규약 서문 말미에 '조선노동당은 남조선에서 미제의 침략무력을 철거시키고…'라고 했다. 주한미군 철수가 북한이 추구하는 목표임을 말해 주었다.

문 대통령은 2021년 1월 18일 신년 기자회견에서 "남북 간에는 한미연합훈련에 대해 남북 군사위원회를 통해 논의하게끔 합의가 돼 있다"며 "필요하면 북한과 협의할 수 있다"고 했다. 김정은이 노동당대회에서 "(남조선은) 미국과의 합동군사훈련을 중지해야 한다"고 한 데 대한

반응이었다. 군 통수권자가 적의 공격에 대비해 실시하는 훈련을 그 적과 협의해서 결정하라는 것이니 아연실색할 일이었다. 조태용 의원은 "가히 충격적"이라고 했다.

트럼프·김정은의 '싱가포르 쇼'로 한미동맹의 버팀목이었던 3대 연합훈련(키리졸브·을지프리덤가디언·독수리)은 모두 폐지되었고, 실기동훈련인 쌍용훈련(연합상륙훈련), 비질런트 에이스(연합공군훈련), 맥스 선더도 없어졌다. 연합지휘소훈련CPX 마저도 축소·중단되었다. 문 대통령은 껍데기만 남은 훈련을 놓고서도 '북한과 협의'를 운운했다. 문 대통령이 얼마나 북한 눈치를 보는가를 입증하는 사례였다.

문 대통령이 한미연합훈련을 북한과 협의할 수 있다고 한 데 대해 해리스 주한미국대사는 "우리는 북한과의 외교가 성공하길 희망하지만, 희망만이 우리의 행동 방침은 아니다. 한미동맹 활동과 훈련은 평화를 지원하기 위해 준비 태세를 유지하는 것"이라고 했다. 에번스 리비어 전 국무부 수석부차관보는 "미국의 동맹으로서 그렇게 한다는 것은 매우 부적절하다"라고 했고, 로버트 매닝 애틀랜틱카운슬 선임연구원은 "동맹은 함께 싸울 수 있도록 훈련하고 연습하는 것인데, 그렇지 않다면 제대로 작동하는 동맹이라고 할 수 없다"고 했다.

김홍걸·안민석·윤미향·황운하 등 범여권 의원 35명은 2021년 2월 25일 3월에 실시될 예정이었던 한미연합훈련 연기를 촉구하는 내용의 성명서를 발표했다.

군사적 핫라인도 끊어진 상황이라 휴전선 일대의 사소한 오해와 불신이 군사적 충돌을 일으킬 위험도 매우 높다. 따라서 현시점에서 한미연합군사훈련은 북측의 강경 대응을 유발하고, 극단적인 외교·안보적 대립을 일으킬 수 있다.

무엇보다도 지금은 우리도 미국도 그리고 전 세계도 최우선적으로 코로나 19와 싸워야 할 때이다. 지난해 8월 한미연합군사훈련 과정에서 확진자가 발생했고, 며칠 전인 16일에는 국방부 합동참모본부에서 첫 확진자가 발생, 20명이 자가 격리조치에 취해진 사실이 있다. 코로나19 대응에 군사훈련만 예외일 수 없다.

지금은 한반도 평화를 위해 새로운 발걸음을 내디뎌야 할 때다. 따라서 이 기회를 놓치지 않기 위한 전략적인 방편으로서 한미 정부가 한미연합군사훈련의 연기를 결단해 주기를 간곡히 호소한다.

김여정은 2021년 3월 15일 한미연합훈련을 문제 삼아 "남조선 당국은 붉은 선을 넘어서는 얼빠진 선택을 했다"며 "3년 전의 따뜻한 봄날은 다시 돌아오기가 쉽지 않을 것"이라고 맹비난했다. 문재인 정부가 야외 기동훈련을 생략하고 컴퓨터 시뮬레이션 방식으로 한다며 북한의 눈치를 살폈지만 김여정은 "유치하고 철면피하며 어리석은 수작"이라고 일축하고, 문 대통령을 "태생적인 바보" "판별 능력을 상실한 때떼(말더듬이 바보)"라고 했다. 이에 통일부는 "한미훈련이 어떤 경우에도 군사적 긴장을 조성해선 안 된다"고 했다.

김여정은 2021년 3월 15일 또 담화를 냈다. 자기가 담화를 내면 문재인 정부가 즉각적으로 움직이니 맛이 들린 듯했다. "우리는 지금까지 동족을 겨냥한 합동군사연습 자체를 반대하였지 연습의 규모나 형식에 대하여 논한 적은 단 한 번도 없다"고 했다. 이 역시 정 실장이 2018년 3월 7일 말한 것과 상충된다.

美 측은 "정기적인 훈련은 연합 방위 태세 구축에 필수적"이라며 예정대로 연합훈련을 실시하자는 입장이었다. 바이든 대통령은 2021년 5월 워싱턴 한미 정상회담에서 한미연합훈련 등을 명분으로 코로나 백신 지원을 약속했고, 100만 회분을 신속히 보내 주었다.

김여정은 2021년 8월 1일 담화를 통해 남북 통신선 복원 대가로 한미연합훈련 중단을 또 요구했다. 북한은 2020년 6월 9일 탈북민 단체들이 대북전단 살포를 구실로 남북 간 모든 전화연락선을 일방적으로 끊은 바 있는데, 2021년 7월 27일 이를 복원했다. 김여정은 8월 1일 담화에서 "(한미훈련으로) 신뢰 회복의 걸음을 다시 떼기 바라는 북남 수뇌들의 의지를 심히 훼손시키고 북남관계의 앞길을 더욱 흐리게 하는 재미없는 전주곡이 될 것"이라며 "희망이냐 절망이냐의 선택은 한국이 하라"고 압박했다.

북한이 이렇게 나오자 문 대통령은 8월 4일 청와대에서 군 지휘부 보고를 받는 자리에서 "여러 가지를 고려해 신중하게 협의하라"고 말했다. 여러 가지를 고려하라는 말은 북한 입장도 감안하라는 말이었다.

국정원은 "한미가 연합훈련을 중단하면 북이 남북관계에 상응하는 조치를 취할 의향이 있다"고 했다. 더 가관은 국방부였다. 국방부는 대비 태세를 최우선으로 하는 부서라는 사실을 잊은 듯 "외교적 노력 지원"을 운운했다. 더불어민주당을 중심으로 한 범여권 의원 74명은 8월 5일 '남북관계 개선을 위해 이달 중순으로 예정된 한미연합훈련을 연기하자'는 연판장에 서명했다. 북한 입장에 공개적인 지지를 표시한 것이다.

김여정은 2021년 8월 10일 또 담화를 냈다. "미군이 남조선에 주둔하고 있는 한 조선반도 정세를 주기적으로 악화시키는 화근은 절대로 제거되지 않을 것"이라며 "이 기회에 남조선 당국자들의 배신적인 처사에 강한 유감을 표한다"고 했다. '배신'이란 단어를 쓴 것이 주목되었다. 문 대통령은 이즈음 김정은과 10여 차례 친서를 주고받았다는데, 이런 과정에서 문 대통령이 김정은에게 한 말과 실제 행동이 달랐음을 시사했다.

이번에는 중국까지 북한을 거들었다. 왕이 외교부장은 8월 6일 아세안지역안보포럼ARF 외교장관회의에서 "미국과 한국이 합동군사훈련 계획을 추진하는 것은 건설적이지 않다. 미국이 정말 북한과 대화를 재개하기를 원한다면 긴장을 고조시킬 수 있는 어떠한 행동도 취해선 안 될 것이다"라고 했다.

홍현익 국립외교원장 내정자는 8월 6일 라디오 방송에 나와 "본래 한미연합훈련을 하지 않아도 된다고 본다. 북한의 경제력이 남한의 53분

의 1로 축소됐고 군사비도 우리가 10배 이상 쓴 지 10년이 지났다"고
했다. 그는 또 8월 10일 라디오 인터뷰에서는 "훈련 규모를 상당히 축
소하고 내용도 좀 조절해 주면 (북한과) 교류협력이 된다. 경제협력이 되
면 북한이 이익을 얻으니까 평화를 지키고자 하는 마음이 훨씬 강해진
다"라고 말했다. 그는 또 "한미연합훈련은 국가안보를 위해서 바람직하
고 좋지만 평화를 유지하는 것도 중요하고 북한과 우호적 관계를 형성
하는 것 자체도 국가안보다"라고 했다. 궤변이었다.

2021년 후반기 한미훈련은 결국 야외기동훈련[FTX] 없이 지휘소훈
련[CPX]으로 8월 10일부터 진행되었다. '컴퓨터 키보드 게임'이었다. 이마
저도 한국군의 경우 2017년 대비 12분의 1로 축소되었다. 하나 마나 한
훈련이었다. 실기동훈련을 하지 않는 군대는 유사시 제대로 싸울 수 없
다. 반격이 빠진 연습은 상대에게 강한 메시지를 전달할 수 없기 때문에
억지력도 반감된다.

김여정은 2021년 8월 10일 내친김에 주한미군 철수까지 요구했다.
대남 선전매체를 통해 주한미군 철수론을 들고나온 적은 있었지만 이처
럼 공개적으로 요구한 것은 2016년 이후 처음이었다. 김여정은 이 요구
가 김정은의 위임을 받아서 하는 것이라며 자신의 요구에 무게를 실었
다. 문재인 정권 4년 만에 북한이 대놓고 주한미군 철수를 요구하는 상
황에까지 이르렀다.

김기현 국민의힘 원내대표는 "문재인 정부가 김여정 하명에 즉각 복

종했다"고 했다. 같은 당 조태용 의원은 "문 정권의 대북 굴종이 대한민국 안보까지 포기하는 자해 행위로 이어지고 있다"고 비난했다. 문재인 정부는 김여정 담화에 휘둘렸다. 김여정 담화가 문재인 정부에 대한 지시문이 되었다. 이런 현상은 정상이 아니었다. 문재인 정부는 군사훈련과 같은 동맹자산을 대북 양보 수단으로 삼았다. 북한은 문재인 정부를 압박하면 자신들이 원하는 결과를 얻을 수 있다는 자신감을 갖게 되었다.

| 문제점

한미동맹은 주한미군의 존재와 한미연합훈련에 의해 유지되어 왔다. 문 정부가 한미연합훈련을 축소·중단한 것은 주한미군의 존재 이유를 부정하는 일이었다. 북한이 훈련 폐지를 주장한 것은 궁극적으로 주한미군 철수를 의도한 것이었다.

훈련을 하지 않는 군대는 유사시 무용지물이다. 문재인 정부는 이런 방식으로 나라의 안보태세를 허물었다. 한미연합훈련 장기 부재는 연합작전 능력과 한국군 지휘통제 능력을 퇴보시켰다. 문 정부가 자초한 일이었다. 문 정부는 전시작전통제권(전작권) 전환을 적극 추진하면서도 한미연합훈련에는 소극적이었다. 전작권 전환에 대비한 군사적 준비는 한미연합훈련과 연동되어 있으므로 이런 태도는 모순이었다.

한국 국민 대부분은 한미연합훈련이 필요하다고 믿었다. 리서치앤리서치가 2021년 8월 전국 성인 남녀 2,012명을 대상으로 실시한 여론조사에 의하면 '북한이 반대하는 한미연합군사훈련을 축소하거나 취소하는 것이 지역 평화를 위해 바람직하다'에 '아니오'는 63.9%, '그렇다'는 14.1%로 나타났다. 한국국방연구원이 2021년 9~10월 전국 성인남녀 1,000명을 대상으로 실시한 여론조사에서도 '한반도 전쟁 억제를 목적으로 한 정기적인 한미연합훈련의 실시'에 대해 75.2%가 '국방력 강화를 위해 계속 시행되어야 한다'고 응답했다. '남북관계 개선을 위해 중단해야 한다'는 18.7%였다.

제6부

문재인 정부
외교

정상외교 난맥상

,

Ⅰ 문 대통령의 A4 용지

　　문 대통령은 외국 정상과 회담할 때 A4 용지를 보면서 대화를 했다. 짧은 인사말조차 A4 용지를 쳐다보니 상대방에게 신뢰감이나 친근감을 주지 못했다. 문 대통령이 하는 말이 진짜 문 대통령 생각인지 아니면 누가 써 준 대로 읽는 것인지 분간이 되지 않았다. 대통령의 권위에도 영향을 주었다. 한 언론인은 "짧은 모두 발언까지 외우지 못하거나 소화해서 발언하지 못하는 건 문제"라고 지적했다. 문 대통령은 2021년 9월 존슨 영국 총리와 회담하면서 "오늘 정상회담을 계기로 양국 우호협력 관계가 더욱 발전하길 기원합니다"라고 했고, 응우옌 베트남 주석과 회담에 들어가면서는 "올 초 전당대회에서 국가주석으로 선출되신 것을 축하드립니다"라고 했는데, A4 용지에 시선이 갔다.

Ⅰ 문 대통령의 동문서답

　　문 대통령은 2017년 7월 6일 독일에서 개최된 주요 20개국[G20] 정상회의 참석 기회에 쾨르버재단에서 연설하고 질의응답 시간을 가졌다. 사회자가 "한미관계에 대한 질문이다. 문 대통령은 후보 시절 미국에 노라고 말할 수 있어야 한다고 하신 바 있다. 한미관계를 어떻게 보시는가"라고 물었다. 문 대통령은 "예. 오늘 아침에 시진핑 주석과 개별 회담을 가졌습니다. 한중 사이에 사드를 둘러싼 이견이 해소되지 않고 있습니다. 그 외의 문제에 대해서는 아무런 이견이 없었습니다"라는 등 한중관계에 대해서만 3분 이상 말을 이어 갔다. 의아스러운 상황이 벌어지자 청중석에 앉아 있던 김동연 경제부총리가 단상으로 올라가 문 대통령에게 뭔가 속삭였다. 이후 문 대통령은 "한미 정상회담 때 우리는 미국에 대해서 분명하게 우리 입장을 밝혔습니다"라며 답변을 이어 갔다. 문 대통령이 엉뚱한 답변을 하게 된 이유를 알 수 없으나, 청와대 관계자는 "대통령이 당시 한중 정상회담문제에 너무 집중했던 것 같다"고 했다.

┃ "일본은 동맹이 아니다"

문 대통령은 일본에 대해 비외교적인 언급을 여러 번 했다. 2017년 9월 21일 뉴욕에서 트럼프 대통령 그리고 아베 총리와 3자 회동을 하면서 "미국은 우리의 동맹이지만 일본은 동맹이 아니다"라고 말했다. 일본 총리 면전에서 그리고 트럼프 대통령이 듣는 데서 이렇게 말한 것은 듣는 사람의 귀를 의심하게 만드는 일이었다. 2019년 8월 2일 임시 국무회의에서도 일본에 대해 "경고한다" "결코 좌시하지 않겠다" "우리는 다시는 일본에게 지지 않을 것이다" 등의 말을 했다. 문 대통령은 중국에 대해서는 단 한 번도 이런 언사를 보이지 않았다.

| 정상 간 합의를 청와대 참모가 뒤집다

2017년 11월 트럼프 대통령 방한 시 정상회담 공동언론발표문이 나왔다. 이 문건 1항에 '한미동맹이 인도·태평양 지역의 안보와 번영의 핵심축'이라는 구절이 들어 있었다. 김현철 청와대 경제보좌관은 이를 두고 "동의하지 않는다"고 했다. 그는 2017년 11월 10일 대통령 인도네시아 방문을 수행하면서 언론 브리핑에서 "일본이 일본·호주·인도·미국을 연결하는 인도·태평양 라인을 구축하려 하지만 우리는 거기에 편입될 필요가 없다"고 말했다. 이 분야는 경제보좌관이 말할 분야가 아니었다. 상황이 이런데도 현장에 있었던 강경화 외교부 장관은 말이 없었다. 외교부 대변인이 "우리 외교정책과 일맥상통한다"고 했다. 이건 또 무슨 말인가. 그러자 청와대 고위관계자가 나서서 "외교 다변화정책과 일맥상통하는 부분이 있으니 좀 더 협의가 필요하다"고 했다. 청와대는 하루 3차례나 입장을 바꿨고, 외교부는 시종 갈팡질팡했다. 한미 정상 간 합의를 참모들이 며칠 만에 뒤집은 것도 문제였지만, 컨트롤 타워가 보이지 않는 것도 문제였다.

| 한중 정상회담에 중국어 가능자가 없었다

2017년 11월 11일 베트남 다낭에서 한중 정상회담이 열렸다. 이 회담에는 양측에서 각각 8명이 배석자로 참석했다. 중국은 외교부 부부장(차관)과 외교부 부장조리(차관보)가 포함되었다. 한국의 경우에는 외교부 장관, 산업통상부 장관, 그리고 나머지 6명은 모두 청와대 인사(국가안보실장, 국민소통수석, 일자리수석, 국가안보실 2차장, 외교정책비서관, 경제보좌관)이었다. 직무연관성이 없는 일자리수석은 들어가면서 중국어가 가능한 외교부 국장은 들어가지 못했다. 이로 인해 한국 측 배석자 중에 중국어를 알아들을 수 있는 사람이 한 사람도 없었다. 외교부의 중국 전문가가 반드시 참석했어야 했다.

| 美 부통령을 북한 김여정과 같은 테이블에 앉히려다 실패

2018년 2월 9일 평창 동계올림픽 개막 리셉션에서 일어난 일이다. 청와대는 펜스 미국 부통령을 북한 김여정과 같은 테이블에 앉히려 했다. 이를 알게 된 펜스 부통령은 리셉션장에서 5분 정도 서서 얘기를 나누다가 행사장을 빠져나갔다. 미 측은 사전에 한국 측에 북한 대표단과 동선이 겹치지 않도록 해 달라고 요청을 해 놓고 있었는데 청와대 측이 이런 좌석 배치를 했다. 청와대는 펜스 부통령과 김여정이 같은 테이블에 앉아 있는 모습의 사진이 필요했다. 하지만 미 측은 미리 간파해 이런 상황을 피했다. 잔꾀에 넘어가지 않았다.

| 사실관계에 맞지 않는 말 false narratives

문 대통령은 2018년 9월 25일 한미 정상회담을 위해 워싱턴을 방문한 기회에 〈폭스뉴스〉와 인터뷰를 했다. 이 인터뷰에서 문 대통령은 "종전선언은 정치적 선언이기 때문에 언제든지 취소할 수 있다"고 했다. 국가가 한 약속도 상황에 따라 언제든지 뒤집을 수 있다는 말이었다. 국가 간 약속은 신의성실원칙 bona fide 에 의해 지켜져야 한다. 문 대통령은 같은 인터뷰에서 "설령 대북제재를 완화해도 북한이 약속을 어길 경우 제재를 다시 강화하면 그만"이라고도 했다. 뭘 모르고 한 말이었다. '스냅백'은 자동적으로 원상 복귀되는 것이 아니다. 유엔 안보리 결의 절차를 다시 밟아야 한다. 거부권을 가진 중국이나 러시아가 반대하면 원래 상태로 되돌아갈 수 없다. 문 대통령은 인터뷰에서 "북한 동창리 미사일 시험장과 미사일 발사대 폐기가 이루어지면 북한은 더 이상 미사일 도발을 할 수 없게 되는 것"이라며, "이제는 북한이 핵과 미사일로 미국을 위협하는 일은 완전히 없어졌다고 말할 수 있다"고 했다. 사실관계에 맞지 않았다. 북한은 이미 2017년 7~11월 3번에 걸쳐 이동식발사대를 사용해 화성-14·15형 ICBM을 발사했다.

┃ 문 대통령의 대북제재 완화 캠페인

문 대통령은 2018년 10월 프랑스·이탈리아 등을 방문한 다음 브뤼셀에서 개최된 아시아·유럽정상회의ASEM 에 참석했다. 이 유럽 순방은 대북제재 완화가 중점이었다. 문 대통령은 2018년 10월 15일 첫 방문국이었던 프랑스에서 마크롱 대통령에게 "대북제재를 완화하면 비핵화가 더욱 촉진될 수 있다"며, 유엔 안보리 상임이사국인 프랑스가 나서 줄 것을 요청했다. 설득력 없는 이야기였다. 마크롱 대통령은 안보리 결의를 준수하는 것이 무엇보다 앞선다며, 대북제재는 계속되어야 한다고 했다. 그러면서 북한 인권문제까지 거론했다. 문 대통령을 머쓱하게 만들었다.

문 대통령의 대북제재 완화 캠페인은 ASEM에서도 계속되었다. 이 회의에는 아시아·유럽의 51개국 정상이 참석하고 있었는데, 회의 결과 채택된 의장성명은 '북한이 핵무기와 대량살상무기를 CVID 방식으로 폐기할 것'을 촉구하는 한편, 대북제재의 완전한 이행과 북한 인권 개선 필요성을 강조했다. 문 대통령은 ASEM에 참석하고 있던 메이 영국 총리, 메르켈 독일 총리와도 회담했다. 이때에도 대북제재 완화를 설득했으나 "북한이 CVID를 위해 좀 더 확실한 행동을 보여 주어야 한다"는 말만 들었다. 메이 총리는 후에 미국 인사에게 "문 대통령이 대북제재를 엄격히 시행해 달라고 말할 줄 알았는데 오히려 제재 완화를 요청해 참으로 이상했다"고 말했다.

문 대통령의 대북제재 완화 전위대 역할은 완전한 실패로 끝났다. 애당초 되지도 않을 일을 시도했다. '외교 참사'라는 비난이 나왔다. 나중에 알려진 바로는, 순방국 중 한 나라는 외교채널로 대북제재 완화를 정상회담 의제에서 빼자고 했는데 청와대가 막무가내로 밀어붙였다고 한다.

이런 일이 있기 한 달 전 유엔 안보리 이사국 정상들이 뉴욕에서 만나 대북제재 관련 사항을 논의한 바 있다. 이때 마크롱 프랑스 대통령과 메이 영국 총리는 대북제재가 철저히 이행되어야 한다는 미국 입장을 강력히 지지했다. 문 대통령 유럽 순방 3주 전 일이었기 때문에 청와대나 외교부도 이런 사실을 알고 있었을 것이다. 2018년 5월 폴란드에서 '나토NATO 의회연맹 총회'가 열렸을 때도 '대북제재를 확대·강화하고 기존

제재 이행을 확실하게 해야 한다'는 성명이 채택된 바 있다. 따라서 유럽 순방의 중점을 대북제재 완화에 두지 말았어야 했다. 그런데 왜 이 시점에 대북제재 완화를 들고나왔을까? 김정은이 제재 완화를 가장 시급하고도 중요하다고 생각했기 때문이다.

청와대 고위관계자는 2018년 10월 22일 기자들에게 "이번 순방은 매우 성공적이었다. 오히려 기대했던 것보다 잘됐다"고 자화자찬했다. 로버트 켈리 교수는 2018년 11월 3일 문 대통령의 유럽 순방외교는 "망신스런 실패 ignominious failure"였다고 한 신문 칼럼에 썼다. 과장이 아니었다. 세계 10위권 국가지도자가 행한 수준 이하의 외교였다. 국가안보실장이나 외교부 장관도 대통령이 이런 외교를 하도록 수수방관한 책임에서 자유로울 수 없다.

*독일 외교관의 일갈 (강찬호, <중앙일보> 2018.12.6.)

독일의 한 고위 외교관이 더불어민주당 A의원을 면담했다. A의원은 국회의 한독 친선협회 회장을 맡고 있었다. 두 사람 사이에 다음과 같은 대화가 오갔다.

A의원: (문 대통령이 독일 방문 시 메르켈 총리에게 대북제재 완화를 요청했다가 바로 거절당한 일과 관련하여) 독일은 햇볕정책 원조(元祖)국이 아닌가. 왜 덕담 한마디 못 해 주나?

독일 외교관: 북한 비핵화는 유럽연합(EU)의 보편적이고 일관된 요구다. 할 일을 안 하는 북한에 채찍을 내려놓을 수는 없지 않은가.

A의원: 제재를 조금 풀어 주면 북한도 협상의 효용성을 인정해 비핵화에 나설지 모르지 않나?

독일 외교관: 북한을 믿는가. 국제사회가 북한에 속은 게 한두 번인가. 북한은 위험한 나라다. 비핵화에 진전이 없는 마당에 제재 완화는 안 된다.

A의원: 그래도 평화를 위해선 뭐라도 해야 하지 않겠는가?

독일 외교관: 북한 미사일은 미국보다 유럽에 더 위협이다. 더 드릴 말씀이 없다. 이만 가겠다.

| 국내에서는 탈원전, 해외에서는 원전 홍보

문 대통령은 2017년 6월 19일 고리1호기 영구 정지 선포식 연설에서 "원전사고가 발생하면 상상할 수 없는 피해로 이어질 수 있다"며 탈핵 국가를 선언했다. 그런 그가 2018년 11월 28일 체코 방문 시, 안드레이 바비시 총리를 만나서는 "한국은 24기 원전을 운영하고 있는데 지난 40년간 원전을 운영하면서 단 1건의 사고도 없었다. 아랍에미리트[UAE]의 바라카 원전도 사막이라는 특수한 환경에서 비용 추가 없이 공기를 완벽하게 맞췄다"고 말했다. 문 대통령은 2018년 3월 26일에는 아랍에미리트에서 "바라카의 한국 원전은 신이 내린 축복"이라고 말한 바 있다. 2022년 1월 18일 사우디아라비아에서 빈 살만 왕세자와 회담하면서도 "한국의 원전기술은 세계 최고 수준의 경제성과 안전성을 가지고 있다"라고 말했다.

| 대통령 부인의 파란 나비 브로치

문 대통령과 부인 김정숙 여사는 2019년 6월 청와대에서 트럼프 대통령을 영접했다. 이때 김 여사는 주황색 낙엽 무늬 원피스를 입고 왼쪽 가슴에 파란색 나비 모양의 브로치를 달았다. 김 여사는 하루 전 오사카 G20 정상회담 때에도 기념촬영 시 검은색 드레스 위에 파란 나비 브로치를 착용했었다. 네티즌들은 김 여사가 패용한 브로치가 2016년 사드 반대 시위 때 사용되었던 심벌과 비슷하다며 트럼프에게 사드 반대 메시지를 전달하려 한 것이라고 주장했다. 자유한국당(제1야당) 대변인은 페이스북에 "영부인이 그 (파란 나비) 의미를 모를 리 없다. 사드보다는 북핵을 원한다는 뜻인가"라고 올렸다. 논란이 일자 청와대는 출입기자들에게 문자메시지를 보내 "김 여사 브로치는 단순한 청록색 나비 모양의 브로치로 사드와는 전혀 관계가 없다"고 해명했다. 동아시아 전문가 고든 창 변호사는 김 여사의 파란 나비 브로치 착용은 "트럼프 대통령뿐 아니라 미국을 우롱하는 행위였다"며 "당시 트럼프가 그 의미를 잘 몰랐던 것 같은데 내가 트럼프였다면 '브로치 안 떼면 회담은 없다'고 말했을 것"이라고 했다. 김 여사가 이런 브로치를 착용한 이유를 알 수 없으나, 오해를 사기에 충분한 일이었다.

| 문 대통령의 '교량국가론'

문 대통령은 2019년 8월 15일 광복절 연설에서 "대륙과 해양을 아우르며 평화와 번영을 선도하는 교량국가가 돼야 한다"고 말했다. 말은 그럴듯하나 현실에는 맞지 않는 얘기였다. 미국과 중국이 갈등하고 있는 마당에 한국이 교량 역할을 할 수 있다는 것은 생뚱맞았다. 한국이 그런 역할을 할 수 있기 위해서는 미·중 모두로부터 신뢰를 받을 수 있어야 하고, 무엇보다도 미국과의 공조에 물 샐 틈이 없어야 하는데 그렇지도 못했다.

┃ 대통령보다 앞서 걸어간 대통령 부인

문 대통령과 부인 김정숙 여사는 2019년 9월 6일 라오스 방문을 마치고 귀국하면서 비엔티안 국제공항에서 태극기와 라오스 국기를 흔드는 학생들로부터 환송을 받았다. 이때 김 여사는 문 대통령보다 앞서 레드카펫을 걸으며 손을 흔들었다. 문 대통령은 한참 뒤에서 김 여사를 따라갔다. 이어 공군 1호기에 탑승할 때도 김 여사는 문 대통령보다 앞서 트랩을 올랐다. 이런 장면을 담은 사진이 전 세계에 전송되었다. 누가 국가원수이고 누가 배우자인지 알 수 없었다. 행사를 주관한 라오스 측에도 큰 결례였다. 어떻게 이런 일이 발생했는지 이해하기 어려웠다.

┃ 2032년 하계올림픽 개최지가 결정되지도 않았는데…

문 대통령은 2019년 10월 18일 주한외교단을 청와대로 초청한 행사에서 "평창으로 모아 주신 평화와 화합의 열기가 2032년 서울-평양 올림픽까지 계속될 수 있도록 여러분의 변함없는 관심과 지지를 당부드린다"고 말했다. 2032년 하계올림픽 개최지가 이미 결정되어 있는 것처럼 말했다. 즉석 발언도 아니고 준비된 원고에 의한 발언이었다. 문 대통령은 2개월 전 8·15 경축사에서도 "2032년 서울-평양 공동올림픽을 성공적으로 개최하고…"라고 말한 바 있다. 국제올림픽위원회[IOC]는 2032년 하계올림픽 개최지로 호주의 브리즈번을 선정했다(2021.7.).

| "서울이면 어떻고 평양이면 어떤가"

2021년 5월 문 대통령이 주재한 'P4G 서울정상회의' 개막식 영상에 서울이 아닌 평양 모습이 담겼다. 인터넷과 TV로 전 세계에 생중계된 정상회의 개막식 영상이 개최지인 서울을 소개하는 부분에서 서울이 아닌 평양 영상이 들어간 것이다. 여론의 비난이 일자 청와대 관계자는 "그것이 왜 흠이 될까 싶다. P4G는 전 지구적, 인류적 목표를 다루는 회의인데 서울이면 어떻고 평양이면 어떤가"라고 했다. 청와대 실세들의 사고방식이 이랬다. 태영호 국민의힘 의원은 "부끄러운 외교참사이자 국제적 망신"이라고 했다.

| 망신만 당한 시사주간지 〈TIME〉 인터뷰

청와대는 2021년 6월 24일 청와대 홈페이지와 SNS(소셜미디어)를 통해 美 시사주간지 〈TIME〉이 문 대통령 인터뷰 기사를 실었다고 알렸다. "2017년 5월 이후 4년 2개월 만의 인터뷰"라고 자랑했다. 문 대통령은 이 인터뷰에서 "김정은이 더 나은 미래를 후세에 물려주고 싶다는 말을 한 적이 있다"며 김정은을 "매우 정직하고 매우 의욕적이며 강한

결단력이 있는 사람"이라고 호평했다. 김정은과 한 번 더 만났으면 하는 바람이 담겨 있었다.[*]

정작 〈TIME〉 기사는 문 대통령에 대해 냉소적이었다. "김정은은 자신의 고모부와 이복형을 냉혹하게 살해한 자"라며, 2014년 유엔 북한인권조사위원회[COI]가 그를 국제형사재판소[ICC]에 반인륜 범죄로 회부해야 한다고 했던 사실을 지적했다. 〈TIME〉은 또 "많은 북한 전문가들에 따르면 문 대통령이 김정은을 그리도 강고히 옹호하는 것은 거의 망상에 가깝다. 더 큰 문제는 도대체 그렇게 해서 무슨 성과가 있었느냐는 것이다"라고 썼다.

이춘근 박사는 이 기사에 대해 "대한민국 국민의 한 사람으로서 창피함을 느꼈다"라고 했고, 이훈범 〈중앙일보〉 칼럼니스트는 "김정은을 이런 식으로 평가하는 문 대통령에 대해서는 어이가 없어서 더 말하기도 싫다"고 썼다. 〈조선일보〉 강천석 논설고문은 "문 대통령의 김정은 인물평은 대한민국의 신용만 떨어트렸다"고 했다. 마이클 그린 전략국제문제연구소[CSIS] 선임부소장은 "역사는 문 대통령의 이런 발언에 관대하지 않을 것"이라며 "역사에 오점으로 남을 발언"이라고 비판했다.

외교관 출신인 장부승 교수는 〈TIME〉 기사가 지적하려 했던 것은 '문 대통령의 대북정책이 총체적으로 실패했고 다른 정책들마저도 성과

---

[*] 문 대통령은 2017년 6월 20일 <워싱턴포스트> 인터뷰에서는 "(김정은은) 합리적이지 않은 지도자다. 위험한 인물이다"라고 말한 바 있다.

를 거두지 못했다'는 것으로, "사실상 고강도 비판 기사"라고 했다. 그는 "내가 서훈 국가안보실장이나 정의용 외교부 장관이었다면 정말 이 기사를 읽고 고개를 들기가 어려웠을 것이다. 그런데 이걸 또 자랑이랍시고 청와대 홈페이지에 떡하니 올려놓고, 문 대통령을 지지하는 사람들은 또 〈TIME〉이라는 유명한 미국 잡지에 문 대통령 얼굴이 올라왔다고 자긍심에 가득하다"고 말했다.

북한노동당 39호실 고위관리를 지낸 리정호(미국 거주)는 "북한 관리들조차 김정은이 솔직하고 국제적 감각이 있다는 문재인 대통령의 칭찬에 대해 황당해 할 것"이라며 "북한 엘리트들도 김정은의 잔인성에 치를 떨고 있는데 어떻게 그렇게 말할 수 있느냐"고 했다. 국제인권단체 휴먼라이츠워치 HRW 는 "문 대통령은 김정은을 무슨 가치 있는 지도자로 생각하지만, 그는 무자비하고 권력 유지에 도움이 된다면 인권을 침해하는 어떤 종류의 잔혹 행위도 할 사람이다. 다행히도 한국민들은 문 대통령의 북한 정권에 대한 망상을 간파하고 있다"고 말했다.

| 천재일우의 기회를 놓치다

문 대통령은 2021년 6월 영국 콘월에서 개최된 주요 7개국G7 정상회의에 참석하고 돌아와 국무회의에서 "대한민국의 달라진 위상과 국격을 다시 한번 확인할 수 있었다. 한국은 세계로부터 인정받는 나라가 됐다"고 말했다. 존슨 영국 총리는 의장국 자격으로 2021년 G7 정상회의에 한국·호주·인도·남아프리카공화국 지도자를 초청했다. 존슨 총리는

1년 전 G7에 한국·인도·호주를 추가하는 'Democracies 10' 창설을 제안하고 2021년 G7 정상회의에서 이를 공식화하려 했었다.

트럼프 대통령은 2020년 5월 G7 구성이 변화된 상황을 정확하게 반영하지 못하고 있다며 G11 또는 G12로 확대되어야 한다는 주장을 폈다. 효율성·적절성·정당성 측면에서 G7이 D10으로 개편되는 것이 바람직하다는 일각의 의견을 반영했다. 폼페이오 국무장관도 2020년 7월 "민주주의 국가들로 구성되는 새로운 동맹체a new alliance of democracies가 결성되어야 할 때"라는 견해를 피력했다.

트럼프 대통령은 2020년 6월 1일 문 대통령과의 통화에서 G7이 확대될 경우 한국이 포함될 가능성을 시사했다. 청와대는 "(G7 워싱턴 정상회의를 계기로) 문 대통령의 방미가 성사된다면 G7의 옵서버 자격으로 가는 일회용·일시적 성격이 아니라, 한국이 G11 또는 G12라는 새로운 국제 체제의 정식 멤버가 되는 것이다. 이는 한국이 세계 질서를 이끄는 리더국 중 하나가 된다는 의미다"라고 흥분했다. 청와대 대변인은 관련 브리핑에서 "트럼프 대통령은 어제 문 대통령과의 통화 말미에 이 통화를 대외적으로 언급하시고 긍정적 발표문을 내시면 좋겠다고 했다. 이는 한국 발표로 G11 또는 G12 확대를 공식화하려 한 것이다"라고 했다. 한국이 이런 발표를 한다는 것은 엉뚱한 일이었다. 청와대가 흥분해서 과장했을 가능성이 크다.

캐나다·독일 등은 러시아가 G7에 복귀하는 것을 명시적으로 반대했다. 캐나다 총리는 러시아가 국제법을 위반하고 있기 때문에 G7에 복귀해서는 안 된다고 했고, 영국 총리실도 러시아를 G7에 복귀시키는 어떠한 제안도 거부할 것이라고 했다. 독일 외교장관은 "러시아가 퇴출된 것은 크림반도 병합과 우크라이나 동부 지역에 대한 개입 때문이었고, 이런 문제에 대한 해결책이 없는 한 기회는 없다"고 했다. 이들은 한국 등을 포함시키는 데 대해서는 이의를 제기하지 않았다. 문제는 일본이었다. 스가 관방장관(후에 총리)은 "G7의 틀 그 자체를 유지하는 것이 극히 중요하다"며 반대했다. 일본은 자신이 유일한 아시아 국가라는 지위를 유지하기 위해 한국이 포함되는 것을 싫어했다.

일본이 D10 구상에 반대한다는 〈교도통신〉 보도가 나오자(2020.6.29.) 청와대 고위관계자는 "언론의 주장에 불과하다"면서 "(일본의) 몰염치 수준이 전 세계 최상위권"이라고 감정을 드러냈다. "이웃 나라에 해를 끼치는 데 익숙한 일본이 잘못을 인정하거나 반성하지 않는 일관된 태도에 더 놀랄 것도 없다"고 하기도 했다. 여기서 그치지 않았다. "국제 사회 특히 선진국들은 일본의 이런 수준을 충분히 인지하고 있기 때문에 별 영향이 없을 것으로 본다"고 낙관했다. 일본이 반대하더라도 D10 일원이 될 수 있다는 것은 뭘 몰라도 함참 모르는 소리였다.

한국·호주·인도를 포함하는 D10 구상은 설득력이 있었다. 우선, D10은 G7보다 지역적 대표성이 더 튼튼하다. G7은 회원국이 유럽·대서양 중심이어서 인도·태평양 지역의 중요성을 반영하지 못하고 있었다. D10은 이런 취약점을 보완해 준다. 회원국 규모 면에서 D10은 이상

적이다. G7에 4~5개국을 추가하면 약간 비대하다. 'talking shop'으로 변할 공산이 있다. D10은 자유민주주의 국가들로만 구성되어 있어 추구하는 가치나 이념에서도 문제가 없다. 합의를 도출해 내기도 용이하다. 10개국을 넘지 않으면서 자유민주주의와 시장경제 가치를 공유하는 나라들이 참여하면 효율적이고 생산적인 협의체가 될 수 있다.

D10은 미국의 전략적 이익에도 부합하는 것이었다. 중국이 미국과 패권경쟁을 벌이며 세계 질서를 자신의 의지대로 만들어 가려 하므로 민주주의와 시장경제에서 선도적인 10개 나라가 하나 되어 대응한다는 것은 중요한 일이었다. 일예로, 새로운 글로벌 공급망 구축문제에서도 D10이 공동 대응할 때 시너지를 낼 수 있다. 영국 정부가 D10을 추진한 배경에는 이런 생각이 깔려 있었다.

한국이 D10의 일원이 된다는 것은 세계 10위권 국가로서의 대한민국 위상을 제도적으로 확립시키는 일이었다. D10의 일원이 되면 국제사회에서 발언권이 강해지고 행동반경도 넓어진다. 또한 남북관계나 북핵문제 등에서 한국의 발언권이 강화될 수 있다. 경제 면에서도 한국이 의사결정에 직접 참여함으로써 최대한의 이익을 확보할 수 있다. 중국에 대응하는 데 있어서도 강력한 지렛대를 갖게 된다.

안타깝게도 D10은 성사되지 못했다. 일본의 반대가 주된 원인이었다. 일본은 미국·영국 등의 눈총을 사면서도 자신의 영향력이 축소될 것을 우려해 적극 반대했다. 무능·무전략 외교의 패착이었다. '국익외교' 운운한 사람들이 정작 결정적인 국익을 놓쳤다.

| 7개국^{G7} 정상회의 사진 분식^{粉飾}

청와대는 2021년 6월 '사진 한 장으로 보는 대한민국의 위상'이란 포스터를 만들어 공식 SNS에 올렸다. 여기에는 영국 콘월에서 개최된 주요 7개국^{G7} 정상회의 기념사진이 들어 있었다. 그런데 이 사진은 맨 왼쪽에 있던 남아공 대통령을 잘라 내고 문 대통령이 가운데에 선 것처럼 보이도록 편집된 사진이었다. 청와대는 이렇게 조작된 사진을 올리며 '이 자리 이 모습이 대한민국의 위상입니다. 우리가 이만큼 왔습니다. 감격스럽습니다. 모두 국민 덕분입니다'라는 설명을 달았다. 박수현 청와대 국민소통수석은 페이스북에 이 사진을 올리며 "대한민국 국격과 위상을 백 마디 말보다 한 장의 사진이 더 크게 말하고 있다. 한국이 중요한 위치이기 때문에 의전 서열도 그렇게 예우를 받는 것"이라고 했다. 무단 편집된 사진으로 국민들을 속이면서 이렇게 말했다. 대통령 띄우기에 혈안이 된 사람들의 한심한 작태였다.

| 프란치스코 교황 방북 권유

문 대통령은 2021년 10월 29일 프란치스코 교황을 면담하고 "교황님께서 기회가 되어 북한을 방문해 주신다면, 한반도 평화의 모멘텀이 될 것"이라며 "한국인들이 큰 기대를 갖고 있다"고 말했다. 이에 교황은 "(북한이) 초청장을 보내 주면 기꺼이 갈 것"이라고 답했다. 그런데 교황청 공보실 발표문은 "남북한이 형제애를 바탕으로 공동의 노력과 선의로 한반도의 평화와 발전에 이바지하기를 희망했다"라고만 되어 있었다. 문 대통령은 3년 전인 2018년 10월에도 프란치스코 교황을 면담, 방북을 요청했고, 교황은 '김정은으로부터 초청장이 오면 가겠다'는 취지로 답한 바 있는데, 이후 3년 동안 아무런 진전이 없었다. 그런데도 문 대통령은 같은 요청을 반복했다. 제삼자가 또다시 방북을 권유한 것이다. 북한과 사전 조율이 있었는지 알 수 없으나 확실한 것은 김정은 초청장은 없었다는 것이다. 교황이 '초청장을 보내 주면…'이라고 한 것은 문 대통령의 체면을 살려 주기 위한 외교적 발언이었다.

교황이 교회와 사제가 없는 국가를 방문한 사례가 없다. 북한은 천주교 사제가 없는 세계 최악의 종교 자유 침해국이다. 그레그 스칼라튜 북한인권위원회 HRNK 사무총장은 "교황이 평양에서 미사를 집전할 수 있겠느냐"며 "천주교 신부는 북한의 가짜 천주교 신자나 신부에게 성찬식을 행할 수도 없다는 문제가 발생한다"고 지적했다. 코로나19 상황도 문제였다. 북한은 외교관을 포함한 외국인을 모두 추방시키고 국경도 폐쇄했다.

그런데도 박수현 청와대 국민소통수석은 11월 1일 교통방송 TBS 〈김어준의 뉴스공장〉에 출연해 "(교황이) 초청장을 보내면 기꺼이 가겠다고 2번이나 강조하신 것으로 알고 있다"며 "'남한과 북한은 같은 언어를 쓰는 한 형제 아니냐', '기꺼이 가겠다, 평화를 위해서' 이렇게 말씀하셨다"고 전했다. 문 대통령을 수행 중인 박경미 청와대 대변인은 11월 2일

KBS 라디오와의 전화인터뷰에서 "2022년 2월 베이징 동계올림픽을 계기로 교황의 방북 가능성이 있느냐"는 질문에 "시기에 대해서는 예단하기 어려울 것 같다. 교황님이 아르헨티나 따뜻한 나라 출신이기 때문에 겨울에는 움직이기 어렵다고 알고 있다"고 말했다. 아르헨티나가 따뜻한 나라라는 말은 국제적인 웃음거리가 됐다. 대통령 대변인이 나라 망신을 시켰다.

문 대통령이 김정은의 요청을 받고 이런 행동을 했는가는 확인되어야 할 문제다. 만약 김정은으로부터 요청이 없었는데 두 번이나 이런 행동을 했다면 이것은 정신 나간 짓이었다.

| 대통령 부인의 거침없는 발언

2021년 10월 30일 G20 정상회의로 로마를 방문 중이던 대통령 부인 김정숙 여사는 정상 배우자들의 친교모임에 참석했다. 이때 그는 이탈리아 총리 부인에게 "교황님을 뵙고 종전선언 지지와 평양 방문을 부탁했다"고 말하며 "만찬에서 뵙게 될 총리에게도 특별히 부탁을 드릴 것"이라고 말했다. 문 대통령이 교황 방북을 요청했다는 사실은 청와대 대변인 브리핑을 통해 나왔으나 종전선언 얘기는 처음이었다. 김 여사는 또 EU상임의장 부인에게는 "교황이 한반도 평화 프로세스를 지지한다는 언급을 했다"고 말했다. 교황과 나눈 대화 내용은 외부에 발설하지 않는 것이 관례인데 김 여사는 이를 어겼다.

| 중동 3개국 순방

문 대통령은 2022년 1월 15~22일까지 6박 8일 일정으로 아랍에미리트연합·사우디아라비아·이집트 3개국을 방문했다. 청와대는 이 방문이 "코로나 상황 등으로 순연되었던 순방으로, 탈석유산업 다각화를 추진하고 있는 중동 주요 3개국 정상들과의 신뢰와 우의를 돈독히 하고, 이를 바탕으로 이들 국가와의 협력 저변을 확대하기 위한 것"이라고 했다. 그런데 특기할 만한 방문 성과가 없자 "무엇하러 갔는지 모르겠다" "외유성 순방 아니냐"는 말이 나왔다. 그러자 박수현 청와대 국민소통수석은 교통방송TBS 〈김어준의 뉴스공장〉과 인터뷰에서 "문 대통령에게 만나자고 요청하는 국가가 30개 이상 줄을 서 있다"고 말했다. 한국의 국제적 위상이 높아져 우리 대통령을 초청하는 나라들이 많아진 것은 사실이지만 중요한 것은 어떤 방문이든 상호 실질적 이익을 증진시킬 수 있는 방문이 되어야 한다는 것이다. 장관이나 대사가 해도 되는 일을 대통령이 나설 필요는 없다는 것이다.

| 그 밖의 사례들

—문 대통령은 2017년 11월 트럼프 대통령 부부를 위해 청와대에서 만찬을 주최했다. 만찬 메뉴에 '독도새우 잡채'라는 것이 들어 있었다. '독도는 한국 땅'을 트럼프에게 부각시키려는 꼼수였는데 미 측의 반발과 냉소를 샀다. 행사 후 한미 측 이사는 "청와대의 외교적 무지와 무례에 놀랐다"고 했다.

–문 대통령의 2018년 11월 체코 방문 때 외교부는 트위터 계정에 '체코'를 '체코슬로바키아'로 표기했다. 26년 전 국명을 쓴 것이다. 외교부는 2019년 3월 영문 보도자료에서 북유럽의 '발틱Baltic' 국가 라트비아를 '발칸Balkan' 국가로 표기했다. 주한 라트비아 대사관이 외교부에 항의해 이런 사실이 알려졌다.

–문 대통령은 2019년 3월 이슬람 국가인 브루나이를 방문하면서 국왕 만찬 시 건배 제의를 했다. 큰 결례였다. 이슬람 국가에서 알코올음료가 담긴 잔을 들고 건배한다는 것은 있을 수 없는 일이다. 현지 대사가 챙겼어야 했다. 당시 한국 대사는 시민운동 경력의 비전문외교관이었다.

–청와대는 2021년 6월 SNS에 문 대통령 오스트리아 방문 소식을 전하며 독일 국기를 올렸다. 잘못된 줄도 모르고 있다가 네티즌의 지적을 받고서야 바로잡았다. 대통령의 캄보디아 방문을 홍보하면서 엉뚱하게 대만 건물 사진을 올린 적도 있다.

| 문제점

문 대통령은 정상외교를 너무 준비 없이 한다는 인상을 주었다. 경험적으로 볼 때 정상회담은 철저하게 준비하지 않을 바에는 추진하지 않는 것이 더 낫다. 정상외교는 외교 총사령관이 하는 외교이므로 최상의 준비를 한다. 그리고 아주 제한적으로 꼭 필요할 때 해야 한다. 문재인 정부는 정상외교를 남발했다.

사드3불

사드^{THAAD}(고고도미사일방어체계)는 유사시 북한의 핵미사일로부터 한국인과 주한미군을 보호하기 위한 미사일방어시스템이다. 박근혜 정부는 사드를 한국에 배치하는 문제에 대해 모호한 입장을 취하다가 북한이 4번째 핵실험을 하자 2016년 7월 8일 사드배치를 공식 결정했다. 중국은 사드가 방어 무기임에도 한국에 온갖 경제보복을 가했다. 부당한 것이었다. 문재인 정부는 2017년 5월 출범하면서 환경영향평가를 구실로 성주 사드기지의 정상적 운용에 필요한 조치를 취하지 않았다. 그런 가운데 2017년 10월 30일 국회 국정감사장에서 박병석 더불어민주당(여당) 의원과 강경화 외교부 장관 간에 다음과 같은 질의·답변이 오갔다. 사전 조율된 것임이 분명했다.

박병석 의원 질의: 한중이 신뢰에 기초한 건실한 전면적 협력관계로 가기 위해서는 3가지 장애물에 대한 분명한 한국 정부의 입장이 필요하다. 한국이 사드를 추가 도입할 것인가, 미국의 미사일 방어체계(MD)에 참여할 것인가, 한·미·일 3각 협력이 군사동맹으로 발전할 수 있는가 여부에 대해 답변해 달라.

강경화 장관 답변: 우리 정부는 사드 추가 배치를 검토하지 않고 있고, 미국의 MD에 참여하지 않는다는 기존 입장에 변함이 없다. 한·미·일 3국 간의

안보협력이 3국 간의 군사동맹으로 발전하지 않을 것임을 분명히 말씀드린다.

이에 중국은 신속한 반응을 보였다. 화춘잉 외교부 대변인은 정례브리핑에서 "우리는 한국 측의 이러한 3가지 입장을 존중한다. 우리는 미국의 사드배치를 일관되게 반대하고 있다. 한국이 이를 실제 행동으로 옮기기 바란다"고 했다. 〈인민일보〉와 〈환구시보〉도 '한국의 3불不 약속 이행은 문 대통령의 성공적인 방중에 기여할 것'이라고 보도했다. '3불'이라는 용어는 이때 처음 나왔다. 한국이 3가지 일을 하지 않는다는 의미였는데, 〈인민일보〉 등은 이것을 한국의 중국에 대한 약속으로 보도했다.

한국 외교부는 10월 31일 홈페이지에 「韓中 관계 개선 관련 양국 간 협의문」이란 것을 게재했다. 이런 내용을 홈페이지에 공개한 것은 이례적이었다. 중국 언론 매체들이 '3불 약속'이라는 용어를 쓴 것이 배경으로 보였다. 다음은 그 내용의 일부이다.

최근 한중 양국은 남관표 대한민국 국가안보실 제2차장과 쿵쉬안유 중화인민공화국 외교부 부장조리 간 협의를 비롯해 한반도문제 등과 관련하여 외교당국 간의 소통을 진행하였다.

중국 측은 MD구축, 사드 추가 배치, 한·미·일 군사협력 등과 관련하여 중국 정부의 입장과 우려를 천명하였다. 한국 측은 한국 정부가 공개적으로 밝혀 온 관련 입장을 다시 설명하였다.

양측은 한중 간 교류협력 강화가 양측의 공동이익에 부합된다는 데 공감하고 모든 분야의 교류협력을 정상적인 발전 궤도로 조속히 회복시켜 나가기로 합의하였다.

발표문에서 '한국 정부가 공개적으로 밝혀 온 관련 입장'이라고 한 것은 새로운 것에 관한 논의가 아니고 기존 입장을 확인해 준 것이라는 의미였다. 협의를 가진 목적에 대해서는 "사드 사태로 발생한 갈등을 해소하고 양국관계를 정상화하기 위한 것"이라고 했다. 이 협의에 중국 측에서는 외교부 인사가 나섰는데, 한국 측에서는 청와대 인사가 나섰다. 청와대가 이 일을 주도했음을 말해 준다.

해당 사안이 한미동맹과 직결되는 것이었음에도 문재인 정부는 미국과 일체 협의를 하지 않았다. 맥매스터 백악관 국가안보보좌관은 "내가 읽은 바로는 (한국) 외교부 장관의 발언이 확정적인 definitive 것이라고 생각하지 않는다. 한국이 그 3가지 영역에서 주권을 포기할 것이라고 생각하지 않는다"고 했다. 주권에 속하는 사항을 그런 식으로 처리했겠느냐는 의미였다.

한·미·일 3국 안보협력은 4개월 전 한미 정상회담에서도 합의한 사항이었다. 그런데도 '한·미·일 3국 안보협력이 군사동맹으로 발전되지 않을 것'이라는 내용이 들어갔다. 한미 정상회담 공동성명(2017.6.30.)

은 "양 정상은 한·미·일 3국 협력을 증진시켜 나가겠다는 공약을 재확인하였다"며 "양 정상은 3국 안보 및 방위협력이 북한의 위협에 대응하여 억지력과 방위력을 증진시키는 데 기여하고 있음을 확인하였다. 양 정상은 기존의 양자 및 3자 메커니즘을 활용함으로써 이러한 협력을 더욱 발전시켜 나가기로 하였다"라고 되어 있었다. 2017년 7월 초 G20 정상회의 기회에 열린 한·미·일 정상회담에서도 '한·미·일 3국 안보협력'에 합의한 바 있다.

해외 전문가나 언론은 '이해하기 어렵다'는 반응을 보였다. 브루스 벡톨 앤젤로주립대 교수는 "바보 같은 짓 just silly"이라며 "북한 미사일 도발에 대응해야 하는 한국이 미국의 미사일방어 체계에 들어가지 않겠다고 중국에 약속한 것은 북한 미사일 도발에 대한 방위력을 약화시키는 것으로 도저히 이해할 수 없다. 자기 무덤을 파는 결과를 가져올 수 있다"고 했다. 빅터 차 전략국제문제연구소 CSIS 한국석좌는 "국가안보와 관련한 미래 옵션들을 배제한다는 건 그 어떤 나라에도 국익에 도움이 되지 않는다"며 부정적인 시각을 나타냈다. 홍콩에서 발행되는 〈사우스차이나 모닝포스트〉는 "중국이 총 한 발 쏘지 않고 승리했다"고 보도했다. 영국 〈이코노미스트〉도 "상대방이 맘에 안 들면 괴롭히다가 조금씩 잘해 주는 식으로 길들이는 중국 전략에 굴복한 것"이라고 분석했다.

송민순 전 외교통상부 장관은 "(사드3불은) 대한민국 안보 수단의 선택지를 잘라 버린 악수"라고 했고, 천영우 전 외교안보수석은 "(사드3불은) 1905년 을사늑약 이래 가장 치욕적인 주권 헌납 행위"라고 했다. 언론이나 전문가들의 반응도 대부분 다음과 같이 부정적이었다.

  -한국이 자발적으로 찬 '3불 족쇄'다.

  -사드 무마용(用) '3가지 굴욕'은 심각한 군사주권 훼손 행위다. '약속'이든 '입장 표명'이든 주권은 훼손됐다. 외교에서 주권을 지키는 것은 기본 중 기본이다. 한국 외교사에서 이런 굴욕적인 협상이 없었다.

  -문재인 정부가 북한의 핵미사일로부터 국민을 보호할 의지가 없다는 사실이 확실해졌다. 병자호란 이후 최악의 대중(對中) 굴욕외교로 기억될 것이다.

  -미국이 중국처럼 한국 주권을 짓밟고 윽박질렀다면 미국 대사관이 횃불과 촛불에 몇 겹으로 포위됐을 것이다.

청와대는 사드3불 입장 확인을 "새 정부 들어 가장 큰 외교성과"라고 했다. 문 대통령은 대통령 후보 시절 "안보와 국익을 지켜 낼 복안이 있다"고 했는데, 혹여 이것이 그런 것이라고 착각했는지도 모른다. 친정부 인사들은 다음과 같이 '사드3불'을 적극 옹호하고 나섰다.

  -중국이 얘기하는 3개의 노(No)는 흔쾌히 수용할 수 있는 것이다. '3불 원칙'은 상식적인 주장이다.

미국에 위배되는 중국과의 협상이 있었다고 볼 수 없다. 한미동맹이 상당히 중요하지만, 여기에 모든 것을 베팅하다 거기에서 차질이 생기면 어디로 가느냐. 그래서 헤징을 해야 한다. (문정인 통일외교안보특보)

-문재인 정부가 하고 싶었던 균형외교를 하겠다고 선언한 것이다. 정책 전환적 성격을 갖고 있다.

(3불 원칙이) 주권 포기인 것처럼 얘기하는 건 미국의 생각과 의도를 따라가는 것만이 주권을 지키는 것이라고 생각하는 사람들 얘기다.

3불 원칙은 중국 견제에 한국을 끌어들이려는 미국 정부의 입장과 상치되는 것으로 동북아에서 편 가르기 일변도로 질주하는 트럼프의 정책을 추종할 수 없다는 결의로도 읽힌다. (이종석 전 통일부 장관)

-우리는 실리를, 중국은 명분을 얻었다. 한중관계는 이제 뉴노멀 단계로 접어들었다.

한중은 신뢰에 기초한 건실한 협력관계로 나아갈 것이다. (박병석 더불어민주당 의원)

트럼프 대통령이 2017년 11월 7일 1박 2일 일정으로 방한했을 때 문 대통령은 트럼프 대통령과 한·미·일 3국 간 안보협력을 재확인했다.

양국 정상은 북한의 핵·미사일 위험에 대응하여 억제력 및 방어력을 향상시키기 위해 일본과의 3국 간 안보협력을 진전시켜 나간다는 의지를 재확인하였다.

양국 정상은 북한의 위협에 대응하여, 3국 간 미사일 경보 훈련 및 대잠수함 전훈련을 계속하고 정보 공유를 확대하며 공동 대응 능력을 증진시켜 나가기로 하였다.

이로부터 3년이 지난 시점에 사드3불의 성격에 관한 논란이 일었다. 단순한 협의였는지 아니면 약속이었는지에 관한 논란이었다. 2020년 10월 21일 국회 외교통일위원회의 주일대사관 국정감사에서 조태용 국민의힘(야당) 의원이 남관표 대사에게 "중국과 합의를 한 것이냐"고 물었다. 이에 남 대사는 "합의한 것이 없다. 중국의 3가지 우려와 관련해 협상 당시까지 우리가 취하고 있던 공개된 입장을 설명해 준 것이 전부다"라며 "중국에 당시 언급한 3가지는 약속도 합의도 아니다"라고 말했다. 조 의원이 "그렇다면 대한민국 정부가 나중에 필요성이 있어서 (사드 추가 배치 등을) 추진해도 중국이 약속 위반이라고 할 수 없는 것 아니냐"고 묻자, 남 대사는 "그런 약속이 없기에 약속 위반이라고 할 수 없다"고 분명히 답변했다.

3년 전 한중 협의 시 한국을 대표했던 남 대사가 "약속이 아니었다"라고 하자 중국 측이 발끈하고 나섰다. 자오리젠 외교부 대변인은 10월 22일 "양국이 2017년 10월 단계적으로 사드문제를 처리한다는 합의를 달성했다. 이에 관한 과정이 매우 명확하게 진행됐다"며 "이 합의는 두 나라의 공동이익에도 부합한다. 한국이 중국과 전략적 합의에 따라 이 (사드) 문제를 적절하게 처리하고, 양국관계가 더 이상 영향을 받지 않기를 바란다"고 했다. 남 대사는 '합의'가 아니라고 했으나 자오리젠은

'합의'라고 했다.

| 문제점

–문재인 정부가 사드를 추가 배치하지 않는다는 방침을 확인해 주고 이를 '협의'라고 한 것은 '눈 가리고 아웅' 하는 것이었다. 문 대통령 연내 방중을 서두르다 저지른 실수로서, 심각한 국익 손상 행위였다. 공로명 전 외무부 장관은 "사드3불은 우리의 주권을 포기한 것으로 그런 자세로 외교를 하면 나라를 잃는다"고 했다.

–문재인 정부의 사드3불 확인은 중국의 경제보복을 용인한 결과가 되었다. 중국은 한국에 대한 보복이 통하자 압박 카드를 내려놓지 않았다. 나쁜 선례가 되었다. 중국은 이후에도 계속해서 사드문제를 제기했다. 사드가 중국 안보에 위협이 되어서가 아니라 한국을 미국으로부터 떼어내기 위한 술책이었다.

–한국이 미국과 상의 없이 이런 행동을 한다는 것은 동맹에 대한 배신이었다. 주권국이 이런 행위도 못하느냐고 할지 모르지만, 이는 다른 문제였다. 한국은 미국과 동맹관계에 있다. 미국은 중국을 적대세력 adversary 으로 본다. 미국이 한국과 상의 없이 북한과 유사한 일을 했다면 우리는 어떻게 생각했겠는가. 문재인 정부가 한 행동은 분명히 동맹의 신뢰를 떨어트리는 것이었다.

중국 국빈방문

문 대통령은 취임 6개월 지난 시점에 중국을 국빈방문했다. 청와대는 이 방문을 성사시키기 위해 많은 무리를 했다. 중국에 대해 '사드3불 입장'이라는 것을 확인해 주었고, 국빈방문의 세부 사항이 잘 조율되지도 않은 상태에서 방문을 밀어붙였다.

문 대통령은 중국을 방문하면서 한국이 중국과 '운명공동체'라고 공언했고, 중국몽을 함께 꾸겠다고도 했다. 국가정체성을 훼손하는 일이었고 헌법정신을 벗어나는 행위였다. 중국이 궁극적으로 원하는 것이 한미동맹 해체와 주한미군 철수인데 문 대통령은 스스로 이런 방향으로 급격히 기울었다.

시진핑 주석은 한미가 2016년 7월 사드배치를 결정하자 자신의 체면이 손상되었다고 생각해 작심하고 '한국 때리기'와 '한국 길들이기'에 나섰다. 이 과정에서 문 대통령의 국빈방문이 직격탄을 맞아 이 방문은 외교사상 유례없는 참사가 되고 말았다.

'한국 길들이기' 조짐은 이해찬 의원이 2017년 5월 문 대통령 특사로 중국을 방문했을 때 이미 나타났다. 중국 측은 특사가 하석^{下席}에 앉아 시 주석에게 보고하는 모양새의 좌석 배치를 했다. 있을 수 없는 일이었다. 2017년 일본 특사 면담, 2016년 북한 리수용 외무상 면담 시 시진핑이 나란히 앉았다. 2017년 10월 베트남, 라오스 특사 때도 마찬가지였다.

문 대통령은 2017년 11월 11일 APEC 정상회담 기회에 베트남 다낭에서 시진핑 주석과 회담했다. 청와대는 회담 성과로 문 대통령의 연내 방중이 확정된 것처럼 발표했지만 중국 측 발표문에는 이런 내용이 없었다. '한국 외교부 장관의 이달 내 중국 방문을 환영한다'는 게 전부였다. 낌새가 이상했다. 대통령 방중과 같은 중요 사안을 한국 측은 확인했는데 중국 측은 확인하지 않았기 때문이다.

다낭 정상회담에서 시 주석은 문 대통령에게 "현재 중·한 관계는 관건적 시기에 있다. 양측은 서로의 핵심이익과 중대한 우려를 존중하고 정치적 상호 신뢰를 지켜야 한다"고 했다. '관건적 시기'란 한국이 미·중 가운데 하나를 선택해야 하는 시기라는 의미였다. 시 주석은 또 "중대한 이해관계가 걸린 문제에 있어 양측은 역사에 대한 책임을 지고, 중·한관계에 대한 책임을 지며, 양국 인민에 대한 책임을 지는 태도로 역사의 시험을 견뎌 낼 수 있는 정책결정을 내려 중·한관계가 올바른 길로 가게 해야 한다"고 했다. 내정간섭에 가까운 발언이었다.

문 대통령은 2017년 12월 13일 3박 4일 일정으로 베이징에 도착했다. 도착하는 순간부터 떠나는 순간까지 놀라운 일들의 연속이었다. 중국 측은 국빈에 대한 최소한의 예의도 갖추지 않았다. 공항에서 베이징

시내로 가는 길에 태극기를 내걸지 않았다. 아프리카의 작은 나라 지도자가 방문했을 때도 그 나라 국기가 나부꼈다. 문 대통령은 취임하면서 "국민들이 자랑스럽게 생각하는 당당한 외교를 하겠다"고 했는데 이건 아니었다.

문 대통령이 베이징에 도착했을 때 시진핑 주석은 난징대학살 80주년 추모일 행사 참석으로 베이징에 없었다. 손님을 초대해 놓고 주인이 집에 없었다. 문 대통령은 베이징 도착 30여 시간 지난 다음에야 시 주석을 만날 수 있었다. 왜 이런 날을 도착일로 잡았는지 도무지 이해할 수 없었다.

공항 영접도 차관보급 인사가 했다. 국빈방문이면 보통 장관급이 한다. 두테르테 필리핀 대통령 방중 때(2016.10.)는 왕이 외교부장이 공항 영접을 했다.

방문 기간 중 10여 차례의 식사 기회가 있었는데 단 2번 중국 측이 주최했다. 시 주석 만찬과 충칭시 당서기 오찬이 전부였다. 8번의 식사가 비었다. 국빈이 혼자 식사('혼밥')를 했다. 우리 국민들 눈에 문 대통령이 푸대접받는다는 인상을 주었다. 리커창 총리와의 오찬을 추진했으나 이 마저도 성사되지 않았다.

국빈방문의 경우 접수국 국가원수가 직접 안내하는 행사를 적어도 1~2개 넣는데 시 주석이 안내한 행사가 하나도 없었다.

왕이 외교부장은 문 대통령과 인사하며 문 대통령의 팔을 툭툭 쳤다. 외교장관이 국가원수의 팔을 툭툭 치는 건 있을 수 없는 일이었다. 청와대는 "친근하다는 쪽으로 봐 달라"고 했지만 이는 외교의전을 모르고 하는 얘기였다. 외교장관이 대통령과 동급일 수 없다. 한국 외교부 장관이 시 주석 팔을 툭툭 치면 되겠는가.

상상할 수 없는 일도 벌어졌다. 10여 명의 중국 경호원들이 행사를 취재 중이던 한국 사진기자 2명을 에워싸고 얼굴에 발길질을 하는 등 가혹하게 폭행했다. 정상외교 역사상 초유의 사건이었다. 그런데도 중국은 어떤 사과도 하지 않았다. 의도적으로 일어난 일로 볼 수밖에 없었다. 이런 사태를 두고 청와대는 언론에 '정상회담과 폭력 사태가 뒤섞이지 않도록 해 달라'고 주문했다. 이 사람들 수준이 이 정도였다. 청와대는 중국 측에 가해자 처벌과 손해 배상, 사건 책임자 문책, 중국 정부 최고 책임자의 공식 사과 등을 요구했어야 했다. 이 사건을 두고 문 정권 지지자들이 보인 반응도 한심했다. 그들은 '기자들이 맞을 짓을 했다' '중국이 할 일 했다' '보안을 무시했다' '더 맞아 죽었으면 좋겠다'는 등의 글을 SNS를 통해 퍼트렸다. 중국 〈환구시보〉는 이런 글을 인용하며 폭행 사건을 정당화했다.

문 대통령의 방중은 내용 면에서도 심각한 문제점을 남겼다. 문 대통령은 12월 13일 한중 비즈니스포럼에서 한중 양국이 "운명공동체"라고 했다. 다음 날 시진핑과의 정상회담에서는 한중이 "운명적 동반자"라고 했다. '운명공동체'란 중국적 세계질서 구축 담론으로 21세기판 조공질서를 의미했다. 문 대통령은 12월 15일 베이징대 연설에서는 다음과 같은 말도 했다. 사실관계에 어긋날 뿐 아니라 우리의 이념적 정체성과도 맞지 않는 말이었다.

중국과 한국은 근대사의 고난을 함께 겪고 극복한 동지입니다.

중국은 단지 중국이 아니라, 주변국들과 어울려 있을 때 그 존재가 빛나는 국가입니다. 높은 산봉우리가 주변의 많은 산봉우리와 어울리면서 더 높아지는 것과 같습니다. 그런 면에서 중국몽이 중국만의 꿈이 아니라 아시아 모두, 나아가서는 전 인류와 함께 꾸는 꿈이 되길 바랍니다.

저는 중국이 더 많이 다양성을 포용하고 개방과 관용의 중국정신을 펼쳐갈 때 실현 가능한 꿈이 될 것이라고 믿습니다. 한국도 작은 나라지만 책임 있는 중견국가로서 그 꿈에 함께할 것입니다.

국가를 대표하는 지도자는 자기 나라를 '작은 나라'로 칭하지 않는다. 아무리 작은 나라라 하더라도 '작은 나라'로 부르지 않는다. 문 대통령은 중국 사람들이 듣기 좋게 말하면 좋은 반응이 나올 것으로 예상했는지 모르나 착각이었다. 중국 측은 한국이 중국 질서에 순응해서 살겠다는 의미로 받아들였을 것이다.

문 대통령은 심지어 "중국몽이 전 인류가 함께 꾸는 꿈이 되기 바란다"며 한국도 이런 꿈을 꾸겠다고 했다. 중국몽이란 "중화민족의 위대한 부흥"으로 중국이 2050년까지 세계 패권을 차지한다는 것을 의미했다. 이런 사실을 알고 한 말인지는 알 수 없다. 이상한 것은 국내 언론이나 전문가들이 문 대통령의 이런 언급을 예사로 받아들였다는 사실이다.

한중 정상회담(2017.12.14.) 결과로 '한반도문제에 관한 4대 원칙'이라는 것이 나왔는데 새로운 것은 없었다. 1항, 한반도에서 전쟁은 절대 용납할 수 없다. 2항, 한반도 비핵화 원칙을 확고하게 견지한다. 3항, 모든 문제는 대화와 협상을 통해 평화적으로 해결한다. 4항, 남북관계 개선이 한반도문제 해결에 도움이 된다는 것이었다. 1~3항은 1993년 북핵위기 이후 24년째 중국이 토씨 하나 바꾸지 않고 사용해 온 것이었고, 4항 하나가 추가되었다.

중국 측 발표에 따르면 이 '4대 원칙'은 모두 시 주석이 강조한 것이라고 한다. '한반도에서 전쟁은 절대 용납할 수 없다'는 1항은 문제가 있었다. 미국이 북한에 대해 최대 압박 maximum pressure 을 쓰고 있는데 이런 합의를 함으로써 김을 뺐기 때문이다. 한국 대통령이 미국을 향해 군사 옵션은 테이블에서 내려놓으라고 하는 것은 미국 입장에서는 거부감을 갖기에 충분한 일이었다. 북핵의 최대 피해자이면서 미국의 동맹국인 한국이 미국을 향해 군사옵션 카드를 내려놓으라고 요구했으니 말이다.

시 주석은 회담에서 또 사드문제를 제기했다. "이 문제로 중·한관계는 후퇴를 경험했다"며 "한국 측이 적절히 처리하기 바란다"고 했다. 문재인 정부는 '사드3불 입장' 확인으로 이 문제가 해결되었다고 생각 했지만 그게 아니었다. "적절히 처리하기 바란다"라는 말은 '알아서 잘 하라'는 지시였다.

문 대통령은 방문을 마친 후 청와대 회의에서 "경제 분야뿐 아니라 한반도 비핵화와 평화 구축을 위한 4대 원칙 등 정치·안보 분야까지 한 중관계의 전면적 정상화와 협력의 기틀을 다졌다는 점에서 매우 내실 있는 성과를 거뒀다"고 자평했다. 국민들이 체감하는 것과는 거리가 있 었다. 청와대 참모들도 자화자찬하기 바빴다. "이번 방문을 100점 만점 에 120점으로 본다" "이번 방중으로 경제성장률이 0.2% 포인트 오를 것이다" "우리의 안보적 이익을 확실히 보호했다" "사드에 따른 경제문 제가 해소됐다" 등등. "청와대 인사들의 두뇌 회로가 가히 의심스럽다" 는 말이 나오자 "언론과 야당이 잘못된 프레임으로 사태를 오도하고 있 다"며 화를 냈다. 이런 사실에 비추어 문 대통령 주변 인사들은 중국에 무참히 당하고도 무엇이 잘못되었는지 모른다는 인상을 주었다.

정의용 국가안보실장은 청와대 수석·보좌관 회의에서 "대통령이 중 국 방문 중 일반 식당에서 식사한 것을 두고 '혼밥' 보도가 있었는데, 이 는 대단히 잘못된 것이다. 대통령은 혼밥을 한 게 아니라 13억 중국 국 민과 함께 조찬을 한 것이다"라고 말했다. '정신승리법'이었다. 문 대통 령 주변에는 이런 사람들이 넘쳐 났다. 문 대통령은 12월 18일 재외공 관장들을 위한 청와대 만찬에서 "전 세계는 촛불혁명을 일으킨 우리 국민을 존중했고, 덕분에 저는 어느 자리에서나 대접받을 수 있었다"라고 말했다.*

중국 측의 야만적 모멸에도 불구하고 국가안보실장이나 외교부 장관을 비롯해 누구 하나 불편한 기색이 없었다. 중국의 한 한국 전문가는 "중국은 한국에 교훈을 주기 위해 일부러 문 대통령을 홀대했는데, 한국 정부는 그것이 홀대인 줄 모르거나 아니면 홀대가 아닌 척한다"고 코멘트를 했다. 중국 측이 문 대통령을 국빈 초청해 놓고 일부러 홀대했음을 확인한 뼈아픈 지적이었다.

김대중 〈조선일보〉 고문은 2017년 12월 19일 칼럼에서 "나라 체통을 망가뜨리고 국가이익을 저해한 무자격자들의 외교놀음이었다. 중국 측이 이렇게까지 우리를 업신여길 줄 몰랐다면 그런 바보 같은 참모진은 당연히 사퇴시켜야 한다"고 주장했다. 50년 넘게 중국을 연구한 서진영 교수는 문 대통령의 방중 결과를 "한국은 미·일의 신뢰를 잃고 중국은 한국민의 마음을 잃었다"고 정리했다. 강성학 교수는 문재인 정부가 "중국의 허장성세에 부화뇌동하는 어리석은 국가적 실수를 했다"고 보았다. 그러면서 "한국이 중국에 편승하여 미국·일본 등 해양국들을 견제하는 역할을 자처하는 것은 한국의 미래를 재앙적 상황으로 끌고 가는 것"이라고 우려했다.

* 중국 전문가 송재윤 교수는 이와 관련하여 흥미 있는 분석을 내놓았다. 중국 지도부가 문 대통령이 대규모 시위를 통해 집권한 지도자여서 중국을 방문했을 때 환대를 베풀 수 없었다는 것이다.

북한이 보인 반응도 흥미롭다. 2017년 12월 17일 〈노동신문〉 논설은 문 대통령의 방중에 관해 다음과 같이 썼다. 여기서 '남조선 당국자' '남조선 집권자'는 문 대통령을 지칭한다.

홀대 논란에도 불구하고 '친구가 되자'고 너스레를 떤 남조선 당국자의 추태는 실로 민망스럽기 그지없었다.

괴뢰들은 궁지에서 헤어나 보려고 '균형외교'니 '신북방정책'이니 하고 떠들어대며 다급히 주변 나라들의 문을 두드려대고 있다. 남조선 집권자의 이번 행각도 그러한 놀음 중의 하나이다.

하지만 그것은 본전도 찾지 못할 부질 없는 추태이다. 사대와 굴종으로 초래된 위기를 사대외교로 가서 보려는 그 자세가 어이없는 타산이 아닐 수 없다.

| 문제점

문 대통령의 국빈 방중은 다시는 반복되어서는 안 되는 역대 최악의 정상외교였다. 문 대통령은 방중 직후 청와대 수석·보좌관 회의에서 "이번 방중은 우리 외교의 시급한 숙제를 연내에 마쳤다는 데 큰 의미를 두고 싶다"고 했다. 시한을 정해 놓고 방중을 추진했음을 알 수 있다. 외교에서는 조급하게 서두르는 쪽이 불리하게 되어 있다. 문 대통령은 임기 첫해 중국 방문을 끝내야 한다는 강박관념에서 이런 무리를 했다.

중국은 의전을 중시하고 의전을 통해 메시지를 전달한다. 문 대통령 방중 시 중국 측이 보여 준 의전은 작심한 얼차려였다. 대한민국 대통령을 경멸에 가까울 정도로 하대했다. 시진핑은 한국을 중국과 대등한 나라로 보지 않는다. 그는 2017년 4월 트럼프 대통령과 회담하면서 "역사적으로 한국은 중국의 일부였다"고 말한 바 있다. 중국은 문 대통령을 '국빈' 자격으로 초청해 놓고 '갑甲'질을 했다. 대한민국의 위신이 손상되고 국민들의 자존심이 무너졌다.

한중 외교현장

| 문 대통령 취임사 일부는 표절된 것?

문 대통령의 2017년 5월 10일 취임사는 훌륭했다. 특히 "거듭 말씀드립니다. 문재인과 더불어민주당 정부에서 기회는 평등하고, 과정은 공정하며, 결과는 정의로울 것입니다"라는 약속이 그러했다.

그런데 2021년 3월 30일 국민의힘(야당) 대변인 공식 논평에 의하면 '기회는 평등하고, 과정은 공정하며, 결과는 정의로울 것'이라는 문구는 2015년 4월 중국 〈인민일보〉에 나온 것이었다. 〈인민일보〉는 "우리가 주창하는 공정은 '기회의 평등'과 '과정의 공정'을 강조할 뿐 아니라 '결과의 정의'까지 고려하고 이를 사회 각계각층에서 실현하는 것이다"라고 했다.

| 중국 외교부장의 훈계

왕이 외교부장은 2017년 11월 22일 한중 외교장관회담(베이징)을 하면서 강경화 장관을 30분이나 기다리게 만들었다. 뒤늦게 나타나서 한다는 말이 "말에는 신용이 있어야 하고 행동에는 결과가 있어야 한다"고 했다. 상사가 부하를 꾸짖는 어투였다.

︱ 대한민국을 대표하는 대사가…

　노영민 신임 주중대사는 2017년 12월 5일 시진핑 주석에게 신임장을 제정하면서 방명록에 '萬折必東 共創未來'라고 적어 놓았다. 만절필동은 황하^{黃河} 강물이 수없이 꺾여도 결국은 동쪽으로 흐르는 것을 비유해 충신의 절개를 표현하는 말이다. 의미가 확대되어 황제를 향한 제후들의 충성을 뜻했다. 한 나라를 대표하는 대사가 신임장을 제정하는 날 방명록에 이런 글귀를 남겼다는 것은 외교사에 남을 해프닝이었다. 대한민국을 대표하는 대사가 중국 주석에게 충성을 맹세한다는 의미의 글귀를 남겨 놓았기 때문이다.

︱ "중국 일대일로^{一帶一路} 연계에 속도 내라"

　문 대통령은 2017년 12월 18일 재외공관장들을 위한 만찬행사에서 참석 공관장들에게 "중국 일대일로 연계에 속도를 내라"고 지시했다. 문 대통령은 "앞으로 신남방정책과 신북방정책을 통해, 또한 중국의 일대일로 구상과 연계해 우리 경제 활용 영역을 넓히는 데 속도를 내 달라"고 했다. 원고지 약 21장 분량의 인사말에서 '한미동맹'이나 '미국' '북핵' 등의 단어는 찾아볼 수 없었다. 문 대통령은 2019년 12월 시진핑 주석과의 회담에서 일대일로에 대해 한중 간 연계 강화를 약속했다. '일대일로'는 아시아·유럽·아프리카 등에 철도·도로·통신망 등을 구축하는 사업이나, 실제론 중국의 영향력을 확대하려는 것이었다. 일대일로 프로젝트들은 이후 곳곳에서 취소, 지연, 중단 등의 사태를 빚었다.

| 중국의 대북對北 영향력을 착각

문 대통령은 중국이 북한을 움직일 수 있을 것으로 믿었다. 큰 착각이었다. 북한은 중국을 경계한다. 중국이 하는 말을 고분고분 듣지 않는다. 김정일은 '미국이나 남한보다 더 두려워해야 하는 것이 중국'이라거나 '미국 놈 열보다 중국 놈 하나가 더 위험하다. 중국과 친밀한 관계를 유지하면서도 중국의 대국주의를 철저히 경계해야 한다'는 생각을 갖고 있었다(라종일, 『장성택의 길』). 김정은은 중국통인 고모부 장성택을 처형했다. 라종일 대사가 중국 고위층으로부터 전해 들은 바에 의하면 김정은에 의한 장성택 숙청은 '북한에 대한 중국 영향력 제거 시도'였다.

| 파로호 개명 논란

강원도 화천에 파로호破虜湖가 있다. 이 호수는 6·25전쟁 때 국군과 유엔군이 중공군을 전멸시킨 전투가 벌어졌던 곳이다. 1951년 5월 26일부터 사흘 동안 2만 명이 넘는 중공군이 호수에 수장돼 호숫물이 시뻘겋게 변했다는 이야기가 전해진다. 전후戰後 이승만 대통령은 이 호수를 방문해 호수 이름을 '오랑캐虜' '부순破' 호수로 명명하고 휘호를 남겼다. 그 기념비가 지금도 남아 있다. 그런데 이 이름을 바꾸자는 얘기가 나왔다. 'KBS 특파원 리포트'에 의하면 노영민 주중대사가 한 특파원에게 비非 보도를 조건으로 파로호 개칭 가능성을 거론했다. 노 대사가 2019년 초 대통령비서실장으로 귀임한 이후 파로호 개명 논란이 일었다.

| 국회의장이 어떻게 이런 선물했을까

문희상 국회의장은 2019년 2월 미국을 방문하면서 펠로시 하원의장에게 친필 족자를 선물했다. 그런데 이 족자 글귀가 '만절필동'이었다. 펠로시 의장은 영문도 모르고 이 선물을 받았겠지만 후에 그 의미를 알았으면 어떤 생각이 들었을까? 문 의장은 왜 이런 선물을 했을까? 알 수 없는 일이었다.

| "어떤 후과後果를 초래할지 상상하라"

추궈홍 주한 중국대사는 2019년 11월 28일 협박성 발언을 했다. 국회의원회관에서 열린 한 포럼에서 "미국이 한국 본토에 중국을 겨냥하는 전략적 무기를 배치한다면 어떤 후과를 초래할지 여러분도 상상할 수 있을 것"이라고 말했다. "중국을 겨냥하는 전략적 무기"란 중거리미사일을 말하는데, 문재인 정부는 "공식 논의하거나 검토한 바 없고 계획도 없다"고 밝혀 왔다. 추 대사는 이어 "한국 정부가 충분히 정치적 지혜를 갖고 있기 때문에 잘 대응하리라 믿는다"고 했다. 사드 보복으로 뜨거운 맛을 봤지 않느냐는 말이었다. 그런데 한국 언론이나 네티즌들은 추 대사의 이런 오만에 아무런 반응이 없었다. 주한 미국대사가 그런 발언을 했다면 어떤 일이 벌어졌을까?

| 신임 주한 중국대사의 안하무인

싱하이밍 신임 주한 중국대사는 2020년 2월 4일 대사관에서 브리핑 명목의 기자회견을 했다. 부임 닷새 만이었고 대통령에게 신임장을 제정하기 전이었다. 이 회견에서 싱 대사는 문재인 정부가 코로나19 때문에 취한 조치에 대해서도 왈가왈부했다. 그런데도 외교부는 뒷짐만 지고 있었다. 새로 부임한 대사는 신임장을 제정해야 공식 활동에 들어갈 수 있다. 그전에는 비공식 활동만 할 수 있다. 본국 정부의 입장을 전달하는 행위는 더더구나 해서는 안 된다. 싱 대사는 이런 관례를 무시했다. 관례를 무시했을 뿐만 아니라, 한국 정부가 코로나19 관련해 취한 조치를 '많이 평가하지 않겠다'는 말도 했다. 오만방자했다.

| '중국의 어려움은 우리의 어려움'

중국 우한에서 발생한 코로나19가 전 세계로 퍼지고 있었다. 코로나19는 2019년 12월 1일 첫 감염자가 나왔는데, 우한 봉쇄는 2020년 1월 23일에야 취해졌다. 중국과 이웃하고 있는 한국은 방역에 특별히 유의해야 했다. 강경화 외교부 장관은 2020년 2월 18일 시진핑 주석의 상반기 방한을 강조하면서 "중국이 요청하면 한국 의료진을 중국에 파견할 수 있다"고 말했다. 생뚱맞은 발언이었다.

문 대통령은 2월 19일 시 주석과 통화에서 "중국의 어려움이 우리의 어려움"이라며 "조금이라도 힘을 보태고자 한다"고 했다. 김대중 〈조선일보〉고문은 "정말 듣기 거북할 정도의 아부와 비굴함을 드러냈다"고 했다. 한국은 한국에서 품절되거나 희귀품이 된 방호벽·라텍스 장갑·보호경·마스크도 중국 각지에 막대한 양을 보냈다. 박능후 보건복지부 장관은 2월 21일 "중국인 관광객보다 중국에 다녀온 우리 국민이 감염원으로 작동한 경우가 더 많다"고 했다. 어느 나라 장관인지 알 수 없었다. 사실관계에도 맞지 않았다.

〈문화일보〉이미숙 논설위원은 "코로나 사태는 문 대통령과 참모·장관들이 친중^{親中} DNA로 무장한 현대판 모화^{慕華} 주의자들임을 보여 줬다"고 썼다. 문 정권에게는 우리 국민들 보호보다 시진핑 주석 방한이 더 중요한 일인 듯 보였다.

| 사드 장비 교체를 중국에 사전 설명

국방부와 주한미군은 2020년 5월 28일 성주 사드기지의 노후 장비 교체 작업을 마쳤다. 운용 시한이 넘은 요격 미사일을 동일 종류와 수량으로 교체한 것이라고 했다. 성능 개량과는 상관이 없다고 몇 번이나 강조했다. 군 당국은 이 사드 장비 교체 작업을 중국에 사전 설명하고 양해도 충분히 구했다고 했다. 자오리젠 중국 외교부 대변인은 5월 29일 "중국과 한국은 사드문제의 단계적 처리에 명확한 공동 인식이 있다. 우리는 한국이 공동 인식을 엄격히 준수해 사드문제를 적절히 처리하고 중·한관계 발전과 지역의 평화와 안정을 수호하기 바란다"라고 말했다.

| 중국, WTO 사무총장 선거에서 나이지리아 후보 지지

2020년 10월 세계무역기구^{WTO} 사무총장 투표에서 나이지리아의 오콘조이웨알라 후보가 한국의 유명희 후보보다 더 많은 표를 얻었다. 나이지리아 후보는 100여 표, 한국 후보는 60여 표를 얻은 것으로 알려졌다. 문 대통령은 그간 약 90개국 정상과의 전화통화와 친서를 통해 유명희 후보 지지를 호소해 왔다. 중국은 나이지리아 후보를 밀었다. 문재인 정부가 중국에 그토록 정성을 들였지만 우리 후보를 지지해 주지 않았다.

| 시진핑의 중공군 6 · 25전쟁 참전 미화

중국은 중공군의 6·25전쟁 참전을 '항미원조抗美援朝'라고 부른다. 미국에 맞서 북한을 도운 전쟁이라는 의미다. 시진핑 주석은 2020년 10월 23일 참전 70주년 행사를 하면서 "중국은 국가안보가 심각한 위협을 받자 북한의 요청에 응했다. 정의로운 행위 중에 정의로운 행동이었다"고 말했다. 그는 또 "중국 인민지원군이 평화수호, 침략반대의 기치를 들고 압록강을 건넜다"며 "북한과 손잡고 위대한 승리를 거뒀다"고 했다. 영국 작가 조지 오웰은 그의 소설 『1984』에서 "과거를 지배하는 자가 미래를 지배하고 현재를 지배하는 자가 과거를 지배한다"고 썼는데 시진핑은 과거를 지배해 미래를 지배하려 했다.

6·25전쟁은 김일성이 스탈린에게 남침 승인을 구했을 때 스탈린이

마오쩌둥의 동의를 전제로 승인한 것으로, 마오쩌둥의 동의가 없었으면 일어나지 않았을 수도 있는 전쟁이었다. 시진핑의 주장은 명백한 역사 날조였다. 한국 외교부는 10월 25일 입장문을 통해 "6·25전쟁이 북한의 남침으로 발발했다는 것은 부인할 수 없는 역사적 사실"이라고 했다.

중국공산당 기관지 〈인민일보〉는 2021년 6월 28일 '중공 100년 대사건'을 연재하며 6·25 참전을 "인류 평화와 정의를 위해 분투하는 국제주의 정신이 만들어 낸 것"이라고 했다. 중국공산당 중앙당사문헌연구원은 "중화민족의 위대한 부흥으로 나아가는 중대 이정표"라고 평가했다. 북한 남침과 중공군 참전으로 대한민국 국민이 말할 수 없는 참화를 당했는데도 중국은 이런 식으로 6·25 참전을 미화했다. 그런데도 문재인 대통령은 2017년 12월 베이징대 강연에서 "중국과 한국은 근대사의 고난을 함께 극복한 동지"라고 말했다.

| 당·정·청이 줄줄이 중국 외교부장 면담 대기

왕이 외교부장이 2020년 11월 25일 2박 3일 일정으로 방한했다. 중국 내 서열 20위권 인사 방한에 당·정·청黨政靑 핵심인사들이 총출동했다. 문 대통령과 박병석 국회의장이 만나 주었다. 이낙연 더불어민주당 대표는 왕이에게 친전과 꽃바구니를 보내 경의를 표했다. 이해찬 전 더불어민주당 대표가 만찬을 했고, 문정인 통일외교안보특보와는 조찬을 했다. 이인영 통일부 장관도 왕이를 만나기 위해 무진장 애를 썼으나 성사되지 않았다. 왕이는 한중 외교장관 회담에 또 25분이나 지각하는 등 거드름을 피웠다.

┃ 대통령이 중국공산당 창당 100주년을 축하

문 대통령은 2021년 1월 26일 시진핑 주석과의 통화에서 "중국공산당 창당 100주년을 진심으로 축하한다"고 말했다. 그러면서 "시 주석의 강력한 지도하에 중국은 코로나19 방역에 성공해 세계 주요국 가운데 유일하게 플러스 경제 성장을 이뤄 낸 국가가 되었으며, 중국의 국제적 위상과 영향력이 날로 강화되고 있고, 두 번째 100년 분투 목표 달성을 향한 중요한 발걸음을 내디뎠다"고 했다. 자유민주주의 국가지도자가 공산당 창당을 축하한 것은 이례적인 일이었다. 정의용 외교부 장관도 2021년 4월 중국 푸젠성 샤먼에서 가진 한중 외교장관 회담에서 왕이 외교부장에게 "한국은 중공 100주년을 축하하며, 중국과 각 분야에서 협력해 가길 원한다"고 말했다.

문 대통령이나 정 장관이 중국공산당의 진정한 본질과 야망을 알고 이런 말을 했는지 알 수 없다. 밥 메넨데스 美 상원 외교위원장은 문 대통령이 중국공산당 100주년을 축하한 데 대해 "실망스럽고^{discouraging} 걱정된다^{concerning}"며 "이렇게 말하는 것은 우리가 공유한 민주주의, 자유시장, 법치, 반反부패, 분쟁의 평화롭고 외교적인 해결, 인권 같은 가치들을 수호하기 위한 문제"라고 했다.

| 중국의 '서해공정'

중국은 2013년 서해상의 동경 124도선을 한중 경계선으로 설정하고 우리 군軍에게 이 선線 서쪽으로 넘어오지 말 것을 통보했다. 그런데도 정작 중국 해군 경비함은 동경 124도에서 10km 정도 동쪽으로 넘어오곤 했다. 백령도에서 40km쯤 떨어진 해역이었다. 중국 군함의 한반도 인근 출몰은 2016년, 2017년 각 110여 회에서 2018년 230여 회, 2019년 290회로 늘었다. 문재인 정부는 이렇다 할 대응을 하지 않았다.

중국이 서해 전체를 내해內海, 즉 자기들 바다로 만들려는 '서해공정'은 2012년 시 주석이 해양강국 건설을 선언하면서 본격화되었는데, 시 주석이 2017년 또다시 해양강국 가속화를 지시하면서 한국을 향한 압박이 한층 강화되었다. 중국은 서해 해상 경계를 인구와 경제 규모까지 고려해 정해야 한다는 황당무계한 주장을 폈다. 그들 주장대로라면 서해 전체의 71%가 중국 관할이 된다.

| 중국 외교부장이 '이래라 저래라' 하다

왕이 외교부장은 2021년 6월 9일 정의용 외교부 장관에게 5월 21일 워싱턴에서 열렸던 한미 정상회담과 6월 11일 영국 콘월에서 열리는 G7 정상회의와 관련하여 다음과 같이 언급했다. G7 정상회의에는 문 대통령도 초청을 받아 참석하게 되어 있었다.

(한국은) 올바른 입장을 견지하고, 공통의 정치적 인식을 성실하게 지켜야 하며, 잘못된 장단에 따라가서는 안 된다.

미국이 추진하는 인도·태평양 전략은 냉전적 사고에 가득 찬 것이어서 집단 대결을 부추긴다. 옳고 그름을 파악해 (미국의) 편향된 장단에 휩쓸리지 마라.

양측은 원래 양국 장관 간 대화 내용을 공개하지 않기로 했는데 중국 측은 외교부 홈페이지에 위와 같은 내용을 올렸다. 당초 합의를 어긴 것이다. 중국 측은 처음부터 공개할 생각을 갖고 이런 언급을 했을 가능성이 크다.

왕이가 정의용에게 한 '잘못된 장단에 따라가서는 안 된다'는 말은 일종의 훈계였다. 주재우 교수는 "중국 외교를 지난 31년 동안 공부하면서 수많은 중국외교 문헌과 기록물을 읽었지만 중국이 상대 국가에 이런 수준의 모욕을 준 사례를 거의 찾아볼 수 없다"며 "2021년 6월 9일은 대한민국 대중對中 외교사에서 국치일로 기억될 것"이라고 썼다(《아주경제》 2021.6.16.). 문 대통령은 '대한민국을 아무도 흔들 수 없는 나라로 만들겠다'고 다짐했는데, 중국은 한국을 마음대로 흔들어도 되는 나라였다.

Ⅰ 중국발 미세먼지

서울시와 경기도는 2021년 11월 19일 오후 6개월 만에 초미세먼지 주의보를 발령했다. 이날 노태우 전 대통령 장녀 노소영 아트센터 나비 관장은 자신의 페이스북에 이런 글을 올렸다.*

먼지가 뿌옇게 뜨면 맥이 탁 풀린다. 중국발 번지가 주범임에도 개선은커녕 항의조차 제대로 못 함에 분노를 넘어 집단 무기력감에 사로잡힌다.

내 나라 땅에서 맑은 공기를 마시고 살 권리는 주권에 속하지 않는가?

우리나라의 환경문제는 국내문제만은 아니다. 복잡한 지정학적 정치·외교·경제의 이슈들이 얽혀 있다. 그렇다고 이리저리 눈치만 보며 계속 먼지 속에 살 순 없다.

청와대 고위관계자는 2021년 11월 22일 다음과 같이 말했다.

중국발 대기환경 악화가 이번 미세먼지 발생의 유일한 원인은 아니다. 미세먼지가 생기는 데는 중국 요인도 있겠지만 국내 요인도 섞여 있다. 문재인 대통령의 지시에 따라 미세먼지 저감을 위한 한중 협력을 이어 가고 있다.

---

* 노태우 대통령은 1992년 역사적인 한중 수교의 주역이었다.

한·중·일 공동연구 결과에 의하면, 2019년 서울에서 발생한 초미세먼지의 39%가 중국에서 유입된 것이었다. 문 대통령은 2017년 4월 13일 대선 과정에서 자신의 페이스북에 "미세먼지, 잡겠습니다. 푸른 대한민국, 만들겠습니다"라는 글을 게시한 바 있다. 문 대통령은 2019년 3월에는 "중국에서 오는 미세먼지의 영향을 최소화하기 위해 중국 정부와 협의해 긴급 대책을 마련하라"고 지시했다. 이에 따라 한중 환경협력공동위원회가 설치되었는데, 3년 동안 단 한 번도 열리지 않았다.

한국인들이 고통을 겪는 미세먼지의 절대적인 원인은 중국이었다. 중국발 미세먼지는 단순한 먼지가 아니라는 데 문제의 심각성이 있다. 질소산화물·이산화황·염화수소·시안화수소·불화수소 등 각종 유독성 물질을 포함하고 있어 국민 건강을 심각하게 위협한다. 그런데도 문재인 정부가 한 일이라고는 '중국발 미세먼지' 대신 '국외유입 미세먼지'라고 부른 것이 전부였다. 국민을 위해 일하는 정부라면 이럴 수 없었다.

| 장관급 회의에 대만 초청했다가 행사 당일 취소

대통령직속 4차산업혁명위원회는 2021년 12월 16일 온라인 연설에 초청했던 대만 장관에게 행사 1시간 전에 초청 취소를 통보했다. 이에 대만 외교부는 대만주재 한국대표부와 한국주재 대만대표처를 통해 항의 의사를 전달했다. 한국 외교부 대변인은 "제반 상황을 검토해 결정된 것"이라고 했고, 청와대 핵심관계자는 "중국을 의식해서라기보다는 우리 외교 원칙에 따른 것"이라고 했다. 4차산업혁명위원회는 정직

했다. 대만 장관에 보낸 이메일에서 "중국과 대만의 양안관계를 고려했다"고 했다.

┃ 한국의 중국에 대한 3대 환상

니어재단 정덕구 이사장은 한국인들에게 다음과 같은 3대 환상 내지는 강박관념이 있다고 본다. △남북관계, 북한 비핵화 등에 있어 중국의 영향력이 지대하다는 환상, △한반도 통일에 중국이 결정적인 역할을 할 것이라는 환상, △중국 시장을 절대 잃어서는 안 된다는 환상이다. 정 이사장은 언제부턴가 한국에서는 선제적으로 중국 반응을 고민하는 습관이 생겼고, 이로 인해 중국 공포증과 같은 심리적 불안감이 의식 속에 자리 잡았다고 본다. 한중관계를 30년 넘게 관찰해 온 주재우 교수도 "한국 엘리트들은 대중對中 관계에서 독립과 자주의식이 빈약하다"며 "한국 지도층은 중국의 심기를 과도할 정도로 의식하면서 패배주의적 자기검열을 되풀이하고 있다"고 주장했다.

┃ 국민정서에 어긋난 대중對中 자세

문 대통령의 대중對中 굴종자세는 국민정서와도 맞지 않았다. 동아시아연구원 조사에 의하면, 중국에 대한 부정적 인식은 2019년 51.5%에서 2020년 59.4%, 2021년 73.8%로 계속 증가했다. 아산정책연구원의 2020년 12월 조사에서 중국이 한국에 미치는 영향을 부정적으로 본다는 응답자가 66.3%로 나온 반면, 긍정적으로 본다는 응답자는 15.5%

였다. 서울대아시아연구소의 2021년 11월 조사에서 한국이 가장 협력해야 할 나라로 미국이 69.2%였는데 중국은 불과 6.9%에 그쳤다. 신뢰도 면에서도 미국은 71.6%였는데 중국은 6.8%였다. '미·중 경쟁에서 어느 나라를 지지하겠느냐'는 질문에 응답자의 67.8%는 미국을, 4.4%는 중국을 택했다.

| 문제점

　-한국이 중국에 대해 어떤 자세를 취하느냐에 관계없이 중국은 자기 이익에 따라 행동할 뿐이다. 중국은 한국의 이익을 존중해 준 적이 없다. 한국이 중국을 아무리 배려해도 갚지 reciprocate 않는다. 문재인 정부가 그토록 중국 입장을 배려했지만 중국은 이를 당연한 것으로 여겼다.

　-한국이 중국의 경제적 압박에 취약함을 보이면 보일수록 중국으로부터 더 큰 경제적 압박을 받게 된다. 중요한 것은 대중對中 의존도를 줄여 나가는 것이다. 이런 일을 게을리하면 갈수록 어려움을 당하게 된다. 중국의 어떤 압박도 견뎌 낼 수 있고 견뎌 내겠다는 국민적 결의가 있어야 한다. 공로명 전 외무부 장관은 중국이 한국외교에 가장 심각한 위협이라고 본다.

　-문재인 정부는 중국에 경사된 외교를 균형외교라고 했지만 실제로는 사대·굴종외교였다. 중국에 대해 꼭 해야 할 말도 하지 못하면서 미국에 대해서는 하지 말아야 할 말도 했다.

–문재인 정부는 임기 내내 중국으로 기울었지만 여론 동향은 달랐다. 한미동맹과 미국과의 협력이 중요하다는 것이 국민 다수의 생각이었다. 서울대아시아연구소 조사에서 '가장 믿을 수 없는 나라'로 중국이 꼽혔다. '중국을 신뢰하지 않는다'는 응답이 90.8%에 달했다. '신뢰한다'는 6.8%에 불과했다.

한미동맹 균열

　　　　　　　　문재인 정부와 美 트럼프 행정부가 겹친 기간 동안 (2017.5.~2021.1.) 한미동맹은 공동화空洞化 되었다. 트럼프 대통령은 2018년 6월 싱가포르에서 김정은 위원장과 회담 후 기자회견에서 "주한미군을 철수시키고 싶다"는 말을 3번이나 했고, 한미연합훈련이 "도발적인 것"이라며 중단을 선언했다. 동맹은 이념적 상응성과 전략적 중요성이 전제되어야 하는데, 문재인-트럼프 기간 동안 이 전제가 무너졌다.

　문 정권 실세들은 1980년대 반미의식화된 사람들이어서 기본적으로 한미동맹을 부정적으로 보았다. 이런 배경에서 문재인 정부는 동맹의 신뢰를 흔드는 언행을 자주 했다. 2017년 10월 중국에 '사드3불 입장'을 확인해 준 것은 동맹 정신에 어긋났다. 2019년 8월 한일 군사정보보호협정GSOMIA 파기 시도도 마찬가지였다. 한미동맹에 직접적인 영향을 주는 중대 사안을 다루면서 미국과 상의하지 않았다. '문 정권은 북한과 중국의 눈치를 살피느라 한미동맹을 계륵처럼 여긴다'는 말이 회자되었을 정도다.

　트럼프 대통령이 한미동맹에 대해 가졌던 인식이나 태도에도 심각한 문제가 있었다. 그는 한미연합훈련은 순전한 돈 낭비라고 생각했다. 한국 방위는 관심 밖이었다. 오로지 돈이었다. 무지한 트럼프는 막강한 권한을 무책임하게 휘둘렀다. 그의 국가안보보좌관 존 볼턴은 "트럼프는 사익과 국익을 구분하지 못하는 사람"이라고 했다. 트럼프에게 중요한 것은 재선이었다. 그가 2020년 11월 재선에 성공했더라면 주한미군을 감축했을지 모른다.

문재인 정부는 한미동맹 필요성과 지향점에 관해 미국과 생각이 달랐다. 일례로, 이인영 통일부 장관은 2020년 9월 2일 한미동맹은 "냉전동맹"이라며 이를 "평화동맹"으로 바꾸어야 한다고 주장했다. 한미동맹 해체 주장이나 다름없다. 문 정권 인사 중에는 한반도 평화에 대한 위협이 북한이 아니라 미국으로부터 온다고 믿는 사람도 있었다. 동맹은 적을 공유하는 나라들이 그 공통의 적에 대항하기 위해 맺는 것인데, 문 정권은 북한이나 중국을 위협 세력으로 보지 않았다. 문 정권 핵심세력은 한미동맹에 대해 대체로 다음과 같은 인식을 갖고 있었다.

-한국인은 한미동맹에 중독되어 있다. 한미동맹 신화를 깨야 한다.
-한미동맹이 국익보다 앞설 수 없다.
-한미동맹 지상주의는 국익을 해친다.
-한미동맹은 한반도 평화체제 구축에 걸림돌이 되고 있다.

한미동맹은 안보·경제·가치 values 를 동시에 추구할 수 있는 귀중한 수단이다. 안보는 중국과 협력할 수 없다. 경제를 위해서도 한미동맹이 중요하다. 가치에 관해서는 더 말할 것도 없다. 대한민국이 자유민주주의·인권·법치국가로 세계적인 선진국이 되겠다면 미국과 함께 가는 것이 정답이다. 공로명 전 외무부 장관은 "한미동맹은 하늘이 내려 준 선물이다. 이걸 소중히 여겨야 한다"고 충언한다.

북한은 이제 사실상의 핵 국가가 되었다. 북한 핵미사일은 일차적으로 한국을 대상으로 한다. 핵이 없는 한국이 핵을 가진 북한을 상대하려면 미국이 필요하다. 미국은 우리의 유일한 동맹국이다. 중국은 북한과 동맹을 맺고 있다. 이런 상황에서 한국이 중국을 선택한다는 것은 있을 수 없는 일이다. 한국이 향후 30~40년 자율성과 독립성을 갖고 자유와 번영을 누리는 나라가 되려면 미국과 손을 잡아야 한다. 한미동맹에 닻을 내려야 한다.

한때 한국에서는 안보는 미국, 경제는 중국이라는 사고思考가 그럴듯하게 통용되었는데, 이는 근본적으로 잘못된 것이다. 작금의 세계에서 경제와 안보가 분리되지 않을뿐더러, 경제를 위해서도 미국이 필요하기 때문이다. 미국은 한국 경제에 결정적 타격을 줄 수 있는 나라다. 1997년 외환위기 때 국제통화기금IMF을 움직여 한국을 도와준 나라는 미국이었다. 2008년 글로벌 금융 위기 때도 통화스와프를 맺어 도와준 나라가 미국이었다. 외국인 직접 투자의 15%가 미국이다. 중국은 3%에 불과하다. 근자에 미국은 에너지 안보에도 중요한 나라가 되었다. 미국으로부터의 LNG 수입 규모가 해마다 증가하고 있다. 미국은 세계 주요 혁신기업이 몰려 있고 신뢰할 수 있는 나라이기 때문에 한국이 대미 무역·투자 비중을 높여 가는 것은 현명한 선택이 아닐 수 없다.

2021년 4월 전국경제인연합회 여론조사에 의하면, '경제를 위해 미국이 필요하다'는 응답이 70.7%(중국은 19.0%)로 나왔다. '한국에 더 중요한 국가'로도 77.7%가 미국이었다. 중국은 12.7%에 불과했다. 美 여론조사기관 퓨리서치의 2021년 6월 조사에서 한국인의 75%가 '미국과 중국 중 경제적으로 손을 잡아야 하는 나라'로 미국을 꼽았다. 중국을 꼽은 응답자는 17%에 불과했다. 경제 때문에 중국을 중시해야 한다는 주장에 다수 국민이 공감하지 않고 있음을 말해 준다.

┃ 2021년 5월 21일 한미 정상회담

문 대통령은 2021년 5월 21일 워싱턴에서 바이든 대통령(2021.1.20. 취임)과 회담했다. 회담 후 문 대통령은 "최고의 회담이었다. 정말 대접받는다는 느낌이었다"며 만족감을 표시했다. 이 회담은 내용 면에서도 알찬 성과를 거둔 회담이었다. 한미동맹을 전면적·포괄적으로 강화하는 계기가 되었다는 평가를 받았다.

5·21 한미 정상회담은 안보동맹을 강화한다는 뜻을 분명히 했다. 한미 미사일 지침 종료를 선언했고 확장억제 공약을 재확인했다. 또한 경제기술 동맹을 심화하기로 합의했다. 반도체·배터리·전기차로 대표되는 첨단기술 영역에 44조 원 규모 투자를 약속하며 미래 산업 분야에서의 협력을 구체화했다.

정상회담 후 발표된 공동성명은 읽는 사람의 눈을 의심케 할 정도의 내용들이 들어 있었다. 김대중 〈조선일보〉 고문은 "한미관계를 이렇게 긍정적으로 묘사한 외교문서는 일찍이 없었던 것 같다"며 "동맹 확인서"로 불렀다. 공동성명에 담긴 다음과 같은 내용들만 보더라도 이런 평가는 과장이 아니었다.

-북한의 인권 상황을 개선하기 위해 협력한다는 데 동의
-대북 접근법이 완전히 일치되도록 조율해나가기로 합의
-북한문제를 다루어 나가고, 공동 안보와 번영을 수호하며, 공동의 가치를 지지하고, 규범에 기반한 질서를 강화하기 위한 한·미·일 3국 협력의 근본적 중요성을 강조
-규범에 기반한 국제질서를 해치거나 약화시키거나 위협하는 모든 행위를 반대하며, 포용적이고 자유롭고 개방적인 인도·태평양 지역을 유지할 것을 약속
-한국과 미국은 … 쿼드 등 개방적이고 투명하며 포용적인 지역 다자주의의 중요성을 인식
-바이든 대통령과 문재인 대통령은 대만해협에서의 평화와 안정 유지의 중요성을 강조
-한미는 기후, 글로벌 보건, 5G 및 6G 기술과 반도체를 포함한 신흥기술, 공급망 회복력, 이주 및 개발, 한·미의 인적 교류에 있어서 새로운 유대를 형성할 것을 약속
-문재인 대통령과 바이든 대통령은 민간 우주 탐사, 과학, 항공 연구 분야에서 파트너십을 강화하기로 약속

한국은 미국이 중시하는 내용을 받아 주고 미국은 한국이 중시하는 것들을 받아 준 결과로 보였다. 문 대통령이 중요하게 생각한 것은 판문점 선언과 싱가포르 미·북 공동성명을 넣는 것이었다. 바이든 행정부가 전임 정부의 대북정책을 이어 가는 것이 가장 중요하다고 생각했기 때문이다.

미국 전직 고위관리나 전문가들도 놀랐다. 에번스 리비어 전 국무부 수석부차관보는 "(북한 인권문제가 들어간 데 대해) 한국 여당 몇몇 사람들은 심장마비를 일으킬 뻔했을 것 같다"며 다음과 같이 지적했다.

(공동성명에) 민주적 규범, 인권, 규범에 기초한 국제질서, 항행·비행의 자유 등 쿼드 또는 쿼드 플러스가 하고자 하는 모든 것들이 다 들어가 있다.

미사일 개발 제약을 없앤 것은 한국이 중국을 매우 불안하게 만들 수 있는 (무기) 체계와 기술을 개발할 잠재성을 열어 준 것이다. 이것은 상당히 중요한 진전이다.

로버트 매닝 애틀랜틱카운슬 선임연구원은 "한국이 그동안 양다리 걸치기 자세를 취했지만, 공동성명에서 기술 투자와 5G 등 첨단기술 분야 협력을 약속함으로써 지경학적으로 미국 쪽으로 기울었다"며 앞으로 중국은 한국의 이런 시도를 감수하지 않으면 안 될 것으로 예상했다.

공동성명은 쿼드뿐 아니라 대만해협문제까지 명시했다. "대만해협에서의 평화와 안정 유지의 중요성을 강조하였다"라고 해 한국이 미국의 중국 견제와 봉쇄에 동참할 수 있음을 시사했다. 그러자 중국이 반발했다. 중국 외교부는 "불장난하지 마라. 대만문제는 중국 내정이다. 말과 행동을 각별히 조심하라"고 했다. 중국의 이런 입장에 대해 정의용 외교부 장관은 "매우 원론적이고 원칙적인 내용이 공동성명에 들어간 것"이라며 의미를 축소했다. 정 장관 말이 사실이라면 구태여 공동성명에 넣을 필요가 없었다. '대만해협에서의 평화와 안정'을 언급한 것은 '대만해협의 평화가 위협당하면 주한미군을 투입할 수 있다'는 여지를 열어 둔 것이었다. 송민순 전 외교통상부 장관은 "공동성명에 일단 들어갔으면 지켜야지 '그런 의미가 아니다'라고 하는 것은 곤란하다"라고 했다.

공동성명은 한미동맹 관점에서 보면 시간·공간·내용 면에서 미래지향적이었다. 한국의 남방정책과 미국의 인도·태평양전략이 아세안 지역에서 만나도록 되어 있었다. 아세안 지역에서 경제 발전, 에너지 안보, 수자원 관리 등 분야에서 긴밀히 협력하기로 했다. 한미동맹이 한반도를 넘어 동남아까지 확장되었다. 공동성명은 또 6G 네트워크, 친환경 EV 배터리, 전략물자, 바이오 테크, 인공지능, 양자quantum 기술 등 첨단 분야에서의 긴밀한 협력을 약속했다. 이 부분은 특히 중요했다. 한미동맹이 기술동맹으로 강화되어야 하기 때문이다.

문재인-바이든 공동성명은 한미동맹이 지향해야 할 좌표를 정확히 설정한 것이었다. 문재인 정부가 이렇게 표변한 배경이 궁금했다.

| 트럼프 대통령 시절 한미관계의 현장

"뻔한 얘기일 테니 통역하지 않아도 된다"

문 대통령은 2018년 5월 22일 백악관에서 트럼프 대통령과 회담했다. 청와대는 이 회담을 준비하면서 문 대통령이 트럼프와 허심탄회하게 의견을 나눌 수 있는 기회가 되기를 원했다. 20일 후 싱가포르에서 트럼프-김정은 회담이 예정되어 있었기 때문이다. 그런데 두 정상이 단독으로 대화를 나눈 시간은 21분에 불과했다. 통역 시간을 제외하면 문 대통령이 말할 수 있는 시간은 약 5분 정도였다.

이렇게 단독회담 시간이 짧아진 것은 트럼프 때문이었다. 정상적인 의전 절차라면 두 정상이 회담에 들어가기 전 3~5분 기자단에게 사진 촬영 기회를 제공한 다음 기자들을 물리고 회담에 들어간다. 그런데 이번에는 트럼프 대통령이 기자들과의 일문일답에 34분이나 써 버렸다. 문 대통령을 옆에 앉혀 놓고 기자들과 문답을 하는 트럼프의 보디랭귀지에서는 조롱·불쾌·거만이 묻어났다. 문 대통령을 가리키며 "This is a good man"이라고 하기도 했다.

트럼프는 문 대통령이 하는 말을 귀담아듣지 않았다. 별로 듣고 싶지 않다는 표정이었다. 문 대통령이 A4 용지를 보면서 말하는 것도 영향을 주었을 것이다. 이번에도 문 대통령은 맥락이 이어지지 않는 말을 한참 늘어놓았다. 통역이 통역하려 하자 트럼프는 손사래를 치며 "전에 들었던 얘기일 테니 통역하지 않아도 된다(I don't have to hear the translation because I'm sure I've heard it before)"며 잘랐다. 보기에 민망했다. 한미 정상회담 사상 처음 보는 장면이었다.

문 대통령은 정상회담과 공동기자회견 등에서 '북·미 정상회담' '북·미 수교'라고 했다. 통역은 이를 어떻게 통역했는가는 알 수 없으나 미국 측과 회담하면서 미국을 북한 다음에 놓는 것은 적절치 않았다. '미·북 정상회담' '미·북 수교'라고 했어야 한다. 문 대통령이 2018년 5월 26일 판문점 통일각에서 김정은을 만났을 때는 '조·미 정상회담'이라고 했다. 언론이 이를 지적하자 청와대 관계자는 "북한에 가선 그쪽 언어를 써 주는 게 통상적 예우"라고 했다. 그렇다면 왜 미국에 가서는 미국이 쓰는 대로 써 주지 않았나. 문 대통령 발언에서 단 한 번도 '미·북'으로 한 적이 없다.

"한국은 우리 승인 없이는 못 해"

트럼프 대통령은 2018년 10월 10일 "한국에서 대북제재 완화 얘기가 나오고 있는데 어떻게 생각하느냐"는 기자 질문에 "Well, they won't do it without our approval"이라고 답했다. '우리 승인 없이는 그렇게 하지 못할 것'이라는 말이었다. 트럼프는 이어 "They do nothing without our approval"이라고 했다. '그들은 우리 승인 없이는 어떤 것도 할 수 없다'고 한 것이다. 기자가 "한국과 얘기가 된 것이냐"고 묻자 "Yes. They do nothing without our approval"이라고 답변했다. 트럼프는 'approval'이라는 단어를 3번이나 썼는데, 다른 나라에 대해 이렇게 말하는 것은 대단히 부적절했다. "미국 승인 없이 한국은 아무것도 할 수 없다"라고 하면 한국을 무시하는 것이 되기 때문이다.

2분 정상회담

2019년 4월 11일 워싱턴에서 한미 정상회담이 열렸다. 청와대가 여러 번 요청해서 이루어진 것으로 미국은 마지못해 응했다. 이 때문인지 회담은 그 형식과 모양새가 별났다. 두 정상의 모두冒頭 발언에 이어 기자들과의 일문일답이 이어졌다. 여기에 총 29분이 소요되어 두 정상이 단독으로 대화를 나눈 시간은 불과 2분에 그쳤다.

단독 정상회담에는 김정숙 여사와 멜라니아 여사도 참석했다. 정상 간 단독회담에 영부인들이 동석하는 것은 보기 드문 일이었다. 청와대 관계자는 미 측이 베푼 "문 대통령 부부에 대한 예우"라고 했으나 아전인수식 해석이었고, 회담 분위기는 내내 어수선했다. 기자들과의 일문일답은 또다시 트럼프 원맨쇼였다. 트럼프는 기자들 질문에 일일이 답변했다. 총 14개 질문 중에는 2019 마스터스 골프대회에서 누가 이길 것으로 보느냐는 질문도 있었다. 트럼프는 기자들과의 일문일답에 단독회담 시간의 대부분을 써 버렸다.

왜 이런 일이 벌어졌을까? 트럼프에게는 언론이 더 중요했다. 게다가 문 대통령과 대화하고 싶은 마음이 없었다. 청와대는 단독 정상회담이 이런 식으로 진행된 것을 개의치 않았다. 김정숙 여사의 백악관 대통령 집무실 방문이 한미 정상회담 역사에서 전례가 없는 일이었다고 홍보하기 바빴다.

정상회담 후 백악관과 청와대는 각자 언론발표문을 내놓았는데 그 내용이나 강조점에서 큰 차이가 있었다. 백악관은 '긴밀한 대북 공조'와 '올바른 여건'을 강조한 반면, 청와대는 '톱다운 방식'과 '평화 정착'을 강조했다. 청와대는 "한반도의 완전한 비핵화"라는 용어를 썼는데 백악관은 "북한의 최종적이고 완전하게 검증된 비핵화"라는 용어를 썼다.

문 대통령은 빈손으로 귀국했다. 그러자 언론들은 '2분 회담하려고 30시간 비행기를 타고 갔나' '또다시 대형 외교참사' '외교사에 길이 남을 망신' 등의 표현을 써 가며 비난했다. 그런데도 문 대통령은 "북·미 대화의 동력을 되살리는 동맹 간의 전략 대화를 했다"고 말했다.

한·미·일 연합훈련 회피

미국은 한국과 일본에 미 핵 항공모함 3척(레이건, 루스벨트, 니미츠)이 참가하는 연합훈련을 2017년 11월 11~14일 동해 공해상에서 갖자고 제안했다. 美 항모 3척이 일본 해상자위대 함정들의 호위 속에 순차적으로 동해의 우리 작전 구역에 진입하면 한국 해군 함정들이 가세해 항모 호송 작전, 항공 작전, 항공 사격 등을 한다는 것이었다.

이 제안은 한국 정부의 반대로 무산되었다. 일본 함정들은 한국 작전 구역에 진입하기 전까지만 美 항모 전단과 동행하고 한국 작전구역 내에서는 한미 함정들만 함께 훈련하는 것으로 이뤄졌다. 이는 문재인 정부가 2017년 10월 30일 중국 측에 확인해 준 '사드3불 입장'과도 관련이 있었다. '3불 입장'의 하나는 '한·미·일 안보협력을 하지 않는다'는 것이었다.

美 핵추진잠수함 기항 거부

美 핵추진잠수함 텍사스함SSN 775 이 보급을 위해 2018년 1월 17일 부산 해군작전사령부에 들어오려다 취소되었다. 미국의 핵추진잠수함이 한국 항구에 기항하려면 한국 정부의 사전 승인이 필요하다. 서태평양 지역에 활동하고 있는 미국의 핵잠은 일본 요코스카항과 한국의 부산항, 진해항에 보급과 휴식을 위해 자주 정박한다. 지금까지 미국의 핵잠이 한국에 도착하면 언론에 공개하는 게 관례였다. 2017년 10월 13일 핵잠 미시간함SSGN 727 이 부산항에 입항했을 때도 함정 내부 등이 공개된 바 있다. 텍사스함 입항 거부는 문재인 정부가 평창 동계올림픽을 앞두고 남북대화를 성사시키려는 과정에서 내린 결정이었다.

친북단체 소속원들의 美 대사관저 난입

친북 단체인 한국대학생진보연합(대진연) 남녀 회원 17명이 2019년 10월 18일 정동 美 대사관저 담장에 사다리를 대고 넘어 들어갔다. 이들은 관저 현관 앞을 점거하고 "해리스는 이 땅을 떠나라"며 1시간 넘게 시위를 벌였다. 현장에 있던 경찰은 이를 방관했다. 美 대사관저 난입은 1989년 전대협의 점거 농성 이후 30년 만이었다.

2019년 12월 13일에는 반미·친북 성향의 국민주권연대와 청년당 관계자 등 10여 명이 주한미국대사관 앞에서 해리스 대사 참수 경연대회라는 것을 열었다. 이들은 해리스 대사의 사진을 이용한 퍼포먼스를 벌였다. 해리스 대사를 요리하겠다며 그의 사진이 프린트된 종이를 뜨거운 물에 불린 뒤 잘게 찢어 참기름과 설탕으로 뭉쳐 개밥요리라고 소개했다. 또 다른 팀은 해리스 대사 코털 뽑기 퍼포먼스를 벌였다. 해리스 대사 사진에 붙은 코털을 하나씩 떼어 낼 때마다 손뼉을 치며 환호했다. 마지막 팀은 해리스 대사 얼굴 사진이 붙은 축구공을 발로 차는 퍼포먼스를 벌였다. 이들은 어느 누구의 제지도 받지 않았다.

| 동맹의 의무를 망각

미국은 러시아가 2022년 2월 24일 우크라이나를 침공하자 즉시 제재에 돌입했다. 년 초부터 동맹국들에게 제재안을 설명하고 동참을 요청해 놓은 상태여서 제재 조치는 신속히 취해졌다. 그런데 청와대와 외교부는 제재 불참 입장을 밝혔다. 미국 동맹국 가운데 유일했다.

美 상무부는 2월 24일 미국 기술을 사용해 만든 57개 제품을 러시아에 수출할 때 미국 정부의 사전 허가를 받도록 조치했다. 이때 유럽연합EU 27개국과 호주·캐나다·일본·뉴질랜드·영국 등 32개국은 이런 대상에서 제외시켜 주었다. 한국은 제재에 동참하지 않았기 때문에 면제 대상에 포함되지 않았다. 난처한 입장에 놓이자 문재인 정부는 허겁지겁 뒷수습에 나섰다. 2월 28일 러시아에 대한 전략물자 수출차단을 결정했고, 3월 1일에는 러시아 중앙은행과 거래중지, 국제금융통신망SWIFT 배제 등 금융제재를 발표했다. 이후 한국은 수출통제 적용 대상에서 면제를 받았다.

이런 상황을 두고 마크 피츠패트릭 전 국무부 부차관보는 "부끄럽고 어리석은 일이며, 수치스럽기도 하다"며 "한국은 이런 위기 상황에서 중요한 역할을 해야 한다"고 말했다. 문재인 정부가 중국·북한·러시아에 기울어져 동맹의 의무를 망각해 일어난 일이었다.

| 국민여론

한미동맹에 대한 여론의 지지는 안정적이고 확고했다. 〈세계일보〉가 2021년 1월 실시한 조사에서 응답자의 77.8%가 한미동맹 강화를 원했다. 한국국방연구원의 2021년 9월 여론조사에서는 '한미동맹이 한국의 평화와 안정에 도움이 된다고 생각하는가'라는 질문에 93.8%가 '도움이 된다'라고 답했다. 통일연구원의 2021년 10월 조사는 한미동맹이 필요하다가 93.2%, 필요하지 않다가 6.8%로 나왔다. 2019년 9월 조사에서도 한미동맹이 필요하다가 93.2%였다.

서울대아시아연구소가 2021년 11월 실시한 조사에서 차기 정부(2022년 5월 출범) 외교 우선순위로 5가지를 제시하고 복수 응답 방식으로 물어본 결과, 한미동맹 강화가 1위였고, 2위는 북한 비핵화, 3위는 한·미·일 안보협력 강화였다. 이 조사에서 '한국의 안보가 위협받을 때 지원에 나설 국가는 어딘가'라는 물음에 응답자의 91.5%가 미국을 골랐다. 중국이라고 한 응답자는 2.8%에 불과했다.

❘ 한미동맹의 미래

한미동맹의 미래는 한국과 미국이 한미동맹을 통해 무엇을 추구하느냐에 영향을 받지만 이때 가장 큰 영향을 주게 될 변수는 미·중 패권경쟁이다. 미국은 한국이 대중국 견제에 적극 동참하기를 바란다. 미국이 구상하고 추진하는 각종 활동에 한국이 동맹국으로서 참여하기를 원하는 것이다. 문재인 정부 기간 동안 중국에 너무 기울었다. 버웰 벨 전 주한미군사령관은 "만약 한국이 미국과의 관계를 훼손하면서 중국과의 관계를 강화한다면, 자유롭고 독립적인 나라로서의 한국의 미래에 비극적인 disastrous 결과를 초래할 것"이라며 주의를 촉구했다. 치명적인 실수를 하지 말라는 충고였다. 지구상에서 지정학적 여건이 가장 나쁜 지역 중 하나에 위치한 대한민국에게 한미동맹이 최적의 선택이라는 것이다.

*호주의 경우

호주도 한국과 마찬가지로 1990년 무렵부터 대중(對中)관계가 경제를 중심으로 괄목상대할 만큼 확대되었다. '안보는 미국, 경제는 중국'도 우리와 비슷했다. 30여 년 가까이 호주-중국 경제관계는 일취월장했다. 2020년 대중국 수출이 전체 수출의 약 38.2%, 수입은 25.8%에 달했다. 이 같은 교역규모는 호주 GDP의 약 11%에 달했다. 2019년의 경우 중국인 관광객이 130만 명이나 몰려왔고 중국인 유학생 17만 명에 이르렀다.

2020년 들어 양국관계는 급격히 냉각되기 시작했다. 코로나19 기원 조사 요구를 문제 삼아 중국은 호주산 소고기·석탄·와인·보리 등의 수입을 금지하는 등 고강도 경제보복을 가했다. 중국은 호주가 머지않아 손을 들 것으로 예상했다. 모리슨 총리는 "우리는 우리의 가치관을 강제로 팔아 버리는 일은 하지 않을 것"이라며 강경 대응했다. 중국은 더 거칠게 호주를 압박했다. 후시진 환구시보 편집인 같은 사람은 "호주는 신발에 들러붙은 씹다 버린 껌 같다. 가끔 돌을 찾아 문질러 주어야 한다"라고 했다(2020.5.). 중국은 자신이 있었다. 하지만 시간이 지날수록 손해를 보는 쪽은 중국이었다.

호주는 중국에 대한 공동 대응 필요성 때문에 미국과 급속히 가까워졌다. 미국·일본·인도와 함께 쿼드(Quad)의 일원이 되었으며, 이어 미국·영국과 함께 오커스(AUKUS)의 일원이 되었다. 오커스로 핵추진 잠수함(nuclear-powered submarine) 건조가 가능해졌다. 영국에 이어 두 번째로 미국으로부터 이런 기술을 제공받는 나라가 되었다.

한일관계 악화

| 위안부문제

　　　　박근혜 정부는 2015년 12월 일본과 위안부문제에 합의했다. 「한일 일본군 위안부 피해자 문제 합의」는 일본 정부의 책임을 공식 인정했으며, 일본 총리의 깊은 사죄와 반성을 담았다. 또한, 일본 정부 예산으로 위안부 피해자 할머니들의 명예와 존엄의 회복 및 마음의 상처 치유를 위한 사업을 진행하기로 했다. 이에 따라 2016년 7월 '화해·치유재단'이 설립되었다. 일본 정부가 10억 엔을 송금했고 재단은 생존 위안부 피해 할머니 47명 중 35명에게 1억 원씩을, 사망 위안부 199명의 유족 64명에게 2,000만 원씩을 지급했다.

　　박근혜 정부의 이런 조치에 대해 문재인 더불어민주당 대표는 "10억 엔에 우리 혼을 팔아넘겼다. 도저히 받아들일 수 없는 합의"라며 맹비난했다. 더불어민주당은 "굴욕적 합의" "외교 대참사"라며 이 합의가 국회 동의를 거치지 않은 것이어서 무효라고 주장했다. 문 대통령은 취임 직후부터 "위안부 합의는 우리 국민이 수용할 수 없다"거나 "위안부 합의에 대해서는 국민이 납득하지 못하고 있다"며 아베 총리에게 "정서적으로 수용할 수 없는 합의"라는 입장을 밝혔다.

문재인 정부는 2017년 12월 27일 「박근혜 정부의 합의 검토 결과 보고서」라는 것을 냈다. 이 보고서를 만든 TF팀은 "박근혜 정부 위안부 합의가 △이면 합의가 존재하고, △피해자 당사자와의 협의가 부족했으며, △비밀외교로 인한 절차상의 하자가 있다"며 '외교적 실패'로 규정했다. 보고를 받은 문 대통령은 "위안부 합의는 절차와 내용 모두 중대한 흠결이 확인됐다. 이 합의로 위안부문제가 해결될 수 없다는 점을 분명히 밝힌다"고 했다.

TF팀은 "피해자 중심적 접근이 결여되었다"고 했지만 실제로는 피해자 중심주의가 준수되었다. "비밀협상으로 민주적 통제가 결여되었다"는 것도 외교협상의 기본을 모르는 얘기였다. 위안부 이슈처럼 인화성이 높은 문제를 공개적으로 협상한다는 것은 불가능하다. "외교정책 결정 권한이 청와대에 집중돼 주무 부처인 외교부가 조연에 머물렀다"는 것도 실소를 자아내는 트집에 불과했다.

강경화 외교부 장관은 "일본 정부가 출연한 10억 엔에 상당하는 103억 원을 한국 정부 예산으로 충당하겠다. 10억 엔의 향후 처리 방안에 대해서는 일본 정부와 협의하도록 하겠다"고 발표했다. 2019년 1월 21일 여성가족부는 '화해·치유재단' 설립 허가를 취소했고, 이로써 전임 정부가 어렵게 만들어 낸 합의는 사실상 파기되었다. 일본 정부는 강력 반발했다. 우리 정부는 국가 간 합의를 이런 식으로 허물어서는 안 되었다. 아베 정부는 문 정부에 대한 신뢰를 접고 더 이상 관여하지 않기로 작정을 했다.

그런데 문재인 정부는 2020년 말부터 이 문제에 대한 태도에 변화를 보였다. 문 대통령은 2021년 1월 18일 신년기자회견에서 "2015년 위안부 합의가 양국 정부 간 공식적인 합의였다는 사실을 인정한다"며 "그 토대 위에서 피해자 할머니들도 동의할 해법을 찾도록 협의하겠다"고 말했다. 2021년 3·1절 기념사에서는 "2015년 위안부 합의가 한일 양국 간 공식 합의였다는 점을 부인할 수 없으며, 이를 감안하여 일본 정부에 대해 재협상은 요구하지 않겠다"고 했다. 이어 "피해 당사자들의 의사를 반영하지 않은 2015년 합의는 일본군 위안부 피해자문제의 진정한 문제 해결이 될 수 없으며, 추가적인 후속 조치를 마련하겠다"고 했다.

▎강제징용문제

대법원 전원합의체는 2018년 10월 30일 일제강점기 강제징용피해자 4명이 신일본제철을 상대로 낸 손해배상 청구소송 재상고심에서 이들의 배상청구권이 한일청구권협정(1965)으로 소멸되지 않았다고 11대 2로 판결했다. 1·2심을 뒤집은 판결이었다. 이는 역대 한국 정부가 일관되게 취해 왔던 '강제징용에 대한 대일 청구권은 모두 청구권협정으로 소멸되었다'는 입장과 다른 것이었다. 이 판결은 위반부 합의 유명무실화와 더불어 한일관계를 악화시키는 원인이 되었다.[*]

---

[*] 노무현 정부는 2005년 한일청구권협정을 통해 일본으로부터 받은 무상 3억 달러에 강제징용 피해보상이 포괄적으로 다 포함돼 있다는 역대 정부 입장을 재확인했는데, 당시 이런 결정을 내린 민관합동위원회에는 문재인 청와대 민정수석도 정부 측 위원으로 참여했다. 정부는 1차 보상이 충분치 않았다고 보고 2007년 특별법을 제정해 강제징용 피해자 7만 2,631명에게 2008년 정부예산으로 6,184억 원의 위로금과 추가 보상금을 지불했다.

선진국에서는 '사법 자제의 원칙 principle of judicial self-restraint '과 '한 목소리 원칙 one voice doctrine '이 지켜진다. 외교 사안에서는 사법부가 행정부와 배치되는 입장을 내지 않는다는 것이며, 외교 사안을 놓고 국내적으로는 여러 주장이나 견해가 대립하더라도 대외적으로는 하나의 통일된 의견을 제시해야 한다는 것이다. 이런 맥락에서 외교 사안이 쟁송의 대상이 되면 법원은 통상 외교당국의 견해를 듣는다. 박근혜 정부 때 대법원이 외교부와 의견 교환을 한 것도 이런 맥락이었다. 그런데도 문재인 정부는 이에 관여했던 판사들에게 '재판 거래' '사법 농단' 프레임을 씌웠다.

문재인 정부는 2018년 10월 30일 최종 판결이 나오자 "3권 분립 원칙에 따라 사법부의 판단을 존중하며, 피해자가 납득할 수 있고, 양국관계의 손상을 방지하는 최종적인 해결책을 고심하고 있다"는 입장을 표명하였다. 물론 일본 정부는 강제징용문제는 1965년 협정으로 모두 해결되었다는 입장임을 분명히 하면서, "한국 측에 대해 계속 국제법 위반 상태의 시정을 요구해 나갈 생각이며 이 문제의 해결을 위해 한일 외교당국 간 의사소통을 계속해 나갈 방침"이라고 밝혔다.

이 판결로 국내법과 국제법 사이에 충돌이 생겼는데도 문재인 정부는 이를 해소할 생각은 하지 않았다. 무책임했다. 이로 인해 사법부가 국가의 최종적 대표권과 외교권을 갖는 그런 형국이 되었다. 정부가 국가를 대표해서 체결하고 국회가 비준·동의한 협정도 사법부가 무시하는 나라가 되었다.

일본 정부는 한일협정 상의 분쟁 해결 절차에 따라 양자협의를 요청했으나 문재인 정부는 이를 거부했다. 국제법적으로 보면 이 문제가 한국 내의 판결로 야기된 것이기 때문에 한국이 양자 협의를 거부한 것은 설득력이 없었다. 그러자 일본은 청구권협정 제3조에 따른 중재위원회를 제안했으나 문재인 정부는 이것도 거부했다. 이후 한국 정부는 한일 양국 기업이 기금을 조성해 배상하는 방안을 제안하고, 일본 측이 이를 받아들이면 양자협의를 하겠다고 했지만, 아베 정부는 일본 기업이 돈을 내면 한국 대법원 판결에 따르는 것이 된다는 이유를 들어 거부했다.

아베 정부는 2019년 7월 한국에 대한 반도체 핵심 소재 수출 규제를 강화한 데 이어 8월에는 한국을 수출심사 우대국 목록(화이트리스트)에서 제외시켰다. 이에 문 대통령은 긴급 국무회의를 소집해 "다시는 일본에 지지 않을 것"이라며 "앞으로 벌어질 사태의 책임도 전적으로 일본 정부에 있다"며 반발했다.

문 대통령은 2021년 1월 18일 신년기자회견에서 "(일본 기업 자산이) 강제 집행의 방식으로 현금화되는 것은 바람직하지 않다. 외교적 해법을 찾는 것이 더 우선"이라고 말했다.

그런데 서울중앙지방법원은 2021년 6월 7일 일본 기업을 상대로 제기한 징용 피해자의 손해배상청구 소송을 각하했다. 1965년 한일 양국 정부가 체결한 청구권협정에 따라 한국 국민은 징용문제에서도 법원 소송을 통해 권리를 행사할 수 없기 때문에 소송 자체를 각하한다는 것이었다. 일본 기업의 배상 책임을 인정한 2018년 대법원 전원합의체의 판결을 3년 만에 뒤집은 것이다. 당시 판결에 문제가 있었다고 법원 스스로 인정한 셈이다. 판결문은 "일본과 맺은 관계가 훼손되고 이는 결국 한미동맹으로 우리의 안보와 직결된 미국관계 훼손으로 이어진다"고 했다. 법원이 외교까지 걱정하는 이상한 일이 벌어졌다. 한 언론인은 "문 대통령이 외교를 안 하니 판사가 외교를 한다"고 비아냥했다. 과거사를 국내정치적으로 이용해 온 문재인 정부와 초법적 판결을 한 김명수 사법부가 사법 혼란을 야기했다.

문 대통령이 한일관계에 관해 한 말들은 다음과 같이 왔다 갔다 했다. 이래서는 안 되었다. 국가지도자의 말이 어제 한 말과 오늘 하는 말이 다르면 신뢰를 잃을 수밖에 없다.

-일본은 인류 보편의 양심으로 역사의 진실과 정의를 마주할 수 있어야 한다. (2018년 3·1절 기념사)
-친일잔재 청산은 너무나 오래 미뤄 둔 숙제다. (2019년 3·1절 기념사)
-우리는 다시는 일본에게 지지 않을 것이다. (2019.8.2. 임시 국무회의)
-가해자인 일본이 적반하장으로 오히려 큰소리치는 상황을 결코 좌시하지 않겠다. (〃)

-양국 협력은 두 나라 모두에게 도움이 되고, 동북아의 안정과 공동번영에 도움이 되며, 한·미·일 3국 협력에도 도움이 될 것이다. (2021년 3·1절 기념사)

－한·일 양국은 과거와 미래를 동시에 바라보며 함께 걷고 있다. (〃)

Ｉ 한일관계가 악화된 배경과 문제점

－외교에서는 '공연히 분란을 일으키지 말라'는 금언이 있다. 문재인 정권은 국내정치적 이득을 위해 그런 일을 했다. 박근혜 정부가 어렵사리 만들어 낸 위안부 합의를 이렇다 할 대책도 없이 흔들어댄 것이 잘못이었다.

－문 대통령은 일본과의 관계를 지나치게 국내정치에 종속시켰다. 반일 민족주의를 부채질했다. 그렇다고 대책도 없었다. 일본에 대해 취한 입장은 오락가락했다. '문 정권의 대일외교는 정신분열적'이라는 말이 나올 정도였다. 일본과의 협력은 여러 면에서 필요하고 중요하다. 중국의 도전에 대응하는 데도 한일 협력이 역할을 할 수 있다. 한국이 일본을 필요로 하는 만큼 일본은 한국을 필요로 하지 않는다. 그런데도 문재인 정권은 과거사를 국내정치에 이용해 국익을 손상시켰다.

－한일관계에서 과거사문제는 매듭짓기 어려운 문제다. 이런 문제가 양국 간 경제교류를 저해해서는 안 된다. 한일 양국의 교역과 투자는 정치·외교 경색에도 불구하고 꾸준히 증가했다. 대한상공회의소가 2021년 11월 국내 수출기업 202곳을 대상으로 '한일관계 기업인식 실태'를 조사한 결과 응답 기업의 92.6%가 '반드시 양국의 경제협력이 필요하다'고 답했다.

–국가 간 합의는 지켜져야 한다. 전임 정부가 한 합의를 후임 정부가 손바닥 뒤집듯 해서는 안 된다. 문재인 정부는 이런 일을 예사로 했다. 외교 후진국이나 하는 일이었다. 때문에 일본 정부는 문재인 정부를 '신뢰할 수 없는 상대'로 규정하고 더 이상 상대하지 않으려 했다. 2021년 6월 〈요미우리〉와 〈한국일보〉의 공동 여론조사에 의하면 일본인 69%는 '한국을 신뢰할 수 없다'고 답했다. '문재인 대통령을 신뢰할 수 없다'는 답변은 80%에 달했다.

–한국과 일본은 각각 미국의 동맹 네트워크에 연결되어 있다. 미일동맹은 세계에서 가장 강력한 군사동맹이다. 게다가 미·중 패권경쟁이 본격화되면서 일본의 전략적 가치가 높아졌다. 미국은 한국이 일본과의 관계를 개선해 한·미·일 3각 협력이 증진되기를 원한다. 그런데도 문정권은 한일관계와 한미관계는 별개라며 한미관계가 한일관계와 무관하게 작동될 수 있다고 생각했다. 잘못된 인식이었다. 원만한 한일관계는 한미동맹 강화에 필수적이다. 공로명 전 외무부 장관은 "우리는 더이상 과거에 얽매이지 말고, 정식 동맹은 아니라도 일본과 준동맹을 맺어야 한다"고 했다. 90세 외교 원로의 충언이다.

–문재인 정부가 중국·북한에 급격히 기운 것은 일본인들에게 걱정스러운 일이었다. 한국이 중국·북한과 같이 자유·인권 등의 기본 가치를 무시하는 나라에 밀착하면서 다른 한편으로 일본에 대해서는 지나치게 비우호적인 태도를 취해 생긴 현상이었다. 한국이 경제적으로 일본을 추월할지도 모른다는 불안감도 일본 측의 경계심을 유발했다.

한일 지소미아 파기 시도

문 대통령은 2019년 8월 22일 국가안전보장회의를 열어 한일 군사정보보호협정(이하 GSOMIA로 표기) 파기를 결정했다. 이 회의에서 국방부·외교부·국가정보원은 이 협정 유지를 희망했으나, 김현종 국가안보실 2차장 등은 찬성한 것으로 알려졌다. 김유근 국가안보실 1차장은 NSC 회의가 끝난 직후 GSOMIA를 지속하는 것이 국익에 부합하지 않는다고 보고 이 협정을 파기하기로 결정했다고 다음과 같이 발표했다.

> 일본이 2019년 8월 2일 한국을 '백색국가 리스트'에서 제외함으로써 양국 간 안보협력 환경에 중대한 변화를 초래했다. 이러한 상황에서 안보상 민감한 군사정보 교류를 목적으로 체결한 협정을 지속시키는 것이 우리의 국익에 부합하지 않는다고 판단했다.

청와대 핵심관계자는 기자들에게 다음과 같이 부연 설명을 했다.

-어려울 때는 원칙이 중요하다. 그래서 원칙대로 결정했다.

-결정 직후 미국에 이해를 구했고, 미국도 이번 결정을 이해했다.

-정부의 한·미 간 협력 그리고 주변국과의 공조는 어떤 정부 때보다 훌륭하다.

청와대 핵심관계자가 "미국에 이해를 구했고, 미국도 이번 결정을 이해했다"고 한 데 대해 미국은 즉각 이의를 제기했다. 트럼프 행정부 고위관계자는 "미국이 이해했다는 것은 거짓말"이라고 했다. 바로 전날까지도 조건부 연장 운운하다가 파기하기로 했다니 미 측은 속았다는 느낌이 들었을 것이다. 미국은 그동안 실무자는 말할 것도 없고 장관들까지 나서서 만류와 경고를 계속해 왔다. 그런 마당에 청와대 고위관계자가 미 측이 이해했다고 거짓말을 했으니 분노가 폭발했다.*

美 측 관계자들은 청와대 핵심관계자 주장과 관련하여 워싱턴특파원들에게 다음과 같이 설명했다.

'미국도 이번 결정을 이해했다(understand)'는 말은 분명 사실이 아니다. 이에 우리는 주미 한국대사관과 서울 외교부에 불만을 표시하고 항의했다.

미국은 결코 한국 정부 결정에 양해를 표명한 적이 없다. 미국은 그동안 정기적으로 그리고 대단히 높은 레벨에서 한국이 GSOMIA를 유지하는 것이 미국의 국가이익이라는 입장을 매우 분명히 밝혀 왔다.

美 측이 이렇게 격앙된 반응을 보인 또 다른 이유는 한국 측이 정상간 합의를 어겼기 때문이다. 문 대통령은 2019년 6월 30일 한미 정상회담 공동성명으로 "미국과 대한민국은 정보공유, 고위급 정책협의, 합동

---

* 슈라이버 국방부 차관보는 2019년 8월 28일 전략국제문제연구소(CSIS) 세미나 연설에서 "미국은 GSOMIA 파기에 관해 사전 통보를 받지 못했다"고 말했다.

군사훈련을 포함하는 3자 안보협력과 관련하여 일본과 공조하기로 합의하였다"라고 했다. 이에 앞서 2017년 6월 30일 워싱턴 정상회담(문재인-트럼프)에서도 다음과 같은 합의가 있었다. 미국은 GSOMIA가 한·미·일 3국 협력에 대단히 중요하다고 생각했음을 알 수 있다.

> 양 정상은 역내 관계들을 발전시키고 한·미·일 3국 협력을 증진시켜 나가겠다는 공약을 재확인하였다. 양 정상은 3국 안보 및 방위협력이 북한의 위협에 대응하여 억지력과 방위력을 증진시키는 데 기여하고 있음을 확인하였다.

미국으로서는 한국과 일본이 GSOMIA와 같은 형식의 제도적 협력을 하는 것이 인도·태평양 전략에 중요했다. 이런 배경에서 백악관 국가안보보좌관, 국방부 장관 등이 한국을 방문해 GSOMIA 유지를 설득했던 것이다. 해리스 주한미국대사는 2019년 7월 31일 〈중앙일보〉와의 인터뷰를 통해 "한국이나 일본이 GSOMIA를 파기하려 한다면 이는 매우 유감스러운 일이 될 것"이라고 말했다. 강도 높은 경고였다.

美 국방부 대변인은 2019년 8월 22일 GSOMIA 파기 발표 3시간 반 만에 "우리는 한일 양국이 서로의 이견을 해소하기 위해 협력할 것을 권고한다"고 말했다. 이어 국방부는 국무부·백악관 등과 조율을 거쳐 다음과 같은 공식 성명을 방문했다.

> 국방부는 문 정부가 GSOMIA 갱신을 보류한 데 대해 강한 우려와 실망

을 표명한다(The Department of Defense expresses our strong concern and disappointment that the Moon Administration has withheld its renewal of the Republic of Korea's GSOMIA with Japan).

우리는 한일 간 타 분야 마찰에도 불구하고 상호 방위와 안보적 유대는 온전하게 지속되어야 한다고 굳게 믿는다. 우리는 일본·한국과 양자 그리고 3자 국방·안보 협력을 가능한 부분에서 계속 추구해 나갈 것이다(We strongly believe that the integrity of our mutual defense and security ties must persist despite frictions in other areas of the ROK-Japan relationship. We'll continue to pursue bilateral and trilateral defense and security cooperation where possible with Japan and the ROK).

'strong concern and disappointment'라는 표현은 동맹국관계에서는 쓰지 않는 표현이었다. 성명에서 '한국'이나 '한국 정부'가 아닌 '문정부Moon Administration'라는 표현을 쓴 것도 함의가 컸다. 미 측 관계자는 '한국'과 '文 정권'을 구분하기 위한 것이라고 일부러 밝혔다. 文 정권이 취한 조치가 국민들의 생각을 담은 것으로 보지 않는다는 의미였다. 문재인 정부를 깎아내리는 것으로 일종의 외교제재diplomatic sanction였다.

국방부 성명이 나온 1시간 후 폼페이오 국무장관은 캐나다 외교장관과 기자회견을 하던 중 다음과 같이 말했다. 외교수장 입에서 공개적으로 "실망했다"라는 표현이 나왔다. "정확히 제자리로 되돌리라"는 말도 했는데, 과한 표현이었다. 화가 단단히 나 있음을 말해 주었다.

우리는 한국이 정보공유협정과 관련해 내린 결정에 실망했다(We're disappointed to see the decision…).

우리는 한국과 일본이 그들의 관계를 정확히 제자리로 되돌리기 바란다 (put that relationship back in exactly the right place).

폼페이오 장관 발언 4시간 후 이번에는 국무부로부터 공식 성명이 나왔다. 여기서도 '한국'이라 하지 않고 '文 정부'라고 했다. 국방부 성명에서는 '국방부'를 주어로 했는데 국무부 성명은 '미국'을 주어로 했다. 관련 부서 전체의 조율을 거친 미국 정부 입장이라는 의미였다. 여기서도 "강한 우려와 실망"이라는 표현이 사용되었다. "문 정권이 심각한 오해를 하고 있다"라는 것은 '뭘 좀 알고 하라'라는 의미였다.

미국은 文 정부가 GSOMIA 파기를 결정한 데 대해 강한 우려(strong concern)와 실망(disappointment)을 표명한다.

미국은 이 결정이 미국과 동맹국들의 안보이익에 부정적인 영향을 미칠 수 있다는 점을 문 정부에 거듭 분명히 해 왔으며(The United States has repeatedly made clear to the Moon administration that this decision would have a negative effect on U.S. security interests and those of our allies), 이번 결정은 문 정부가 동북아시아에서 우리가 직면한 심각한 안보 도전을 심각하게 오해하고 있음을 말해 준다(and reflects a serious misapprehension on the part of the Moon Administration regarding the serious security challenges we face in Northeast Asia).

강경화 외교부 장관은 GSOMIA 파기 결정 직후 "이 결정은 한미동맹과 별개 사안"이라고 했고, 김현종 국가안보실 2차장도 8월 23일 언론 브리핑을 자청해 "(GSOMIA 종료 결정이) 한미동맹관계를 한 단계 업그레이드할 계기가 될 것"이라고 말했다. 궤변이었다. 송민순 전 외교통상부 장관은 "이런 말은 미국이 듣기에는 한겨울에 신발 벗고 등산하자는 얘기로 들릴 것"이라고 했다.

강 장관이나 김 차장 주장은 손바닥으로 하늘을 가리는 격이었다. 미측이 GSOMIA 파기가 미국의 이익을 해치는 일이라고 거듭 밝혔는데 한미동맹과 별개라고 하니 미 측으로서는 한심했다. GSOMIA를 유지하는 것이 한국·일본에 주둔하는 미군의 생명과 안전에 중요하다고 생각하는데 어떻게 한미동맹과 무관하다고 할 수 있나.

미 측은 "GSOMIA가 한미관계와 무관한 것이라고 생각한다면 이는 동북아 안보 이슈를 조금도 이해하지 못하는 것"이라고 했다. 문재인 정부의 이 같은 행동은 미국의 세계질서 운영 및 역내 안보협력 구상을 거부하는 것이라고 보았다. 美 언론이나 의회, 전직 관리들도 GSOMIA 파기가 한미동맹의 미래에 심대한 영향을 주는 문제로 인식했다. 그런데도 강 장관이나 김 차장은 GSOMIA와 한미관계는 별개라는 주장을 계속했다. 이를 두고 브룩스 전 한미연합사령관은 "매우 불행한 일"이라고 했고, 로즈 전 국무부 군축차관보는 "매우 중대한 실수"라고 했으며, 그린 전 백악관 선임보좌관도 "심각한 오판"이라고 했다.

컨트리맨 전 국무부 군축국제안보 차관대행은 김현종 차장을 지목해 다음과 같이 말했다.

이건 형편없는(poor) 외교, 형편없는 국가안보 결정이다.

김현종 차장은 대중에 영합하는 정치적이고 충동적인 조치를 국가안보를 위한 현명한 결정으로 포장하려는 것 같다.

한일 두 나라가 협력하지 않는다면 두 나라 스스로 안보를 훼손할 뿐 아니라 미국과의 동맹관계도 훼손하는 것이다.

민족주의와 역사적 감정을 국가안보보다 앞세운다면 그것은 국가에 피해를 주는 일이다.

에번스 리비어 전 국무부 수석부차관보의 비판도 신랄했다.

이번 결정은 중대한 전략적 실수로 트럼프 행정부의 뺨을 때린 격이다. 미국이 주도하는 지역 안보 체제에 중차대한 손상을 입힌 것이다.

한국이 한·미·일 공조 체제에서 사실상의 탈퇴를 선언한 것이다. 이는 한국 안보를 약화시키고 자신을 고립시키는 일이다.

한국이 신뢰할 만한 안보 파트너가 더 이상 아니라는 최악의 메시지를 보낸 것이다.

오바 전 국무부 한국·일본 담당관은 "이번 결정은 놀라울 정도로 멍청한 stupid 짓이다. 한미동맹에 대한 건설적인 접근방식이 아니다. 그 어느 나라보다 한국에 해害가 될 것이다. 한국은 매우 중대한 대가를 치르게 될 것"이라고 했다.

오테이거스 국무부 대변인은 8월 25일 일요일 자신의 트위터 계정에 GSOMIA 종료 결정에 "깊이 실망하고 우려한다"는 글을 올렸다.

> 우리는 한국 정부가 GSOMIA를 종료한 것에 대해 깊이 실망하고 우려한다 (We are deeply disappointed and concerned that the ROK's government terminated the GSOMIA).

> 이것은 한국 방위를 더 복잡하게 만들고 미군에 대한 위험을 증가시킬 것이다(This will make defending Korea more complicated and increase risk to U.S. forces).

익명을 요구한 국무부 고위당국자는 8월 27일 언론 브리핑을 통해 다음과 같은 말을 했다. 마지막 경고로 보였다. GSOMIA 파기가 미국의 안보이익을 해치는 일이어서 "좌시할 수 없다"고 했다. 이 사태가 문재인-아베 간 다툼이라고 규정한 것도 주목할 만했다.

韓·日이 상황을 진정시키고 진지하게 협상으로 돌아가기 바란다.

이번 일은 양국 지도자들 간의 분쟁이다. 서로 도움이 안 되는 선택들을 했다..

이런 얘기를 하는 것은 한국의 최근 조치가 미국의 안보이익에 직접적 영향을 미치기 때문이다. 우리가 좌시할 수 없는 일이다.

국무부 대변인실 관계자도 8월 27일 다음과 같이 GSOMIA 유지 필요성을 거듭 강조했다. 이 협정이 종료되는 11월 22일 이전에 결정을 번복하라는 요구였다. 이번에는 한국이 실시한 독도방어훈련에 관해서도 비판적으로 언급했다. 이례적이었다.

우리는 한국이 GSOMIA에 남아 있는 것이 미국의 이익에 부합한다는 것을 정기적으로 그리고 대단히 높은 레벨에서 한국 정부에 분명히 해 왔다(We made very clear to the ROK Government, regularly and at very high levels, that it was in US national interests for the ROK to remain in GSOMIA).

(미국이 문재인 정부 결정을 이해하고 있다는 데 대해) 미국은 결코 그런 결정에 양해를 표명한 적이 없다(the United States never expressed its understanding of the decision).

미국은 문재인 정부가 GSOMIA를 연장하지 않은 데 대한 강한 우려와 실망을 표명한다(The United States expresses our strong concern and disappointment that the Moon Administration has withheld its renewal of GSOMIA with Japan).

미국은 이 결정이 미국과 우리의 동맹의 안보이익에 부정적 영향을 줄 것이고 동북아시아에서 우리가 직면한 심각한 안보적 도전에 대한 문재인 정부의 심각한 오해를 반영한다는 점을 문재인 정부에 거듭 분명히 해 왔다.

한국과 일본 간 최근의 의견 충돌을 고려할 때 '리앙쿠르 암'에서의 군사훈련 시기와 메시지, 늘어난 규모는 진행 중인 문제를 해결하는 데 생산적이지 않다.*

트럼프 행정부 고위당국자는 8월 27일 GSOMIA가 11월 22일까지 유지된다는 점을 환기시키며 "워싱턴은 서울이 그때까지 생각을 바꾸기를 바란다"고 말했다. 그러면서 한일 갈등과 관련된 일련의 일들이 "청와대와 도쿄의 인사들 간에 벌어지고 있는 것으로 미국과는 상관이 없다"고 말했다. '서울'이라고 하지 않고 '청와대'라고 했다. 대한민국이 문제가 아니라 청와대가 문제라는 의미였다. 앞서 지적한 대로 '외교 제재' 조치였다.

---

* 한국은 8월 25~26일간 '독도방어훈련'을 역대 최대 규모로 실시했다.

외교부는 8월 28일 조세영 1차관이 해리스 주한대사를 외교부로 초치해 워싱턴의 계속되는 불만 표시에 자제를 요청했다. 이런 사실은 공개하지 말았어야 했는데 외교부는 일부러 보도자료를 통해 알렸다. 대국민용이었다. 다음은 조세영 차관이 해리스 대사를 통해 전달한 입장이다. "미 측과 공조하에 한·미·일 안보협력을 계속 유지할 것"이라고 했다. 미 측이 이런 말을 진지하게 받아들일 리가 없었다. 한미동맹과는 무관하다는 입장을 또 밝혔다.[*]

GSOMIA 종료 결정은 한일 양자관계 맥락에서 검토, 결정한 것으로 한미동맹과는 무관하다. 이 결정은 한미동맹을 더욱 높은 차원에서 발전시켜 나가겠다는 의지가 반영된 것이고 한국 스스로 더 강한 국방 능력을 갖추기 위한 노력의 일환이다.

그럼에도 불구하고 美 측에서 실망감을 표현하는, 공개적이고 반복적인 메시지가 나오는 것은 오히려 한미동맹 강화에 도움이 되지 않는다. 이미 미국의 입장이 우리 정부에 충분히 전달됐으니 그런 식의 공개적 메시지 발신은 자제해 주기 바란다.

우리는 앞으로 美 측과 긴밀한 공조하에 한·미·일 안보협력을 계속 유지하고, 한미동맹을 한 차원 더 발전시켜 나가기 위해 노력할 것이다.

---

[*] 외교부는 8월 30일에는 '한미동맹은 굳건하다'는 1,600자 분량의 보도자료를 내놓았는데 이 역시 대국민용이었다.

한일 외교당국 간 소통을 지속할 필요성에 대해 공감대가 있는 만큼 대화와
협의가 이어지고 있다. 양국이 합리적 해결 방안을 도출할 수 있도록 지속
적으로 노력할 것이다.

수긍하기 어려운 설명으로 미 측은 더 화가 났을 것이다. 사실 이러한
입장은 대미용이 아니라 대국민용이었다. GSOMIA 파기가 '한미동맹
을 더욱 높은 차원에서 발전시켜 나가겠다는 의지가 반영된 것'이라는
말은 국민을 호도하는 말이었다. 국무부 관계자는 즉시(현지시각 8월 28
일) "문재인 정부의 결정에 우려하고 실망했다"는 입장을 거듭 강조하
면서 미국 입장은 변경될 수 없는 것이라고 못을 박았다. 에스퍼 국방장
관도 취임 후 첫 기자회견에서 이렇게 말했다.

나는 한국의 결정 당시도 그랬고 지금도 여전히 한일 양국에 대해 매우 실
망하고 있다. 서울과 도쿄의 카운터파트(정경두 국방부 장관과 이와야 일본
방위상)에게 이런 실망감을 표명하고 해결을 촉구했다.

우리는 북한과 중국이란 공통의 더 큰 위협에 직면하고 있다. 단기적으로
북한, 장기적으로 중국의 위협에 대비하기 위해 정상 궤도로 신속하게 복귀
하기 바란다.

美 국무부 당국자가 한국의 독도방어훈련을 놓고 "우리는 그 훈련이
별로 도움이 안 된다고 본다. 상황을 악화시킨다"는 입장을 공개적으로
표명하자 청와대는 분노했다. 미국 정부가 독도훈련에 대해 공개적으로

비판한 것은 처음이었다. 이것은 강화된 '외교제재'였다. 〈조선일보〉는 2019년 8월 29일 자 사설에서 "미국이 독도훈련에 이의를 제기한 것은 외교참사"라고 주장했다.

김현종 국가안보실 2차장은 언론 브리핑을 통해 다음과 같은 말로 미 측 입장을 반박했다. 설득력 없는 일방적인 주장이었다.

독도는 누구의 땅이냐, 누구에게 인정받아야 될 땅은 아니라고 생각한다. 어떤 국가가 자국의 주권, 안위를 보호하기 위해 하는 행위에 대해 쉽게 이 야기해선 안 된다.

GSOMIA 종료가 한미동맹 균열로 이어지고 우리 안보에 문제가 발생한다 고 보는 것은 틀린 주장이다. 당당하고 주도적으로 안보 역량을 강화해 나 가야 한다.

청와대는 8월 29일 기자들에게 다음과 같은 말도 했다. 전날 美 국방 장관과 국무부가 밝힌 입장에 대한 반박이었다.

아무리 동맹관계이고 우호를 증진시켜야 한다 해도 자국의 이익, 또 대한민 국 국민들의 이익 앞에 그 어떤 것도 우선시될 수는 없을 것이다.

각 나라는 자국의 이익 앞에 가장 최선을 다하게 돼 있다. 미국은 미국 나름 의 입장에서 자국의 시선으로 사안을 바라볼 것이고 한국 또한 마찬가지다.

청와대는 2019년 8월 30일 정의용 국가안보실장 주재로 국가안보회의NSC 상임위원회를 열고 '26개 주한미군기지 조기 반환 추진'을 결정했다. 반환이 지연되고 있는 책임을 미국에 돌렸다. 시간을 두고 이전하기로 약속해 놓고 아직 시한이 안 되었는데 '빨리 나가라'고 한 것이다.*

국무부는 9월 11일 또다시 GSOMIA 종료가 초래할 부작용에 대해 우려를 표명했다. 외교부 차관이 주한대사를 불러 자제를 요청했음에도 국무부 관계자는 "우리는 결코 그런 발언을 멈추지 않을 것"이라고 했다. '우려'와 '실망'이라는 표현을 사용하면서 GSOMIA 종료가 역내 안보를 훼손시킨다는 기존 입장을 반복적으로 강조했다. 미국도 강경한 입장을 굽히지 않았던 것이다.

해리스 주한대사는 〈동아일보〉와의 인터뷰에서 한국 정부의 GSOMIA 파기 결정은 '실수'라며 철회를 바란다는 뜻을 밝혔다. 이 협정을 종료하게 되면 "지역 안보에 차질이 생기기 때문"이라고 했다. 대사가 주재국 정부 결정을 '실수'라고 말한 것은 상황이 최악의 상태에 도달해 있었음을 의미했다.

美 측이 '지역 안보에 차질이 생긴다' '미국의 안보이익을 해친다'고 주장한 것은 중국·러시아·북한이 미국·일본·한국에 주는 안보적 도전

---

* 해리스 주한미국대사는 2019년 10월 9일 〈동아일보〉와의 인터뷰에서 미군기지 조기 반환 추진 계획을 언론을 통해 접했다며, "내가 아는 정보는 대부분 신문에서 얻는다"고 말했다. 외교부가 이런 이슈와 관련해 주한미대사관 측과 긴밀하게 협의를 하지 않고 있었음을 말해 준다. 이는 청와대가 외교를 독점해 외교부가 역할을 제대로 하지 못하고 있었음을 말해 준다.

을 의미했다. 미국 본토 레이더, 주일 미군 레이더, 주한미군 레이더가 하나의 시스템으로 실시간 작동해야 하는데 GSOMIA가 작동하지 않으면 차질이 생긴다.

윤순구 외교부 차관보는 11월 2일 스틸웰 국무부 동아태 차관보에게 "한일관계 개선을 위한 과정에서 미국이 가능한 역할을 해 줄 것"을 요청했다. 이는 김현종 차장이 보였던 입장과는 달랐다. 김 차장은 2019년 8월 12일 "미국에 중재를 요청하면 청구서가 날아올 게 뻔한데 왜 요청을 하나. 도와 달라고 요청하는 순간 글로벌 호구가 된다"라고 말한 바 있다. 노영민 청와대 비서실장도 2019년 8월 6일 "미국에 중재를 요청한 바 없다. 앞으로도 그럴 생각이 없다"고 잘라 말했었다.

美 측은 국무부·국방부 고위 당국자를 서울에 파견해 "GSOMIA 파기 결정을 번복하라"고 압박했다. 그러자 청와대 핵심관계자는 2019년 11월 8일 "GSOMIA 종료로 인해 한미동맹관계가 더 옅어진다고 생각하지 않는다"고 반박했다. 그는 일본이 한국을 신뢰하지 못해 수출규제를 하겠다고 하는데 그렇다면 가장 중요한 안보 사항을 공유하는 GSOMIA를 어떻게 유지할 수 있겠느냐며 GSOMIA 파기 입장에 변함이 없음을 확인했다.

강경화 외교부 장관도 같은 날 국회 예산결산특별위원회 전체회의에서 "일단 일본의 수출규제 조치가 철회된다는 전제하에서 우리가 재고할 수 있다는 기본 입장에 변함이 없다"고 했다. "지금대로라면 저희 결정대로 갈 것"이라고 했다. 문재인 정부가 GSOMIA 유지를 일본의 수출규제 철회와 연계시켰고 이런 입장을 바꿀 수 없다는 것이었다. 아베 정부도 수출규제 조치를 재고할 의향이 없음을 분명히 했기 때문에 GSOMIA 종료는 확실시되었다.

정의용 국가안보실장은 11월 10일 "한일관계가 정상화된다면 우리 정부로서는 GSOMIA 연장을 다시 검토할 용의가 있다. 이 문제는 한일 양국이 풀어 가야 할 사안이며, 한미동맹과는 전혀 관련이 없다"고 말했다. 미국은 간섭하지 말라는 의미였다. 정 실장은 GSOMIA 존재가치 자체를 깎아내리기도 했다. "(GSOMIA가 없다 해도) 일본과 군사정보 교류가 완전히 차단되는 것은 아니고, 우리 안보에 미치는 영향도 제한적이라고 본다"고 했다. GSOMIA가 없어도 미국을 통해 한일이 정보를 간접적으로 주고받는 한·미·일 정보공유약정TISA으로 보완할 수 있다는 것이었다. 사실관계에 맞지 않았고, 문제의 본질과도 관계없는 얘기였다.

정 실장은 "우리 입장에서 보면 한일관계가 최근에 어렵게 된 근본원인은 일본이 제공했다"고 주장했다. 사태의 책임이 일본에 있다는 것. 아베 정부는 아베 정부대로 이번 일을 계기로 한일관계의 성격을 근본적으로 바꿔 놓겠다는 결의에 차 있었다. GSOMIA가 파기되어도 아쉬울 것 없다고 생각했다. 오히려 이런 상황을 이용해 미국의 중국 견제 전략에 적극 동참함으로써 일·미 동맹을 강화할 수 있다고 생각했다.

美 측이 강경한 입장을 굽히지 않고 일본 측도 미동을 하지 않자 한·미·일 3자는 모두 평행선을 달렸다. 문재인 정부는 GSOMIA 종료 시 과연 미국이 어떤 행동을 할지 내심 우려했다. 예컨대, 금융시장에서 미국 자금이 대거 이탈할 가능성을 배제할 수 없다. 이것 말고도 미국이 꺼내 들 수 있는 카드는 많이 있었다.

문 대통령은 11월 10일 여야 5당 대표와의 만찬 회동에서 "일본이 안보상 (한국을) 신뢰할 수 없다고 해서 수출규제 조치를 했다. GSOMIA 는 신뢰가 기본이기에 수출규제와 GSOMIA는 양립하기 어렵다. 수출규제 철회가 먼저 이뤄져야 한다"라고 말했지만 일본도 GSOMIA와 수출규제는 별개라는 입장을 바꿀 리가 없었다.

마크 밀리 美 합참의장은 11월 12일 "GSOMIA는 지역의 안보와 안정을 위한 핵심이다. 이 협정이 연장되기 바란다. 한일이 다툴 때 이득을 보는 유일한 나라는 북한과 중국이다"라고 말했다. 마크 에스퍼 국방장관도 11월 14일 한미연례안보협의회 SCM 참석차 출국하면서 "내 메시지는 명확하다. GSOMIA는 반드시 유지되어야 한다는 것이다"라고 잘라 말했다.

〈조선일보〉 2019년 11월 14일 자는 "그동안 장관급을 비롯하여 다양한 차원에서 GSOMIA 유지를 바라는 언급을 해 왔는데, 한국이 끝내 미·한·일 3국 협력 강화를 바라는 우리의 요청을 거부할 경우 상상하기 어려울 정도의 파장이 있을 것"이라고 美 행정부 관계자가 말한 것으로 보도했다. '상상하기 어려울 정도의 파장'이라는 말은 실로 우려되는 일이었다. 미국 정부의 또 다른 관계자는 "한국이 우리 입장을 수용하지 않을 경우 퍼펙트스톰(초대형 복합위기)이 닥칠 수 있다"고 말했다. 언론을 통해 발신한 최고 수준의 경고였다.

한국의 야당이나 보수 세력은 다음과 같은 주장을 펴며 문재인 정부를 비난했다. GSOMIA문제를 놓고 여론도 갈렸다.

-문재인 정부는 GSOMIA를 파기해 북한과 중국에 유리한 상황을 만들어주려 한다.
-GSOMIA를 파기하는 것은 국민들을 북핵 위험에 그대로 노출시키는 이적 행위다.
-GSOMIA 파기는 미국을 적대시함으로써 한·미·일 안보협력을 파괴하는 반역 행위다.
-정부와 여당은 반일(反日) 프레임으로 2020년 4월 15일 총선에서 이득을 보려 한다.

문재인 대통령은 11월 15일 에스퍼 국방장관을 접견한 자리에서 "안보상 신뢰할 수 없다는 이유로 수출규제 조치를 취한 일본에 대해 군사정보를 공유하기 어렵다"는 말로 GSOMIA 파기 입장을 확인했다. 미측의 강력한 요청을 또 거부한 것이다.

이 시점에 청와대의 고민은 고민정 대변인 말에서 읽을 수 있다. 그는

11월 15일 MBC 라디오에 출연, "우리가 무작정 GSOMIA 종료를 번복한다면 당시 결정이 신중하지 않았다는 것을 의미한다. 이 결정을 할 때 굉장히 어렵게 결정을 했다"고 말했다. 청와대는 결정을 번복할 경우 핵심 지지층의 이반을 우려했던 것으로 보인다. 2020년 4월 15일 총선에서 무슨 일이 있어도 이겨야 한다고 생각하는 문 대통령과 여당 입장에서는 지지층 표가 달아나는 일은 피해야 했다. 당시 여론조사에서는 문재인 정부를 긍정적으로 평가하는 가장 큰 이유가 '외교를 잘하는 것'으로 나타나고 있었다.

이즈음 미국의 소리 방송VOA은 워싱턴의 한반도 전문가 20명을 대상으로 설문조사를 실시했다. 20명 중 19명이 GSOMIA 파기는 잘못된 결정이라고 했다. 그렇게 될 경우 역내 안보와 한미동맹이 심각한 타격을 받는다는 것이다.

-매우 불행하고 무분별한 결정. (에번스 리비어 전 국무부 수석부차관보)
-역사의 제단 위에 한국의 안전과 미국의 방어 공약을 희생시키는 행위. (브루스 클링너 헤리티지재단 선임연구원)
-매우 나쁜 결정. 한국의 실수. (마이클 오핸런 브루킹스연구소 선임연구원)
-심각하고 옹졸한 실수. 매우 어리석은 결정. (로버트 매닝 애틀랜틱카운슬 선임연구원)
-자기 발등을 찍는 행위. 매우 고통스러운 실수가 될 것. (브루스 베넷 랜드연구소 선임연구원)

-한국 스스로의 안보이익에 반하고 미국과의 안보 동맹을 훼손시키는 자멸적 행위. (대니얼 스나이더 스탠포드대 연구원)

문재인 대통령은 11월 19일 MBC 방송이 주관한 〈2019 국민과의 대화, 국민이 묻는다〉에서 다음과 같이 기존 입장을 반복했다.

(일본은) 한국으로 수출되는 불화수소 등 반도체 소재가 북한 등으로 건너가 다중살상 무기가 될 수도 있기 때문에 한국을 믿지 못하겠다는 것이다. 안보상으로 신뢰할 수 없다고 하면서 군사정보는 공유하자고 한다면 모순되는 태도다.

(그런) 의혹 자체가 터무니없거니와 (일본이) 설령 그런 의구심이 있었다면 수출 물자 통제를 강화해 달라든지, 한일 간 소통을 강화하자든지 해야 하는데, 아무런 사전 요구 없이 어느 날 갑자기 수출통제 조치를 취한 것이다. 우리로선 당연히 취할 도리를 취했던 것이다.

문 대통령은 또 "일본의 방위비 지출은 전체 국내총생산 대비 1%가 되지 않는다. 반면 우리는 2.5%, 2.6%에 가까울 정도로 많은 비용을 쓰고 있다"고 했다. "한국이 일본 안보에 방파제 역할을 해 주고 있는데 일본이 이렇게 나올 수 있는가"라고 했다. 본질을 벗어난 주장이었다.

美 상원은 11월 21일 본회의에서 GSOMIA의 중요성을 재확인하는 결의안을 채택했다. 초당적이었다. 이 안건은 상정 다음 날 긴급 처리되

어 소관 상임위인 외교위원회에서 바로 본회의로 회부되어 만장일치로 통과되었다. GSOMIA 종료 예정일을 하루 앞둔 시점이었다. 이 결의안은 "한국의 (이번) 결정은 주한미군을 위험에 놓이게 만들고 美 국가안보에 직접적인 피해를 주게 될 것"이라고 했다. 더 이상 엄중할 수 없었다.

청와대는 2019년 11월 22일 오후 6시 GSOMIA 종료 결정 통보의 효력을 정지한다고 발표했다. 이로써 2019년 11월 23일 0시를 기해 종료될 예정이었던 GSOMIA는 일단 유지되게 되었다.

김유근 국가안보실 1차장은 "정부는 언제든지 GSOMIA 효력을 종료시킬 수 있다는 전제하에 지난 8월 22일 종료 통보의 효력을 정지시키기로 했다. 일본 정부도 이에 대한 이해를 표했다"고 했다. 청와대 고위관계자는 "수출 규제 조치문제를 해결하기 위한 협의가 진행되는 동안 잠정적으로 GSOMIA 종료 효력을 정지한다는 의미"라며 "우리는 언제라도 이 문서의 효력을 다시 활성화시킬 수 있는 권한이 있고, 이럴 경우 다시 종료가 되는 것"이라고 말했다.

美 국무부 대변인실은 11월 22일 논평을 통해 "미국은 GSOMIA를 갱신 renew 한다는 한국의 결정을 환영한다. 이 결정은 같은 생각을 가진 동맹이 양자 분쟁을 헤쳐 나갈 수 있다는 긍정적 메시지다"라고 했다. 이어 "한일이 역사적 사안들에 지속성 있는 해결책을 보장하기 위한 진지한 논의를 이어 갈 것을 권고한다"며 "미국은 한일관계의 다른

영역으로부터 안보 사안이 계속 분리돼 있어야 한다고 믿는다"고 강조했다. 문재인 정부가 안보사안을 경제사안과 연계시킨 것이 문제였다는 의미였다. 미 측은 한일이 갈등 해결을 위해 적극 대화에 나설 것을 촉구하면서 양국 갈등이 미국의 안보이익에 부정적인 영향을 미치는 일이 없어야 한다는 입장을 다시 강조했다.

GSOMIA는 한·미·일 안보협력의 상징이었다. 이를 종료시키는 것은 미국의 인도·태평양전략에 차질을 초래하는 일이었다. 문재인 정부가 종료를 강행했다면 어떤 사태로 이어졌을지 알 수 없다. 미국은 문재인 정부가 2017년 10월 중국에 대해 '사드3불 입장'을 확인해 준 데 이어 GSOMIA까지 파기하려 하자 더 이상 좌시할 수 없다고 판단했다.[*]

북한이 발사하는 미사일은 불과 수 분 내에 한국에 도달하는데 일본이 먼저 이를 탐지할 수도 있다. 대응시간이 결정적이다. 그런데도 정의용 국가안보실장 등은 군사정보공유약정 TISA 이 있지 않느냐고 했다. 한심하기 짝이 없는 인식이었다. 이 시스템으로는 한국과 일본이 직접 정보를 주고받을 수 없다. 미국을 통해서 해야 한다. 실시간으로 정보를 교환해야 하는 긴급 상황에서는 쓸모가 없다. 또한, 북한은 70여 척의 잠수함을 보유하고 있는데, 한국군 단독으로는 이들이 동해로 침투하는 상황에 대응할 수 없다. 이때 일본 해상초계기와 함정이 탐지한 북한 잠

---

[*] 문재인 대통령과 바이든 대통령은 2021년 5월 21일 정상회담 공동성명에서 한·미·일 3자 협력이 근본적으로 중요하다며 그 이유로 △북한문제를 다루어 나가고, △공동의 안보와 번영을 보호하며, △공동의 가치를 고무하고, △규범에 기초한 질서를 강화하기 위한 목적을 들었다.

수함 정보를 즉각 받으면 도움이 된다. GSOMIA가 없으면 일본이 탐지한 북한 잠수함 정보를 미국을 거쳐 받아야 한다. 그렇게 되면 북한 잠수함은 사라지고 만다.

| 문제점

–문 정권은 일본을 때린다는 것이 미국을 때렸다. 일본에 대한 감정만 앞섰지 미국의 강력한 반발을 예상하지 못했다. 미국은 문 정권이 한·미·일 3각 협력을 깨는 것을 좌시할 수 없었다.

–GSOMIA 파기는 외형상으로는 일본과의 군사정보 협력을 하지 않겠다는 것이었지만 실제적으로는 한·미·일 3각 안보협력 체제를 깨는 것이었다. 크게 보면 해양세력권에서 벗어나 대륙세력권으로 들어가겠다는 것이나 마찬가지였다. 한미동맹 종식의 서막으로도 비쳤다.

–문재인 정부는 GSOMIA가 한국 안보에 어떤 가치가 있고 그것을 파기하면 어떤 결과를 가져올 것인가에 대한 인식이 없었다. 국가안보에 직접적인 영향을 미치는 사안에 대한 인식이 이 정도였다.

–GSOMIA 사태의 가장 큰 책임은 외교안보 컨트롤타워인 청와대 국가안보실에 있었다. 국방부 장관이나 외교부 장관도 책임에서 자유로울수 없었다. 국가안보 주무부서로서의 직무를 다하지 않았다.

-한·미·일 3각 안보협력은 한미동맹과 불가분의 관계다. 미국 입장에서는 GSOMIA 파기는 주한미군을 후방 병참선에서 차단하는 일이었다. 그런데도 청와대는 GSOMIA 사태 내내 이는 한일 간의 문제이지 한미동맹과는 무관하다고 했다.

-일본과의 안보협력은 얻을 수 있는 것이 많다. 이는 한미동맹을 강화시켜 준다. 중국의 부당한 압박을 견제하는 데도 도움이 된다. 대미관계에서도 우리의 입지를 강화시켜 준다. 따라서 GSOMIA를 파기하려 한 것은 그 저의를 의심하지 않을 수 없는 일이었다.

-동아시아연구원과 일본 겐론論NPO의 2021년 여론조사에 의하면 '한·미·일 3각 군사안보협력을 강화해야 한다'는 한국 응답자가 64.2%로 나왔다. 다수 국민들이 한·미·일 3각 안보협력을 긍정적으로 인식하고 있었음을 말해 준다. 서울대아시아연구소가 2021년 11월 한국리서치에 의뢰해 실시한 여론조사에서도 2022년 5월 새로 출범하는 정부가 가장 중시해야 할 외교과제로 한·미·일 안보협력 강화가 한미동맹 강화, 북한 비핵화 다음이었다.

쿼드 불참

'

쿼드 Quadrilateral Security Dialogue 는 미국·일본·인도·호주 네 나라가 참여하는 다자협의체로 2007년 시작되었으나 이렇다 할 진전이 없다가 중국이 아태지역에서 공세적으로 영향력 확대를 추구하자 10년 만에 활성화되기 시작했다.

쿼드 4개국은 2017년 11월 '자유롭고 개방된 인도·태평양 Free and Open Indo-Pacific'을 표방하며 존재를 과시하기 시작했다. 2020년 3월에는 쿼드 4개국과 한국·베트남·뉴질랜드의 차관급 인사가 코로나19 대응 방안을 논의하면서 쿼드 플러스 Quad Plus 로 확대될 가능성을 보이기도 했다. 스티븐 비건 美 국무부 부장관은 2020년 8월 "쿼드는 배타적이지 않다. 다른 나라들을 포함시킬 상당한 이유가 있다"고 말했다.

강경화 외교부 장관은 2020년 9월 25일 아시아소사이어티가 개최한 화상회의에서 "한국이 쿼드 플러스에 가입할 의향이 있느냐"는 사회자 질문에 "다른 국가들의 이익을 자동으로 배제하는 그 어떤 것도 좋은 아이디어가 아니라고 생각한다. 우리는 쿼드 가입을 초청받지 않았다"고 말했다. 쿼드가 '다른 국가들의 이익을 자동적으로 배제하는 것'으로 본다는 말이었다. 강 장관은 또 "우리는 특정 현안에 대한 대화에 관여할 의사가 있지만, 만약 그것이 구조화한 동맹이라면 우리의 안보이익에 도움이 되는지 심각하게 생각할 것"이라고 말했다. 참여에 부정적이라는 말이었다.

강 장관이 말한 '구조화한 동맹'이란 북대서양조약기구^{NATO}와 같은 기구를 의미했다. 쿼드가 중국의 부상과 영향력 확대에 대응하기 위한 것임은 분명하나, 이 협의체가 어떤 방향으로 어떻게 발전해 나갈지는 두고 보아야 했다. 강 장관의 이런 섣부른 언급은 폼페이오 美 국무장관의 예정된 방한이 취소되는 배경이 되기도 했다.

중국은 "쿼드는 아태지역의 NATO"라고 비난하기 시작했다. 왕이 외교부장은 2020년 10월 14일 "쿼드는 미국이 획책하고 있는 인도·태평양판 NATO"라고 했다. 이렇게 말할 수 있는 근거가 없었음에도 이런 프레임을 짰다. 쿼드가 나아갈 방향에 대해서는 구성원들 간 인식과 입장에 큰 차이가 있었다. NATO 같은 기구로 발전한다는 것은 요원한 일이었다. 특히 인도는 쿼드가 군사적 성격을 띠는 것에 강력 반대했다.

그런데도, 문정인 통일외교안보특보는 2020년 10월 27일 애틀랜틱 카운슬과 동아시아재단이 개최한 세미나에서 "미국이 우리에게 일종의 반중反中 군사동맹에 가입하라고 강요하면 나는 이것이 한국에 실존적 딜레마가 될 것으로 본다"고 했다. 문 특보는 그러면서 "한국이 미국의 반反중국 군사훈련에 동참하면 중국은 한국을 적敵으로 간주할 것"이라고 했다. 한국이 쿼드에 참여하면 중국·러시아·북한의 '북부 3자 동맹 시스템'이 강화될 것이라는 주장도 폈다. 한참 앞서 나간 주장이었다.

중국 신화통신은 문 특보의 발언을 인용하면서 이를 상세히 보도했다.

문 특보는 10월 27일 민주평화통일자문회의가 주최한 포럼에서 쿼드 등 미국의 대중對中 전략에 대해 "중국공산당은 압제적인 체제이므로 민주주의 국가끼리 동맹을 맺어 대응해야 한다는 논리다. 이게 과연 옳은 것인가. 정당성과 합리성 측면에서 개인적으로 상당히 회의적이다"라고 비판했다.

랠프 코사 태평양포럼 Pacific Forum 명예회장은 문 특보가 쿼드를 군사동맹으로 묘사한 것은 잘못이라며 "쿼드는 현재 어떤 종류의 동맹도 아니다. 법치와 항행의 자유에 의해 인도되는 자유롭고 열린 인도·태평양을 촉진하려는, 뜻을 같이하는 민주주의 국가들의 모임"이라고 했다. 데이비드 맥스웰 민주주의수호재단 선임연구원도 "쿼드와 보조를 같이하는 것은 자유민주주의·시장경제·법치·인권의 가치를 공유하는 것을 뜻하는데, 중국은 이 모든 것에 반대하는 나라가 아닌가"라며 문재인 정부가 갖고 있는 쿼드에 대한 부정적인 입장을 이해할 수 없다고 했다.

중국은 쿼드를 "거대한 안보 위협"이라고 과장했다. "한국은 중국으로부터 강력한 보복을 당한 경험이 있지 않느냐"는 말까지 했다. 정경두 전 국방부 장관은 한 신문 인터뷰에서 "쿼드 참여로 제2의 사드사태를 만들면 안 된다"고 맞장구를 쳤다. 중국은 쿼드를 일부 국가가 모여 신냉전을 벌이려는 책동이라고 비난하며 진정한 다자주의의 챔피언은 중국이라고 했다.

쿼드 외교장관 회의가 2020년 10월 6일 도쿄에서 열렸다. 2019년 9월 뉴욕 회동 이후 두 번째였다. 회의 결과 '자유롭고 개방된 인도·태평양 전략'에 대해 4개국이 연대를 강화할 것이라고 했다. 또한 자유무역·규칙기반 질서 등을 공유하는 나라들과 폭넓게 연대할 것이라고 했다. 코로나19 극복을 위한 협력 방안도 논의했고, 쿼드 회의를 정례화하기로 했다.

비건 국무부 부장관은 "쿼드는 자유롭고 개방된 인도·태평양지역을 지지하는 다른 나라에도 열려 있다"며 "구속된 의무가 아니라 공동의 관심으로 추동되는 파트너십이다. 쿼드는 배타적인 그룹화를 의도하지 않는다"라고 했다. 한국을 염두에 둔 발언이었다.

정의용 신임 외교부 장관은 취임 첫날인 2021년 2월 9일 외교부 출입 기자들과 만난 자리에서 쿼드 참여 여부에 대해 "투명하고 개방적이며 포용적이고 국제규범을 준수한다면 어떤 지역 협력체 또는 구상과도 적극 협력할 수 있다"고 했다. 참여 의사는 없다는 의미로 받아들여졌다.

쿼드 정상들은 2021년 3월 12일 화상으로 첫 정상회의를 열었다. 회의 직후 '쿼드 정신'이라는 제목의 공동성명을 발표했는데 다음 5개 항목으로 되어 있었다. △인도·태평양 지역 안보 증진, △법치와 민주적 가치 수호, △코로나19의 경제·보건 타격에 대응, △국제표준 및 미래의 혁신적 기술에 대한 협력 촉진, △북한의 완전한 비핵화에 대한 전념 재확인. 이 공동성명에서 말한 법의 지배, 자유, 개방, 포용, 민주적 가치 등은 대한민국의 정체성에 부합하는 것이었다. 공동성명은 또한 "역내 국가들이 강압에 의해 구속받지 않는 unconstrained by coercion 지역을 구현하는 것"을 하나의 목표로 삼는다고 했는데, 이는 쿼드 국가들이 연대해 중국에 대응할 것이라는 의미였다.

이즈음 한국도 쿼드에 가입해야 한다는 여론이 높아졌다. 2021년 3월 12일 쿼드 정상회의에서도 북한 비핵화문제가 논의되었듯이 한국이 참석하지 않은 가운데 한국과 관련된 문제가 논의된다는 것은 막아야 할 일이었다. 빅터 차 전략국제문제연구소 CSIS 한국석좌에 의하면, 한국은 쿼드 첫 정상회의 참석을 초청받았지만 거절했다. 천영우 전 외교안보수석은 2021년 3월 15일 〈조선일보〉 칼럼을 통해 다음과 같은 이유로 한국이 쿼드에 참여해야 한다고 주장했다.

쿼드는 인도·태평양 지역의 전략지형 재편과 이에 따른 지역정세의 불확실성 속에서 대한민국의 생존과 안전을 지킬 보험으로서 의미가 있다.

쿼드가 실체를 갖추기 전에 참여하여 목표와 방향, 원칙과 운영체제 등을 결정하는 과정에서 우리 입장을 반영해야 한다.

미국이 중국과의 전략적 경쟁에서 중국의 힘과 위협을 과대평가하여 과잉대응하는 것을 견제하는 데도 쿼드는 도움이 된다.
쿼드 참여는 중국에 대한 우리의 레버리지를 강화한다.

미국이 한국에 쿼드 참여를 요청한 적이 있느냐 여부를 놓고 진실공방이 벌어졌다. 바이든 행정부 고위 당국자는 2021년 4월 1일 언론 브리핑에서 "한국 친구들과 (쿼드에 관해) 매우 긴밀히 협의해 왔다"며 "더 긴밀한 협의나 참여를 언제든 환영할 것"이라고 말했다. 한·미 2+2(외교·국방장관) 회의에서도 블링컨 국무장관은 쿼드와 관련 "한국과 긴밀히 협력하고 있다"고 했다. 한국 참여를 희망한다는 의미였다. 이처럼 미국이 한국의 쿼드 참여를 희망한다는 사실은 여러 기회에 그리고 여러 경로를 통해 전달되었다.

일본 〈요미우리〉 신문은 2021년 4월 2일 美 아나폴리스에서 열린 한·미·일 안보실장 회의 때 제이크 설리번 국가안보보좌관이 서훈 국가안보실장에게 한국의 쿼드 참여를 강하게 요청했다고 보도했다(2021.4.11.). 이 신문에 의하면 서훈 국가안보실장은 "기본적으로 미국 측 취지에 동의하지만 우리 입장도 알아 달라"고 답했다. 〈요미우리〉 보도에 대해 청와대는 "사실이 아니다"라고 부인했고, 외교부 당국자도 "미국의 공식 요청이 없었다는 기존 입장에 변화가 없다"고 했다. '공식 요청이 없었다'라고 하면 될 것을 '공식 요청이 없었다는 기존 입장'이라고 했다. 요청이 있었느냐 없었느냐는 사실의 문제이지 입장의 문제가 아니었다. 청와대 관계자는 "정부 입장은 변함이 없다. 공식적으로 쿼드 참여 요청을 받은 바가 없다"고 했다.

에드 케이건 백악관 국가안보회의NSC 선임국장은 2021년 5월 7일 최종현학술원이 '쿼드와 한국'을 주제로 개최한 화상 토론회에서 다음과 같이 말했다. 현직 백악관 관리가 이런 말을 했다는 것은 이때까지만 해도 미국이 한국 가입을 희망하고 있었음을 말해 준다.

쿼드는 우리의 비전으로는 4개 국가만 참여하는 폐쇄적인 구조가 아니다. 현안에 관심이 있는 다른 나라들이 함께 참여하도록 장려하기 위한 개방형 구조다.

쿼드는 가치를 공유하고 세상에 대해 유사한 관점을 가진 국가들이 공통의 과제에 대응하기 위해 유연하게 협력하는 비공식 협의체 성격이 강하다. 쿼드는 안보동맹이 아니며, 아시아판 NATO도 아니다.

미국의 소리 방송 VOA 은 2021년 5월 초 美 안보 전문가 20명을 대상으로 한국의 쿼드 참여에 대한 의견을 물었다. 20명 중 17명이 다음과 같은 이유로 참여하는 것이 좋을 것이라는 견해를 밝혔다.

－한국은 말할 것도 없이 이 사안에서 미국과 함께해야 하며, 그렇지 않을 경우 한국은 향후 핀란드화(Finlandization) 될 것이다. (켄트 칼더 존스홉킨스대 국제관계대학원 교수)
－쿼드 밖에 있는 것보다 안에 있는 것이 훨씬 낫다는 답은 명백하다. 한국이 쿼드 밖에 있으면 결국 쿼드가 내리는 결정에 휘둘리게 된다. (미첼 리스 전 국무부 정책기획실장)
－안보를 지원하고 경제 기회를 제공할 이 같은 국제질서에 편입되는 것이 장기적으로는 한국에 이득이 될 것이다. (데이비드 맥스웰 민주주의수호재

단 선임연구원)

-(한미동맹 이외에) 다자안보체제(multilateral security arrangements)로부터 얻을 수 있는 이익이 다대하므로 쿼드에 관심을 가질 만한 가치가 충분하다. (니컬러스 에버스타트 미국기업연구소 선임연구원)

-한국은 주권국으로서 쿼드 참여 여부를 스스로 결정한 권한이 있는 만큼 중국의 간섭이나 압박에 구애받을 필요가 없다. (대니얼 스나이더 스탠퍼드대 연구원)

-중국의 반응에 따라 결정을 내리는 것은 한국의 이익에 부합하지 않는다. 이런 행태는 중국에게 한국 대외정책에 대한 거부권을 주는 것이 된다. (스테판 해거드 캘리포니아주립 샌디에이고대학 교수)

-한국이 쿼드에 가입해 5자(Quintet)를 구성하기 바란다. 한국의 차기 대통령 선거에서 보수 세력이 승리할 경우 한국은 쿼드에 가입할 것으로 본다. (게리 세이모어 전 백악관 조정관)

송민순 전 외교통상부 장관은 2021년 5월 12일 〈월간중앙〉과의 인터뷰에서 한국의 쿼드 참여에 관해 다음과 같은 의견을 피력했다.

가치 체계, 국력 규모, 동맹·우호관계를 고려할 때 일본·호주·인도가 참여하는데 우리가 빠질 이유는 없다고 본다. 쿼드에 참여하는 것이 맞다. 기왕 참여할 거라면 준회원이 아닌 정회원이 낫다.

정의용 외교부 장관은 2021년 9월 22일 미국외교협회 CFR 대담회에서 사회자가 "한국이 어느 단계에 쿼드에 참여할 이유가 있다고 보느냐"는 질문에 "우리는 가입 요청을 받은 바 없다"며 "쿼드가 달성하고자 하는 일들을 우리는 지지한다"고 답변했다. 그러면서 "쿼드가 포용적이고 투명하며 개방적이기 바란다. 쿼드 멤버들이 투명성과 포용성을 원칙으로 유지하는 한 우리는 쿼드 활동에 반대하지 않는다"고 했다. "쿼드 활동에 반대하지 않는다"는 말은 한국은 쿼드 밖에 머물겠다는 의미였다. 사회자가 좀 더 분명한 답을 구하자 정 장관은 "우리는 쿼드 일원이 될 시급한 필요성을 못 느낀다(We don't see any immediate need to be a part of Quad)"는 말로 참여 의사가 없음을 밝혔다.

쿼드 정상들은 2021년 9월 24일 워싱턴 D.C.에서 2차 정상회담을 가졌다. 이 회담에서 정상들은 법치·항행의 자유·분쟁의 평화적 해결·민주주의·영토 보전을 강조했다. 정상들은 또 우주와 사이버상의 기술에 대한 합의도 만들어 냈다. 지구관측 위성 데이터를 공유하고 고위직 사이버 협의체를 만들기로 했다. 육지·해양을 넘어 사이버·우주 공간까지 협력 범위를 확대했다.

쿼드 정상들은 또 첨단 기술은 공유하는 가치관이나 인권 존중에 기반하여 개발돼야 한다거나 첨단 기술을 권위주의적 감시와 억압 등 악의적 활동에 이용해서는 안 된다고 했다. 중국을 겨냥한 것이었다. 정상들은 또 해양 상황 파악 능력을 강화하는 데 협력하기로 했는데, 이 역시 중국의 해양 진출을 염두에 둔 것이었다. 우주 협력도 궁극적으로는 유사시 중국의 미사일·드론을 요격할 정찰 위성을 공동운영하는 상황까지 염두에 둔 것이었다. 이런 분야들은 향후 한국의 국익에도 영향을 줄 수 있는 분야였다.

　일본은 한국이 쿼드에 참여하는 것을 달가워하지 않았다. 겉으로 드러내지 않으면서 다른 멤버들에게는 이런 입장을 밝혔다. 한국이 처음부터 적극적으로 가입을 시도했더라면 이런 걸림돌을 넘을 수 있었으나 불가입 입장을 취했으니 일본으로서는 다행이었다. 스기야마 신스케 전 외무성 사무차관은 2021년 10월 4일 〈중앙일보〉와의 인터뷰에서 "일본은 한국의 쿼드 참가에 찬성하는가"라는 질문에 다음과 같이 "일본인들이 원치 않는다"고 했다. 에두른 말이었다.* 그가 한 말을 옮겨 보자.

> 한일 간에는 공통분모가 있고 미래지향적 과제를 향해 같이 가야 하지만 민의와 어긋날 순 없다. 일본의 국민감정이 그것(한국의 쿼드 가입)을 수용할 수 있어야 한다. 쿼드가 점점 더 발전하는 차원에서 한국이 들어와 귀중한 역할을 하는 건 환영하지만, 문제는 그걸 받아들일 국민적 감정이 있느냐 여부다. 아쉽게도 일본에 그건 없다. 전혀 없다고 단언하기는 힘들지만 적어도 매우 따뜻하게 그걸 받아들일 마음은 없다고 본다.

　이수혁 주미대사는 2021년 10월 13일 국회 외교통일위원회 국정감사에서 한국의 쿼드 가입과 관련하여 중요한 사실을 공개했다. 한 국회의원이 "한국이 미국으로부터 쿼드 참여 제안을 받은 적이 있느냐"라고 물은 데 대해 이 대사는 "가입문제는 우리가 원한다고 되는 게 아니라

---

* 스기야마는 44년 외교관 경력에 주미대사를 역임했다. 2000~2004년 주한대사관 공사로도 근무했다.

쿼드(회원국 간) 합의가 있어야 한다. (2021년) 9월 쿼드 정상회의 후 미국 측이 쿼드 회원국을 확대할 의사가 없음을 확인했다"고 답변했다.*

이 대사는 또 "회원국을 4개국 이상으로 확대하는 것은 쿼드의 공식 입장이 아니다"라고 했다. "지금 한국 참여를 논하는 것은 떡 줄 사람은 생각도 안 하고 있는 격이다. 아직은 시기상조인 논쟁으로 보인다"라고 덧붙였다. 문이 활짝 열려 있을 때는 안 들어가겠다고 하다가 문이 닫히자 '문이 닫혀서 못 들어간다'라고 하는 상황을 연상시켰다. '한국이 쿼드 가입에 소극적인 자세를 유지하면 국익을 확대하는 기회를 놓칠 수 있다'는 지적에는 "미국은 한국이 갖고 있는 여러 가지 복잡한 상황에 대해 충분히 이해하고 있다"고 했다.

이와 관련하여 빅터 차 전략국제문제연구소^{CSIS} 한국석좌는 2022년 3월 5일 〈조선일보〉 칼럼에서 "미국은 결코 한국을 쿼드에서 배제하지 않았다. 실제로 바이든 행정부는 일찌감치 한국의 쿼드 참여를 염두에 두고 문재인 정부 의사를 타진했다. 하지만 문재인 정부의 반응은 미온적이었다. 오히려 미국에 '제발 우리에게 동참을 요청하지 말아달라'고 했다"고 밝혔다.

커트 캠벨 백악관 국가안보회의^{NSC} 인도태평양조정관은 2021년 11월 19일 미국평화연구소^{USIP}가 주최한 대담회에서 쿼드를 당장 확대

---

* 바이든 대통령 특사단이 2022년 3월 2일 대만을 방문했을 때 대만 측은 쿼드 가입 희망을 전달했다.

할 계획은 없다고 했다. "네 나라 모두 현시점에서 쿼드가 공식적 동맹이 아닌 비공식적인 모임으로, 천천히 신중하게 나아가야 하며, 지금으로써는 기존 회원국들 관계를 더욱 심화해야 한다는 인식을 갖고 있다"고 말했다. 그럼에도 불구하고 마이클 그린 전략국제문제연구소^{CSIS} 부소장은 2021년 12월 14일 〈중앙일보〉-CSIS 포럼에서 2022년 5월 새로 출범하는 정부는 쿼드에 참여하는 것이 좋을 것이라고 조언했다. 팀 케인 미 상원의원은 2022년 3월 1일 미국의 소리^{VOA} 방송 인터뷰에서 "쿼드는 한국과 일본이 함께 참여하지 않으면 충분한 역량을 발휘하지 못한다"며 "차기 한국 정부는 쿼드에 참여하기 바란다"고 했다.

Ⅰ 문제점

-문재인 정부는 중국을 의식해 쿼드 일원이 되는 것을 꺼렸지만 이는 실책이었다. 외교적 레버리지를 높일 수 있는 기회를 상실했고, 외교적으로 소외되는 현상을 초래했다. 외교적 손실이 아닐 수 없었다.

-쿼드는 우리 국익에 직접적으로 영향을 주는 이슈들이 다루어진다. 공통의 가치와 이상을 추구하는 나라들과의 연대는 한국외교에서 중요하다. 우리가 참석하지 않은 가운데 우리의 이익에 영향을 주는 결정이 내려지게 만들어서는 안 되었다. 회담 테이블에 함께 있지 않으면 손해다.

-비용 대비 이익 관점에서 보더라도, 쿼드에 참여해야 했다. 미국은

한국의 참여를 원했다. 쿼드 발전에 한국의 참여가 도움이 될 것으로 판단했기 때문이다.

-한·미·일 3각 공조가 한국의 비협조로 활발히 운용되지 못하는 상황이 되자 미국은 쿼드와 같은 다자협의체를 강화하는 전략을 택했다. 그런데 문재인 정부는 이마저도 거부했다. 미·일관계는 더욱 밀착되고 한미관계는 더욱 이완되는 현상이 나타났다.

-동아시아연구원이 2021년 10월 실시한 여론조사에 의하면 쿼드 참여에 51.1%가 '해야 한다', 18.1%가 '할 필요 없다', 30.8%가 '잘 모르겠다'고 답변했다. 문재인 정부의 쿼드 불참은 한국 국민의 일반적 정서와 배치되었다.

-쿼드 회원국 중 인도와 호주는 우리가 양자관계에서도 중시해야 할 나라다. 쿼드 프레임워크에서의 협력을 증진하는 것은 이들 나라와의 양자관계를 증진하는 데도 도움이 된다.

THE TRUTH

; 나가며

36년 외교관으로 일하는 내내 '대한민국은 자랑스러운 나라'였다. 1988년 서울올림픽을 계기로 북방외교가 추진되면서 실무직원으로 3년 넘게 밤낮없이 일하며 많은 보람을 느꼈다. 서울올림픽과 북방외교를 성공시킴으로써 대한민국은 비로소 국제사회의 당당한 일원이 되었다. 당시 기록을 남겨야겠다는 생각에서 『한국외교의 도약』(2003)이라는 책을 썼다.

주미대사관에 2번 근무하면서 귀중한 경험을 쌓을 수 있었다. 이스라엘 근무도 국가안보 문제에 관한 식견을 넓힐 수 있는 기회가 되었다. 4년을 근무한 베오그라드에서는 유고슬라비아연방 해체과정에서 발생한 유혈사태를 지켜보며 국제정치의 냉혹한 현실을 목도할 수 있었다. 이런 경험을 바탕으로 『외교 외교관』(2004)과 『외교이야기』(2007)를 썼다. 냉전 종식의 역사를 쓴 레이건 대통령의 리더십에 감동을 받아 『레이건의 리더십』(2007)을 쓰기도 했다. 2014년 퇴직한 다음에는 박정희·김대중·노무현·이명박·박근혜 대통령 외교를 살펴보고 『외교의 세계』(2016)와 『한국의 외교안보』(2017)를 썼다.

한국외교의 현장에서 뛰었던 사람으로서 문재인 정부 5년을 지켜보는 마음은 편치 않았다. '세계 10위권 국가가 어떻게 이렇게밖에 외교를 할 수 없을까' 하는 생각이 한시도 떠나지 않았다. 이 정부는 황금 같은 5년을 허비했다. 이스라엘 근무 시절 가장 인상적이었던 것은 그들의 안보의식이었다. "Never again"을 외치며 국가안보를 위해서는 모든 것을 희생할 수 있다는 그들의 각오는 문재인 정부 5년 동안 무너지는 안보태세와 극명하게 오버랩되었다.

이 책을 쓰면서 객관적이고 균형 잡힌 시각을 잃지 않으려고 애를 썼다. 팩트에 있어서만큼은 완벽을 기하기 위해 확인하고 또 확인했다. 그럼에도 불구하고 혹여 미흡한 부분이 발견된다면 독자 여러분들의 너그러운 양해를 부탁드린다.

나는 이승만·박정희 외교에서 영감을 받는다. 이승만은 1904년 『독립정신』을 썼다. 그는 이 책에서 외교·통상·자유의 중요성을 강조했다. 나라 밖을 나가 본 적이 없었던 29세의 청년에게 어떻게 이런 혜안이 있었는지 놀랍다. 박정희의 선견과 예지, 현실인식도 놀랍다. 그의 자주국방 의지는 오늘 이 시점에도 되살려야 한다.

이분들 덕분에 오늘과 같은 대한민국이 가능했다. 한국인들은 더 큰 자유가 주어지면 더 잘 일을 할 수 있는 사람들이다. 안보 없이 자유 없고, 자유 없이 안보 없다. 우리는 자유민주주의를 지켜야 한다.

이 책을 쓰도록 격려해 준 친구 서근원에게 고마움을 표한다. 편집과 출판을 위해 수고해주신 렛츠북 여러분들께도 진심으로 감사를 드린다.

2022년 3월 최병구

THE TRUTH

문재인 외교안보 징비록

초판 1쇄 인쇄 2022년 04월 01일
초판 1쇄 발행 2022년 04월 08일

지은이 최병구
펴낸이 류태연
편집 김수현 **| 디자인** 김민지

펴낸곳 렛츠북
주소 서울시 마포구 양화로11길 42, 3층(서교동)
등록 2015년 05월 15일 제2018-000065호
전화 070-4786-4823 **팩스** 070-7610-2823
이메일 letsbook2@naver.com **홈페이지** http://www.letsbook21.co.kr
블로그 https://blog.naver.com/letsbook2 **인스타그램** @letsbook2

ISBN 979-11-6054-542-5 03340